Wolfram Gieseke

Die ultimative QNAP-NAS-Bibel

Die ultimative QNAP-NAS-Bibel

Das Praxisbuch

Wolfram Gieseke

Markt+Technik

ISBN 978-3-95982-557-3

2., aktualisierte Auflage
Espenpark 1a
90559 Burgthann

Produktmanagement Christian Braun, Burkhardt Lühr
Herstellung Jutta Brunemann
Korrektorat Alexandra Müller
Covergestaltung David Haberkamp
Coverfotos © QNAP; Krakenimages.Com, Andrea Danti – Adobe Stock
Satz inpunkt[w]o, Wilnsdorf (www.inpunktwo.de)
Druck mediaprint solutions GmbH, Paderborn
Printed in Germany

Vorwort

Vor Ihnen liegt die aktualisierte und ergänzte Neuauflage der QNAP-NAS-Bibel. NAS steht für **N**etwork **A**ttached **S**torage und wird als Bezeichnung für eine Box mit Festplatten verwendet, die deren Speicherplatz allen Benutzern und Geräten im lokalen Netzwerk zur Verfügung stellt.

Damit das reibungslos klappt, müssen aber einige Hindernisse umschifft werden: angefangen bei der Auswahl des optimalen Modells über die beste Konfiguration der internen Festplatten bis hin zur sicheren Nutzung des Gerätes. Darüber hinaus ist so ein NAS ein eigenständiger kleiner Rechner, der viel mehr sein kann als ein simpler Datenspeicher: Medienserver für Bilder, Musik und Videos, persönliche Cloud, Überwachungszentrale oder Download-Dienst – und das nicht nur lokal, sondern per Web oder App jederzeit von überall aus erreichbar.

Dieses Buch begleitet Sie von Anfang an durch das Abenteuer NAS. Wer noch kein Gerät hat, bekommt Entscheidungshilfen für den Kauf und eine Schritt-für-Schritt-Anleitung durch den Installationsvorgang. Wer sein NAS schon eingerichtet hat, findet viele Tipps und Anleitungen für die optimale und sichere Konfiguration der Dienste. Das Installieren und Einrichten wichtiger Zusatzfunktionen wird ausführlich vorgestellt. Und auch die Systemwartung kommt nicht zu kurz, damit Sie lange ungetrübte Freude an Ihrem NAS haben.

In meinem Blog unter www.gieseke-buch.de informiere ich über aktuelle Entwicklungen und stelle neue Anwendungsmöglichkeiten vor. Er dient als ständige Aktualisierung und Ergänzung meiner Bücher. Ebenso können Sie hier mit mir in Kontakt treten, um Ihre Fragen oder Anregungen loszuwerden.

Jetzt aber erst mal viel Spaß und viele hilfreiche Erkenntnisse beim Lesen dieses Buches und beim Entdecken der Möglichkeiten Ihres QNAP-NAS.

Wolfram Gieseke

Inhaltsverzeichnis

1. Kaufberatung: die richtige Hardware für Ihre Ansprüche

Ich gehe davon aus, dass die meisten Leser dieses Buches bereits über ein QNAP-Gerät verfügen. Aber vielleicht stehen Sie noch vor dieser Entscheidung, oder die Leistung Ihres NAS reicht Ihnen nicht mehr aus, und Sie denken darüber nach, in ein neueres und leistungsfähigeres Modell zu investieren?

Und auch für alle, die sich schon immer gefragt haben, warum es so viele verschiedene Modelle gibt und worin diese sich unterscheiden, möchte ich in diesem Kapitel kurz auf die grundlegenden Unterschiede eingehen. Wer möchte, kann es auch gern als Entscheidungshilfe für zukünftige Investitionen verwenden.

1.1 Das optimale NAS-Modell wählen

»Wie Sand am Meer« wäre etwas übertrieben, aber tatsächlich gibt es eine große Auswahl an Netzwerkspeichergeräten. Allein die Firma QNAP bietet über hundert Gerätevarianten an. Das Preisspektrum reicht dabei von knapp dreistellig bis zum Gegenwert eines Kleinwagens.

Wenn Geld keine Rolle spielt, kann man einfach das teuerste Gerät kaufen und macht nichts falsch. Andererseits muss man ja nicht mehr Geld ausgeben, als unbedingt nötig wäre, um den eigenen Ansprüchen an ein NAS gerecht zu werden.

Was heißt eigentlich QNAP?

Der Firmenname QNAP ist eine Abkürzung und steht für **Q**uality **N**etwork **A**ppliance **P**rovider – also frei übersetzt »Lieferant hochwertiger Netzwerkgeräte«. Die Firma ist in Taiwan beheimatet und existiert seit 2004 als eigenständiges Unternehmen.

Entscheidungskriterien

Um das passende Modell für Ihre eigenen Ansprüche zu finden, müssen Sie sich zunächst darüber klar werden, was Sie erwarten und welche Aufgaben das NAS übernehmen soll. Deshalb stelle ich im Folgenden einige wesentliche Kriterien vor, von denen Sie sich bei Ihrer Kaufentscheidung leiten lassen sollten.

Netzwerkanschluss

Eine einfache, aber ganz grundlegende Frage ist die Art des Netzwerkanschlusses. Gigabit-Ethernet ist heute Standard und wird von allen aktuellen NAS unterstützt. Die Zukunft gehört allerdings 10 Gigabit Ethernet (10GbE). Wenn Ihr Netzwerk bereits 10-Gigabit-Anschlüsse unterstützt oder Sie planen, in absehbarer Zeit auf 10 Gigabit Ethernet umzusteigen, dann sollten Sie ein NAS kaufen, das dies auch unterstützt. Das ist bislang zwar den teureren Modellen vorbehalten, erspart aber später eine Neuinvestition. Sie können Geräte mit 1-Gigabit-Anschluss zwar auch in einem 10GbE-Netz weiter einsetzen, aber gerade ein NAS sollte stets die höchste verfügbare Geschwindigkeit nutzen.

Speicherkapazität

Ein weiteres grundlegendes Kriterium ist die Speicherkapazität, also wie viel Speichervolumen das NAS jetzt und auch in absehbarer Zukunft bereitstellen soll. Dazu können Sie eine kritische Analyse des vorhandenen Datenbestands durchführen: die Menge der regelmäßig zu sichernden Daten, die Anzahl der Sicherungsgenerationen, den Umfang der Medienbibliothek etc. Runden Sie die so ermittelte Menge großzügig auf, und suchen Sie dann ein NAS, das eine solche Menge gewährleisten kann. Da die Speicherkapazität einzelner Festplatten begrenzt ist, kann es sein, dass Modelle mit nur zwei Einbauschächten ausscheiden. Berücksichtigen Sie bei der Anzahl an Einbauschächten ggf. auch Ihren Bedarf an Redundanz (mehr darüber erfahren Sie weiter unten).

Erweiterbarkeit

Wenn Sie hinsichtlich der Speicherkapazität unsicher sind bzw. für die Zukunft auf der sicheren Seite sein möchten, kommt Erweiterbarkeit ins Spiel. QNAP bietet Erweiterungen an, die per Kabel an ein vorhandenes Gerät angeschlossen werden und zusätzliche Einschübe bereitstellen. Damit lässt sich ein Modell auch später noch erweitern, wenn der Speicherbedarf steigt. Allerdings unterstützen nicht alle Modelle diese Möglichkeit. Wenn Sie Wert auf optionale Erweiterbarkeit legen, achten Sie also schon bei der Entscheidung für das NAS darauf, dass dieses später möglich ist.

Redundanz

Ein wichtiges Kriterium ist der Bedarf an Redundanz oder einfach gesagt: Wie viele Festplatten dürfen gleichzeitig ausfallen, ohne dass Daten verloren gehen? Das wirkt sich auf den Bedarf an Festplatteneinschüben aus. Denn wenn Sie Ihre Daten mit Redundanz speichern möchten, benötigen Sie immer einen zusätzlichen Einschub. Für doppelte Redundanz (selbst beim Ausfall zweier Festplatten gehen keine Daten verloren) müssen es zwei zusätzliche Einschübe sein.

Bei Modellen mit einem Einschub ist deshalb auch keine Redundanz möglich. Bei Modellen mit zwei Einschüben kann eine Festplatte die Redundanz sichern, dadurch halbiert sich allerdings der nutzbare Speicherplatz. Wenn Sie großen Wert auf Redundanz legen, empfiehlt sich deshalb ein Modell mit vier Einschüben oder mehr. Dann können Sie eine oder auch zwei Festplatten als redundant auslegen und verlieren zumindest relativ gesehen weniger vom nutzbaren Gesamtspeicher. Der Abschnitt über Speichermodi in diesem Kapitel geht ausführlicher auf Redundanz und die verschiedenen Varianten ein.

Prozessor und Arbeitsspeicher

Die Leistungsfähigkeit eines NAS im Alltag wird primär vom verbauten Prozessor und dem Arbeitsspeicher bestimmt. Einfache Modelle verwenden ARM-Prozessoren mit niedriger Taktzahl. Diese sind preisgünstig und energieeffizient, stoßen aber an ihre Grenzen, wenn sie zu viele Aufgaben gleichzeitig erledigen sollen. Modelle für höhere Ansprüche haben deshalb höher getaktete Quad-Core-Prozessoren von ARM oder Intel eingebaut, die nicht so schnell ins Schwitzen kommen, dafür aber auch mehr Energie verbrauchen und besser gekühlt werden müssen (Lüftergeräusche).

Beim Arbeitsspeicher verhält es sich ähnlich. Einfache Modelle kommen mit 512 MB Speicher aus. Bei mehreren Benutzern und parallelen Zugriffen ist der aber schnell voll. Soll das NAS Zusatzdienste ausführen und mehrere Anwender ggf. auch gleichzeitig bedienen, sollte man eher zu einem Modell mit 2 GB Arbeitsspeicher greifen. Außerdem gibt es Modelle, die sich bei Bedarf mit zusätzlichem Arbeitsspeicher aufrüsten lassen.

Zusatzdienste und Virtualisierung

NAS können viel mehr, als nur Datenspeicher zur Verfügung zu stellen. Auf QNAP-Geräten lässt sich eine Vielzahl von Zusatzpaketen installieren, die weitere Dienste wie Mediensammlung, Mailserver, Cloud-Dienste, Download-Helfer etc. realisieren. Wenn Sie solche Zusatzdienste nutzen möchten, sollten Sie auf einen leistungsfähigen Prozessor (ARM Quad-Core oder Intel Dual-Core) und ausreichend Arbeitsspeicher (2 GB) Wert legen. Soll das NAS außerdem virtuelle Systeme ausführen, muss es unbedingt mit einem Intel-Prozessor ausgerüstet sein, da ARM-Prozessoren die erforderlichen Virtualisierungsfunktionen fehlen.

USB-Anschlüsse

Vorhandene USB-Anschlüsse sind selten kaufentscheidend, aber wenn man regelmäßig Speichermedien anschließen möchte, können sie wichtig sein. Beispielsweise kann man Festplatten per USB anschließen, um den Inhalt des NAS regelmäßig extern zu sichern. Dazu sollten USB-3.0-Anschlüsse vorhanden sein, sonst dauert die Sicherung ewig.

Aber es geht auch umgekehrt: Sie können USB-Sticks oder auch Speicherkarten (via USB-Leser) an Ihr NAS anschließen und so den Inhalt des Speichermediums auf den Netzwerkspeicher kopieren. Dafür kann es sinnvoll sein, dass ein USB-Anschluss an der Vorderseite des Gehäuses leicht erreichbar ist. Manche Modelle verfügen außerdem über eine Kopiertaste am Gehäuse, mit der man den Sicherungsvorgang jederzeit bequem starten kann.

Speicherkarten aufs NAS sichern

Auch SD- und andere Speicherkarten lassen sich direkt auf das NAS sichern, selbst wenn dieses keinen entsprechenden Kartenleser verbaut hat. Man kann stattdessen einen externen USB-Kartenleser für wenige Euro erwerben und am USB-Anschluss des NAS verwenden. Sofern der Kartenleser sich als gewöhnliches USB-Medium verhält, kann das NAS darauf wie auf einen USB-Stick zugreifen.

Das bedeuten die Modellbezeichnungen

QNAP benutzt für seine NAS-Modelle Bezeichnungen, die aus verschiedenen Buchstaben, Ziffern und teilweise Symbolen wie + zusammengesetzt sind. Sie wirken auf den ersten Blick willkürlich und sehen nach dem typischen Marketingsprech der IT-Branche aus. Tatsächlich folgen sie aber einem festen Schema und erlauben auf den ersten Blick eine recht genaue Einschätzung der Leistungsfähigkeit des jeweiligen Gerätes. Nehmen wir als Beispiel das Modell TS-451+. Diese Bezeichnung setzt sich aus vier verschiedenen Komponenten zusammen: TS, 4, 51 und +. Der Reihe nach:

Geräteklasse

Die Bezeichnung beginnt mit zwei oder drei Buchstaben, die ein Kürzel für die Geräteklasse sind, im Wesentlichen:

- TS: Dieses Kürzel tragen die weitaus meisten QNAP-Modelle. Es steht für Turbo Station und erlaubt für sich allein noch keine nähere Einordnung hinsichtlich der Gehäuseform oder Leistungsfähigkeit.
- TVS: Das zusätzliche V steht hier für Virtualisierung, also ein Modell, das besonders für den Betrieb virtueller Maschinen geeignet ist. Im Vergleich zu einem ähnlichen TS-Modell verfügt es in der Regel über mehr Arbeitsspeicher und einen leistungsfähigeren Prozessor.
- HS: Modelle mit dem Namenskürzel HS eignen sich besonders für den Einsatz im Wohnbereich. Sie haben ein schickes Gehäuse, das auch im Wohnzimmerregal gut aussieht. Außerdem verfügen sie über einen HDMI-Ausgang und sind besonders leise. Letzteres wird allerdings durch schwächere Hardware erkauft, sodass HS-Modelle in den NAS-Kernfunktionen oft etwas weniger glänzen.

- TBS: Dabei handelt es sich um kompakte Kleingeräte mit M.2-SSDs, HDMI-Ausgängen und einem integrierten Netzwerk-Switch. Durch die SSDs ist das NAS mobil und kann flexibel für Präsentationen, Meetings und kleine Arbeitsgruppen genutzt werden.
- ES, TES und TDS: Solche Bezeichnungen tragen Modelle für den Unternehmenseinsatz, die besonders leistungsfähig sind und nicht nur als Datenspeicher, sondern mit leistungsfähigen Prozessoren und Arbeitsspeicher auch als Applikationsserver im professionellen Umfeld dienen können.
- EJ, REXP, TR, TX: Diese Abkürzungen stehen nicht für NAS-Modelle, sondern für Erweiterungseinheiten, die per SAS-, USB- oder Thunderbolt-Schnittstelle angeschlossen werden und die Speicherkapazität eines NAS erhöhen können.

Namensergänzung EC

Einige Modelle tragen zusätzlich zur Geräteklasse die Ergänzung EC, also beispielsweise TVS-EC. In der Regel bedeutet dies, dass das Gerät die Verwendung von ECC-Arbeitsspeicher erlaubt. Dieser verfügt über eine integrierte Fehlerkorrektur und verbessert dadurch die Datenintegrität. Allerdings ist er auch erheblich teurer als herkömmlicher Arbeitsspeicher und wird überwiegend im geschäftlichen Umfeld eingesetzt.

Vorsicht bei EC-Modellen

Zwei Dinge muss man beim Namenszusatz EC beachten: Er bedeutet nur, dass das Modell mit ECC-Speicher umgehen kann, nicht notwendigerweise, dass auch ECC-Speicher eingebaut ist.

Außerdem hat QNAP einige Zeit Modelle mit dem Namenszusatz EC angeboten, bei denen das EC für **E**dge **C**loud stand und nichts mit ECC zu tun hatte. Bei gebrauchten Geräten sollten Sie also darauf achten, dass auch tatsächlich ECC drin ist, wo EC draufsteht.

Anzahl der Festplattenanschlüsse

Der erste Teil der Zahl (die erste Ziffer bei einer dreistelligen Zahl oder die ersten beiden Ziffern bei einer vierstelligen) im Namen gibt an, wie viele Festplatten in das Gerät eingebaut werden können. In ein TS-228A lassen sich zwei Platten einbauen, in ein TVS-873e maximal acht Platten und in ein TS-1635AX bis zu 16 Platten.

Modellreihe

Die letzten beiden Ziffern der Zahl in der Modellbezeichnung geben die Modellreihe an, zu der ein Gerät gehört. Dies lässt Rückschlüsse über Alter und Hardwareausstattung zu. Höhere Zahlen gehören zu einer neueren Modellreihe und sind im Allgemeinen mit neuerer, leistungsfähigerer Hardware ausgestattet. Gleichzeitig haben Modelle der gleichen Modellreihe in der Regel in etwa dieselbe Hardwareausstattung, auch wenn sie sich in anderen Eigenschaften wie Anzahl der Laufwerke oder Gehäuseform unterscheiden.

Weitere Eigenschaften

Hinter der Nummer können weitere Kürzel folgen, die Hinweise auf den Einsatzzweck, die Gehäuseform oder bestimmte Eigenschaften geben. QNAP ist dabei recht kreativ und auch nicht immer ganz konsequent, sodass man diese Angaben nur als Orientierung verwenden sollte.

Dass ein bestimmter Buchstabe fehlt, muss nicht immer heißen, dass das Gerät die damit assoziierte Eigenschaft nicht hat.

Folgende Buchstaben und Symbole sind geläufig:

- 2, II, A oder + – dabei handelt es sich um den verbesserten Nachfolger eines Gerätes, der üblicherweise besser als das Urmodell ausgestattet ist.
- RP – Redundant Power, besonders ausfallsichere Geräte mit zwei separaten Netzteilen, die im laufenden Betrieb ausgetauscht werden können.
- X – das Gerät ist mit einem – oder mehreren – 10-GbE-Netzwerkanschlüssen ausgestattet.
- N – das Gerät ist mit einem – oder mehreren – 5-GbE-Netzwerkanschlüssen ausgestattet.
- U – das Gehäuse ist als Serverkomponente ausgelegt und kann in ein Rack eingebaut werden.
- T – das Gerät verfügt über einen Thunderbolt-Anschluss.

Die Unterschiede in der Praxis

Um die verschiedenen Modellbezeichnungen, Serien und Eigenschaften und deren Bedeutung noch mal ganz praktisch zu veranschaulichen, möchte ich als Beispiel typische Modelle mit zwei Festplatteneinschüben vergleichen. QNAP bietet vier verschiedene Varianten davon an.

Die folgende Tabelle zeigt wesentliche Merkmale und einige beispielhafte Funktionen der Modelle auf und macht die Unterschiede deutlich, die sich in der Bezeichnung widerspiegeln.

<table>
<tr><th>Modell</th><th>TS-228A</th><th>TS-231P2</th><th>TS251+</th><th>TS-253Be</th></tr>
<tr><td>Prozessor</td><td>Realtek-RTD1295</td><td>Alpine AL-314</td><td>Celeron J1900</td><td>Celeron J3455</td></tr>
<tr><td>Architektur</td><td>64 Bit (ARM)</td><td>32 Bit (ARM)</td><td>64 Bit (x86)</td><td>64 Bit (x86)</td></tr>
<tr><td>Takt</td><td>Quad-Core 1,4 GHz</td><td>Quad-Core 1,7 GHz</td><td>Quad-Core 2,0 GHz</td><td>Quad-Core 1,5 GHz</td></tr>
<tr><td>Arbeits-speicher</td><td>1 GB DDR4 (nicht erweiter-bar)</td><td>1 GB DDR3L (bis 8 GB erw.)</td><td>2 GB DDR3L (bis 8 GB erw.)</td><td>2 GB DDR3L (bis 8 GB erw.)</td></tr>
<tr><td>Einschübe</td><td colspan="4">2</td></tr>
<tr><td>HotSwap</td><td>–</td><td colspan="3">ja</td></tr>
<tr><td>LAN-Anschluss</td><td>1</td><td colspan="3">2</td></tr>
<tr><td>USB 3.0</td><td>1</td><td>3</td><td>2</td><td>3</td></tr>
<tr><td>USB 2.0</td><td>2</td><td>–</td><td>2</td><td>–</td></tr>
<tr><td>HDMI</td><td colspan="2">–</td><td>1</td><td>2</td></tr>
<tr><td>Snapshots</td><td>32</td><td colspan="2">256</td><td>1.024</td></tr>
<tr><td>Virtualisierung</td><td colspan="2">–</td><td colspan="2">ja</td></tr>
<tr><td>max. Nutzer</td><td>600</td><td colspan="3">4.096</td></tr>
<tr><td>max. Verbind.</td><td>128</td><td>1.500</td><td>800</td><td>800</td></tr>
</table>

1.2 Der perfekte Speichermodus für Ihre Zwecke

Zu den wichtigsten Entscheidungen beim Einrichten eines NAS gehört die optimale Wahl des Speichermodus. Dieser spielt aber auch schon bei der Kaufentscheidung eine große Rolle, denn der gewünschte Modus muss vom Gerät unterstützt werden.

Dabei geht es nicht nur um die Softwarefunktion als solche, sondern auch um die Anzahl der verwendbaren Festplatten. Denn einige der Modi erfordern eine bestimmte Anzahl an separaten Platten.

Solange Sie nur eine einzelne Festplatte in Ihr NAS einbauen, brauchen Sie sich über den Speichermodus keine Gedanken zu machen. In diesem Fall kommt ohnehin nur ein Modus infrage.

Schon bei zwei Festplatten gibt es aber verschiedene Varianten, durch die Sie den Schwerpunkt eher auf Kapazität, Geschwindigkeit oder Sicherheit legen können. Die Verwendung von drei oder mehr Festplatten gibt Ihnen sogar noch weitere Auswahlmöglichkeiten, durch die sich diese Schwerpunkte sogar kombinieren lassen.

Einzelne Festplatte im Standardmodus

Verwendet man nur eine einzelne Festplatte, wird diese im Standardmodus eingesetzt. Das NAS stellt den Speicher der Festplatte einfach zur Verfügung, wobei man die Speicherkapazität durchaus auf mehrere logische Laufwerke aufteilen kann. Das macht aus Sicht des NAS aber keinen Unterschied. Redundanz oder andere Funktionen, die ein RAID aus mehreren Platten ermöglichen würde, stehen in diesem Fall nicht zur Verfügung.

JBOD – Just a Bunch of Discs

Auf Deutsch könnte man diesen Modus etwas salopp als »nur ein Haufen Laufwerke« übersetzen. Dieser Modus kommt immer dann zum Einsatz, wenn man mehrere Festplatten ohne besondere RAID-Funktionen verwenden möchte. Er stellt die gesamte Speicherkapazität der Platten zur Verfügung. Dabei kann das NAS alle eingebauten Platten einzeln als Laufwerke anbieten oder alle vorhandenen Speichermedien zu einem einzigen großen logischen Laufwerk zusammenfassen.

In jedem Fall gilt bei JBOD, dass man stets die gesamte Speicherkapazität nutzen kann, dafür aber auch auf Vorteile wie Redundanz oder Geschwindigkeitssteigerungen verzichten muss. Was das genau bedeutet, wird vielleicht deutlicher, wenn man sich mit den im Folgenden beschriebenen RAID-Varianten und deren Vor- und Nachteilen beschäftigt.

RAID – Redundant Array of Independent Discs

RAID ist eine Technologie zur Erhöhung der Datensicherheit und/oder Performance von Festplatten, bei der mehrere Festplatten zu logischen Einheiten zusammengeschaltet werden. RAID kann je nach Variante (auch als RAID-Level bezeichnet) die Verfügbarkeit und Sicherheit gespeicherter Daten dadurch verbessern, dass die Daten redundant auf mehreren Festplatten parallel gespeichert werden. Beim Ausfall einer Platte können alle Daten aus den Informationen der restlichen Platte(n) rekonstruiert werden (und die defekte kann ausgetauscht werden). Bestimmte logische Verschaltungen bzw. RAID-Level ermöglichen als Alternative eine Geschwindigkeitssteigerung (v. a. beim Lesen) oder eine Kombination von Redundanz und Geschwindigkeitssteigerung.

Die kleinste gemeinsame Festplatte

Eine wesentliche Eigenheit von RAID sollten Sie bei der Planung beachten: Die Speicherkapazität Ihres RAID-Verbundes wird im Wesentlichen von der kleinsten Festplatte im Verbund vorgegeben. Egal, ob es um das Spiegeln in RAID 1 oder die Redundanz in RAID 5 geht: Es herrscht immer eine Symmetrie zwischen den beteiligten Platten. Dadurch können selbst größere Festplatten nicht mehr Daten aufnehmen als die kleinste im Verbund. Es ist deshalb nicht sinnvoll, in einem RAID-Verbund Festplatten verschiedener Kapazität zu mischen. Zwar ist es möglich, aber der Extraplatz auf den größeren Speichermedien bleibt dann ungenutzt.

RAID 0: schneller und riskanter

Bei RAID 0 werden die Daten abwechselnd auf alle vorhandenen Festplatten geschrieben. Das führt vor allem beim Lesen der Daten zu einer Steigerung der Geschwindigkeit zwischen 30 und 80 %, da die zeitaufwendigen Plattenzugriffe zeitlich von mehreren Festplatten durchgeführt werden. Die Speicherkapazität leidet darunter nicht, weil sich beispielsweise zwei 1-TB-Festplatten zu einem logischen 2-TB-Laufwerk addieren.

Kritisch bei RAID 0 ist allerdings das erhöhte Risiko eines Datenverlusts durch einen Festplattenfehler. Denn fällt eine der beiden Festplatten aus, sind durch die Verzahnung auch die Daten auf der anderen verloren. Man sollte RAID 0 daher niemals ohne zusätzliches Backup der wichtigen Daten verwenden.

RAID 0 empfiehlt sich deshalb nur, wenn es darauf ankommt, die Zugriffsgeschwindigkeit auf die im NAS gespeicherten Daten zu maximieren, und wenn die Sicherheit dieser Daten irrelevant bzw. anderweitig abgesichert ist. In der Praxis wird der Geschwindigkeitsgewinn auch nur in bestimmten datenintensiven Anwendungsszenarien spürbar sein, wenn etwa wie bei der Videobearbeitung regelmäßig größere Datenmengen transferiert werden müssen.

RAID 1: Sicherheit durch Redundanz

Wem es vor allem um den Schutz seiner Daten vor Festplattendefekten geht, für den ist RAID 1 interessant. Dabei werden üblicherweise zwei Festplatten zu einem redundanten logischen Laufwerk zusammengeschaltet und alle Daten jeweils auf beiden Laufwerken abgelegt, sodass ein Laufwerk eine Kopie des anderen ist. Kommt es bei einem der beiden Laufwerke zu einem Defekt, finden sich die Daten also weiterhin auf dem anderen. Außerdem kann man das defekte Laufwerk jederzeit ausbauen und durch ein neues ersetzen. Das NAS sorgt dafür, dass die vorhandenen Daten wieder auf das neue Laufwerk gespiegelt werden. Nach kurzer Zeit hat man also wieder einen voll redundanten Datenspeicher.

Der Preis für diese Sicherheit ist, dass dabei die Gesamtspeicherkapazität auf die Hälfte reduziert wird. Zwei 1-TB-Platten ergeben also – anders als bei RAID 0 – nicht 2, sondern nur 1 TB nutzbaren Gesamtspeicher.

RAID 5: Geschwindigkeit und Redundanz

RAID 5 kombiniert die Vorteile von RAID 0 und RAID 1 auf eine relativ kostengünstige Weise. Dabei werden immer mindestens drei Festplatten zusammengeschaltet und die Daten gleichmäßig auf diese verteilt, was in den meisten Situationen schnelle Zugriffe ermöglicht. Redundanz wird dadurch erreicht, dass ein Datenblock nicht auf alle physikalischen Platten verteilt wird, sondern auf einer Platte stattdessen Paritätsdaten dieses Datenblocks gespeichert werden. Sollte eine der Festplatten ausfallen, können die so verlorenen Teile von Datenblöcken anhand dieser Paritätsdaten von den anderen Festplatten rekonstruiert werden.

Genau wie bei RAID 1 kann man also eine defekte Festplatte einfach ersetzen, und das NAS sorgt dafür, dass die Integrität der Daten dann automatisch wiederhergestellt wird. Auch hier ist der Preis, dass sich die Speicherkapazität der beteiligten Festplatten nicht addiert. Stattdessen berechnet sich die Gesamtkapazität nach folgender Formel:

(Anzahl aller Festplatten – 1) × (Kapazität der kleinsten Festplatte)

Konkret: Bei drei 1-TB-Festplatten erhält man mit RAID 5 effektiv 2 TB nutzbaren Speicherplatz. Das ist aber selbst in der kleinsten Variante mit drei Festplatten noch effektiver als RAID 1, wo ja grundsätzlich nur die Hälfte der physikalischen Kapazität bereitsteht. Je mehr Festplatten man in einem RAID-5-Verbund einsetzt, desto größer wird der nutzbare Speicher in Relation zum Gesamtspeicher: Von fünf 1-TB-Platten etwa kann man 4 TB effektiv nutzen.

Plattenwechsel im Fall einer Störung

Wenn es zu einem Defekt einer Festplatte kommt, informiert Sie das NAS darüber beispielsweise per LED-Blinken, E-Mail etc. In einem solchen Fall ersetzen Sie die defekte Festplatte. Es muss sich nicht um ein baugleiches Modell handeln, aber sie sollte dieselbe Kapazität wie die ausgebaute haben, keinesfalls weniger, notfalls geht aber mehr. Abhängig vom NAS-Modell muss dieses für den Wechsel ausgeschaltet werden, oder der Tausch kann sogar im laufenden Betrieb erfolgen (HotSwap). Sicherer ist es aber immer, das NAS vorher herunterzufahren. Beim Neustart bemerkt das System, dass eine neue Festplatte eingebaut wurde. Es beginnt dann automatisch, die Daten zu rekonstruieren (außer bei RAID 0). Je nach Speicherkapazität kann dieser Vorgang aber einige Stunden dauern. Die Leistungsfähigkeit des NAS ist solange eingeschränkt.

RAID 6: noch mehr Sicherheit

Ab vier Festplatten im Verbund kann man mit RAID 6 zusätzliche Sicherheit schaffen. Das Prinzip ist das gleiche wie bei RAID 5, allerdings werden die Paritätsinformationen für die Wiederherstellung jeweils auf zwei verschiedene Platten geschrieben. Dadurch bleiben die Daten selbst beim gleichzeitigen Ausfall zweier Festplatten erhalten. Das zielt vor allem auf den Wiederherstellungsprozess nach dem Austausch einer defekten Festplatte. Bei großen Datenträgern kann dieser einige Zeit dauern. Währenddessen sind die Daten sehr gefährdet, denn kommt es zu einem weiteren Defekt, bevor dieser Vorgang abgeschlossen ist, wären alle Daten verloren. Ein RAID 6 könnte auch einen solchen doppelten Ausfall verkraften.

Der Preis dafür ist allerdings auch ein geringeres nutzbares Speichervolumen in Bezug zur Gesamtkapazität:

(Anzahl aller Festplatten – 2) × (Kapazität der kleinsten Festplatte)

Konkret: Bei vier 1-TB-Festplatten erhält man mit RAID 6 effektiv 2 TB nutzbaren Speicherplatz. Besser wird die Quote, je mehr Festplatten man einsetzt: Bei fünf 1-TB-Platten etwa kann man 3 TB effektiv nutzen, bei sechs 1-TB-Platten 4 TB etc.

RAID 10

Ein RAID 10 ist ein RAID 0 (also Verteilen der Datenblöcke auf mehrere Laufwerke), bei dem diese Laufwerke jeweils aus einem RAID 1 (also zwei gespiegelten Laufwerken) bestehen. Es kombiniert den schnellen Zugriff eines RAID 0 mit der Redundanz eines RAID 1. Das tun RAID 5 bzw. 6 zwar auch, aber es gibt einen entscheidenden Unterschied: Kommt es bei RAID 5 bzw. 6 zu einer Störung, muss das defekte Laufwerk ersetzt und müssen die fehlenden Daten aus den Informationen der anderen Laufwerke rekonstruiert werden. Das dauert einige Zeit, und solange stehen die Daten nicht bereit. Bei einem RAID 10 hingegen ist selbst im Fall eines Defekts immer mindestens eine Kopie der Daten verfügbar.

Der Preis dafür ist allerdings recht hoch: Man benötigt mindestens vier Festplatten, es muss immer eine gerade Anzahl von Platten vorhanden sein, und die nutzbare Kapazität ist stets nur die Hälfte des gesamten Speichervolumens aller verbauten Festplatten:

(Anzahl aller Festplatten / 2) × (Kapazität der kleinsten Festplatte)

RAID 50

RAID 50, auch als RAID 5+0 bezeichnet, fasst zwei oder mehr RAID-5-Verbunde per RAID 0 zu einem Speicher zusammen. Dafür werden mindestens sechs Platten benötigt (2 x 3). RAID 50 kombiniert die Redundanz und Ausfallsicherheit von RAID 5 mit den beschleunigten Lesezugriffen von RAID 0. Der Ausfall einer Festplatte kann jederzeit ohne Datenverlust kompensiert werden. Es können sogar mehrere Festplatten gleichzeitig ausfallen, solange diese nicht zum selben RAID-5-Verbund gehören. Nach einem Plattentausch kann die volle Datenintegrität schneller wiederhergestellt werden als bei einem reinen RAID 5. RAID 50 wird überwiegend im professionellen Bereich eingesetzt, wenn Datendurchsatz bei gleichzeitiger Ausfallsicherheit wichtig ist, etwa bei Datenbankanwendungen. Gesamtkapazität:

(Anzahl aller Festplatten – Anzahl der RAID-5-Verbunde) × (Kapazität der kleinsten Festplatte)

RAID 60

RAID 60, auch als RAID 6+0 bezeichnet, fasst zwei oder mehr RAID-6-Verbunde per RAID 0 zu einem Speicher zusammen. Dafür werden mindestens acht Platten benötigt (2 × 4). Im Vergleich zu RAID 50 ist RAID 60 ebenfalls schneller als eine reine RAID-6-Lösung. Gleichzeitig bietet es aber eine höhere Ausfallsicherheit, da jederzeit zwei beliebige Festplatten ausfallen können, ohne dass die Datenintegrität leidet. Es können sogar noch mehr Plattenausfälle kompensiert werden, solange maximal zwei Platten pro RAID-6-Verbund betroffen sind. Nach einem Plattentausch kann die volle Datenintegrität schneller wiederhergestellt werden als bei einem reinen RAID 6.

Der Preis für diese Sicherheit sind höhere Kosten, da pro RAID-6-Verbund eine zusätzliche Festplatte benötigt wird.

(Anzahl aller Festplatten – (Anzahl der RAID-6-Verbunde × 2)) × (Kapazität der kleinsten Festplatte)

Welche Platte mit welchem Modus? – der RAID-Rechner

Unter http://www.raid-calculator.com finden Sie einen praktischen RAID-Rechner. Hier geben Sie an, wie viele Festplatten welcher Größe Sie zur Verfügung haben bzw. anschaffen möchten. Und Sie wählen einen RAID-Typ aus. Dann sehen Sie im Abschnitt *Results*, wie viel Gesamtkapazität (*Capacity*) der Speicher hätte, ob sich Geschwindigkeitsvorteile (*Speed gain*) ergeben würden und wie viele Festplatten gleichzeitig ausfallen dürften (*Fault tolerance*).

Es lohnt sich, mit diesem Rechner ein wenig herumzuspielen, verschiedene RAID-Typen auszuprobieren und alles auch mal für eine zusätzliche Festplatte durchzurechnen. So können Sie leicht feststellen, ob Sie für die moderate Investition in eine weitere Platte nicht deutliche Vorteile bei Speicherplatz und Geschwindigkeit oder Ausfallsicherheit erzielen können.

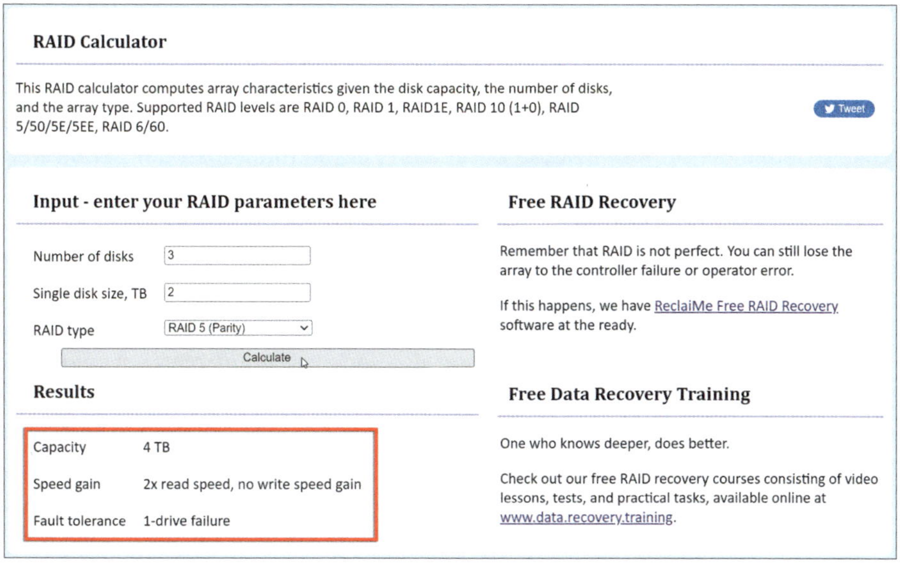

Mit dem Online-RAID-Rechner können Sie verschiedene RAID-Konfigurationen vergleichen.

1.3 Die richtigen Festplatten für das NAS

NAS-Geräte werden vom Hersteller prinzipiell ohne Festplatten verkauft. Es gibt zwar auf dem Markt immer auch Kombiangebote, bei denen NAS schon mit Festplatten fertig bestückt angeboten werden. Aber diese stammen immer von Händlern, die die Bestückung selbst vornehmen und sich den Aufwand durch einen Preisaufschlag entlohnen lassen.

SSD im NAS?

Wer auf Geschwindigkeit großen Wert legt, wird vielleicht auf die Idee kommen, **S**olid-**S**tate-**D**rive-Laufwerke in sein NAS einzubauen. Schließlich wird das auch für PCs als ultimativer Beschleuniger empfohlen (nicht zu Unrecht). Technisch ist das ohne Weiteres möglich, aber meist nicht sinnvoll. Bei einem NAS mit 1-GBit-Ethernet-Anschluss liefern selbst klassische NAS-Festplatten die Daten schnell genug, um diesen auszulasten. Von schnelleren SSDs würde man also nur in einem 10-GBit-Netzwerk profitieren. Und selbst da wäre der deutlich höhere Preis nur für spezielle Anwendungen mit vielen nicht-sequenziellen Zugriffen wie etwa Datenbanken gerechtfertigt. Wenn es im professionellen Bereich auf maximale Performance ankommt, werden durchaus schon SSDs in NAS-Systemen eingesetzt. Für Privatanwender oder kleinere Unternehmen ist das Kosten-Nutzen-Verhältnis aber meist zu schlecht.

Dabei sollten Sie außerdem unbedingt darauf achten, dass hochwertige Laufwerke eingebaut werden und nicht Schnäppchen von der Resterampe. Nicht nur das spricht allerdings gegen solche Fertiglösungen. Denn das Selbsteinbauen von Festplatten in ein NAS ist weder kompliziert noch besonders aufwendig. Dafür gibt es Ihnen die Möglichkeit, genau die für Ihre Zwecke optimalen Platten mit genau der benötigten Anzahl und Speicherkapazität zu verwenden.

Desktop-Festplatten vs. NAS-Festplatten

Prinzipiell haben alle SATA-Festplatten dieselben Anschlüsse und Abmessungen (in zwei Standardgrößen). Technisch kann man also jede SATA-Festplatte in ein NAS einsetzen. Gerade wenn man eine große Speicherkapazität benötigt, ist es deshalb naheliegend, möglichst preisgünstige Modelle zu wählen, wie sie auch in PCs zum Einsatz kommen, sogenannte Desktop-Festplatten. Meine Empfehlung ist allerdings, spezielle NAS-Festplatten zu verwenden, die für diesen Einsatzzweck optimiert sind. Diese sind zwar etwas teurer, haben aber wesentliche Vorteile für diesen Verwendungszweck:

- Desktop-Festplatten sind für eine typische Einsatzzeit von 2.400 Stunden pro Jahr ausgelegt (im Schnitt 300 Arbeitstage zu acht Stunden). In einem NAS laufen die Platten aber typischerweise rund um die Uhr, also bis zu 8.760 Stunden (ohne Energiemanagement). NAS-Festplatten sind speziell für solche Laufzeiten konstruiert.
- Ebenso sind Desktop-Festplatten für eine typische Menge an Lese-/Schreibzugriffen ausgelegt. Der Hersteller Seagate etwa schreibt in seinen Garantiebedingungen maximal 55 TB pro Jahr vor. Bei den NAS-Modellen erlaubt er hingegen 180 TB bzw. für spezielle Pro-Modelle sogar 300 TB.
- Für spezielle NAS-Modelle bieten die meisten Hersteller dementsprechend auch längere Garantiefristen bis zu fünf Jahren an.
- NAS-Festplatten bieten spezielle Funktionen wie etwa Vibrationssensoren, mit denen sie typische Störungen durch andere Festplatten in der unmittelbaren Umgebung (was in NAS üblicherweise der Fall ist) selbst erkennen und kompensieren können.
- Ebenso können NAS-Festplatten fehlerhafte Sektoren selbst erkennen und an den RAID-Controller melden, der dann darauf reagieren kann.

Es gibt also gute Gründe, ein NAS mit speziell dafür geeigneten Festplatten zu versehen. Die etwas höheren Ausgaben dürften sich in der Regel durch längere Lebensdauer und weniger Störungen ausgleichen. Mehrere Anbieter haben spezielle NAS-Modelle im Angebot, unter anderem:

- Seagate mit den Serien IronWolf NAS und IronWolf NAS Pro
- Western Digital (WD) mit den Serien Red bzw. Red Pro
- Toshiba mit der Serie N300

NAS-Pro-Festplatten

Neben den »normalen« NAS-Modellen bieten Seagate und WD jeweils noch eine Pro-Variante an. Diese bieten eine längere Garantie und für den Fall eines Defekts meist das kostenlose Inanspruchnehmen eines Datenrettungsdienstes. Für den typischen Heimanwender sind die Mehrkosten eher nicht nötig. Allerdings schrumpft der Preisunterschied mit steigender Kapazität der Laufwerke immer weiter zusammen, sodass die zusätzliche Sicherheit den Aufpreis wert sein mag.

Die optimale Größe der Festplatten

Das ist die Gretchenfrage beim Planen eines NAS. Hier muss jeder für sich selbst abschätzen, wie viele Daten er auf dem Gerät auf Dauer ablegen will. Gehen Sie davon aus, dass Sie im Laufe der Zeit weitere Zusatzfunktionen einrichten werden, die zusätzlichen Speicher beanspruchen. Schlagen Sie auf Ihre Schätzung also kräftig auf, und runden Sie dann großzügig auf. Dadurch steigen zwar die Kosten, aber berücksichtigen Sie dabei folgende Überlegungen:

- Größere Festplatten sind pro Gigabyte gerechnet günstiger als kleinere. Mit jeder weiteren Größenstufe sinkt also der relative Preisaufschlag.
- Die Speicherkapazität eines NAS lässt sich zwar nachträglich aufrüsten, aber die Kosten sind dann insgesamt immer erheblich höher, als wenn Sie es gleich mit der größeren Kapazität ausgestattet hätten. Außerdem ist das nachträgliche Ersetzen der Festplatte durch größere Modelle im laufenden Betrieb recht aufwendig.
- Größere Modelle sind oftmals besser ausgestattet und sorgen mit höherer Umdrehungsgeschwindigkeit für schnellere Zugriffe.
- Bei größeren Modellen kommt immer häufiger eine Heliumfüllung zum Einsatz, durch die Reibungsenergie verringert und damit Strom gespart wird. Im Vergleich zu einem kleineren Modell ohne Helium kann dies dazu führen, dass der Aufpreis für das größere Modell im Laufe der Zeit durch eingesparte Energiekosten sogar ausgeglichen wird.
- Wenn Sie den Preis hart kalkulieren müssen, würde ich eher größeren Festplatten den Vorzug geben und dafür beispielsweise einfache NAS-Festplatten anstelle der teureren Pro-Variante kaufen.

2. Installation des NAS

NAS und Festplatte sind da? Dann können Sie darangehen, das Gerät zu installieren, die grundlegende Konfiguration vorzunehmen und Ihr NAS in Betrieb zu nehmen. Ihr Netzwerkspeicher ist bereits im Einsatz? Auch dann empfehle ich Ihnen, dieses Kapitel zumindest zu überfliegen. Auch wenn schon alles läuft, können Tipps zur optimalen Konfiguration oder zum Aufstellort hilfreich sein. Auch die Checks nach der Installation können nicht schaden. Und falls Sie feststellen, dass Sie beim Installieren etwas anders hätten machen sollen: Es ist nie zu spät, das eigene NAS ggf. anzupassen und zu optimieren.

2.1 Der optimale Aufstellort für Ihr NAS

Wo sollte man ein NAS am besten platzieren? Ganz wesentlich ist dabei ein verfügbarer Netzwerkanschluss. Solange der gegeben ist, können Sie Ihr NAS überall platzieren. Ist es einmal in Betrieb genommen, erfolgen die weitere Konfiguration und Wartung per Webbrowser. Direkten Zugriff auf das Gerät benötigt man nur ganz selten. Es spricht also auch nichts dagegen, das NAS im Keller oder in der Garage aufzustellen, wo es niemanden stört. Trotzdem sollten Sie dabei ein paar Dinge beachten.

Wo sollte das NAS nicht stehen?

Ein NAS verursacht eigentlich immer Geräusche. Die meisten Modelle verfügen über einen Lüfter, der zumindest bei stärkerer Beanspruchung hörbar ist. Außerdem verursachen Magnetfestplatten bei jedem Zugriff Geräusche. Ein NAS ist also nichts fürs Schlafzimmer, und auch im Wohnzimmer könnte es stören. Im Arbeitszimmer oder im Flur sind kleinere, leisere Modelle durchaus akzeptabel, aber das ist immer Geschmackssache. Größere, leistungsstärkere Modelle sollte man aufgrund der verursachten Geräusche am besten in den Keller oder einen Abstellraum verbannen. Im Hinblick auf das NAS gibt es einige Ausschlusskriterien: Der Raum sollte trocken, nicht zu warm (auch nicht im Sommer) und nicht zu kalt sein. Auch eine staubige Umgebung ist der Lebensdauer eher abträglich. Die Stromversorgung sollte stabil sein, da Stromausfälle bei Magnetfestplatten auf Dauer zu Störungen führen können. Falls im Keller regelmäßig die Sicherung rausfliegt, sollten Sie das Problem also beheben oder einen alternativen Standort suchen.

Netzwerkanschluss mit optimaler Geschwindigkeit

NAS für den privaten oder semiprofessionellen Einsatz sind mindestens mit 1-Gigabit-Netzwerkanschlüssen ausgestattet. Leistungsfähigere Modelle beherrschen teilweise schon 10GbE. Auch bei PCs ist Gigabit-Ethernet schon lange Standard, und Smartphones oder Tablets klinken sich mit schnellem WLAN ins Netzwerk ein. Im Prinzip steht schnellen Datentransfers also nichts im Weg, wenn der Teufel nicht im Detail liegt: Damit man die volle Kapazität von 1 oder sogar 10 Gigabit Transferkapazität nutzen kann, müssen alle an der Verbindung beteiligten Komponenten dies auch unterstützen.

Das gilt vor allem auch für die verlegten Netzwerkkabel sowie Router und Switches, die an der Vermittlung der Daten beteiligt sind. Wenn eine Komponente nur einen älteren Standard beherrscht, schalten alle anderen beteiligten Geräte automatisch auf dessen Geschwindigkeitsstufe herunter. Die Verbindung kommt also trotzdem zustande, aber die Daten kriechen nur häppchenweise durch die Leitung.

Sollte Ihr NAS also nicht die erwartete Transfergeschwindigkeit an den Tag legen, kontrollieren Sie den Weg der Daten zwischen Netzwerkspeicher und Ihrem PC oder sonstigem »Empfangsgerät«. Gern stößt man dabei beispielsweise auf einen preisgünstigen Netzwerkverteiler (Switch), den man irgendwann mal eingebaut hat. Dieser lässt sich für kleines Geld durch ein aktuelles, leistungsfähigeres Modell ersetzen.

Wichtige Geräte ohne Gigabit-Ethernet?

Eventuell unterstützen zentrale Geräte in Ihrem Netzwerk kein Gigabit-Ethernet, wie etwa ein vom Anbieter bereitgestelltes Kabelmodem oder eine ältere FRITZ!-Box. Wenn man diese nicht durch neuere Versionen austauschen kann oder will, muss man trotzdem nicht unbedingt auf ein schnelles Netzwerk verzichten. Auch hier hilft ein aktueller Switch mit schnellem Ethernet. Verbinden Sie diesen mit dem älteren Router, und schließen Sie dann alle schnellen Geräte wie NAS und PCs direkt am Switch an. So können diese Teilnehmer zumindest untereinander mit hoher Geschwindigkeit kommunizieren.

Nur wenn das ältere Gerät an einer Verbindung beteiligt ist, wird das Tempo gedrosselt.

2.2 Festplatten ins NAS einbauen

In der Regel wird Ihr NAS ohne Festplatten ausgeliefert. Einige Händler bieten Pakete von NAS mit eingebauten Festplatten an, verlangen dafür aber meist auch einen Aufpreis gegenüber dem Gesamtpreis der einzelnen Komponenten. Und das Einbauen der Laufwerke ins NAS ist nicht schwierig. In den meisten Fällen wird dafür nicht mal Werkzeug benötigt. Und wenn doch, brauchen Sie dafür nur einen kleineren Kreuzschraubendreher und etwas Geschick.

> **Wichtig: Festplatten werden gelöscht!**
>
> In der Regel wird man ohnehin neue, leere Festplatten in ein neues NAS einbauen. Falls Sie bereits genutzte Laufwerke wiederverwenden möchten, beachten Sie bitte, dass diese vom NAS grundsätzlich neu formatiert werden. Eventuell vorhandene Daten werden dabei unwiederbringlich gelöscht. Die Idee »Ich setze die Festplatte mit meiner Fotosammlung einfach ins NAS ein, dann habe ich die schon mal drin« ist zwar gut gemeint, wird in der Praxis aber nicht funktionieren. Stellen Sie deshalb also bei bereits gebrauchten Festplatten sicher, dass der Inhalt verzichtbar ist.

HotSwap-Modelle

Viele QNAP-NAS sind HotSwap-fähig. Das bedeutet, dass man die Festplatten beispielsweise im Fall einer Störung im laufenden Betrieb wechseln kann. Dass man dazu nichts aufschrauben sollte, ist schon aus Sicherheitsgründen naheliegend. Dementsprechend kann man die Festplatten bei diesen Modellen wechseln, ohne das Gehäuse zu öffnen. Stattdessen werden die Platten in einem Rahmen fixiert. Dieser wird dann ins NAS-Gehäuse eingeschoben. Rastet er dort ein, sind der sichere Sitz und Anschluss der Festplatte garantiert.

> **Sonderfall 2,5"-Laufwerke**
>
> Kleinere Laufwerke mit einem Formfaktor von 2,5" findet man vor allem bei Notebook-Festplatten und SSDs. Beide Arten finden in NAS eher seltener Verwendung, lassen sich aber durchaus einsetzen, da der SATA-Anschluss identisch ist. Allerdings kann man sie nicht mit Klemmleisten in den für 3,5" ausgelegten Einschüben fixieren. Stattdessen finden Sie an den Rahmen vorgebohrte Löcher, die zu entsprechenden Schraublöchern an der Unterseite der kleinen Laufwerke passen. Mehr dazu erfahren Sie im folgenden Abschnitt zum Einbau von Festplatten mit Schrauben.

Die exakte Vorgehensweise unterscheidet sich bei den verschiedenen Modellen geringfügig. Insbesondere die Ent- und Verriegelung der Einschubrahmen wurden im Laufe der Modelljahre immer wieder verändert. Bei den leistungsfähigeren Geräten kommen außerdem aufwendigere und widerstandsfähigere Mechanismen zum Einsatz. Prinzipiell sind die Schritte aber immer dieselben, wie im Folgenden beschrieben wird. Sollten Sie bei Ihrem Modell Zweifel haben, schauen Sie in die beigelegte Installationsanleitung. Sollten Sie diese nicht zur Hand haben, finden Sie sie online unter www.qnap.com/de-de/download. Wählen Sie dort Ihr Modell und dann die Rubrik *Dokument* aus.

> **Keine Gewalt – keine Probleme**
>
> Wer mit Hardwarebasteleien keine Erfahrung hat, schreckt vielleicht vor Eingriffen wie dem Einbau von Festplatten zurück. Das ist aber in diesem Fall nicht nötig, denn der Hersteller hat es so einfach wie möglich gemacht. Wichtig: Alle Schritte lassen sich ohne allzu großen Kraftaufwand durchführen. Wenden Sie also keinesfalls Gewalt an. Wenn etwas mit leichtem Druck nicht dahin will, wo es hinsoll, dann prüfen Sie bitte noch mal, ob Sie alle Schritte wie beschrieben durchgeführt haben. Wenn Sie unsicher sind, wäre mein persönlicher Tipp YouTube. Wenn Sie dort nach der Modellbezeichnung Ihres NAS suchen, finden Sie mit hoher Wahrscheinlichkeit Unboxing-Videos u. Ä. Mit etwas Geduld werden Sie einen Clip finden, der genau das Einsetzen der Laufwerke in Ihr Modell zeigt.

Einbauschächte lokalisieren/Abdeckung entfernen

Bei den meisten Modellen werden Sie die Einbauschächte auf den ersten Blick erkennen. Sie befinden sich meist an der Vorderseite. Etwas schwieriger kann es bei Modellen sein, bei denen die Einbaurahmen aus ästhetischen Gründen hinter einer Blende versteckt sind. Diese kann einfach aufgeklappt oder abgezogen werden. Teilweise müssen aber auch zuvor an der Rückseite ein paar Rändelschrauben entfernt werden, die sich einfach von Hand losdrehen lassen.

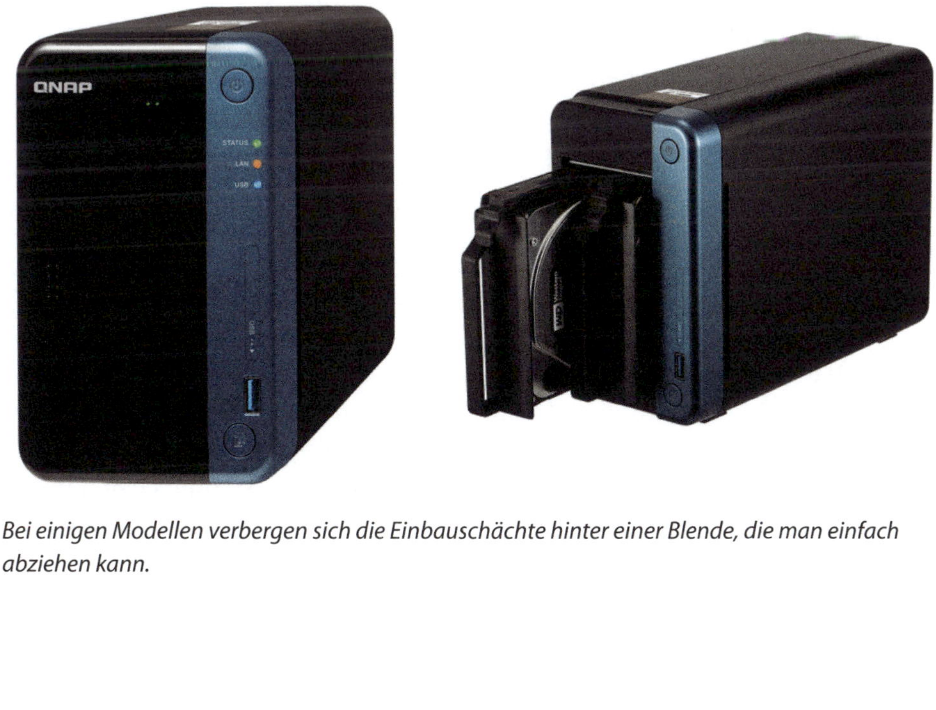

Bei einigen Modellen verbergen sich die Einbauschächte hinter einer Blende, die man einfach abziehen kann.

Wichtig: Wenn an Ihrem Modell keine Einbauschächte sichtbar sind und sich auch keine Blende findet, hinter der sie sich verstecken könnten, handelt es sich wahrscheinlich um ein Einsteigermodell mit internen Festplattenschächten, das für den Einbau geöffnet werden muss (siehe Seite 38).

Einschubrahmen entnehmen

Bei den Einschubrahmen ist der korrekte Sitz im jeweiligen Schacht wesentlich. Durch das Einstecken des Rahmens mitsamt Festplatte werden deren Konnektoren in die entsprechenden Anschlüsse des NAS gepresst. Dadurch werden sowohl die Stromversorgung als auch die Datenverbindungen zwischen Festplatte und NAS hergestellt.

Damit eine sichere und stabile Verbindung gewährleistet ist, muss deshalb ein Widerstand überwunden werden, der die richtige Position der Festplatte sicherstellt und zuverlässig beibehält. Bei den meisten Modellen rasten die Einschübe an der korrekten Position regelrecht ein.

Um einen Einbaurahmen zu entnehmen, muss dieser Widerstand jedes Mal überwunden werden. Für den genauen Mechanismus gibt es verschiedene Varianten. Aber in der Regel ist auch für Laien auf den ersten Blick erkennbar, wo man drücken oder ziehen muss. An dieser Stelle ist ausnahmsweise auch mal etwas mehr Druck erlaubt, da die Verbindung recht fest sitzen kann.

Kaputt machen können Sie dabei auch nichts, wenn Sie folgende Punkte beachten:

- Sie benötigen auf keinen Fall Werkzeug dafür.
- Es reicht der Druck von einem oder zwei Fingern.
- Halten Sie das Gehäuse vorsichtshalber mit der anderen Hand fest, bis Sie ein Gefühl für die erforderliche Kraft haben.

Bei den Mechanismen gibt es verschiedene Varianten:

- Im einfachsten Fall befindet sich an der zugänglichen Seite des Rahmens ein Griff, mit dem der Rahmen direkt herausgezogen werden kann.
- Bei vielen Modellen ist der Einbaurahmen in der korrekten Position fest eingerastet. Dann finden Sie an der Vorderseite des Rahmens einen Bügel, mit dem Sie diese Einrastsicherung lösen und dann den Rahmen entnehmen können.
- Bei manchen Modellen ist der Einschubrahmen zusätzlich durch einen kleinen Riegel gegen unbedachtes Herausziehen gesichert. In dem Fall muss dieser Riegel zunächst in die entgegengesetzte Position geschoben werden, bevor der Rahmen entriegelt und herausgezogen werden kann.

Einmal gelöst, kann der Einschubrahmen vollständig aus dem Gehäuse entnommen werden, um die Festplatte ungehindert einbauen bzw. wechseln zu können.

Verschiedene Varianten für Einbaurahmen bei QNAP-Geräten.

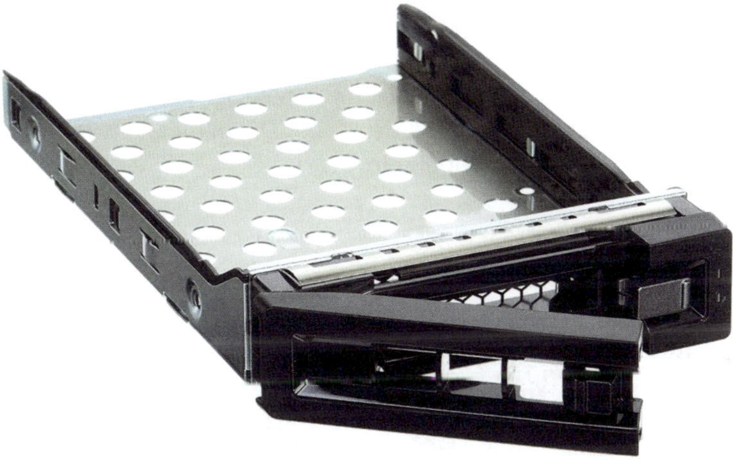

Die Rahmen können zum Einbauen von Festplatten vollständig entnommen werden.

Festplatte mit Halterungen einbauen

Bei einigen Modellen sind die Einschubrahmen an beiden Seiten mit Kunststoffstreifen versehen. Diese dienen dazu, die Festplatte im Rahmen zu fixieren, und erlauben das werkzeuglose Einsetzen bzw. Wechseln der Platten.

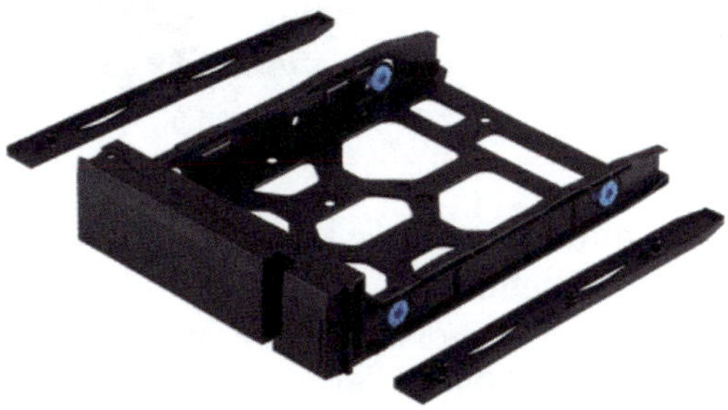

1. An den beiden Längsseiten ist von außen jeweils ein Kunststoffstreifen in den Rahmen eingesetzt, den Sie einfach entnehmen können. Am einfachsten geht es am vorderen Ende, mit dem der Rahmen ins Gehäuse eingesteckt wird. Dort stehen die Streifen leicht über und

können mit dem Finger nach außen gedrückt werden. Notfalls können Sie einen schmalen Schraubendreher vorsichtig zu Hilfe nehmen, um die Streifen herauszuhebeln.

Gummipuffer im Einschubrahmen

An den Einschubrahmen finden Sie bei den meisten Modellen Gummipuffer, die in die Bohrlöcher eingesetzt sind. Vielleicht erscheinen Ihnen diese lästig, weil sie das Positionieren der Festplatte und das Anbringen der Sicherungsstreifen etwas umständlicher machen. Sie erfüllen aber eine wichtige Rolle als Dämpfer, die das Übertragen von Schwingungen der Festplatte ans NAS-Gehäuse erheblich verringern. Damit arbeitet das Gerät vibrationsärmer und vor allem leiser. Entfernen Sie diese Noppen also keinesfalls, und achten Sie darauf, dass sie nicht versehentlich verloren gehen.

2. Setzen Sie nun die Festplatte von oben in den Rahmen ein. Dabei gehört die beschriftete Seite nach oben. Der Anschluss für Strom und Daten muss am vorderen Ende entgegengesetzt zum Griff oder Bügel sein.

3. Kontrollieren Sie die korrekte Ausrichtung der Festplatte, indem Sie die schmalen Seiten betrachten, wo Sie zuvor die Kunststoffstreifen für die Sicherung entnommen haben. Vorsicht: Die Festplatte liegt bislang nur locker im Rahmen, also gut festhalten! Die Seiten weisen jeweils zwei Bohrungen auf, die mit den entsprechen-

den Löchern im Gehäuse der Festplatte übereinstimmen sollten. Wenn es noch nicht ganz passt, schieben Sie die Platte ggf. etwas, um den Sitz zu optimieren.

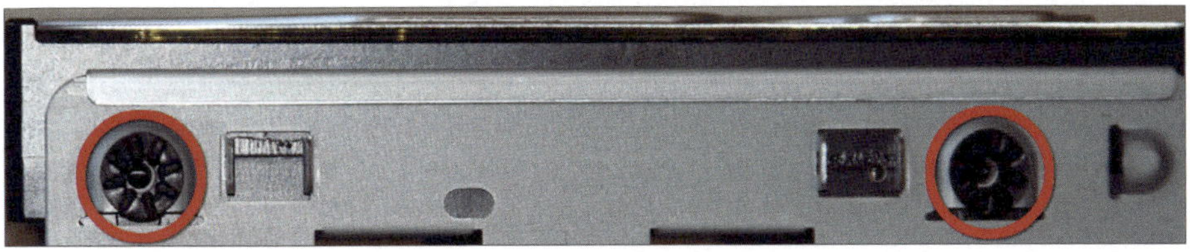

4. Nun montieren Sie die in Schritt 1 entnommenen Kunststoffstreifen wieder. An deren Innenseiten befinden sich Stifte, die exakt in die Löcher des Rahmens passen. Am besten beginnen Sie jeweils an einem Ende und platzieren dort zunächst einen Stift in der passenden Bohrung. Dann können Sie den Rest des Streifens einpressen.

Beschriftungen auf den Befestigungsstreifen?

Die Kunststoffstreifen sind für alle Einbaurahmen eines Modells identisch. Allerdings kann es sein, dass sie jeweils nur an einer bestimmten Seite passen. Dann sind sie gut sichtbar mit R oder L beschriftet. Wenn ein Streifen sich nicht ohne Gewalt fixieren lassen möchte, schauen Sie ihn sich also noch mal genau an. Falls Sie unsicher sind, wo nun rechts und links sein sollen: Der Einbaurahmen weist in diesem Fall ebenfalls diese Beschriftungen auf.

5. Auf beiden Seiten fest angebracht, fixieren die Streifen die Festplatte im Rahmen. Sie scheinen nicht sehr widerstandsfähig, aber wenn der Rahmen wieder im Gerät platziert ist, werden die Streifen zuverlässig an Ort und Stelle gehalten.

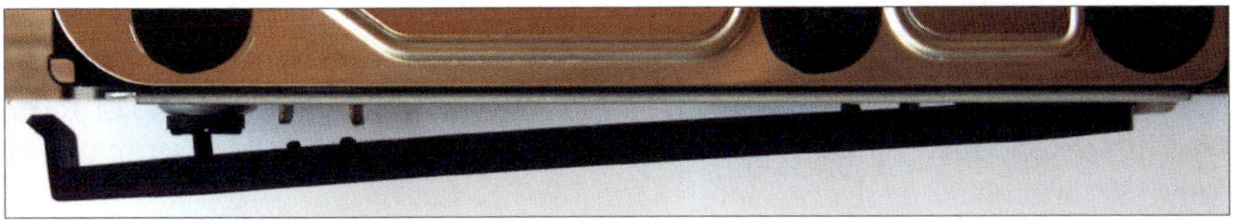

> **Wenn Ihnen die Sicherungsstreifen nicht ausreichen**
>
> Wenn Ihnen die Kunststoffstreifen nicht ausreichend erscheinen und Sie ohnehin nicht vorhaben, die Festplatten in absehbarer Zeit wieder auszubauen, können Sie die vorgebohrten Bohrlöcher in Rahmen und Festplatte nutzen, um die Platte mit den üblichen Einbauschrauben dauerhaft im Rahmen zu fixieren. Verwenden Sie die Kunststoffhalterungen aber auch in diesem Fall, damit der Einbaurahmen korrekt und sicher im Gerät fixiert werden kann.

Einschubrahmen einstecken

Ist die Festplatte im Einschubrahmen platziert und fixiert, kann der Rahmen wieder in das NAS-Gehäuse eingeschoben werden. Auch hier kann man wenig falsch machen, sofern man nichts mit Gewalt versucht. Bei der Ausrichtung des Rahmens kann man sich meist an anderen Rahmen orientieren, die sich noch im Gehäuse befinden. Die Rahmen lassen sich auch nur in der korrekten Ausrichtung in den Schacht einschieben.

Schieben Sie den Rahmen vorsichtig, aber auch nicht zu zaghaft in den Schacht ein. Er muss am Ende einrasten oder bei Mechanismen ohne Rastfunktion deutlich erkennbar am Ende ankommen. Bei Geräten mit einer Verriegelung für den Griffbügel drücken Sie abschließend den Bügel in seine Endposition. Wenn Sie von der Seite schauen, darf der Rahmen nicht über das Gehäuse oder die anderen Rahmen hinausragen.

Abdeckung anbringen

Wenn Ihr Gerät über eine Blende verfügt, die die Einbauschächte abdeckt, bringen Sie diese anschließend wieder an. Das sieht nicht nur besser aus, sondern schützt das Gehäuseinnere auch vor Staub und sorgt ggf. dafür, dass der Lüfter zur Temperaturkontrolle optimal und leiser arbeiten kann.

Modelle mit Schrauben

Nicht allen QNAP-Modellen liegen Kunststoffhalterungen für 3,5"-Festplatten bei. Außerdem müssen die kleineren 2,5"-Platten ohnehin fast immer festgeschraubt werden. Ausnahmen sind die Einbaurahmen für SSDs, in denen ausschließlich 2,5"-Platten eingesetzt werden können. Hier sind die Einschubrahmen an die kleinere Größe angepasst, und die Platten können direkt eingesetzt und fixiert werden.

Festplatten mit Schrauben befestigen

Für die kleineren Platten werden dieselben Einschubrahmen wie bei 3,5"-Laufwerken verwendet. Allerdings lassen sich die kleineren Festplatten dort nicht mit den üblichen Mechanismen fixieren und müssen stattdessen angeschraubt werden.

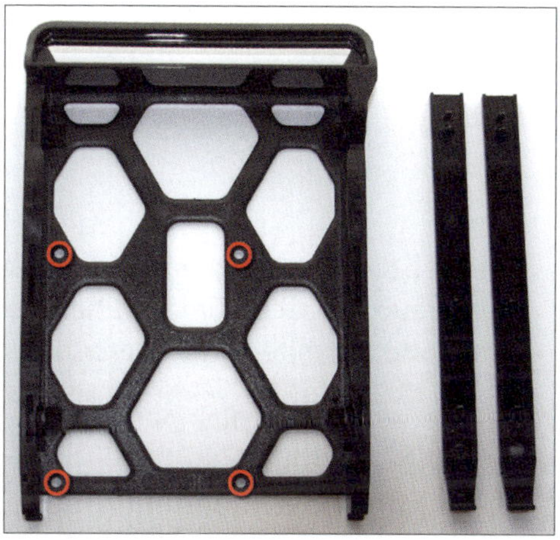

1. Entnehmen Sie den leeren Einschubrahmen aus dem NAS.
2. Entfernen Sie an den Längsseiten die beiden Kunststoffstreifen zum Fixieren von 3,5"-Laufwerken. Diese werden nicht benötigt bzw. würden stören. Bewahren Sie sie in an sicheren Ort auf, falls Sie später doch größere Laufwerke verwenden möchten.
3. Auf der Grundplatte des Einschubrahmens finden Sie vier Bohrlöcher vor. Diese passen zu entsprechenden Bohrungen am Boden der 2,5"-Festplatte.
4. Legen Sie die Platte an dieser Stelle auf die Grundplatte des Rahmens. Die beschriftete Seite muss nach oben zeigen.

   Die SATA-Anschlüsse der Festplatte gehören an die vordere kurze Seite des Einschubrahmens, die als Erstes ins Gehäuse eingeschoben wird.

5. Drehen Sie nun Rahmen und Festplatte vorsichtig um (die Platte liegt ja bislang nur lose auf!). Verschieben Sie die Platte ggf. noch ein wenig, sodass die vier Löcher im Rahmen genau über den Bohrungen der Festplatte liegen.

6. Verwenden Sie nun die beim NAS mitgelieferten Schräubchen, um die Platte am Rahmen zu befestigen. Wichtig ist dabei, dass Sie einen Kreuzschraubendreher mit sehr kleinem Kopf verwenden.

   Wenden Sie nur mäßig Kraft auf, da die Schraubköpfe leicht ausleiern. Die Schrauben brauchen auch nur leicht handfest angezogen zu sein, sodass Rahmen und Festplatte fest miteinander verbunden sind und nichts wackelt.

7. Nun können Sie den Rahmen in das NAS-Gehäuse einschieben.

Gehäuse ohne Einschubrahmen

Einige wenige Modelle von QNAP verzichten auf Einschubrahmen und -schächte. Dabei handelt es sich um Einstiegsmodelle mit nur einem oder zwei Festplattenanschlüssen. Diese müssen ähnlich wie bei einem PC ins Gehäuse eingebaut werden.

Das NAS muss dazu ausgeschaltet und das Stromkabel abgezogen sein. Diese Modelle sind nicht HotSwap-fähig, sodass ein Entfernen von Platten im laufenden Betrieb zu Fehlern und Datenverlust führen kann. Außerdem muss das Gehäuse geöffnet werden, wobei schon aus Sicherheitsgründen kein Strom mehr anliegen sollte. Am besten ziehen Sie auch das Netzwerkkabel ab, um das Gerät besser handhaben zu können.

1. Entfernen Sie dazu zunächst den abnehmbaren Teil des Gehäuses. In der Regel lässt sich ein Teil der Abdeckung leicht nach vorne schieben und dann ganz abnehmen. Werkzeug ist dazu meist nicht notwendig, bzw. die Schrauben an der Rückseite können von Hand gelockert werden. So erlangen Sie Zugang zum Gehäuseinneren.
2. Im Gehäuse finden Sie dann ein bzw. zwei Plätze für Festplatten vor. Die Laufwerke müssen so eingesetzt werden, dass die SATA-Stecker genau in die Buchsen auf der Platine an der Rückseite der Einschübe passen. Wenden Sie etwas Druck, aber keine Gewalt an.

3. An den Seitenblechen der Halterung finden Sie jeweils zwei Löcher ggf. mit Gummipuffern vor. Diese passen genau zu Löchern an den Seiten der Festplatten. Verwenden Sie – wenn vorhanden – die Kunststoffstreifen (siehe Seite 33) zum Fixieren der Festplatten. Andernfalls liegen dem NAS passende Schrauben bei, die Sie mit einem kleinen Kreuzschraubendreher nicht mehr als handfest anziehen.

Gummipuffer als Schalldämpfer

Wenn an den Löchern Gummipuffer angebracht sind, setzen Sie die Kunststoffleisten bzw. Schrauben durch diese hindurch. Die Puffer entkoppeln die Festplatten vom Gehäuse und minimieren so Vibrationen und Geräusche.

4. Ist bzw. sind die Festplatte(n) so fixiert, ist eine stabile zuverlässige Verbindung gesichert. Setzen Sie den fehlenden Teil der Abdeckung wieder ein, um das NAS vor Staub zu schützen und die Geräuschentwicklung zu minimieren.

2.3 Aufstellen und anschließen

Wer schon mal einen PC oder ein Smart-TV angeschlossen hat, sollte mit einem NAS keine Probleme haben. Denn solche Geräte benötigen lediglich zwei Verbindungen: einen Netzwerkanschluss und die Stromversorgung.

Netzwerkanschluss

Zum Thema Netzwerkanschluss wurde auf Seite 28 schon einiges gesagt. Das Gerät sollte in der Nähe eines geeigneten Netzwerkanschlusses stehen, der vor allem auch die maximale Geschwindigkeit unterstützt. Den oder ggf. die Netzwerkbuchsen finden Sie an der Rückseite des NAS.

> **Netzwerk mit Internet**
>
> Wichtig: Zumindest beim ersten Start muss sich das NAS über die Netzwerkverbindung mit dem Internet verbinden können, um die aktuelle Firmware aufspielen zu können.

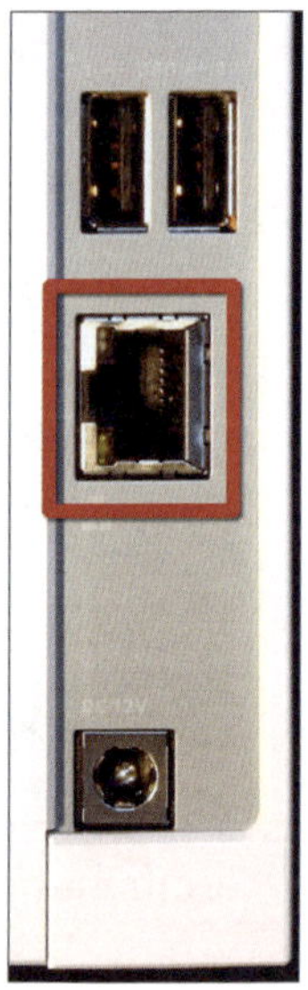

Sollte das mitgelieferte Netzwerkkabel nicht ausreichend lang sein, können Sie es durch ein handelsübliches Netzwerkkabel passender Länge ersetzen. Wenn Sie ein neues dafür kaufen, wählen Sie am besten eines mit CAT 7 aus. Das ist ein aktueller Standard, der dank guter Abschirmung robuste und schnelle Übertragungen ermöglicht und ggf. auch für ein zukünftiges 10-Gigabit-Netz gerüstet ist. Die Stecker an beiden Enden eines Netzwerkkabels können nur in der korrekten Ausrichtung eingesteckt werden und müssen spürbar einrasten. Welches Ende Sie ins Gerät und welches in den Wandanschluss, Switch o. Ä. stecken, spielt keine Rolle.

Stromversorgung

Die Stromversorgung besteht in der Regel aus einem externen Netzteil. Stecken Sie zunächst das davon ausgehende Kabel in den Stromanschluss an der Rückseite des NAS. Dann verwenden Sie das mitgelieferte Stromkabel, um das Netzteil an eine Steckdose anzuschließen.

Folgende Aspekte sind beachtenswert und vielleicht nicht für jeden offensichtlich:

- Wählen Sie eine Steckdose, die nie für andere Zwecke benötigt wird. Ersetzen Sie dazu ggf. eine einfache durch eine Mehrfachsteckdose. Eine einfachere Lösung kann eine Verteilersteckdose sein, wobei ein hochwertiges Exemplar für problemlosen Dauerbetrieb empfehlenswert ist.

- Stellen Sie sicher, dass niemand den Stecker versehentlich aus der Dose zieht. Ein Klassiker ist die Putzfrau, die eine Steckdose für den Staubsauger benötigt und einfach den erstbesten Stecker herauszieht. Ein plötzlicher Stromverlust ohne vorheriges Herunterfahren ist für ein NAS jedes Mal ein problematischer Vorgang mit dem Potenzial für Datenverluste und sollte auf (hoffentlich seltene) Ausfälle der regionalen Stromversorgung begrenzt bleiben.
- Verlegen Sie das Kabel ggf. mit Kabelbindern oder anderen Sicherungen, sodass es nicht im Weg ist und niemand versehentlich daran hängen bleiben kann. Auch dabei geht es nicht nur um die Gesundheit von Menschen, sondern auch um die Unversehrtheit Ihrer Daten.

Das Gerät startet nicht automatisch, wenn die Stromversorgung hergestellt wurde. Dies geschieht erst, wenn Sie den Ein-/Ausschalter drücken, was Sie – wenn sowohl Netzwerk als auch Stromversorgung angeschlossen sind – aber unmittelbar tun können. Der Startvorgang bis zur Betriebsbereitschaft dauert jeweils eine kurze Zeit. Wenn das Gerät einmal länger piept und die Statusleuchte dauerhaft leuchtet, ist es so weit, und Sie können fortfahren.

2.4 Erster Start und Grundeinrichtung

Wenn das NAS-Gerät aufgestellt, angeschlossen und eingeschaltet ist, können Sie mit der Grundeinrichtung beginnen. Diese erfolgt per Webbrowser. Sie können dazu im Prinzip auch ein Smartphone oder Tablet im selben lokalen Netzwerk verwenden. Am praktischsten ist aber ein PC oder Notebook mit Tastatur und Maus.

NAS über install.qnap.com finden

Die unkomplizierteste Methode für das schnelle Auffinden Ihres NAS bietet ein Onlinedienst von QNAP. Dazu starten Sie auf einem PC, der sich im selben lokalen Netzwerk wie das NAS befindet, einen Webbrowser und rufen die Adresse install.qnap.com auf. Damit starten Sie einen Onlineassistenten, der versucht, ein NAS in Ihrem lokalen Netzwerk zu lokalisieren. Das dauert in der Regel nur wenige Sekunden.

Wird der Assistent fündig, präsentiert er Ihnen eine grafische Darstellung des gefundenen Modells sowie Eckdaten zu Modellname, IP- und MAC-Adresse. Damit können Sie im Notfall (falls mehrere QNAP-Geräte im Einsatz sein sollten) sicherstellen, dass es sich um das gewünschte NAS handelt. Ein wichtiger Hinweis ist auch die angebotene *Aktion*: *Initialisieren* bedeutet, dass auf diesem Gerät bislang keine Firmware installiert wurde und das Gerät (noch) nicht einsatzbereit ist.

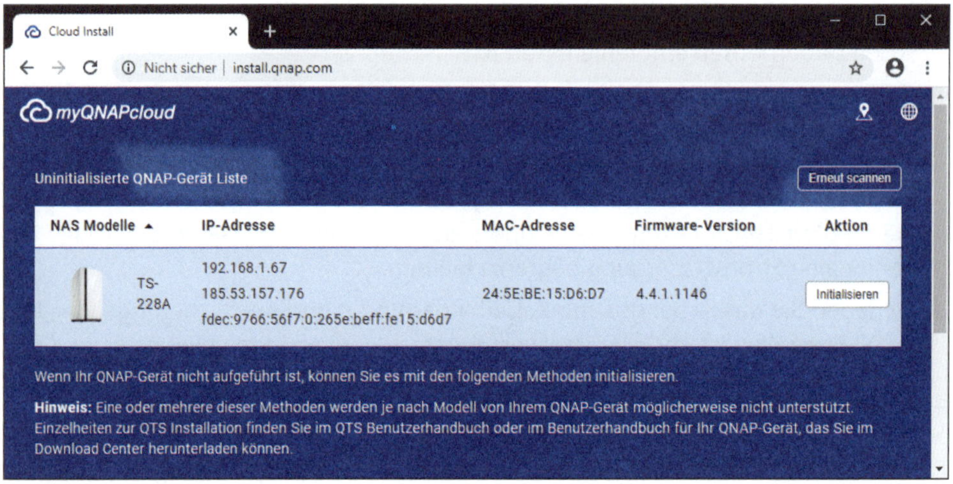

Der QNAP-Installationsassistent hat ein neues NAS im lokalen Netzwerk entdeckt.

1. Klicken Sie auf die *Initialisieren*-Schaltfläche.
2. Der Assistent bietet Ihnen dann an, sich mit einer vorhandenen QNAP-ID anzumelden oder ggf. eine solche erst zu erstellen. Allerdings ist das an dieser Stelle nicht unbedingt erforderlich, sodass Sie es zunächst überspringen können. Mehr zur QNAP-ID und den damit verbundenen Funktionen erfahren Sie auf Seite 187.

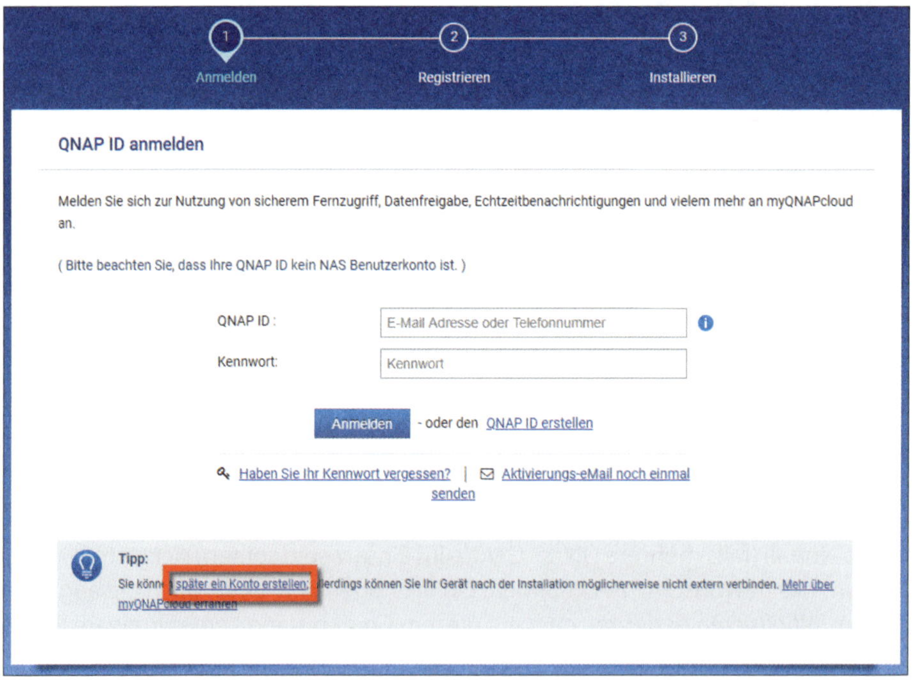

3. Klicken Sie stattdessen auf den im Kleingedruckten versteckten Link *später ein Konto erstellen*, um ohne Anmeldung direkt zur Weboberfläche des NAS zu gelangen. Ab hier geht es dann weiter, wie auf Seite 48 beschrieben.

Hilfe durch den Qfinder Pro

Falls der Onlineinstallationsassistent Ihr Gerät nicht findet, sollten Sie sich auf den Webseiten von QNAP den *Qfinder Pro* herunterladen. Sie finden ihn unter www.qnap.com/utilities als Programm für Windows, Mac und Linux (Ubuntu). Hier ist außerdem ein Link auf den Chrome Web Store enthalten, wo Sie eine Version als Web-App in Chrome und verwandten Browsern installieren können.

Führen Sie das heruntergeladene Installationsprogramm anschließend aus. Im letzten Schritt vor dem Fertigstellen der Installation können Sie den *Qfinder Pro* direkt starten lassen. Außerdem findet sich hier eine Option, mit der Sie das Übermitteln anonymer Nutzungsinformationen an QNAP unterbinden. Sollten Sie den Schritt verpasst haben, finden Sie den *Qfinder Pro* auch als Symbol auf dem Desktop oder im Startmenü.

1. Nach dem Start des Programms wählen Sie zunächst die Region, wobei Sie überall außerhalb von China *Global* wählen.
2. Außerdem benötigt *Qfinder Pro* eine Ausnahmeregel für die Windows-Firewall (bzw. eine andere Firewall, die Sie auf Ihrem PC installiert haben). Windows erkennt den Zugriff und bietet automatisch an, eine entsprechende Regel für das Programm *qfinderpro.exe* einzurichten. Genehmigen Sie dies mit *Zugriff zulassen*. Das ist nur einmalig beim ersten Start der Anwendung erforderlich.

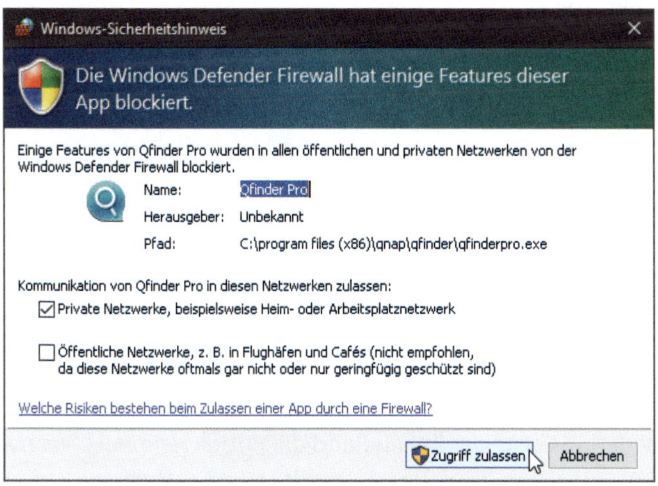

3. Beim Start sucht *Qfinder Pro* automatisch im lokalen Netzwerk nach QNAP-Geräten und listet diese auf. Für jedes Gerät gibt er Name, IP-Adresse, Modell, Softwareversion, MAC-Adresse sowie den Status an.
4. Erkennt das Programm, dass ein Gerät noch nicht eingerichtet wurde, zeigt es automatisch einen Hinweis an. Hier können Sie mit einem Klick auf *Ja* direkt die Initialisierung starten.

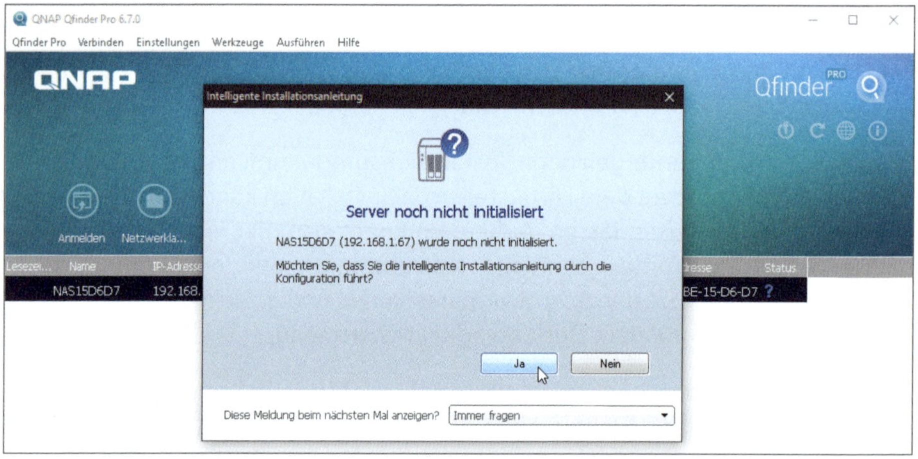

Neben dem Auffinden von Geräten kann der *Qfinder Pro* auch bei weiteren Aufgaben wie dem Einbinden von Netzwerklaufwerken, dem Einrichten von Druckern am NAS oder dem Konfigurieren des automatischen Aufwachens bei Bedarf (WOL) hilfreich sein. Sie sollten ihn also auch nach erfolgreichem Finden und Einrichten Ihres NAS nicht sofort wieder deinstallieren.

Die IP-Nummer des NAS ermitteln

Sollte das Auffinden des NAS über seinen Namen oder die vorgestellten Assistenten nicht klappen, obwohl in Ihrem Netzwerk DHCP verwendet wird, können Sie in den Einstellungen Ihres Routers (DSL-Modem, FRITZ!Box o. Ä.) nachschauen, unter welcher IP-Nummer Ihr NAS erreichbar ist.

Die exakte Vorgehensweise dazu ist bei jedem Router etwas anders. Im Folgenden beschreibe ich die Schritte für eines der weitverbreiteten FRITZ!Box-Modelle:

1. Öffnen Sie die Konfigurationsoberfläche der FRITZ!Box auf einem PC im lokalen Netzwerk im Webbrowser (üblicherweise unter *fritz.box* erreichbar).
2. Wählen Sie in der Navigationsleiste am linken Rand die Rubrik *Heimnetz/Netzwerk*.
3. In der Liste rechts finden Sie im Abschnitt *Aktive Verbindungen* alle Geräte, die derzeit im Netzwerk aktiv sind. Hier sollte sich auch ein Eintrag mit dem Kürzel NAS im Namen befinden. QNAP setzt die Namen in der Regel aus diesen Buchstaben

und den letzten Stellen der MAC-Adresse des jeweiligen Gerätes zusammen, also im abgebildeten Beispiel *NAS15D6D7*.

4. Sollte dies nicht der Fall sein, suchen Sie nach Geräten mit numerischen Bezeichnungen, die Ihnen anderweitig nichts sagen. Hinweis: Wenn Sie das NAS neu angeschlossen haben, dürfte es per DHCP eine der höchsten bislang vergebenen IP-Nummern erhalten haben. Wenn Sie die Liste anhand der Spalte *IP-Adresse* sortieren, sollte es also recht weit oben stehen.

5. Um sicherzugehen, dass Sie das richtige Netzwerkgerät gefunden haben, klicken Sie beim jeweiligen Eintrag rechts auf das *Bearbeiten*-Symbol.
6. Damit öffnen Sie ein Menü, in dem Sie unter *Geräteinformation* die MAC-Adresse dieses Gerätes finden. Vergleichen Sie diese mit der MAC-Adresse, die auf einem Aufkleber an der Rückseite des NAS abgedruckt ist. MAC-Adressen sind für jedes Gerät einzigartig und eindeutig.

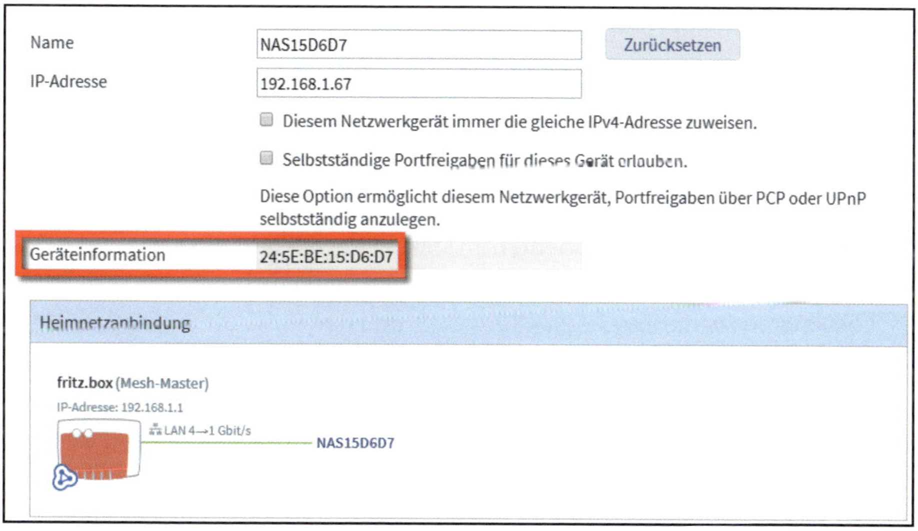

Wenn das NAS im Netzwerk nicht gefunden wird

Wenn Ihr NAS mit keiner der gerade beschriebenen Methoden gefunden wird, kann das verschiedene Ursachen haben.

Im Folgenden deshalb eine kurze Checkliste, was Sie in diesem Fall kontrollieren und ausprobieren können, um das Problem zu beheben:

- Kontrollieren Sie zunächst den Netzwerkanschluss des NAS. Beide Enden des Kabels müssen fest eingesteckt und eingerastet sein. Einige Modelle haben eine LAN-Kontrollleuchte am Gehäuse, die grün leuchtet bzw. blinkt, wenn eine Netzwerkverbindung aktiv ist. Bei anderen Modellen sitzen Kontroll-LEDs direkt am

Netzwerkanschluss. Auch hier sollte die grüne LED auf der linken Seite der Buchse grün leuchten oder blinken.

- Wenn der andere Netzwerkanschluss ebenfalls über Kontrollleuchten verfügt, sollte es dort ähnlich aussehen. Schließen Sie dort ggf. ein anderes Netzwerkgerät an, um sicherzustellen, dass dieser Anschluss funktionsfähig ist.
- Vergewissern Sie sich, dass im Netzwerk DHCP aktiv ist und das automatische Vergeben von Netzwerkadressen regelt. Nur dann kann das NAS sich damit verbinden. Sollte dies nicht der Fall sein, lesen Sie auf Seite 47, wie Sie ein NAS ohne DHCP einrichten können.
- Deaktivieren Sie auf dem PC vorübergehend Antivirus-, Firewall oder ähnliche Sicherheitsprogramme. Wenn dann eine Verbindung gelingt, muss im Schutzprogramm eine Ausnahmeregel für das NAS eingestellt werden.
- Sollte der PC über mehr als eine Netzwerkschnittstelle verfügen (beispielsweise Ethernet und WLAN), deaktivieren Sie alle bis auf diejenige, die für die Verbindung zum NAS benötigt wird.
- Sollten – beispielsweise in einem Unternehmen – mehrere Netzwerke parallel laufen, stellen Sie sicher, dass die gewählte Anschlussbuchse zum richtigen Netzwerk gehört. Das NAS und der PC müssen sich im selben physikalischen und logischen Netzwerk befinden, damit der PC das NAS erreichen kann.
- Sollten – beispielsweise in einem Firmenumfeld – eine Hardware-Firewall oder ähnliche Sicherheitskomponenten im lokalen Netzwerk aktiv sein, wenden Sie sich an den Administrator, um ggf. eine Ausnahme für das NAS einrichten zu lassen.
- Lokalisieren Sie die Reset-Taste Ihres NAS, und halten Sie diese für ca. 3 Sekunden gedrückt, bis ein Piepton erfolgt. Damit setzen Sie die Netzwerkkonfiguration des NAS zurück. Hinweis: Dadurch wird auch das Kennwort des admin-Kontos auf das Auslieferpasswort zurückgesetzt, falls Sie dieses schon geändert hatten.
- Wechseln Sie zu einem anderen PC, Netzwerk, Tablet oder Smartphone im selben Netzwerk, und versuchen Sie, ob Sie damit die Weboberfläche des NAS erreichen können.
- Tauschen Sie probeweise das Netzwerkkabel aus, um einen Kabelschaden auszuschließen.
- Schließen Sie das NAS probeweise an einem anderen Netzwerkanschluss an, von dem Sie sicher sind, dass er funktioniert.

Sollten alle diese Maßnahmen nicht helfen oder nicht zutreffend sein, können Sie das NAS auch in Betrieb nehmen, indem Sie es direkt mit einem PC verbinden, wie der folgende Abschnitt beschreibt. Dies sollte aber nur eine Notmaßnahme sein, da das grundlegende Problem dadurch meist nicht behoben wird.

Die Ersteinrichtung ohne DHCP durchführen

Die verschiedenen beschriebenen Methoden basieren allesamt darauf, dass der zentrale Router in Ihrem Heimnetzwerk die Adresszuteilung per DHCP durchführt. Ist dies nicht der Fall, kann das NAS sich nicht automatisch mit dem Netzwerk verbinden, sondern fällt auf eine voreingestellte statische Verbindung zurück.

Wenn Sie in Ihrem Netzwerk auf DHCP verzichten und stattdessen statische, voreingestellte Adressen verwenden, erschwert dies zumindest die Ersteinrichtung des NAS. Deshalb sollten Sie sich überlegen, diese Ersteinrichtung ggf. in einem anderen Netzwerk mit DHCP und Internetzugang durchzuführen und dann als letzten Schritt die Netzwerkkonfiguration passend zu Ihrem Netzwerk durchzuführen. Anschließend fahren Sie das NAS herunter, schließen es in Ihrem Netzwerk wieder an und können es dann in Betrieb nehmen.

Wenn dies nicht möglich ist, können Sie sich auch anders behelfen. Sie benötigen dazu einen PC oder ein Notebook mit Ethernet-Anschluss und ein Ethernet-Kabel. Laden Sie sich den *Qfinder Pro* (siehe Seite 43) und bei dieser Gelegenheit auch gleich die aktuelle Version des QNAP-Betriebssystems QTS herunter. Diese enthält die Firmware für Ihr NAS.

Dann gehen Sie so vor:

1. Verbinden Sie PC und NAS mit dem Netzwerkkabel. Sollte es sich um einen älteren PC handeln, benötigen Sie dafür eventuell ein spezielles Cross-over-Ethernet-Kabel. Bei neueren Geräten ist dies nicht mehr erforderlich.
2. Schalten Sie dann zunächst das NAS ein, und warten Sie, bis es betriebsbereit ist (Piepton und dann blinkende Status-LED).
3. Starten Sie dann den PC, und warten Sie ab, bis dieser hochgefahren ist.
4. Sollte der PC nicht für DHCP konfiguriert sein, müssen Sie ihn nun vorübergehend so konfigurieren, dass er sich automatisch eine Internetadresse per DHCP holt (die bekommt er vom NAS).
5. Starten Sie dann den zuvor installierten *Qfinder Pro*, und lassen Sie das NAS damit finden.

Wenn das soweit geklappt hat, können Sie *Qfinder Pro* verwenden, um die zuvor heruntergeladene Firmware auf dem NAS zu installieren (siehe Seite 43). Anschließend können Sie in den Einstellungen des NAS eine feste IP-Adresse in Ihrem Netzwerk festlegen. Danach fahren Sie das NAS herunter, verbinden es mit dem lokalen Netzwerk und nehmen es in Betrieb.

Die aktuelle Systemsoftware installieren

Wenn Sie ein fabrikneues QNAP-NAS in Betrieb nehmen, muss darauf zunächst die aktuelle Firmware installiert werden. Seitdem das Gerät die Fabrik verlassen hat, ist einige Zeit vergangen, und in der Regel gab es inzwischen mehrere Updates. Deshalb wird die aktuelle Firmware-Version jeweils als erster Schritt beim Einrichten eines neuen NAS eingespielt.

Die Systemsoftware per Webassistent installieren

Wenn Ihr NAS mit einem Netzwerk verbunden ist und darüber auch Zugriff auf das Internet hat, läuft das Einrichten der Systemsoftware recht geradlinig ab. Das NAS kann die aktuelle Firmware-Version selbstständig aus dem Internet herunterladen und installieren.

1. Nachdem Sie mit einer der oben beschriebenen Methoden Ihr NAS im Netzwerk lokalisiert haben, lassen Sie dessen Weboberfläche im Browser anzeigen.
2. Dort wird Ihnen automatisch angeboten, die aktuellste Firmware herunterzuladen und zu installieren. Klicken Sie dazu auf *Starten*. Sie können diesen Schritt auch mit einem Klick auf die gleichnamige Schaltfläche überspringen und die Firmware später aktualisieren, aber das würde ich nur aus gutem Grund tun, beispielsweise wenn kein Internetzugang verfügbar ist.

3. Anschließend können Sie die *Intelligente Installationsanleitung starten*, was ein etwas euphorischer Name für einen Assistenten ist, der Sie durch die erforderlichen Schritte führt.
4. Im ersten Schritt können Sie unter *NAS-Name* einen beliebigen Namen für Ihr NAS festlegen. Sie sollten nur beachten, dass er nicht zu lang und umständlich wird. Er darf maximal 14 Zeichen lang sein und kann aus Buchstaben und Ziffern bestehen. Als einziges Sonderzeichen ist ein Bindestrich (-) zulässig.

5. Noch wichtiger ist allerdings ein sicheres *Kennwort* für den Administrator. Es kann bis zu 64 Zeichen lang sein und darf aus Groß- und Kleinbuchstaben, Ziffern sowie gängigen Sonderzeichen bestehen.

Administrator nur für administrative Aufgaben

Das Administratorkonto sollte nur genutzt werden, um das NAS einzustellen und Wartungsaufgaben durchzuführen. Für die eigentliche Verwendung der NAS-Funktionen können Sie weitere Benutzerkonten mit eingeschränkten Zugriffsrechten erstellen (siehe Seite 101). Es empfiehlt sich aus Sicherheitsgründen, Administratorfunktionen von Benutzerfunktionen strikt zu trennen.

6. Im nächsten Schritt geht es darum, dass Ihr NAS immer auf der Höhe der Zeit ist. Dazu wählen Sie Ihre Zeitzone (im deutschsprachigen Raum beispielsweise *(GMT+01:00) Amsterdam, Berlin, Bern, Rome, Stockholm, Vienna*.

7. Außerdem können Sie festlegen, dass das NAS seine interne Uhr regelmäßig automatisch mit einem Internetzeitserver synchronisieren soll. So werden selbst geringe Abweichungen rechtzeitig ausgeglichen. Der vorgegebene *NTP-Server* ist zuverlässig, kann aber durch einen eigenen ersetzt werden. In jedem Fall sollten Sie ihn direkt testen, indem Sie auf die gleichnamige Schaltfläche klicken, bevor Sie das Einrichten fortsetzen.

8. Bei den Netzwerkeinstellungen kann es in der Regel bei der Option *IP-Adresse automatisch beziehen (DHCP)* bleiben. Diese geht davon aus, dass es im lokalen Netzwerk einen DHCP-Server gibt, der Netzwerkadressen auf Anfrage automatisch zuteilt. Das übernimmt meist das Gerät, das auch für das Herstellen des Internetzugangs zuständig ist, beispielsweise im Heimbereich eine FRITZ!Box oder ein vergleichbarer Router.

9. Anschließend können Sie festlegen, welche grundlegenden Dateidienste auf dem NAS aktiviert werden sollen. Wenn bei Ihnen neben Windows-PCs auch Mac- und/oder Linux-Rechner im Einsatz sind, sollten Sie diese Optionen anwählen, dann werden zusätzlich **A**pple **F**ile **P**rotocol (AFP) bzw. **N**etwork **F**ile **S**ystem (NFS) eingerichtet.

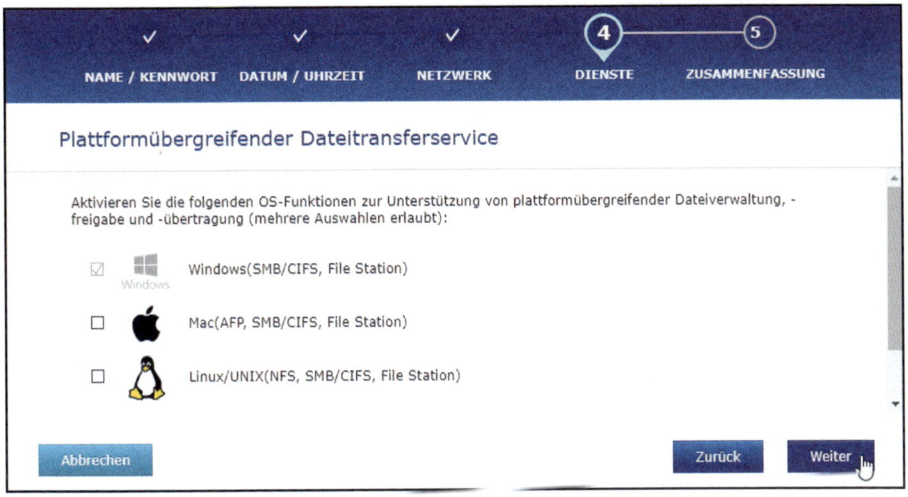

10. Abschließend erhalten Sie eine Zusammenfassung der gewählten Einstellungen. Klicken Sie unten rechts auf *Übernehmen*, um die Konfiguration entsprechend durchzuführen.
11. Bestätigen Sie den Warnhinweis, dass während der Installation eventuell vorhandene Daten auf den eingebauten Festplatten entfernt werden. An der Stelle sollten Sie sich aber ruhig noch mal fragen, ob sich auf den Platten wirklich keine Daten mehr befinden, die wichtig und anderweitig unwiederbringlich sind.

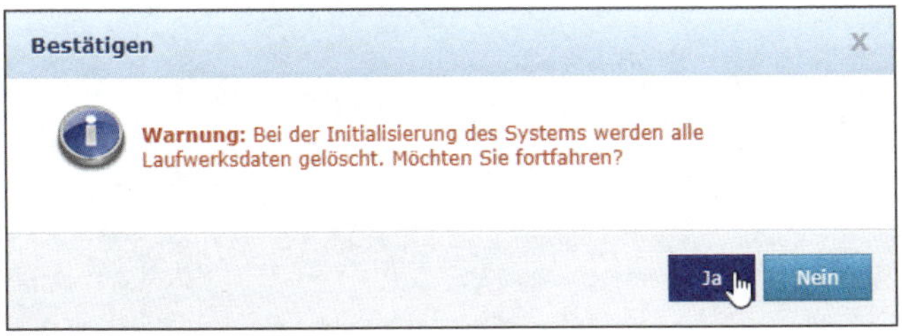

12. Nun beginnt das Einrichten des NAS und der Festplatten, was einige Minuten in Anspruch nehmen wird. Schalten Sie das Gerät während dieser Zeit nicht aus. Den PC können Sie aber durchaus anderweitig beschäftigen. Auch das Browserfenster muss nicht die ganze Zeit geöffnet bleiben.

13. Zum Abschluss der Installation wird das NAS neu gestartet. Warten Sie einfach ab, bis Sie einen längeren Piepton vom Gerät hören. Sollte der Webbrowser die ganze Zeit geöffnet gewesen sein, zeigt er automatisch den nächsten Schritt an. Andernfalls öffnen Sie die Weboberfläche des NAS erneut.

Der erste Start nach der Installation

Nach der Installation können Sie sich zum ersten Mal beim QTS-Desktop, der Verwaltungsoberfläche für Ihr QNAP-NAS, anmelden:

1. Geben Sie im Webbrowser den zuvor gewählten NAS-Namen an. Sollte das bei Ihrem Browser nicht reichen, versuchen Sie es mit der ausführlichen Version http://<NAS-Name>, gefolgt von :8080, also beispielsweise *http://qnas:8080*. Daraufhin lädt der Webbrowser die Anmeldeseite des NAS.

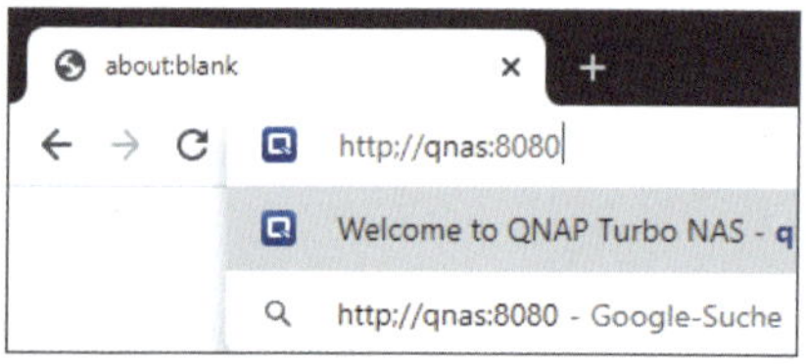

2. Melden Sie sich hier mit dem Benutzernamen *admin* und dem dazugehörenden Kennwort an, das Sie bei der Installation in Schritt 4 festgelegt haben.

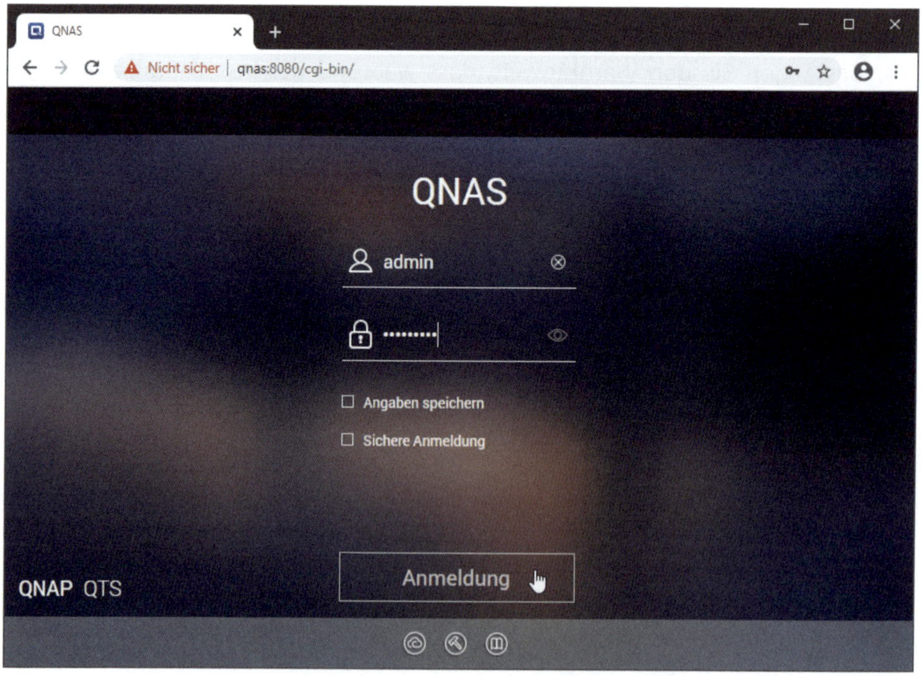

> **Zugangsdaten im Browser speichern?**
>
> Um sich nicht jedes Mal wieder anmelden zu müssen, können Sie im Login-Dialog die Option *Angaben speichern* aktivieren. Dann speichert die Weboberfläche des NAS ein Cookie im Webbrowser, sodass Sie Ihre Benutzerdaten nur gelegentlich neu eintippen müssen.
>
> Das ist komfortabel, aber auch nicht ohne Risiko. Denn dann kann jeder, der Zugriff zu diesem PC und Ihrem Benutzerkonto hat, sich ohne Kennwort als Administrator beim NAS anmelden. Wenn Sie ausschließen können, dass das durch andere missbraucht werden kann, spricht aber nichts gegen ein wenig Komfort.

3. QNAP weist Sie beim ersten Anmelden auf die Datenschutzbestimmungen hin, was Sie aber ohnehin nur bestätigen können.
4. Anschließend folgen einige Tipps, was Sie wo in der QTS-Oberfläche finden. Klicken Sie die Tipps und Fenster einfach erst mal weg.
5. QNAP würde gern Daten über die Verwendung Ihres NAS erfassen. Laut Hersteller werden diese anonym erhoben und lassen keine Identifizierung Ihrer Person oder Ihrer Daten zu.

   Wenn Sie das trotzdem nicht möchten, klicken Sie auf *Nein*.
6. Schließlich sollte sich die Oberfläche ungefähr wie in der Abbildung hier präsentieren.

Wollen Sie sich vor den weiteren Schritten zunächst mit der Weboberfläche Ihres NAS vertraut machen, empfehle ich Ihnen einen Blick in das folgende Kapitel. Ansonsten sollten Sie sich zunächst dem Einrichten der Festplatten widmen.

Die Festplatten im NAS einrichten

Bevor Sie Ihr NAS einrichten können, müssen zunächst die Festplatten eingerichtet werden. Dies macht das Gerät nicht automatisch, da es dem Benutzer überlassen werden soll, welchen RAID-Modus er wählen möchte und ob er die vorhandene Speicherkapazität insgesamt nutzen oder in mehrere Volumes aufteilen möchte. Die Einstellungen dafür finden Sie in der App *Speicher & Snapshots*.

Notwendige Fachbegriffe: Volumes, Speicherpools, Inodes

Damit Sie die richtigen Entscheidungen beim Einrichten der Festplatten treffen können, müssen Sie sich leider mit ein paar Fachbegriffen vertraut machen, denen Sie dabei begegnen werden. Diese erkläre ich auf den folgenden Seiten, bevor es dann konkret an das Konfigurieren geht.

Snapshots zur Datensicherung

Snapshots sind Momentaufnahmen der Daten, die auf Ihrem NAS gespeichert sind. Dazu muss nur einmal bzw. gelegentlich eine vollständige Aufnahme des gesamten Speichers erstellt werden. Nachfolgende Aufnahmen beschränken sich auf die Inhalte, die sich seit der letzten Sicherung verändert haben. Dabei arbeiten Snapshots blockbasiert, sodass selbst bei Änderungen nicht ganze Dateien, sondern nur die tatsächlich veränderten Teile einer Datei gesichert werden. Dadurch sind diese Momentaufnahmen sehr effizient und speichersparend.

Sie sollen kein externes Backup der Daten ersetzen, sondern ermöglichen es, auf frühere Versionen von Dateien zurückzugreifen bzw. versehentlich oder voreilig gelöschte Inhalte wiederherzustellen.

Statische Volumes

Als statische Volumes bezeichnet QNAP die einfachste und effizienteste Möglichkeit, den Speicherplatz eingebauter Festplatten nutzbar zu machen. Ein Volume nutzt grundsätzlich die gesamte Kapazität der beteiligten Platten, muss aber nicht alle eingebauten Festplatten umfassen. Welcher RAID-Modus zum Einsatz kommt, kann – abhängig von der Anzahl der beteiligten Festplatten – frei gewählt werden. Die Zugriffe sind etwas schneller als bei Speicherpools (in der Praxis etwa 10 bis 20 %).

Der Nachteil von statischen Volumes ist, dass bei dieser Variante nicht alle NAS-Funktionen verwendet werden können. So kann beispielsweise die Größe des Volumes nachträglich nicht mehr verändert werden. Nur durch das Hinzufügen weiterer Festplatten kann man ein Volume später noch erweitern. Auch das Erstellen von Snapshots (siehe Hinweiskasten) ist bei statischen Volumes prinzipiell nicht möglich.

Das soll aber nicht bedeuten, dass ich von statischen Volumes abraten würde. Wenn Sie die gesamte Speicherkapazität einfach zur Verfügung stellen und auf Snapshots verzichten wollen, sind sie insbesondere aufgrund der besseren Leistung durchaus empfehlenswert. Wie Sie ein statisches Volume einrichten, ist auf Seite 57 beschrieben.

Speicherpools und flexible Volumes

Speicherpools verfolgen einen dynamischeren Ansatz. Dazu werden die beteiligten Festplatten zunächst zu einem Speicherpool zusammengefasst. Der zu verwendende RAID-Modus wird für den gesamten Speicherpool festgelegt. Er gilt also automatisch für alle Volumes, die anschließend in diesem Speicherpool erstellt werden. Ein Volume kann den gesamten Platz des Speicherpools einnehmen oder nur einen bestimmten Teil davon. Dementsprechend kann man in einem Speicherpool auch mehrere Volumes einrichten.

Die Art der Volumes wird unterschieden:

- »Dicke« (Thick) Volumes: Ein »dickes« Volume belegt den festgelegten Speicherplatz im Speicherpool sofort vollständig. Selbst wenn noch keine Datei darin gespeichert wurde, ist der Speicherplatz also für andere Volumes nicht mehr verfügbar. Dafür ist er aber für das Volume selbst garantiert, sodass man sich diesbezüglich nach dem Einrichten keine Gedanken mehr zu machen braucht.
- »Dünne« (Thin) Volumes: Auch für »dünne« Volumes wird beim Einrichten eine feste Größe angegeben. Das ist aber ein Maximalwert, denn »dünne« Volumes belegen dynamisch immer nur so viel Speicherplatz, wie die darin gespeicherten Daten tatsächlich benötigen. Nicht genutzter Speicherplatz steht dem Speicherpool weiterhin zur Verfügung und kann von anderen »dünnen« Volumes genutzt werden. Das erlaubt sehr viel Flexibilität, denn letztlich kann man mehreren »dünnen« Volumes mehr Speicherplatz zuweisen, als insgesamt zur Verfügung steht. Das klappt allerdings nur, wenn nicht alle Volumes gleichzeitig ihren maximalen Speicherplatz auslasten. Hier muss man als Administrator also stets den Speicherpool im Auge behalten. Außerdem kostet das dynamische Belegen und Freigeben der Volumes etwas Leistung, sodass die »dünne« Variante geringfügig langsamer als die »dicke« ist.

Speicherpools sind mit ihren dynamischen Volumes flexibler, da sich die Größe der Volumes auch nachträglich verändern lässt. Außerdem ermöglichen sie fortgeschrittene NAS-Funktionen wie etwa Snapshots (siehe Hinweiskasten).

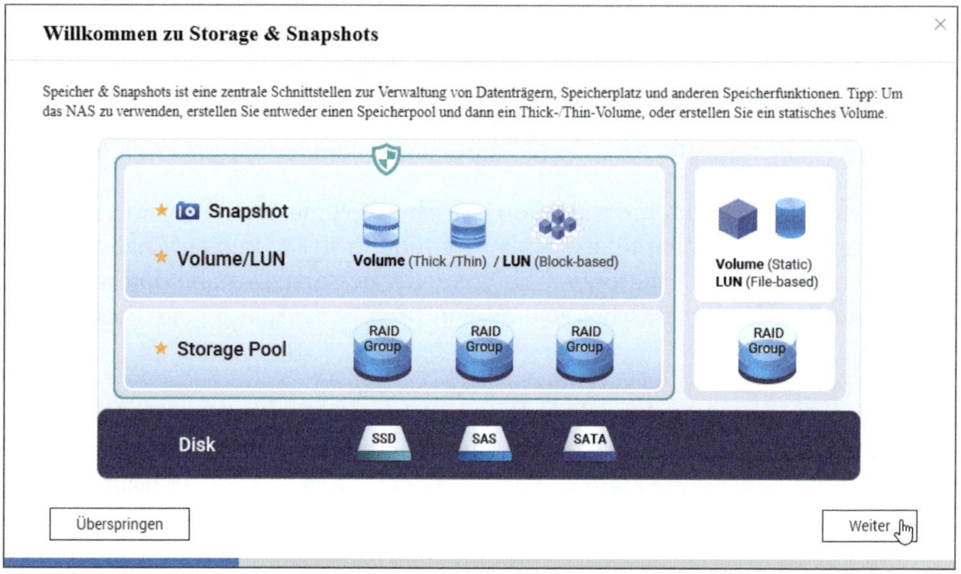

Das NAS unterstützt verschiedene Varianten, bei denen nur Speicherpools den Schutz durch Snapshots bieten.

Wer einfach die gesamte Speicherkapazität in einem Volume nutzbar machen und Snapshots verwenden will, sollte ein »dickes« Volume über den gesamten Speicherpool einrichten. Wer mehrere Volumes und Flexibilität beim Speicherplatz benötigt, sollte sich für »dünne« Volumes entscheiden, muss dann aber auch die Gesamtauslastung des Speicherpools stets im Auge behalten.

Das Einrichten von Speicherpools und dynamischen Volumes ist ab Seite 59 beschrieben.

Inodes

Ein weiteres Konzept, mit dem man sich zumindest kurz befassen sollte, sind die Inodes. Auf den Festplatten werden Dateien in Blöcken fester Größe abgelegt. Jede Datei besteht aus einem oder mehreren Blöcken – je nachdem, wie viel Speicherplatz sie benötigt. Der letzte Block wird dabei nur in den seltensten Fällen ganz ausgenutzt, und es bleibt am Ende etwas Platz übrig, der nicht genutzt wird.

Damit das Dateisystem weiß, welche Blöcke zu welcher Datei gehören, speichert es diese Informationen in einer Datenstruktur namens Inode. Zusätzlich enthält dieser Inode alle weiteren Informationen zur Datei wie Besitzer und Gruppe, Datum der Erstellung, letzte Änderung etc.

Denn die Größe der Inodes muss beim Erstellen eines Volumes festgelegt werden und bestimmt, auf wie viele Blöcke im Dateisystem jeder Inode verweisen kann. Und das beeinflusst zwei wichtige Faktoren in unterschiedlicher Weise – die Anzahl der maximal verwaltbaren Dateien und die Menge des maximal nutzbaren Speicherplatzes:

- Arbeitet man mit sehr kleinen Inodes, kann man sehr viele Dateien verwalten und verschwendet wenig Speicherplatz (da man nur wenig »Verschnitt« produziert). Allerdings ist der Gesamtspeicherplatz, den man mit kleinen Inodes adressieren kann, begrenzt, da auch die maximale Anzahl an Inodes begrenzt ist.
- Verwendet man hingegen große Inodes, ist der ungenutzte »Verschnitt« deutlich größer, und insbesondere bei vielen kleinen Dateien, die eigentlich nur einen kleineren Inode benötigen würden, geht viel Platz verloren. Und es verringert die Anzahl der Dateien, die man insgesamt verwalten kann. Gleichzeitig steigt allerdings der Speicherplatz, den man insgesamt maximal adressieren kann.

Vereinfacht kann man also sagen: Wenn man viele kleine Dateien speichern will, der Gesamtspeicherplatz nicht zu groß ist und man auf die Option verzichten kann, diesen später bei Bedarf zu erweitern, sollte man eher kleine Inodes wählen. Speichert man eher größere Dateien, will sehr viel Speicherplatz verwalten bzw. im Bedarfsfall Ausbaureserven haben, sollte man eher größere Inodes verwenden.

Ein statisches Volume einrichten

Wenn Sie auf Snapshots verzichten und die gesamte Speicherkapazität der eingebauten Festplatten unkompliziert bereitstellen wollen, ist ein statisches Volume die beste Lösung.

1. Öffnen Sie im Speichermanager *Speicher & Snapshots* den Bereich *Übersicht/Speicher*.
2. Klicken Sie hier bei *Kein Volume* auf das *Hinzufügen*-Symbol.

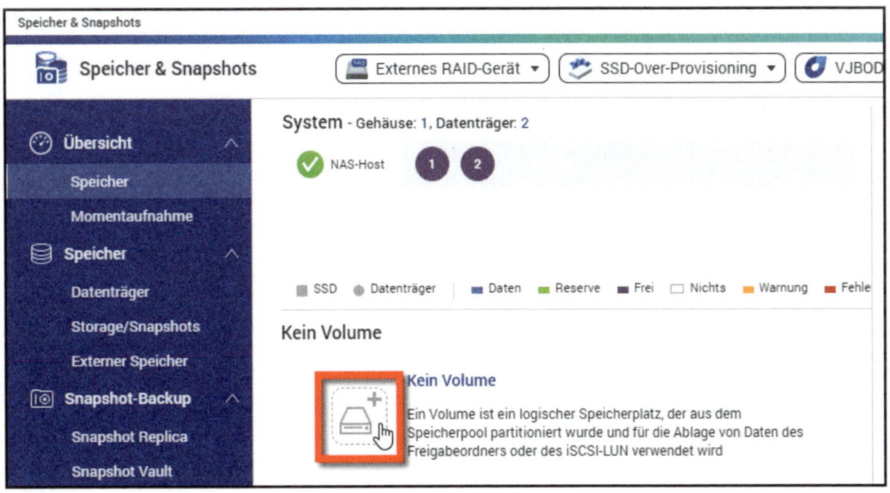

3. Im so gestarteten *Assistenten für Volume-Erstellung* wählen Sie im ersten Schritt oben die Option *Statisches Volume*.

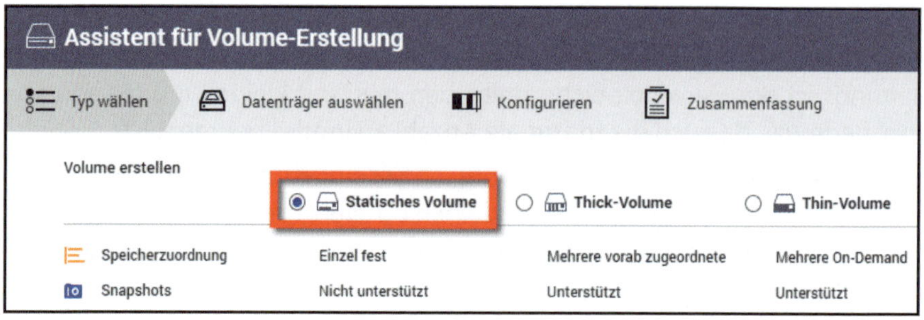

4. Wählen Sie im zweiten Schritt aus, welche Festplatten in dieses Volume mit einbezogen werden sollen (in der Regel alle).

5. Wählen Sie außerdem darunter bei *RAID-Typ* aus, welche Art von RAID-Verbund Sie erstellen möchten (mehr zu RAID erfahren Sie auf Seite 20). Welche Typen zur Auswahl stehen, hängt von der Anzahl der Festplatten ab.

6. Sind ausreichend Festplatten vorhanden, können Sie für RAID-Typen mit Redundanz zusätzlich eine der nicht ausgewählten Platten zur *Ersatzfestplatte (Hot Spare)* erklären. Sollte eine der zum Volume gehörenden Platten mit einem Defekt ausfallen, würde das NAS stattdessen automatisch diese Ersatzfestplatte in das Volume aufnehmen und die Inhalte der ausgefallenen Platte dort rekonstruieren.

7. Im Schritt *Konfigurieren* können Sie die Inode-Größe für das Dateisystem anpassen (siehe Seite 56). Der Assistent gibt dazu für Ihre konkrete Festplattenkonfiguration an, mit welcher maximalen Volume-Größe und welcher maximalen Anzahl an Dateien/Ordnern Sie bei welchem Wert rechnen können. Die Standardvorgabe des Assistenten entspricht einem guten Kompromiss für die typische NAS-Nut-

zung. Insbesondere wenn Sie viele und sehr große Festplatten nutzen bzw. in Zukunft ggf. nutzen wollen, sollten Sie den Inode-Wert aber erhöhen.

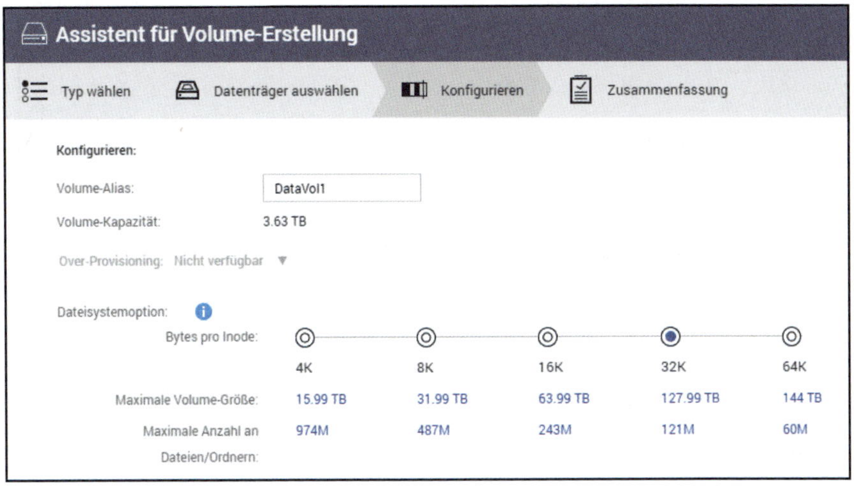

8. Abschließend erhalten Sie eine Zusammenfassung der gewählten Einstellungen, die Sie mit *Fertigstellen* bestätigen.
9. Nun folgt noch der Hinweis, dass auf dem gewählten Datenträger eventuell vorhandene Daten nun unwiederbringlich gelöscht werden. Bestätigen Sie dies mit *OK*.

Das NAS erstellt nun das Volume gemäß den Vorgaben. Im Speichermanager können Sie sich im Bereich *Speicher/Storage/Snapshots* vom Fortschritt überzeugen. Wichtig: Wenn Sie sich für ein statisches Volume entschieden haben, ist die Einrichtung der Datenträger an dieser Stelle abgeschlossen. Sie können in dem Fall die beiden folgenden Abschnitte überspringen. Machen Sie mit den wichtigen Einstellungen und Checks nach der Installation weiter (Seite 66), machen Sie sich mit der QTS-Weboberfläche vertraut (Seite 76), oder erstellen Sie mit File Station einen ersten Freigabeordner für das neue Volume (Seite 114).

Einen Speicherpool einrichten

Wollen Sie anstelle eines statischen Volumes mit einem oder mehreren dynamischen Volumes (»dick« oder »dünn«) arbeiten, muss zunächst ein Speicherpool angelegt werden, in dem dann ein oder mehrere Volumes erstellt werden können.

1. Öffnen Sie im Speichermanager *Speicher & Snapshots* den Bereich *Übersicht/Speicher*.
2. Klicken Sie hier bei *Kein Speicherpool* auf das *Hinzufügen*-Symbol.
3. Im so gestarteten *Assistenten zum Erstellen des Speicherpools* dient der erste Schritt nur der Information und kann mit *Weiter* übersprungen werden.

4. Wählen Sie im zweiten Schritt aus, welche Festplatten in dieses Volume mit einbezogen werden sollen. Typischerweise sollten dies alle sein.

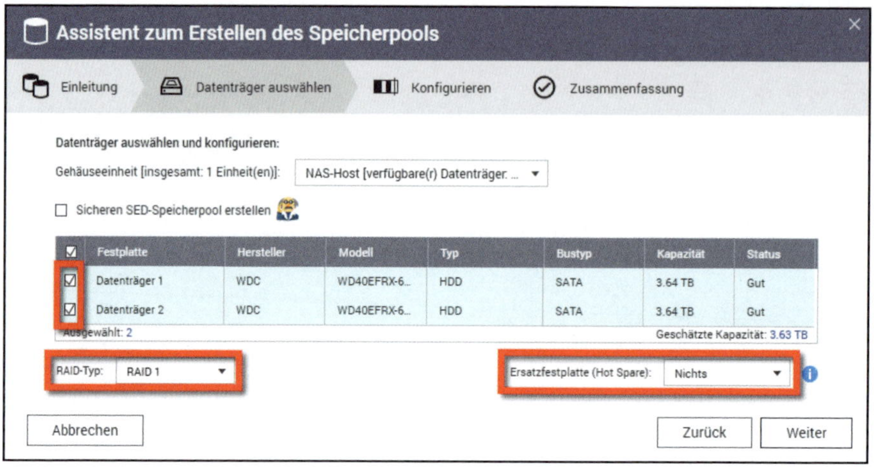

5. Wählen Sie darunter bei *RAID-Typ* aus, welche Art von RAID-Verbund Sie erstellen möchten (mehr zu RAID erfahren Sie auf Seite 20). Welche Typen zur Auswahl stehen, hängt von der Anzahl der Festplatten ab.
6. Sind ausreichend Festplatten vorhanden, können Sie für RAID-Typen mit Redundanz zusätzlich eine der nicht ausgewählten Platten zur *Ersatzfestplatte (Hot Spare)* erklären. Sollte eine der zum Volume gehörenden Platten mit einem Defekt ausfallen, würde das NAS stattdessen automatisch diese Ersatzfestplatte in das Volume aufnehmen und die Inhalte der ausgefallenen Platte dort rekonstruieren.
7. Im Schritt *Konfigurieren* können Sie einen *Warnschwellenwert* angeben. Ist dieser Füllstand erreicht, beginnt das NAS automatisch, Sie mit Hinweisen und Benachrichtigungen darauf aufmerksam zu machen.

> **Over-Provisioning für SSDs**
>
> Die Option *Over-Provisioning* steht nur für SSDs zur Verfügung. Sie ermöglicht es, auf SSDs automatisch einen Teil des Speicherplatzes frei zu halten, um die Leistungs- und Lebensdauer der Laufwerke zu erhöhen.
>
> Da dies das ohnehin ungünstige Preis-Leistungs-Verhältnis für SSDs in NAS aber noch weiter verschlechtert, ist es eher für den Einsatz in professionellen Umgebungen interessant (mehr zum Thema SSDs in NAS erfahren Sie auf Seite 25).

8. Abschließend erhalten Sie eine Zusammenfassung der gewählten Einstellungen, die Sie mit *Erstellen* bestätigen.
9. Nun folgt noch der Hinweis, dass auf dem gewählten Datenträger eventuell vorhandene Daten nun unwiederbringlich gelöscht werden. Bestätigen Sie dies mit *OK*.

10. Das NAS erstellt nun den Speicherpool gemäß den Vorgaben, was aber nicht lange dauert. Nach Abschluss des Vorgangs erhalten Sie eine Meldung und können mit *Neues Volume* direkt ein Volume im neu angelegten Speicherpool erstellen.

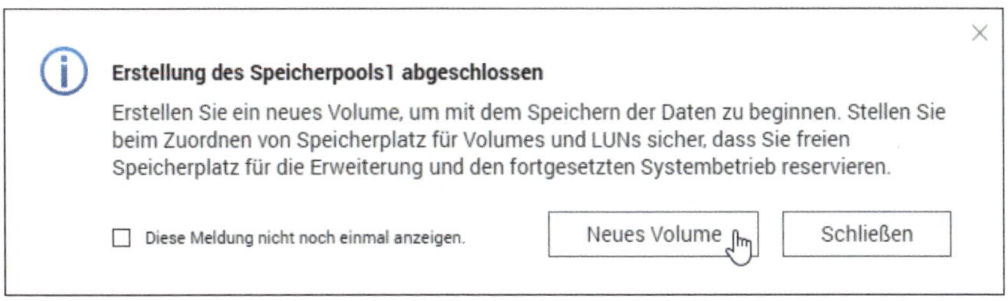

Dynamische Volumes einrichten

Wenn Sie, wie oben beschrieben, einen Speicherpool eingerichtet haben, können Sie noch keine Dateien auf Ihrem NAS speichern. Dazu müssen erst ein oder auch mehrere Volumes angelegt werden, die den Speicherplatz dieses Pools nutzen.

Mehr als ein Volume?

Es ist naheliegend, einfach nur ein Volume anzulegen, das den gesamten Speicherpool nutzt. Wenn Sie Snapshots (siehe Seite 54) verwenden möchten, kann es aber sinnvoller sein, mit mindestens zwei Volumes zu arbeiten. Denn Snapshots sichern immer ein vollständiges Volume und nicht nur einzelne Ordner. Gerade von umfangreichen Daten wie Filmen oder Musik benötigt man aber nicht unbedingt Snapshots, sondern eher ein externes Backup für den Fall von Hardwaredefekten.

Deshalb ist es eine Überlegung wert, mit mindestens zwei Volumes zu arbeiten: Nutzen Sie ein kleineres, in dem Dokumente und andere wichtige Daten abgelegt werden, mit denen Sie arbeiten. Von diesem können Sie regelmäßig Snapshots anlegen (lassen). Verwenden Sie ein größeres, in dem die Mediensammlung gespeichert wird und für das keine Snapshots erstellt werden, sondern gelegentlich ein externes Backup angelegt wird.

1. Den Assistenten dafür starten Sie direkt im Anschluss an das Erstellen des Speicherpools mit *Neues Volume*. Oder Sie klicken später unter *Speicher/Storage/Snapshots* oben rechts auf das Menü *Erstellen* und darin auf *Neues Volume*.

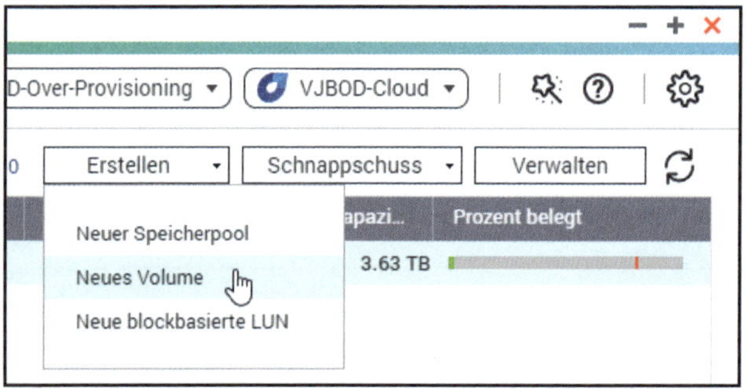

2. Im Assistenten wählen Sie zunächst aus, welche Art von Volume Sie erstellen möchten (siehe Seite 55). Für einen Speicherpool kommen insbesondere *Thick-Volume* oder *Thin-Volume* infrage, wobei ich Ihnen in der Regel zu einem Thick-Volume mit fest reserviertem Speicherplatz raten würde. So können Sie den Speicherplatz einmal verbindlich zuweisen und müssen ihn anschließend nicht permanent überwachen.
3. Bei *Speicherort* ist automatisch der zuvor erstellte Speicherpool ausgewählt. Hier müssen Sie nur etwas ändern, wenn Sie mehr als einen Speicherpool eingerichtet haben sollten.

4. Im Schritt *Konfigurieren* können Sie bei *Volume-Alias* einen Namen für das Volume festlegen. Dieser dient nur Ihrer Orientierung und ist vor allem interessant, wenn Sie mehr als ein Volume nutzen.
5. Darunter legen Sie bei *Volume-Kapazität* fest, wie groß der Umfang des Volumes sein soll (Thick Volume) bzw. maximal werden darf (Thin Volume). Der Wert hängt davon ab, wie Sie den Speicherpool nutzen wollen. Mit *Auf Max. setzen* schlagen Sie dem Volume den gesamten verfügbaren Platz zu, müssen dann aber auf Funktionen wie Snapshots verzichten. Da diese einigen Speicherplatz benötigen, sollten Sie besser eine großzügige Reserve frei lassen. Auch wenn Sie mehrere Volumes anlegen wollen, sollten Sie das jetzt schon sorgfältig planen.

Speicherbedarf von Snapshots

Ein Snapshot benötigt in etwa so viel Speicher, wie Daten im Volume gespeichert sind. Ist ein Volume mit 1 TB Kapazität zu 10 % gefüllt, benötigt ein Snapshot ungefähr 100 GB. Weitere Snapshots des Volumes brauchen dann aber nur so viel Speicher, wie sich seit dem letzten Snapshot Daten verändert haben. Gab es bei 10 % der Dateien Veränderungen, würde ein weiterer Snapshot nur ca. 10 GB Speicherplatz benötigen etc. Will man regelmäßig Snapshots erstellen, muss man also abschätzen, wie viele Daten man insgesamt speichern wird und wie häufig diese sich ändern.

6. Unten können Sie die Inode-Größe für das Dateisystem anpassen (siehe Seite 56). Der Assistent gibt dazu für Ihre konkrete Festplattenkonfiguration an, mit welcher maximalen Volume-Größe und welcher maximalen Anzahl an Dateien/Ordnern Sie bei welchem Wert rechnen können. Die Standardvorgabe des Assistenten entspricht einem guten Kompromiss für die typische NAS-Nutzung. Insbesondere wenn Sie viele und sehr große Festplatten nutzen bzw. in Zukunft ggf. nutzen wollen, sollten Sie den Inode-Wert aber erhöhen.

7. Mit einem Klick auf *Erweiterte Einstellungen* ganz unten blenden Sie zusätzliche Optionen ein, mit denen Sie etwa den *Warnschwellenwert* festlegen. Ist dieser Füllstand des Volumes erreicht, macht das NAS Sie mit LEDs, Hinweisen und Benachrichtigungen automatisch darauf aufmerksam.

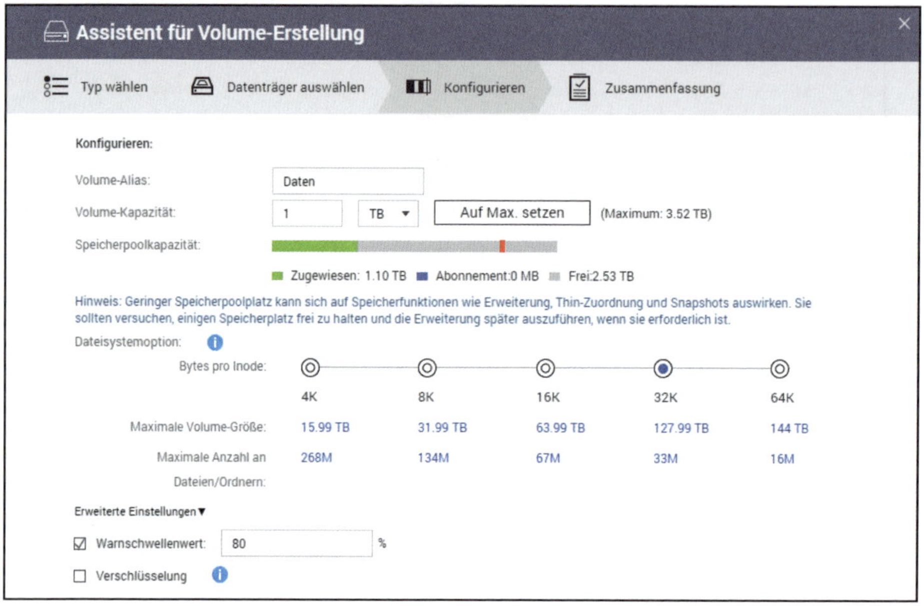

8. Abschließend erhalten Sie eine Zusammenfassung der gewählten Einstellungen, die Sie mit *Fertigstellen* bestätigen.

Das NAS erstellt nun das Volume gemäß den Vorgaben. Im Speichermanager können Sie im Bereich *Speicher/Storage/Snapshots* den Fortschritt verfolgen.

Volume/Speicherpool entfernen

Die Konfiguration der Festplatten oder beispielsweise auch nur der RAID-Modus lassen sich nachträglich nur ändern, wenn Sie eingerichtete Volumes und/oder Speicherpool entfernen und die Platten damit wieder freigeben. Anschließend nehmen Sie eine neue Konfiguration mit den gewünschten Einstellungen vor.

> **Warnung: Alle Daten auf den Festplatten gehen verloren**
>
> Wenn Sie Volumes und/oder Speicherpool entfernen und damit den aktuellen RAID-Verbund auflösen, gehen die auf den betroffenen Festplatten bereits gespeicherten Daten unwiederbringlich verloren.

1. Öffnen Sie im Hauptmenü der Weboberfläche (Symbol oben links) *Speicher & Snapshots* und darin den Bereich *Storage/Snapshots*.
2. Wählen Sie in der Liste der Volumes das zu löschende Volume aus (falls es mehr als eines gibt), und klicken Sie oben rechts auf *Verwalten*.

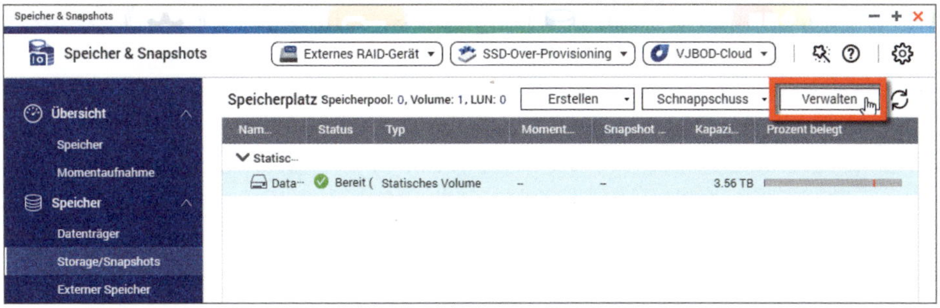

3. Damit öffnen Sie den Verwaltungsdialog für dieses Volume. Um es zu löschen, klicken Sie oben auf das *Entfernen*-Menü und wählen den Menüpunkt *Volume entfernen*.

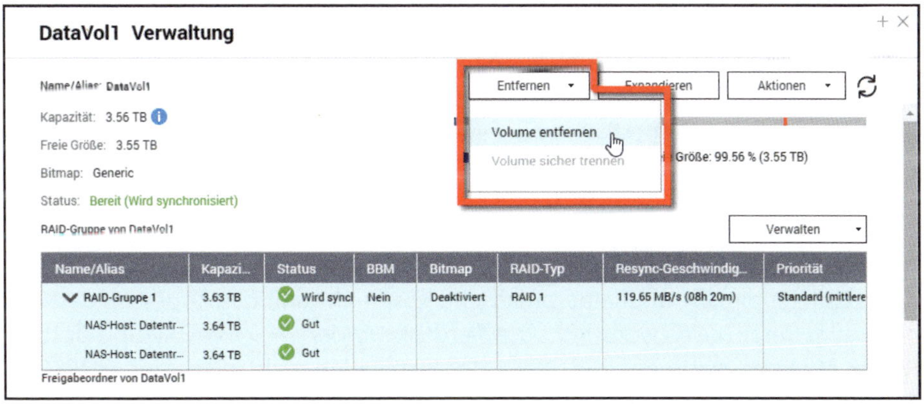

4. Bestätigen Sie den Vorgang anschließend mit *OK*.
5. Die anschließende Zusammenfassung weist noch mal darauf hin, dass bei diesem Vorgang alle Ordner und Dateien auf diesem Volume entfernt werden. Bestätigen Sie dies mit *Übernehmen*.
6. Nun beginnt das System, das Volume zu entfernen. Dies dauert ein wenig. Anschließend sehen Sie im Speichermanager unter *Speicher/Storage/Snapshots* den Hinweis *Keine Volumes und/oder Speicherpools*.

Nun können Sie, wie in den vorangegangenen Abschnitten beschrieben, mit dem Einrichten eines neuen Volumes bzw. eines Speicherpools beginnen.

Wichtige Einstellungen und Checks nach dem Installieren

Wenn Sie die Grundinstallation wie beschrieben durchgeführt haben, ist Ihr NAS nun betriebsbereit, und der Installationsassistent hat die eingebauten Festplatten zu einem RAID-Verbund zusammengefasst (siehe Seite 20). Falls Sie die Entscheidung zum RAID-Typ nachträglich ändern möchten, entfernen Sie das Volumen wie vorangehend beschrieben und legen ein neues im gewünschten RAID-Modus an. Dies sollten Sie so früh wie möglich erledigen, da dabei alle bereits auf dem NAS gespeicherten Daten verloren gehen. Andernfalls haben Sie nun ein einsatzfähiges NAS, auf dem Sie beispielsweise direkt Ordner für die gemeinsame Nutzung einrichten können.

Meine Empfehlung ist aber, zuvor noch einige grundlegende Einstellungen zu kontrollieren bzw. entsprechend den eigenen Einstellungen vorzunehmen. So schaffen Sie potenzielle Stolperfallen für das reibungslose Verwenden Ihres NAS von Anfang an aus dem Weg.

Die meisten der folgenden Einstellungen finden Sie allesamt in der Systemsteuerung Ihres NAS. Diese öffnen Sie über das gleichnamige Symbol in der Weboberfläche oder im Hauptmenü oben links.

Arbeitsgruppe für Windows-PCs anpassen

Keine Notwendigkeit, aber eine praktische Kosmetik kann das Anpassen der *Arbeitsgruppe* im Bereich *Netzwerk und Dateidienste/Win/Mac/NFS/WebDAV* und dort in der Rubrik *Microsoft-Netzwerk* sein. Nach der Installation steht diese auf *WORKGROUP*, was auch der Standardwert für Windows-Arbeitsgruppen ist. Nachprüfen können Sie dies bei jedem Windows-PC in der Systemsteuerung unter *System*.

Wenn die Arbeitsgruppe bei Windows-PCs und dem NAS übereinstimmt, wird das NAS automatisch in der Netzwerkübersicht im Windows-Explorer angezeigt, sodass man leicht darauf zugreifen kann. Bei abweichenden Arbeitsgruppennamen kann man ebenso darauf zugreifen, aber das NAS wird eben nicht in der Übersicht aufgeführt. Wenn Sie möchten, dass Ihr NAS im Windows-Explorer angezeigt wird, sollten Sie den Arbeitsgruppennamen also angleichen. Klicken Sie dann unten auf *Übernehmen*.

Mac-Nutzer brauchen keine Arbeitsgruppe anzugeben, sollten aber ggf. in der Rubrik *Apple-Netzwerk* die Funktion *AFP (Apple Filing Protocol) aktivieren* einschalten.

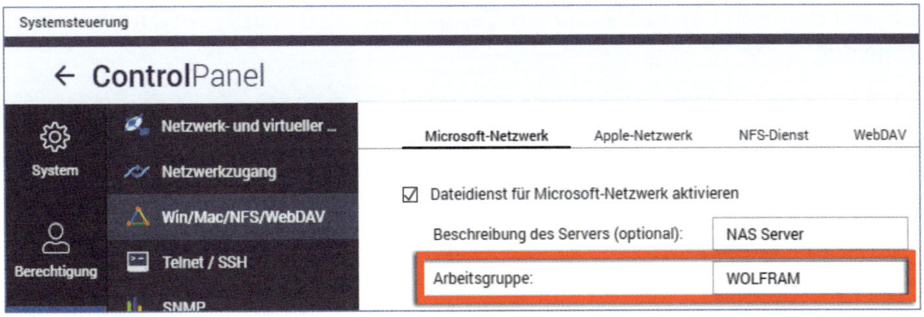

Passen Sie den Arbeitsgruppennamen an Ihre Windows-PCs an, damit diese das NAS im Netzwerk anzeigen.

Automatisches Abmelden anpassen

Eventuell haben Sie es schon bemerkt: Wenn man in der Weboberfläche einige Zeit inaktiv ist, wird man automatisch abgemeldet. Das ist eine Sicherheitsfunktion, damit man das Abmelden nicht vergisst und jemand Unbefugtes eine offene Browsersitzung später übernehmen kann. Wenn Sie aber in einer sicheren Umgebung arbeiten und Sie das automatische Abmelden stört, können Sie den Zeitraum verlängern.

1. Klicken Sie dazu in der QTS-Oberfläche oben rechts auf Ihren Benutzernamen bzw. *admin*, falls Sie das Administratorkonto nutzen.

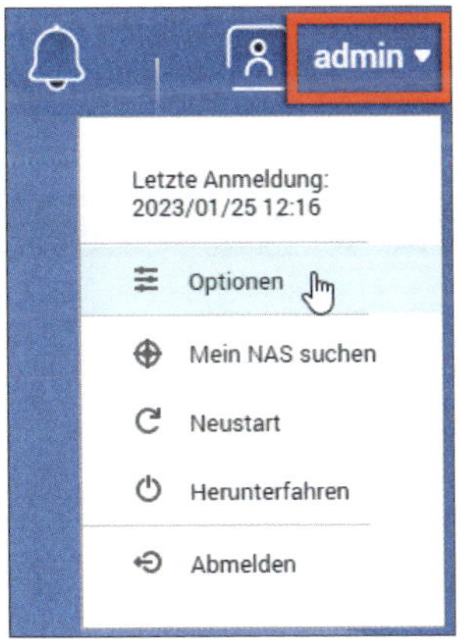

2. Im so geöffneten Menü wählen Sie *Optionen*.
3. In den Optionen für Ihr Benutzerprofil wechseln Sie in die Rubrik *Verschiedenes*. Dazu müssen Sie ggf. erst auf den Pfeil ganz rechts in der Rubrikleiste klicken, um diesen Eintrag auf den Bildschirm zu holen.
4. In dieser Rubrik finden Sie ganz oben die Einstellung *Automatisch abmelden nach einer Inaktivitätszeit von X Stunden*. Hier können Sie einen längeren Zeitraum ange-

ben oder die Option ganz abschalten. Dann erfolgt überhaupt kein automatisches Abmelden mehr.

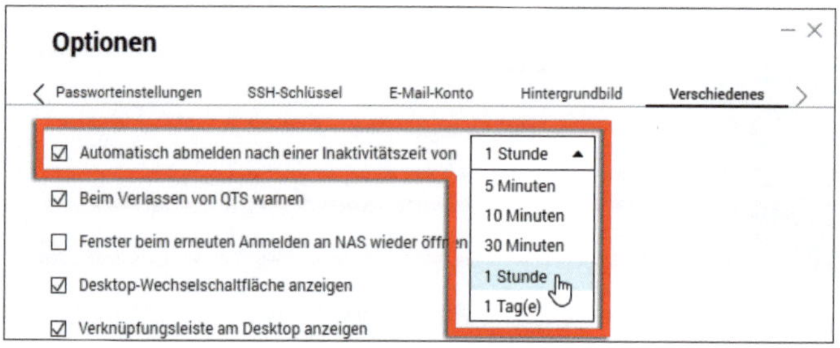

Bei Störungen per E-Mail benachrichtigen

Ihr NAS kann Sie bei Problemen per E-Mail informieren. So haben Sie das sichere Gefühl, keine wichtigen Ereignisse zu verpassen, auch wenn Sie nicht ständig die Weboberfläche des Systems besuchen. Dazu hinterlegen Sie zunächst die Daten Ihres E-Mail-Kontos. Diese benötigt das NAS, um in Ihrem Auftrag E-Mails versenden zu können.

1. Öffnen Sie dazu in der QTS-Systemsteuerung mit *System/Benachrichtigungszentrum* das Benachrichtigungszentrum des NAS.
2. Öffnen Sie darin den Bereich *Servicekonto und Gerätekopplung* und darin die Rubrik *E-Mail*.
3. Klicken Sie hier auf *SMTP-Dienst hinzufügen*, um ein E-Mail-Konto zu konfigurieren.

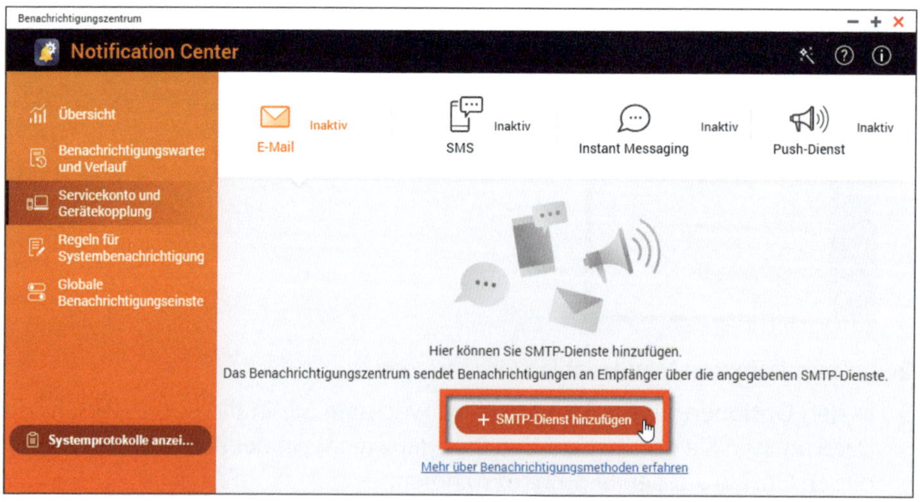

4. Im anschließenden Dialog sollten Sie zunächst unter *E-Mail Konto auswählen* festlegen, um welche Art von E-Mail-Konto es sich handelt. Dazu finden Sie in der

Liste eine Reihe von gängigen Betreibern von E-Mail-Dienstleistungen. Ist Ihr Anbieter nicht in der Liste, wählen Sie *Benutzerdefiniert*. Abhängig von der Wahl werden zusätzliche Felder angezeigt, die Sie ausfüllen müssen. Informationen wie SMTP-Server, Art der Verbindung oder Portnummer erhalten Sie vom Anbieter des E-Mail-Postfachs.

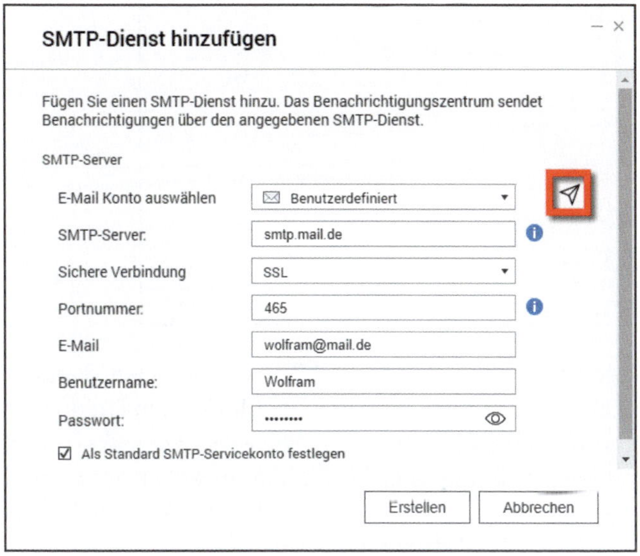

5. In jedem Fall angeben müssen Sie bei *E-Mail* die Adresse, unter der Sie erreichbar sind. Ausnahmen sind Anbieter wie Gmail oder Outlook.com. Bei diesen wird durch das Anklicken dieses Feldes ein Autorisierungsvorgang gestartet, mit dem Sie sich bei dem jeweiligen Dienst anmelden und QTS die Nutzung des jeweiligen E-Mail-Kontos gestatten.
6. Rechts neben dem Feld *E-Mail Konto auswählen* finden Sie ein Pfeil-Symbol, mit dem Sie jeweils eine Test-Mail mit den gerade gewählten Einstellungen versenden.
7. Sind die Einstellungen erfolgreich getestet, klicken Sie unten auf *Erstellen*, um den Dienst dauerhaft zu erstellen.

Wenn ein SMTP-Dienst konfiguriert ist, über den das NAS Nachrichten versenden kann, können Sie Regeln erstellen, über welche Arten von Ereignissen Sie per Mail benachrichtigt werden möchten:

1. Wechseln Sie dazu im Benachrichtigungscenter in den Bereich *Regeln für Systembenachrichtigungen* und dort in die Rubrik *Alarmbenachrichtigungen*.
2. Diese ist anfangs noch leer. Klicken Sie auf *Regeln erstellen*, um eine Alarmierung einzurichten.
3. Geben Sie bei *Regelname* zunächst eine sinnvolle Bezeichnung für diese Regel an.

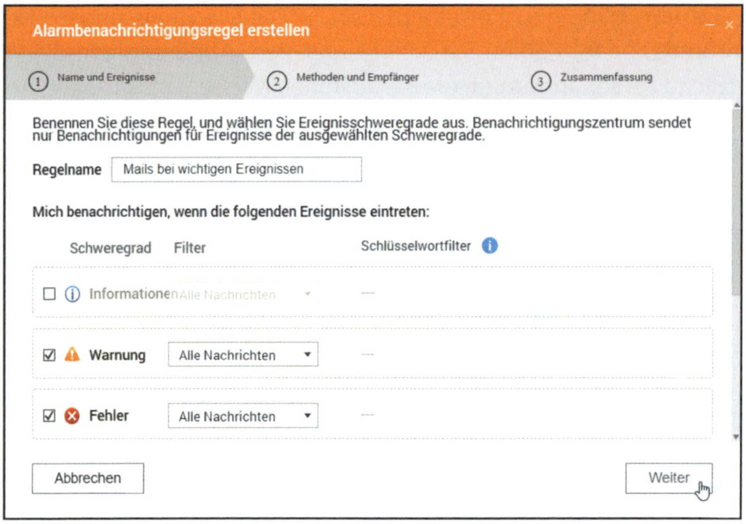

4. Das Benachrichtigungscenter schlägt standardmäßig vor, bei allen Warnungen und Fehlern eine Nachricht zu versenden. Das ist sinnvoll, da auch Ereignisse wie beispielsweise ein Virenfund »nur« eine Warnung bewirken. Sie sollten deshalb diese Voreinstellung mit *Weiter* übernehmen. Sollte die Anzahl an Mails zu hoch sein, können Sie die Regel später jederzeit anpassen und beispielsweise bestimmte Schlüsselwörter auf die Ausschlussliste setzen.
5. Im nächsten Schritt sind auf der linken Seite standardmäßig die *Methode E-Mail* und der zuvor eingerichtete SMTP-Dienst eingetragen.

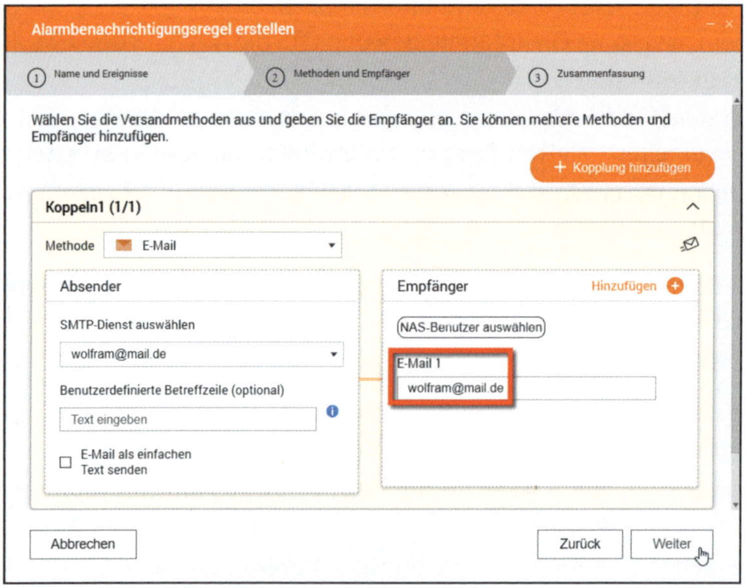

Rechts geben Sie die E-Mail-Adresse an, an die die Benachrichtigungen gehen sollen. Das kann durchaus die Adresse sein, deren Zugangsdaten Sie zuvor für den SMTP-Dienst verwendet haben. Dann schickt dieses Konto sich selbst eine E-Mail, was in der Regel technisch kein Problem ist. Ebenso können Sie aber auch eine andere Empfängeradresse verwenden.

6. Abschließend erhalten Sie eine Zusammenfassung der gewählten Einstellungen. Klicken Sie unten auf *Fertigstellen*, um die Regel zu aktivieren und zu speichern.

Verhalten nach Stromausfall

Es kommt hoffentlich nicht häufig vor, aber durch einen Stromausfall wird der Betrieb des NAS abrupt unterbrochen. In der QTS-Systemsteuerung können Sie im Bereich *System/Leistung* in der Rubrik *Energiewiederherstellung* das Verhalten nach einem Stromausfall festlegen:

- Mit der Option *Das NAS ausgeschaltet lassen* würde das Gerät nach einem Stromausfall abgeschaltet bleiben, bis der Ein-/Ausschalter am Gehäuse gedrückt wird. Das kann sinnvoll sein, wenn man nach einer Störung beispielsweise abwarten möchte, bis die Stromversorgung wirklich wieder zuverlässig funktioniert.
- Möchten Sie aber, dass das NAS beim Zurückkehren der Stromversorgung automatisch wieder startet, wählen Sie die Option *Den vorherigen NAS-Energiestatus wiederherstellen*. Dann kehrt das Gerät nach einem Stromausfall wieder in den Zustand vor dem Ereignis zurück.

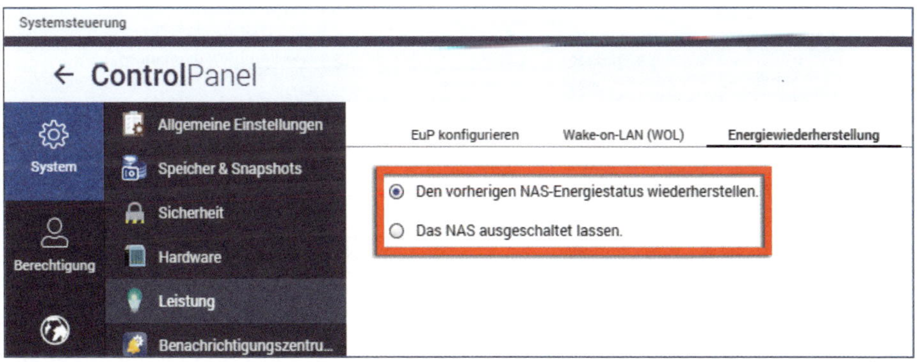

Lüftermodus

Eine weitere Frage, die Sie vielleicht gleich zu Beginn klären möchten, ist die Lüfterregelung. Öffnen Sie dazu in der QTS-Systemsteuerung den Bereich *System/Hardware*. Hier finden Sie in der Rubrik *Intelligenter Lüfter* die maßgeblichen Optionen.

- Mit der Option *Lüftergeschwindigkeitseinstellungen* legen Sie grundsätzlich fest, wie die Steuerung erfolgen soll. Dabei empfiehlt sich die Variante *Lüftergeschwin-*

digkeit automatisch anpassen. Nur so können Sie über mehrere Einstellungen darunter die Belüftung flexibel und temperaturabhängig regeln. Nur in bestimmten Situationen kann es sinnvoll sein, dass Sie die *Lüftergeschwindigkeit manuell einstellen*, sodass diese Geschwindigkeit unabhängig von der Temperatur konstant gehalten wird.

- Mit der Option *Überwachen Sie die Temperatur und passen Sie die Geschwindigkeit entsprechend an* können Sie im Auswahlfeld darunter verschiedene Richtlinien wählen, die das Lüfterverhalten bestimmen.
  - *Lautlosmodus*: Um das Geräuschniveau zu senken, dreht sich der Lüfter möglichst langsam. Wer sehr geräuschempfindlich ist, das NAS nur mäßig beansprucht und es in einem Raum aufstellt, der auch im Sommer nicht übermäßig heiß wird, kann so das Geräuschniveau deutlich absenken.
  - *Normalmodus*: Die Lüftergeschwindigkeit wird laufend an die Temperaturen angepasst, um das Gerät stets in einem akzeptablen Temperaturbereich zu halten. Diese Einstellung ist bei normaler Beanspruchung des NAS empfehlenswert.
  - *Leistungsmodus*: Der Lüfter läuft ständig mit hoher Geschwindigkeit, um immer eine optimale Kühlung des Gerätes zu gewährleisten, was aber auch viel Lärm erzeugt und mehr Energie verbraucht. Wenn das NAS häufig benutzt wird und irgendwo abgelegen steht, wo es niemanden stört, ist diese Einstellung aber nicht verkehrt.

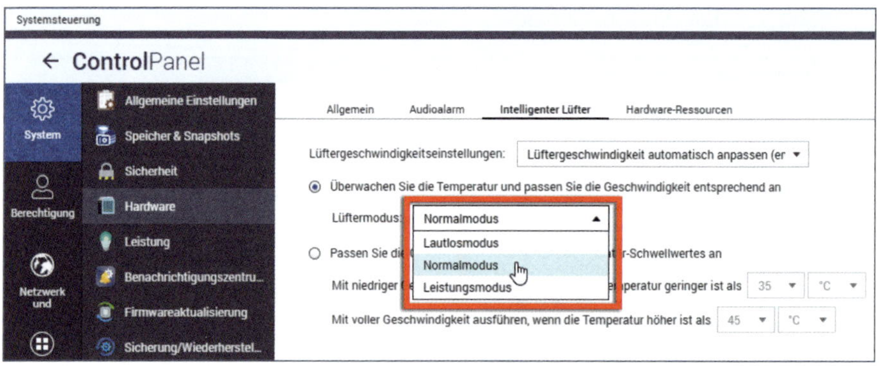

- Alternativ können Sie mit *Passen Sie die Geschwindigkeit anhand des Temperatur-Schwellwertes an* eigene Temperaturwerte festlegen, ab denen die Lüftergeschwindigkeit erhöht oder verringert werden soll. Dabei gibt es eine untere Grenze, ab der der Lüfter langsamer läuft, und eine obere, ab der die Geschwindigkeit erhöht wird. Die so aktivierte Geschwindigkeit wird so lange beibehalten, bis der jeweils andere Schwellwert erreicht wird.

Die Lüftereinstellung ist immer ein Kompromiss zwischen Ruhe und Energiesparen einerseits und ausreichender Kühlung andererseits. Dreht der Lüfter zu langsam, könnte sich das NAS unter Last oder bei höheren Außentemperaturen zu stark aufheizen. Die Temperatur wird übrigens überwacht und das NAS automatisch heruntergefahren, wenn sie zu warm zu werden droht. Aber auch bei den Festplatten leidet die Lebensdauer, wenn diese permanent zu warm betrieben werden.

Temperaturstatus überwachen

Sie können den Temperatur- und Lüfterstatus Ihres NAS jederzeit kontrollieren.

1. Klicken Sie dazu im QTS oben rechts auf das Kontrollcenter-Symbol.

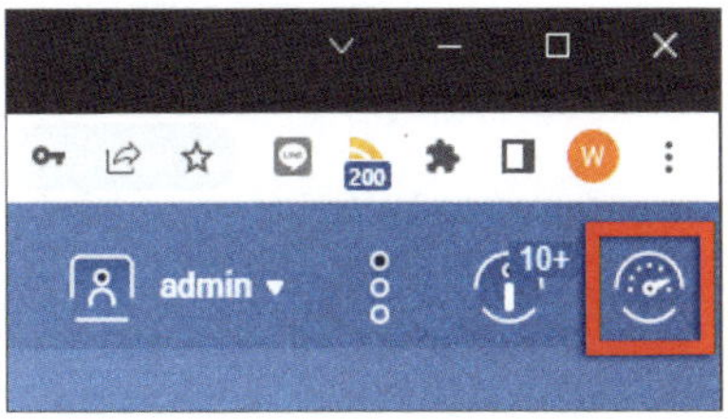

2. Im so geöffneten Kontrollcenter finden Sie im Bereich *Hardware-Information* die Angaben zur Temperatur (*System*) und Lüfterdrehzahl (*SYS Fan*). Auch wenn Ihnen die Daten selbst vielleicht nicht viel sagen, zeigen grüne Häkchen rechts daneben an, wenn diese Parameter im üblichen Rahmen liegen.

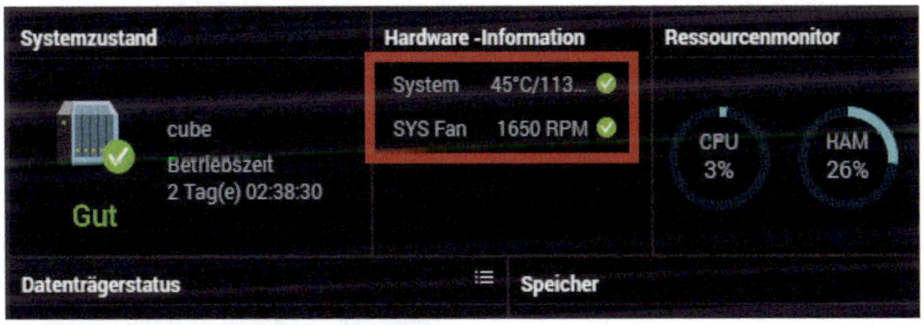

3. Wollen Sie es noch genauer wissen, klicken Sie direkt auf den Schriftzug *Hardware-Information*.
4. Damit öffnen Sie den *Systemstatus* des NAS. Hier sind zusätzlich die Temperaturen der eingebauten Festplatten sowie ggf. weiterer Lüfter aufgeführt.

Ruhezustand der Festplatte

In der QTS-Systemsteuerung finden Sie im Bereich *System/Hardware* in der Rubrik *Allgemein* die Option *Aktiviert den Datenträgerbereitschaftsmodus*. Schalten Sie diese ein, können Sie mit dem Auswahlfeld darunter einstellen, nach welcher Zeit der Inaktivität die angeschlossenen Platten anhalten und in den Energiesparmodus wechseln sollen.

Dadurch halten die Platten an, wenn das NAS einige Zeit nicht genutzt wird, was Energie spart, die Geräusche reduziert und die Lebensdauer der Festplatten – tendenziell – verlängert.

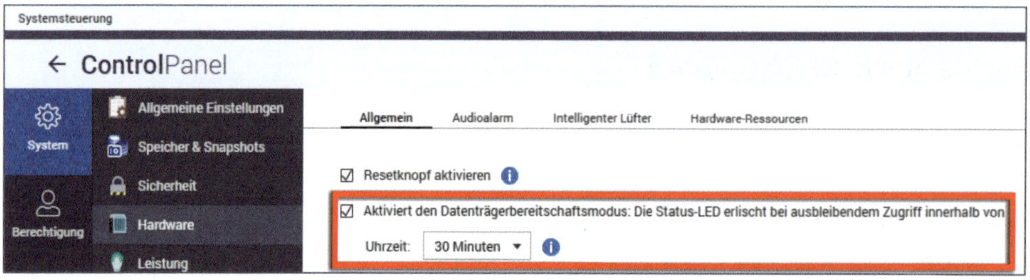

Diese Einstellung will gut überlegt sein, denn jedes neue Anlaufen benötigt vergleichsweise viel Energie, und eine Magnetfestplatte übersteht auch nur eine bestimmte Anzahl von »Anläufen«. Außerdem muss man bei Zugriffen immer einige Sekunden abwarten, bis die Festplatten auf Touren gekommen sind und das NAS Daten liefern kann. Es ist also nicht sinnvoll, die Festplatte bei jeder kurzen Pause gleich schlafen zu legen.

Stattdessen sollte man die Einstellung so wählen, dass der Ruhezustand in den meisten Fällen nur eintritt, wenn tatsächlich für längere Zeit keine Daten benötigt werden. Auf Seite 335 finden Sie mehr Informationen zum Ruhezustand der Festplatten, warum dieser sich manchmal nicht wie gewünscht einstellt und welche weiteren Energiesparmöglichkeiten Ihr NAS bietet.

Pakete aktualisieren

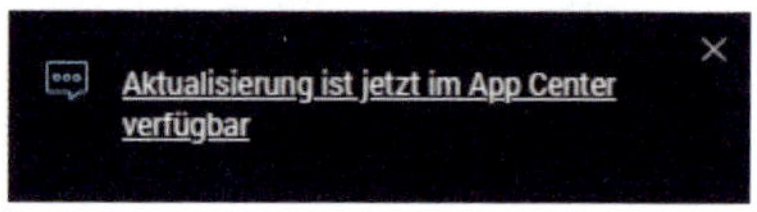

Nach der Erstinstallation finden Sie auf der Weboberfläche eventuell bereits den Hinweis *Aktualisierung ist jetzt im App Center verfügbar*. Das bedeutet, dass ein Update für eines der ab Werk verfügbaren Pakete vorliegt. Selbst wenn nicht, sollten Sie die vorhandenen Pakete überprüfen.

1. Klicken Sie auf dem QTS-Desktop auf das Symbol *App Center*, und bestätigen Sie (nur beim ersten Mal) die Nutzungsbedingungen und die Datenschutzerklärung.
2. Beim Start zeigt das App Center standardmäßig die Kategorie *Meine Apps* an, in der Sie ganz oben den Abschnitt *Aktualisieren* finden. Dieser enthält alle Apps, für die derzeit ein Update vorliegt.

3. Sie können jede App einzeln aktualisieren, aber am besten klicken Sie oben rechts bei *Updates installieren* auf *Alles*.
4. Das QTS lädt dann die aktuellen Versionen der betroffenen Pakete herunter und spielt sie ein. Das erfolgt automatisch im Hintergrund, sodass Sie den Vorgang nicht abwarten müssen.

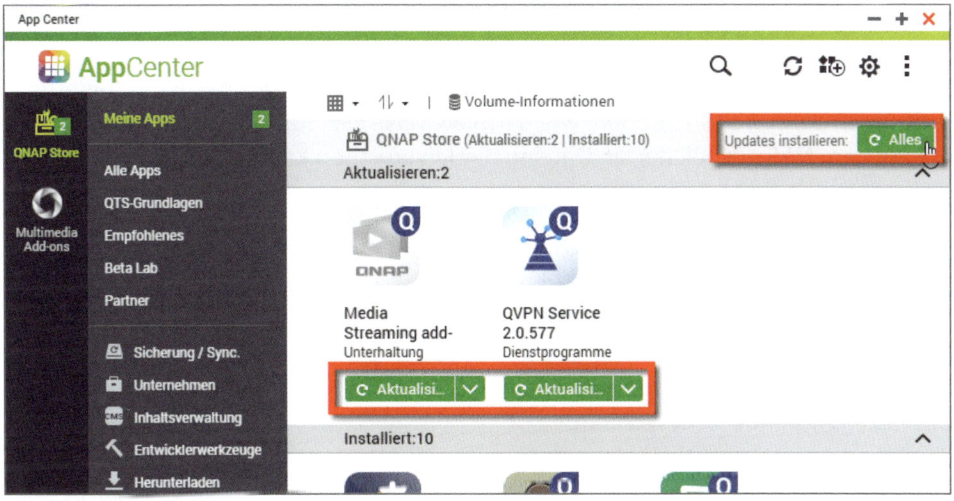

3. QTS: Weboberfläche des NAS beherrschen

QNAP **T**urbo **S**tation – kurz QTS – ist das zentrale System zur Steuerung Ihres QNAP-Gerätes. Es wird komplett per Webbrowser bedient und stellt dabei eine Benutzeroberfläche bereit, die mit ihren grundlegenden Elementen dem Windows-Desktop nicht unähnlich ist. QTS erlaubt den Zugang zu allen Einstellungen des NAS. Außerdem lassen sich darin weitere Module wie beispielsweise File Station starten, mit der man die auf dem NAS gespeicherten Dateien direkt verwalten kann.

Sie können sich jederzeit per Webbrowser an der QTS-Weboberfläche Ihres NAS anmelden. Geben Sie dazu, wie auf Seite 52 beschrieben, den Netzwerknamen Ihres Gerätes, gefolgt von :8080 im Adressfeld des Browsers ein. Tippen Sie dann den Namen des Administratorbenutzers (oder eines anderen Benutzerkontos, das Sie angelegt haben) und das dazugehörende Kennwort ein.

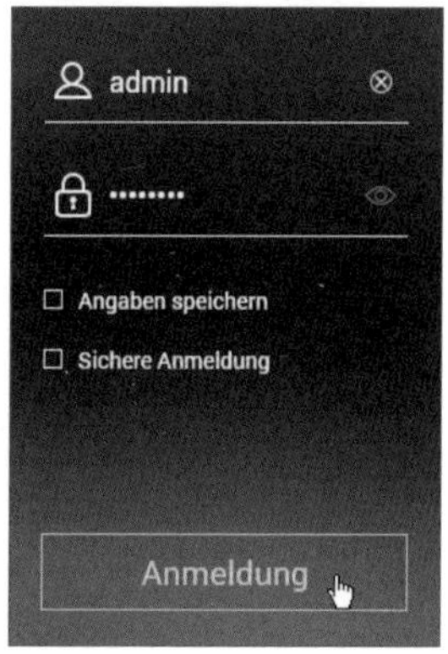

Sichere Anmeldung
Wenn Sie auf Ihr NAS von unterwegs aus zugreifen wollen oder auch im lokalen Netzwerk verschlüsselte Verbindungen bevorzugen, sollten Sie ein SSL-Zertifikat verwenden (siehe Seite 198).

3.1 Die Elemente der Benutzeroberfläche

Nach der Anmeldung präsentiert sich die Weboberfläche des QTS mit ihrer an einen Desktop angelehnten Darstellung.

1. Oben finden Sie eine Symbolleiste. Diese enthält ganz links das Symbol für das Hauptmenü mit allen Funktionen und Anwendungen.
2. Rechts finden Sie verschiedene andere Symbole, von denen einige auch nur zeitweise bei Bedarf angezeigt werden.
3. Auf dem Desktop wird eine Reihe von Symbolen für verschiedene Einstellungen und Funktionen des QTS angezeigt. Standardmäßig finden Sie hier unter anderem die Systemsteuerung, den Speichermanager *Speicher & Snapshots*, die Dateiverwaltung *File Station* sowie das *App Center*. Ebenso wie bei Windows sind das

Verknüpfungen, mit denen Sie schneller zu bestimmten Funktionen gelangen können. Welche Symbole auf dem Desktop angezeigt werden, können Sie selbst bestimmen (Seite 81).

4. Im unteren Bereich des Desktops werden weitere Symbole angezeigt, unter anderem Uhrzeit und Datum sowie ein Papierkorb-Symbol.
5. Rechts unten bei der Uhrzeit werden beim Anmelden Hinweise auf Ereignisse eingeblendet, die Ihre Aufmerksamkeit erfordern, etwa wenn Aktualisierungen im App Center vorliegen, die nicht automatisch installiert werden.
6. Ganz unten finden Sie eine Leiste mit Symbolen, die zu verschiedenen externen Ressourcen wie der myQNAPcloud, zu QNAP-Downloads oder zum Helpdesk führen.

Die Weboberfläche des QTS ähnelt einem typischen Desktop mit Symbolen, Leisten und Menüs.

Vom QTS abmelden

Wenn Sie Aufgaben mit dem QTS erledigt haben, sollten Sie sich wieder abmelden – zumindest in einer Umgebung, in der sonst Unberechtigte eine offene Sitzung übernehmen und mit den Möglichkeiten des QTS Unfug anstellen könnten. In der Regel reicht es dazu, den Webbrowser bzw. den Browser-Tab zu schließen. Wenn Sie das nicht möchten oder wenn Sie eingestellt haben, dass Sie im Browser angemeldet bleiben, klicken Sie in der Symbolleiste oben rechts auf Ihren Benutzernamen (bzw. auf *admin*) und wählen im so geöffneten Menü ganz unten den Punkt *Abmelden*. Dann ist der erneute Zugang zum QTS nur mit Eingabe des richtigen Kennworts möglich.

Die Symbolleiste

Die auf den ersten Blick etwas unscheinbare Symbolleiste am oberen Rand der Benutzeroberfläche ist ein mächtiges Werkzeug, das Sie jederzeit schnell zu benötigten Funktionen und Anwendungen bringt. Es lässt sich dabei ähnlich wie die Windows-Taskleiste an die persönlichen Bedürfnisse anpassen, indem Sie beispielsweise Symbole für oft benötigte Anwendungen hier ablegen und diese dann jederzeit mit einem Mausklick starten können.

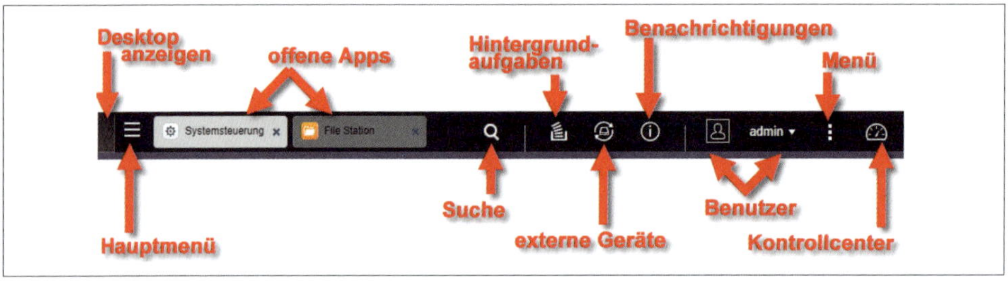

- Mit der unscheinbaren leeren Schaltfläche ganz rechts können Sie jederzeit mit einem Mausklick den **Desktop anzeigen**, wenn er von geöffneten Apps verdeckt wird. Diese werden dabei nicht geschlossen, sondern laufen minimiert im Hintergrund weiter.
- Die Schaltfläche mit den drei Strichen symbolisiert das **Hauptmenü**, das Sie darüber am linken Bildschirmrand anzeigen lassen können. Es gestattet den Zugang zu allen Apps, Funktionen und Einstellungen des NAS.
- Zwischen den Symbolen für Hauptmenü und Suche werden dynamisch Symbole für **offene Apps** angezeigt. Diese erlauben es, laufende Apps auf den Desktop zurückzuholen, wenn sie minimiert wurden oder von anderen Apps verdeckt werden. Mit dem kleinen x-Symbol rechts in den Schaltflächen können Sie Apps auch direkt schließen.

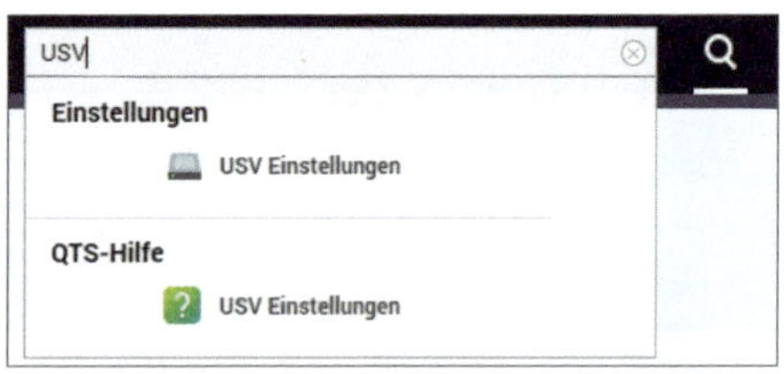

- Das Lupen-Symbol erweitert die Symbolleiste um ein Eingabefeld, in dem Sie eine QTS-weite **Suche** durchführen können. Sie umfasst Einstellungen in der Systemsteuerung, installierte Apps und das Hilfecenter.

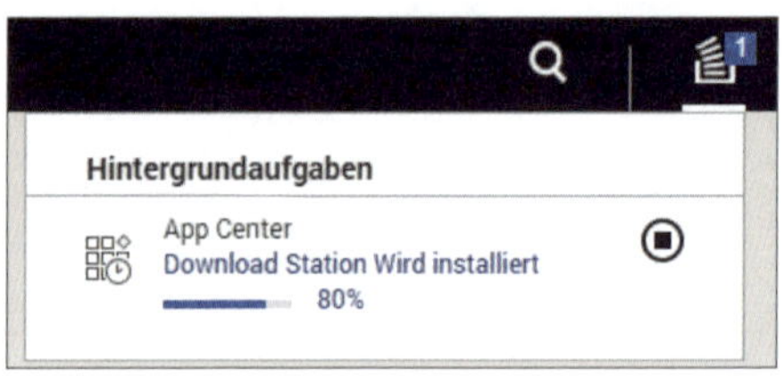

- Viele Aufgaben wie etwa Sicherungen, Indizierungen, Scans oder Konvertierungen laufen im Hintergrund ab. Das Symbol für **Hintergrundaufgaben** zeigt solche laufenden Aufgaben an. Mit einem Klick darauf können Sie sich den Fortschritt der Aufgabe(n) anzeigen lassen. Darin können Sie Aufgaben auch anhalten oder abbrechen.

- Sind **externe Geräte** an externe Ports wie etwa USB angeschlossen, wird dies hier angezeigt. Durch Anklicken öffnen Sie eine Liste der Geräte, in der Sie die Geräte öffnen können. In dieser Liste können Sie Geräte auch auswerfen, damit Sie sie sicher vom NAS entfernen können.
- **Benachrichtigungen** erhalten Sie immer, wenn bestimmte Ereignisse Ihre Aufmerksamkeit erfordern. Liegen welche vor, zeigt Ihnen das Symbol die Anzahl. Mit einem Klick darauf öffnen Sie eine Liste der vorliegenden Benachrichtigungen. Ein weiterer Klick auf einen Eintrag öffnet dessen ausführliche Fassung im Benachrichtigungszentrum.

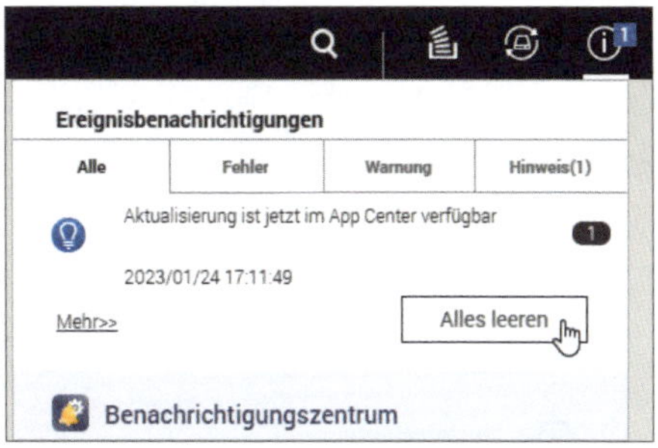

- Das Profilbild und der Name des angemeldeten **Benutzers** machen jederzeit deutlich, wer angemeldet ist. Das ist vor allem nützlich, wenn Sie beispielsweise mit einem admin-Konto für Verwaltungsaufgaben und einem einfachen Benutzerkonto für die alltägliche Nutzung arbeiten (was empfehlenswert ist). Ein Klick auf den Benutzernamen öffnet zugleich ein Menü mit einigen wichtigen Funktionen. Hier können Sie das NAS etwa durch Klick auf die gleichnamigen Schaltflächen herunterfahren bzw. einen *Neustart* herbeiführen oder sich abmelden.
- Das Symbol mit den drei Punkten öffnet ein **Menü** mit Informationen und Einstellungen zum QTS-Desktop selbst. Hier können Sie etwa die Sprache und den Desktop-Modus verändern.
- Ganz rechts finden Sie das **Kontrollcenter**-Symbol. Solange es wie abgebildet aussieht, läuft alles glatt. Treten Probleme auf, wird es farbig hinterlegt, sodass man es direkt bemerkt. In beiden Fällen können Sie jederzeit daraufklicken, um das Kontrollcenter zu öffnen und Informationen zum aktuellen Status des NAS zu erhalten.

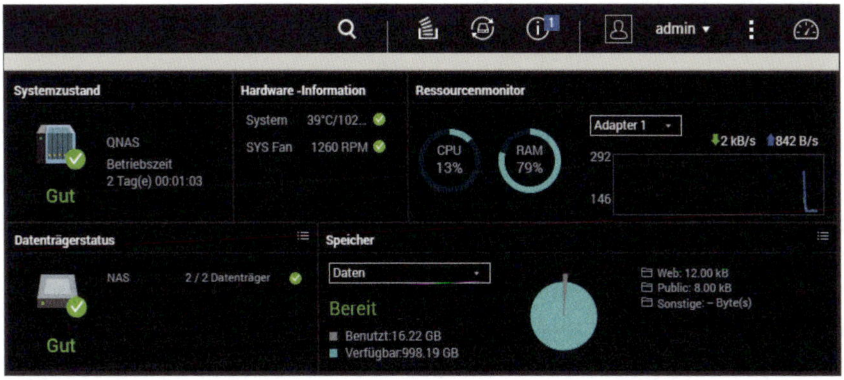

Das Hauptmenü

Hinter den drei Strichen links in der Symbolleiste verbirgt sich das Hauptmenü des QTS. Mit einem Klick darauf öffnen Sie eine zweigeteilte Liste, in der Sie jeweils ein Symbol für jede mitgelieferte QTS-Komponente (*Systeme*) sowie für zusätzlich installierte *Anwendungen* (wie beispielsweise File Station, Benachrichtigungszentrum, Helpdesk etc.) vorfinden.

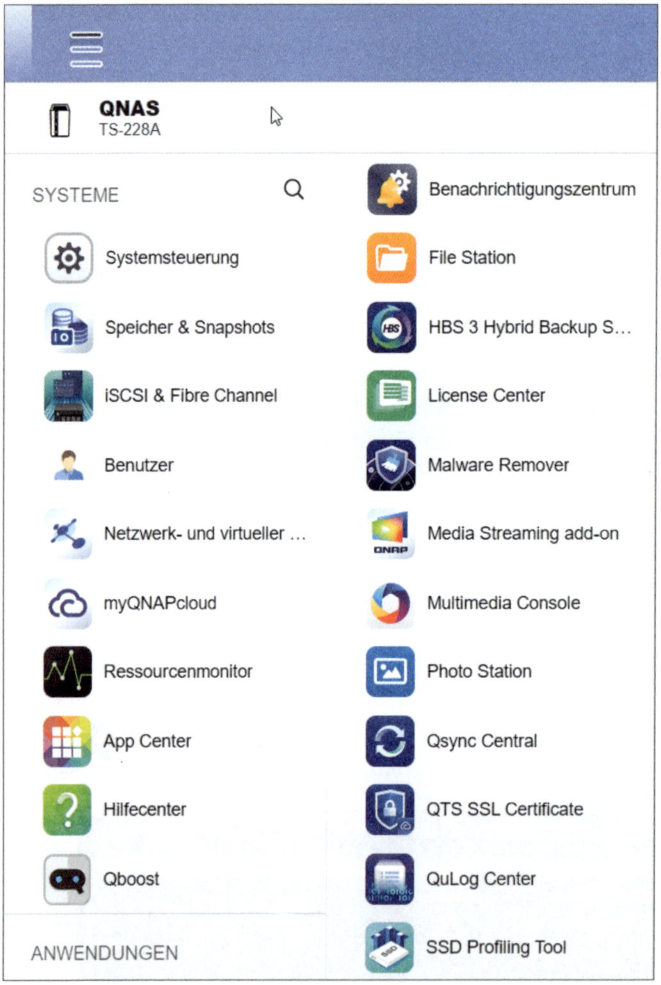

Mit einem Klick auf ein Symbol starten Sie die entsprechende Anwendung. Diese läuft dann in einem Fenster innerhalb der QTS-Oberfläche. Wundern Sie sich nicht, dass direkt nach dem Einrichten bereits Anwendungen vorhanden sind, die Sie nicht installiert haben. QTS bringt einige grundlegende Anwendungen mit, die aber eben keine Bestandteile des Systems selbst sind und deshalb beispielsweise auch per App Center aktualisiert werden können, ohne dass deswegen das komplette Betriebssystem des NAS aktualisiert werden muss.

> **Anwendungen im eigenen Browser-Tab öffnen**
>
> Wenn Sie mit der rechten Maustaste auf den Eintrag einer Anwendung im Hauptmenü klicken, finden Sie bei einigen Apps (beispielsweise File Station) im Kontextmenü den Befehl *In neuem Browsertab öffnen*. Damit öffnen Sie diese App nicht als Fenster innerhalb des QTS-Desktops, sondern in einem eigenen Tab bzw. – je nach Browsereinstellung – in einem neuen Browserfenster. Dort wird diese Anwendung automatisch im Vollbildmodus angezeigt.
>
> Diese Variante ist vorteilhaft, wenn Sie beispielsweise eine App wie File Station ohnehin dauerhaft im Einsatz haben und die QTS-Oberfläche für andere Aufgaben frei bleiben soll.

Anfangs ist das Hauptmenü noch recht übersichtlich. Wenn Sie aber zusätzliche Pakete auf Ihrem NAS installieren, kommt jedes Mal ein weiteres Symbol hinzu, sodass das Hauptmenü im Laufe der Zeit immer umfangreicher wird.

Symbole auf dem QTS-Desktop ablegen

Damit Sie nicht jedes Mal das Hauptmenü bemühen müssen, können Sie regelmäßig benötigte Anwendungen als Symbole auf dem Desktop ablegen. Im Auslieferungszustand finden Sie bereits einige solcher Symbole vor.

Weitere ziehen Sie aus dem Hauptmenü an Ort und Stelle:

1. Öffnen Sie das Hauptmenü, und lokalisieren Sie dort die gewünschte App.
2. Klicken Sie den Eintrag mit der linken Maustaste an, und halten Sie diese gedrückt.
3. Ziehen Sie den Mauszeiger mit dem Symbol von den anderen Symbolen weg nach rechts auf den Desktop.
4. Das Hauptmenü wird nun automatisch ausgeblendet.
5. Lassen Sie die Maustaste nun los. Das Symbol wird daraufhin zu den bereits vorhandenen Desktop-Symbolen hinzugefügt.

Die Anordnung der Desktop-Symbole erfolgt automatisch. Es wird zunächst eine Zeile am oberen Rand von links nach rechts gefüllt. Ist diese voll, wird eine zweite Zeile darunter angelegt etc. Sie können aber die Reihenfolge der Symbole beeinflussen, indem Sie ein Symbol an die gewünschte Position ziehen und dort »fallen lassen«. Dann wird es an dieser Stelle einsortiert, und die nachfolgenden Symbole werden jeweils eine Stelle weiterverschoben.

Desktop-Symbole ohne Mausakrobatik

Falls das Ergreifen und Ziehen von Symbolen nicht so Ihre Sache ist, können Sie eine App im Hauptmenü auch mit der rechten Maustaste anklicken und im Kontextmenü den Befehl *Verknüpfung erstellen* wählen. Dann wird ein Symbol für diese App an der nächsten freien Stelle des Desktops eingefügt.

Symbole vom Desktop entfernen

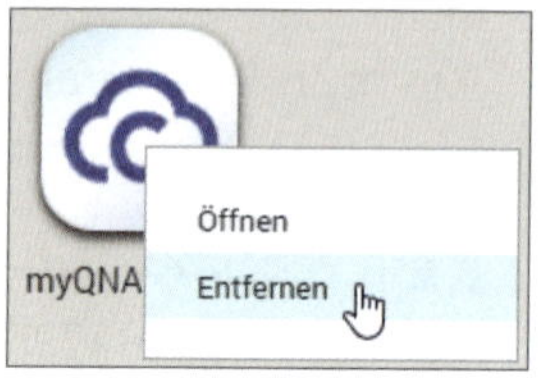

Um ein Symbol vom Desktop zu entfernen, klicken Sie es mit der rechten Maustaste an und wählen im Kontextmenü *Entfernen*.

Weitere Desktop-Seiten

Wenn Sie gern mit Symbolen auf dem Desktop arbeiten und immer mehr Apps dort hinziehen, wird sich der Desktop irgendwann mit Symbolen füllen. Das ist aber kein Problem, denn der QTS-Desktop besteht aus mehreren Seiten. Das erkennt man an den – zugegebenermaßen etwas unscheinbaren – Pfeil-Symbolen mittig an den Rändern des Desktops, wo es jeweils zur nächsten Seite weitergeht. Außerdem finden Sie unten am Desktop-Rand mittig eine Anzeige, die Ihnen jederzeit verrät, auf welcher Seite Sie sich gerade befinden. Wenn Sie einen der Punkte dort anklicken, wechseln Sie auch direkt zur entsprechenden Seite.

Sie können Symbole, aber auch geöffnete Anwendungen nach Belieben auf die Desktop-Seiten verteilen:

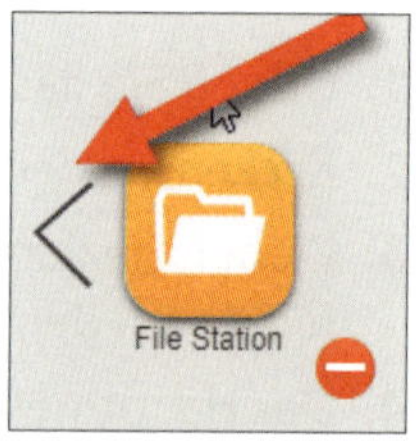

- Symbole werden beim Erstellen aus dem Hauptmenü jeweils auf der Desktop-Seite angezeigt, die gerade geöffnet ist. Sie können aber auch ein oder mehrere Desktop-Symbole auswählen, mit gedrückter linker Maustaste ergreifen und auf das Pfeil-Symbol am rechten bzw. linken Rand der Desktop-Seite ziehen. Der Desktop wechselt dann zu dieser Seite, und Sie können die Symbole dort »fallen lassen«.
- Auch Apps werden standardmäßig auf der Seite angezeigt, die verwendet wurde, als die App geöffnet wurde. Wenn Sie anschließend zu einer anderen Desktop-Seite wechseln, bleibt die App auf der alten Seite und wird also nicht mehr angezeigt. Ihr Symbol verbleibt aber oben in der Symbolleiste. Wenn Sie auf dieses Symbol klicken, wird die App auf der aktuell gewählten Desktop-Seite wiederhergestellt. So lassen sich Apps auch gezielt von einer Desktop-Seite zu einer anderen verschieben.

Anwendungen als Fenster auf dem Desktop

Wenn Sie eine QTS-Anwendung starten, wird diese als Fenster innerhalb des QTS-Desktops dargestellt (es sei denn, Sie starten die Anwendung, wie auf Seite 81 beschrieben, in einem eigenen Browser-Tab). Ein solches Fenster können Sie – innerhalb des QTS – auch tatsächlich ganz ähnlich wie ein Windows-Fenster nutzen:

- Sie können das Fenster auf dem Desktop verschieben, indem Sie mit dem Mauszeiger die Titelleiste ergreifen und an die gewünschte Position ziehen (Drag-and-drop).
- Sie können die Größe des Fensters verändern, indem Sie eine der Seiten oder Ecken mit gedrückter linker Maustaste anfassen und das Fenster auf die gewünschte Größe ziehen. Allerdings hat jede Anwendung eine Mindestgröße, die man nicht unterschreiten kann.
- Mit dem *X* ganz rechts in der Titelleiste eines Fensters schließen Sie dieses. Das können Sie in der Regel beruhigt tun. Sollten beispielsweise bei Einstellungen Änderungen noch nicht gespeichert sein, weist QTS Sie darauf hin.
- Mit den beiden Symbolen links neben dem *X* können Sie wie gewohnt das Fenster zum Vollbild maximieren bzw. die vorherige Größe wiederherstellen oder das Fenster minimieren. Minimierte Fenster sind nur noch als Symbol oben links in der Symbolleiste zu finden. Die Anwendung selbst läuft aber im Hintergrund weiter.

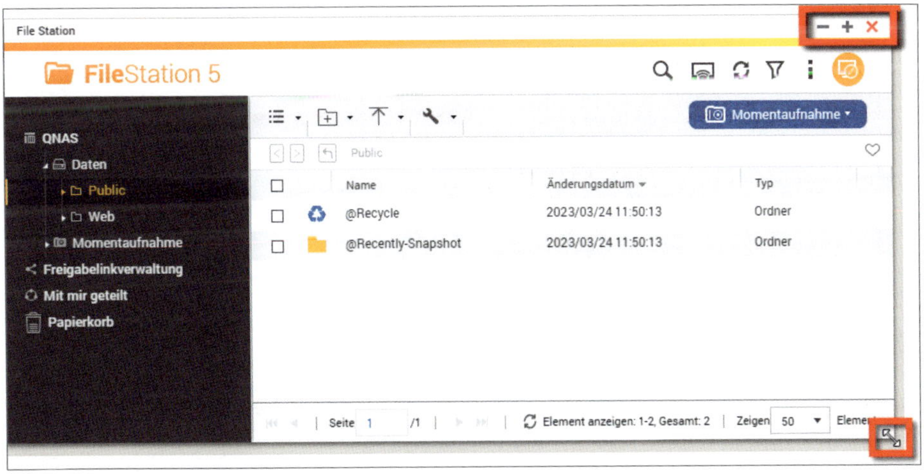

Den Fenstermodus des Desktops verändern

Die Darstellungs- und Funktionsweise der Fenster lässt sich in den Eigenschaften des Desktops anpassen. Das ist etwa interessant, wenn Sie QTS auf einem Gerät mit Touchscreen oder kleinem Bildschirm bedienen. Klicken Sie dazu auf das Menü-Symbol der Symbolleiste und darin auf *Desktopeigenschaften*.

Hier stehen Ihnen drei Möglichkeiten zur Auswahl:

- *Registerkartenmodus*: Der Registerkartenmodus eignet sich besonders für Geräte mit Touch-Bedienung. QTS verzichtet dabei auf echte Fenster, sondern stellt alle Apps immer bildschirmfüllend und ohne Bedienelemente zum Minimieren, Vergrößern etc. dar. Das Steuern laufender Anwendungen erfolgt über die Symbole oben links in der Symbolleiste. Hier kann man Apps in den Hintergrund schicken, in den Vordergrund holen oder mit dem *X* schließen.
- *Fenstermodus*: Der Standardmodus zeigt Anwendungen in einem Fenster mit Steuerelementen oben rechts an. Größe und Position lassen sich (fast) nach Belieben durch den Anwender bestimmen.
- *Rahmenloser Modus*: Dieser Modus ähnelt dem Fenstermodus. Allerdings haben Fenster keinen klassischen Rahmen mit Titelzeile. Stattdessen wird jeweils nur beim aktiven Fenster oben rechts ein Register mit den Steuerelementen angezeigt. Diese Lasche kann man auch mit gedrückter linker Maustaste ergreifen, um die Position des Fensters zu verändern. Die Größe kann wie gewohnt direkt am Rahmen bzw. an den Ecken angepasst werden.

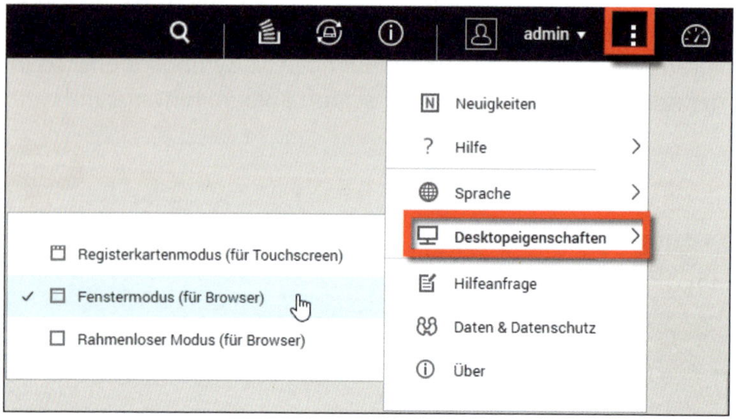

Das Kontrollcenter für schnellen Überblick

Das Kontrollcenter hilft Ihnen dabei, sich jederzeit schnell einen Überblick über den Zustand Ihres NAS zu verschaffen. Sein Symbol ganz rechts in der Symbolleiste ist an sich schon eine wichtige Information. Denn solange es wie die anderen Symbole weiß auf schwarz angezeigt wird, besteht schon mal kein Grund zur Beunruhigung.

Sollten wichtige Systemereignisse vorliegen, verändert es seine Farbe unübersehbar. Dann sollten Sie spätestens daraufklicken, um das Kontrollcenter anzuzeigen. Unabhängig davon können Sie dies aber auch jederzeit sonst tun.

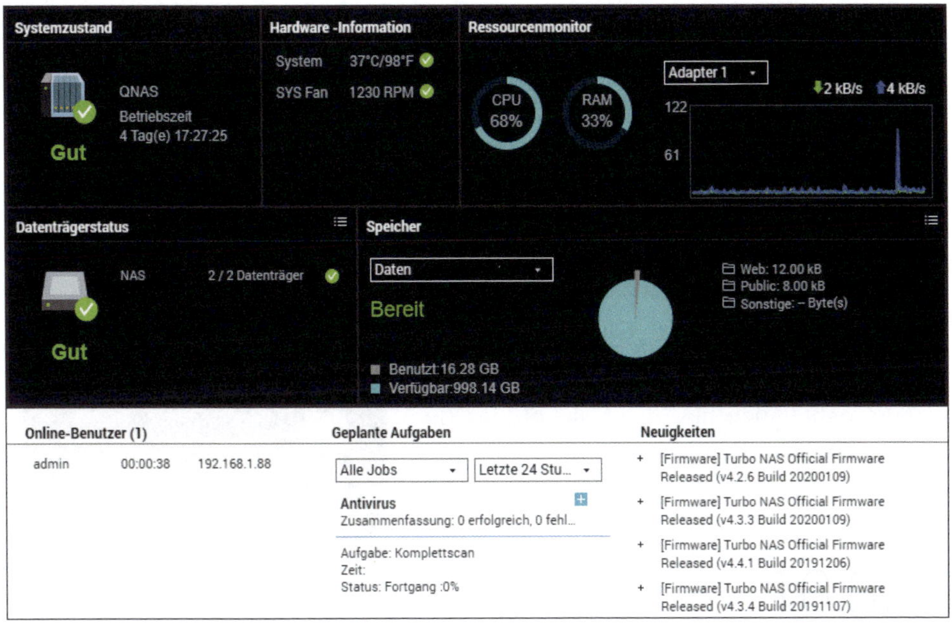

Das Kontrollcenter zeigt Ihnen auf einen Blick alle wichtigen Parameter Ihres NAS.

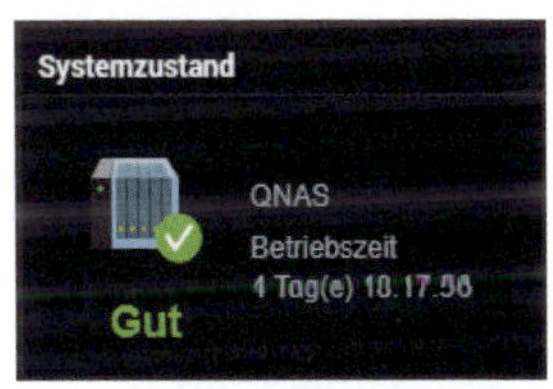

Das Kontrollcenter besteht aus verschiedenen Modulen:

- *Systemzustand*: Hier sollte stets Ihr erster Blick hingehen, denn neben der Betriebszeit seit dem letzten Neustart zeigt idealerweise ein grünes *Gut* an, dass alles in Ordnung ist. Falls nicht, verrät eine Textmeldung, was im Argen liegt.

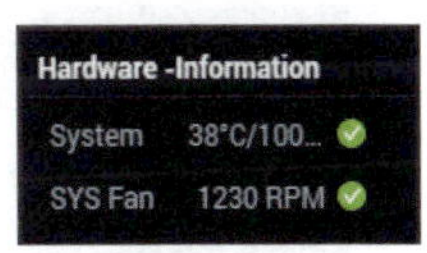

- *Hardware-Information*: In diesem Modul können Sie die Kerntemperatur im NAS sowie die aktuelle Drehzahl des bzw. der Gehäuselüfter ablesen. Auch hier geben grüne Häkchen schnell Gewissheit, ob diese Werte so in Ordnung sind.

  Wenn das NAS im Sommer in einem warmen Raum steht oder wenn Sie eigene Einstellungen bezüglich der Lüftergeschwindigkeit verwenden, sollten Sie diesen Bereich besonders im Auge behalten.

- *Ressourcenmonitor*: Mit dem *Ressourcenmonitor* behalten Sie die Auslastung von Prozessor (*CPU*), Arbeitsspeicher (*RAM*) sowie Netzwerkanschluss im Blick. Sollte das NAS mal nicht so flott reagieren, wie Sie es gewohnt sind, lohnt sich ein Blick hierher, um die Ursache schnell einzukreisen.

  Auch hier hilft die dynamische Farbgebung weiter: Standardwerte in Hellblau sind in Ordnung und bedürfen keiner weiteren Aufmerksamkeit. Ungewöhnliche

Werte werden automatisch mit einer Signalfarbe versehen, sodass man sie kaum übersehen kann.

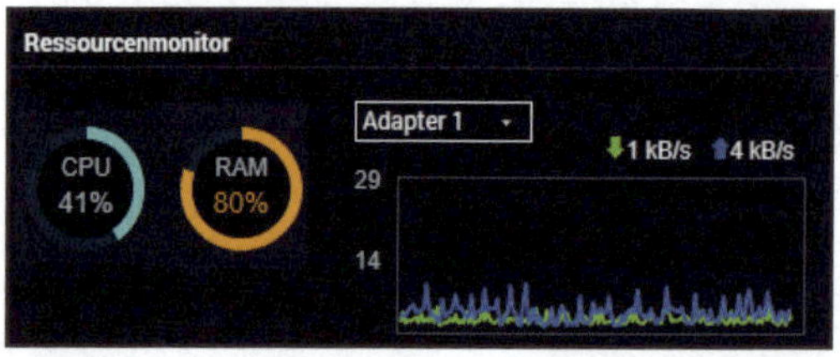

- *Datenträgerstatus*: Dieses Modul zeigt an, wie es den eingebauten Festplatten in Ihrem NAS geht. Auch hier dient ein grünes *Gut* der schnellen Beruhigung. Wer es genauer wissen möchte, kann sich mit dem kleinen Listen-Symbol rechts in der Zeile *Datenträgerstatus* zusätzlich die Temperaturen der angeschlossenen Platten anzeigen lassen.

- *Speicher*: Dieses Modul bezieht sich nicht auf den Arbeitsspeicher des NAS (der findet sich im *Ressourcenmonitor* wieder), sondern auf den Inhalt der Volumes, die Sie auf Ihren Datenträgern angelegt haben. Es zeigt die verfügbare Kapazität sowie den tatsächlich genutzten Speicherplatz an. Rechts sehen Sie die Ordner mit dem größten Speicherbedarf. Wenn Sie mehrere Volumes verwenden, können Sie mit dem Auswahlfeld zwischen diesen wechseln. Mit dem Listen-Symbol oben rechts in der Titelzeile des Moduls können Sie sich stattdessen Speicherpool-Informationen anzeigen lassen (siehe Seite 55).

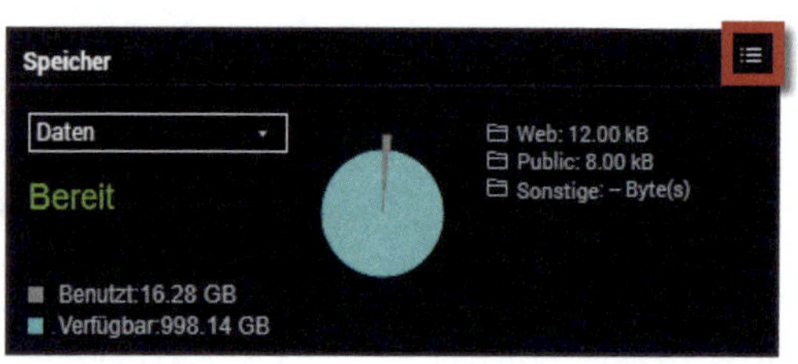

- *Online-Benutzer*: Hier finden Sie eine Liste der derzeit am NAS angemeldeten Benutzer. Das ist vor allem interessant, wenn der Speicher auch anderen Anwendern zur Verfügung steht und Sie Verwaltungsaufgaben wie Aktualisierungen oder Neustarts durchführen möchten. Dann können Sie hier schnell nachschauen, ob davon eventuell andere Nutzer beeinträchtigt werden könnten.
- *Geplante Aufgaben*: Dieser Bereich zeigt an, ob geplante Aufgaben erfolgreich ausgeführt werden konnten. Ein gelegentlicher kontrollierender Blick darauf macht Sie auf Probleme aufmerksam, die bei solchen Aufgaben womöglich auftreten.

- *Neuigkeiten*: Die Liste ganz rechts zeigt Neuigkeiten mit Bezug zu Ihrem NAS an. Meist handelt es sich dabei um Hinweise auf vorliegende Firmware-Aktualisierungen (siehe Seite 314).

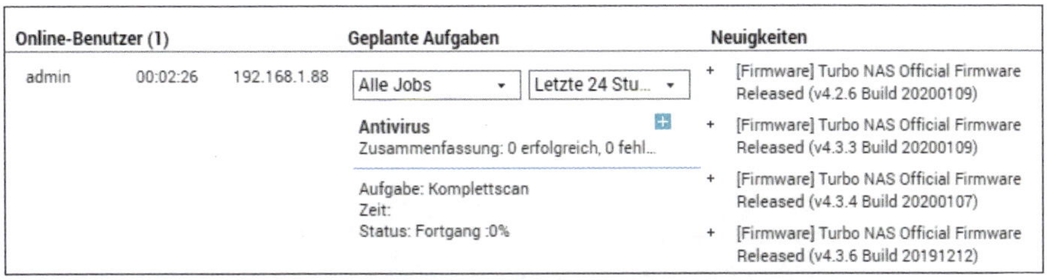

Schnell zu weiterführenden Informationen

Wenn Sie mehr Informationen benötigen: Die Titel (fast) aller Module des Kontrollcenters sind Verknüpfungen. Mit einem Mausklick darauf öffnen Sie weiterführende Informationen zum jeweiligen Themenbereich in einem eigenen Fenster. Das sind zugleich praktische Abkürzungen, weil diese Angaben sich meist im Unterbereich von Systemsteuerung, Ressourcenmonitor oder Speichermanager verstecken, zu denen man sonst mühsam navigieren müsste.

Einzelne Module des Kontrollcenters auf dem Desktop

Wenn Sie bestimmte Informationen zu Ihrem NAS ständig im Auge behalten möchten, können Sie einzelne Module des Kontrollcenters auf dem QTS-Desktop ablegen. Dann bleiben sie dort dauerhaft eingeblendet, auch wenn das Kontrollcenter selbst nicht mehr angezeigt wird.

Zwar werden sie nicht automatisch im Vordergrund angezeigt, sodass geöffnete Anwendungen sie überlagern. Aber solange Apps den Bildschirm nicht (vollständig) bedecken, bleiben die Statusinformationen ständig aktualisiert sichtbar.

1. Um ein Modul auf dem Desktop abzulegen, blenden Sie zunächst das Kontrollcenter mit dem Symbol ganz rechts in der Symbolleiste ein.
2. Bewegen Sie nun den Mauszeiger auf die Titelleiste des Moduls, das Sie auf dem Desktop ablegen möchten. Der Mauszeiger verwandelt sich dabei in ein Fadenkreuz-Symbol.

3. Drücken Sie nun die linke Maustaste, und halten Sie diese gedrückt.
4. Ziehen Sie den Mauszeiger mit dem Modul aus dem Kontrollcenter heraus an eine beliebige Stelle des QTS-Desktops, und lassen Sie die Maustaste dort los.

5. Das Modul wird nun dauerhaft an dieser Stelle des Desktops angezeigt. Sie können es aber auch an eine andere Position verschieben, indem Sie die beschriebenen Schritte wiederholen.

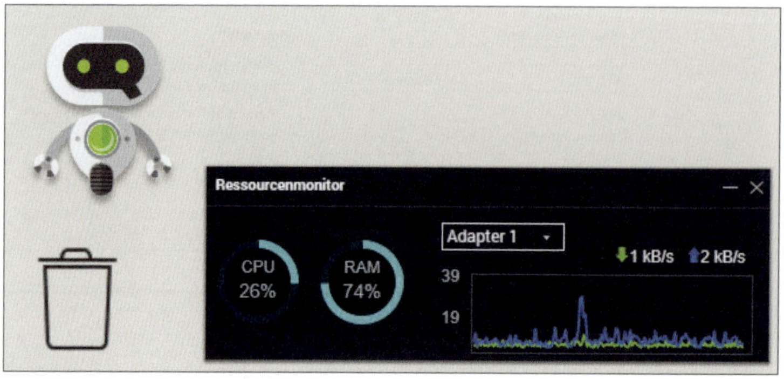

6. Oben rechts in der Titelzeile des Moduls werden ähnlich wie bei einem Fenster Symbole zum Minimieren und Schließen des Moduls angezeigt.

Papierkorb und Qboost

Neben den Symbolen für Anwendungen finden Sie unten links auf dem QTS-Desktop zwei weitere Symbole dauerhaft vor. Diese gehören auch nicht fest zu einer der Desktop-Seiten, sondern werden auf allen Seiten immer angezeigt.

Dateien aus dem Papierkorb retten

Ein virtueller Papierkorb ist Ihnen vielleicht auch von anderen Systemen wie etwa Windows bekannt: Löscht man Dateien, werden diese nicht wirklich sofort entfernt, sondern zunächst in einen speziellen Ordner verschoben. Von dort kann man sie noch eine Zeit lang zurückholen, falls man es sich anders überlegt oder Dateien nur versehentlich gelöscht hatte und dies rechtzeitig bemerkt. Wie Sie den Papierkorb effizient nutzen und optimal einstellen, wird auf Seite 159 ausführlicher erklärt. An dieser Stelle möchte ich deshalb nur kurz darauf hinweisen, dass ein Klick auf dieses Symbol den speziellen Papierkorbordner in File Station öffnet. Mit einem Rechtsklick auf das Symbol öffnen Sie ein Kontextmenü, in dem Sie darüber hinaus den Papierkorb leeren sowie seine Einstellungen öffnen können.

Mit Qboost schnelle Systemoptimierung

Hinter dem Symbol eines kleinen Roboters verbirgt sich mit Qboost eine Anwendung, mit der Sie den Arbeitsspeicher Ihres NAS überwachen und optimieren können. (Hinweis: Falls das Symbol auf Ihrem Desktop nicht angezeigt wird, installieren Sie die Qboost-App ggf. aus dem App Center nach.) Zur Kontrolle reicht es schon, den Mauszeiger kurz auf dem Qboost-Symbol verharren zu lassen. Der Roboter winkt Ihnen dann idealerweise freundlich zu und meldet *Ausreichender Speicher*.

Ist das nicht der Fall oder möchten Sie es genauer wissen, klicken Sie einfach auf das Symbol. Dann wird das ausführliche Qboost-Fenster auf dem Desktop angezeigt. Es unterteilt seine Informationen und Funktionen in drei Bereiche:

Speicher

Ganz links im Bereich *Speicher* sehen Sie den momentan verfügbaren Arbeitsspeicher. Dabei unterscheidet Qboost:

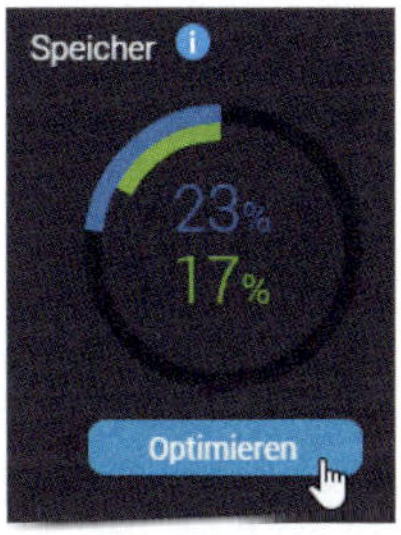

- *Verfügbarer Speicher*: Das ist der Teil des Arbeitsspeichers, der prinzipiell zur Verfügung steht. Er kann derzeit ungenutzt sein, aber auch als Cache oder Pufferspeicher temporär genutzt werden.
- *Freier Speicher*: Das ist der Teil des Arbeitsspeichers, der tatsächlich derzeit ungenutzt ist und sofort für System und Anwendungen zur Verfügung steht.

Entscheidend ist das Verhältnis dieser beiden Werte. Der freie Speicher wird immer geringer sein als der verfügbare Speicher. Aber damit das NAS zügig arbeiten kann, sollte der freie Speicher dem verfügbaren immer so nahe wie möglich sein. Ist das Missverhältnis sehr ausgeprägt, also vergleichsweise viel verfügbarer Arbeitsspeicher bei relativ wenig tatsächlich freiem Speicher, sollten Sie den freien Speicher optimieren, indem Sie auf die gleichnamige Schaltfläche klicken.

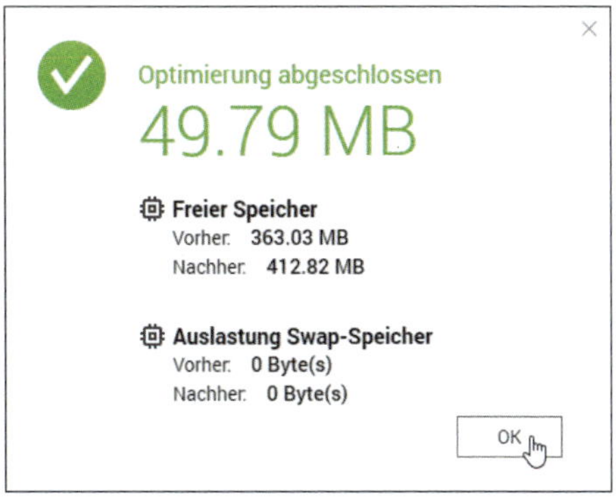

Dabei versucht Qboost, so viel Arbeitsspeicher wie möglich auch wirklich freizugeben, indem Pufferspeicher geleert, Caches gelöscht werden etc. Wirklich gelöscht wird dabei übrigens nichts, da es sich dabei nur um temporär zwischengelagerte Daten handelt, die Zugriffe beschleunigen sollen. Solche Daten können Anwendungen jederzeit erneut von den Festplatten einlesen, wenn sie sich nicht mehr im Pufferspeicher befinden.

Der Optimierungsvorgang kann ein paar Sekunden dauern und wird von einer Animation begleitet. Abschließend erhalten Sie eine Zusammenfassung, wie viel Speicher freigegeben werden konnte.

Junk-Dateien

»Mülldateien« sind Daten, die das System anlegt, um Daten zwischenzuspeichern. Diese werden nicht immer automatisch wieder vollständig entfernt, wenn sie nicht mehr benötigt werden. So belegen sie unnötig Platz sowohl auf den Festplatten als auch unter Umständen im Arbeitsspeicher. Mit einem Klick auf *Bereinigen* lassen Sie Qboost nach solchen Dateien suchen und sie löschen, um diesen Speicher wieder freizugeben.

Mit einem Klick auf das Menü-Symbol unten rechts öffnen Sie die Einstellungen für diese Funktion. Hier haben Sie die Möglichkeit, beim Bereinigen auch jedes Mal automatisch die *Papierkorb-Dateien* löschen zu lassen (mehr zum Papierkorb erfahren Sie auf Seite 159). Hinweis: Wenn Sie diese Funktion nach längerer Laufzeit des NAS erstmals aufrufen, kann es unter Umständen sehr lange dauern, bis sie abgeschlossen ist. Da das Bereinigen im Hintergrund abläuft, können Sie das NAS in der Zwischenzeit wie gewohnt nutzen.

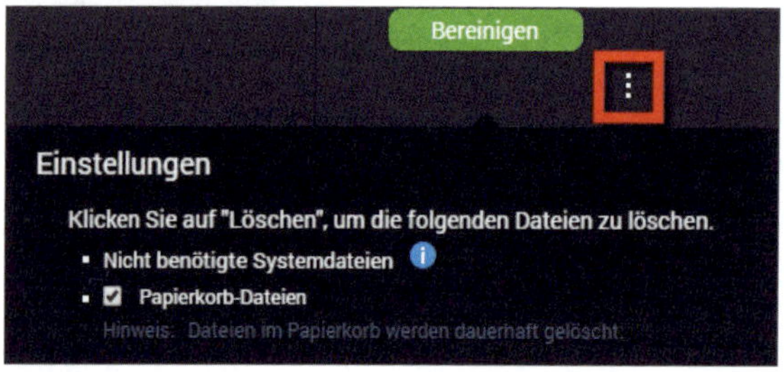

Anwendungen

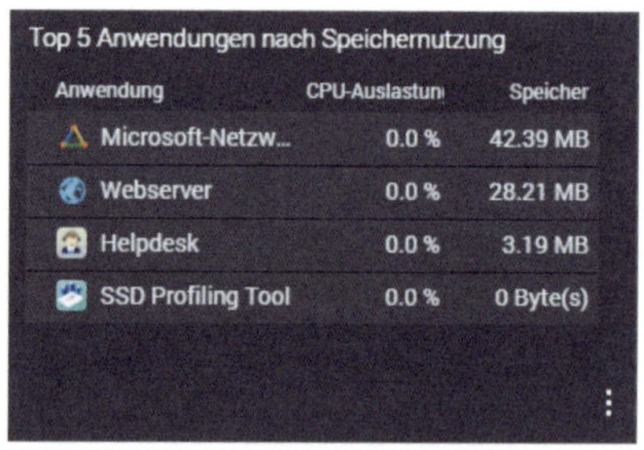

Im Bereich ganz rechts zeigt Qboost Ihnen die *Top 5 Anwendungen nach Speichernutzung*, also die Apps bzw. Funktionen, die den meisten Arbeitsspeicher belegen. Zusätzlich können Sie zu jeder Anwendung ablesen, wie stark diese die CPU auslastet und wie viel Speicher konkret belegt wird.

Mit dem Menü-Symbol unten rechts öffnen Sie eine ausführliche Liste aller aktiven Anwendungen. Sie lässt sich anhand der Spalten sortieren, sodass Sie hier auch die Apps mit der größten *CPU-Auslastung* etc. anzeigen lassen können. Außerdem finden Sie in der Spalte *Aktion* verschiedene Eingriffsmöglichkeiten. So können Sie sich den Zeitplan für eine App anzeigen lassen, eine App starten oder anhalten oder manche Anwendungen auch entfernen lassen.

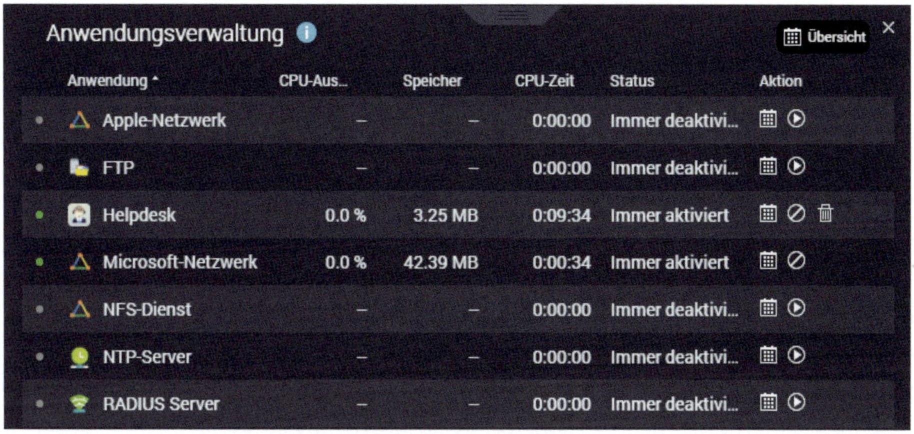

Benachrichtigungen in der QTS-Oberfläche

QTS überwacht automatisch wichtige Funktionen Ihres NAS und benachrichtigt Sie, wenn irgendetwas im Argen liegt oder wesentliche Aufgaben erledigt werden müssen. Wenn Sie Ihr NAS frisch installieren, liegt häufig schon eine solche Benachrichtigung vor, die auf eine anstehende Aktualisierung des Paket-Zentrums hinweist. In diesem Fall ist das Benachrichtigungssymbol in der Symbolleiste mit einem farbigen Hinweis und der Anzahl vorhandener Nachrichten versehen.

Um vorliegende Benachrichtigungen abzurufen, brauchen Sie nur auf das Benachrichtigungssymbol in der Symbolleiste zu klicken. Dadurch öffnen Sie eine Übersicht der vorliegenden Benachrichtigungen:

- Die Benachrichtigungen sind nach Schweregrad unterteilt: Fehler sollten stets unmittelbar beachtet werden, während Warnungen nicht unwichtig, aber in der Regel zumindest nicht sehr dringend sind. In der Rubrik *Alle* ganz links sind aber stets alle Hinweise zusammengefasst.
- Jede Rubrik enthält eine Liste mit einem Eintrag für jede Nachricht mit Inhalt und einer Zeitangabe, seit wann diese Nachricht vorliegt.

- Oft enthalten die Benachrichtigungen einen Link, mit dem Sie direkt zu einer Einstellung oder Anwendung wechseln und dort die notwendigen Maßnahmen ergreifen können.
- Ganz unten bietet die Schaltfläche *Start mit* eine praktische Abkürzung zum Benachrichtigungszentrum. Das ist eine gute Alternative, wenn sehr viele Nachrichten auf einmal vorliegen. Dann können Sie sich hier einen Überblick verschaffen und die Liste nach Anwendung, Inhalt oder Zeitpunkt sortieren.
- Mit der Schaltfläche *Alles leeren* können Sie alle aktuell vorliegenden Benachrichtigungen in einem Schritt entfernen.

Benachrichtigungen per E-Mail, SMS oder Messaging-Dienst

Die Benachrichtigungen über Ihr NAS sehen Sie nur, wenn Sie sich auf der QTS-Weboberfläche anmelden. Ist das NAS erst einmal installiert und optimal eingerichtet, wird man diese aber meist nicht mehr so häufig benötigen. Deshalb sollten Sie sich zumindest über wesentliche Ereignisse unabhängig vom QTS-Desktop informieren lassen, beispielsweise per E-Mail, SMS oder über einen Nachrichtendienst. Auf Seite 68 ist das Einrichten einer E-Mail-Benachrichtigung beschrieben.

Die QTS-Oberfläche individuell gestalten

Die Weboberfläche von QTS lässt sich – in Grenzen – nach eigenen Vorstellungen gestalten und so individuell anpassen. Diese Anpassungen werden jeweils für das angemeldete Benutzerkonto vorgenommen. Es kann also jeder Benutzer die Oberfläche in seinem Sinne personalisieren.

Falls Sie beispielsweise aus Sicherheitsgründen mit verschiedenen Benutzerkonten arbeiten, könnten Sie jedes Konto mit einem eindeutigen Hintergrundbild versehen. So können Sie immer auf einen Blick erkennen, mit welchem Konto Sie gerade angemeldet sind.

1. Klicken Sie oben in der Symbolleiste auf das Benutzer-Symbol. Alternativ können Sie auch den Benutzernamen anklicken und im so geöffneten Menü *Optionen* wählen.
2. Wechseln Sie in den Optionen in die Rubrik *Hintergrundbild* und stellen Sie dort zunächst *Bild* ein.
3. Hier können Sie unter mehreren mitgelieferten Bildern auswählen.
4. Oder Sie klicken unten bei *Oder mein eigenes Foto hochladen* auf die Bildervorschau.

5. Navigieren Sie dann zu einem beliebigen eigenen Bild in einem der gängigen Dateiformate wie PNG, BMP oder JPEG.

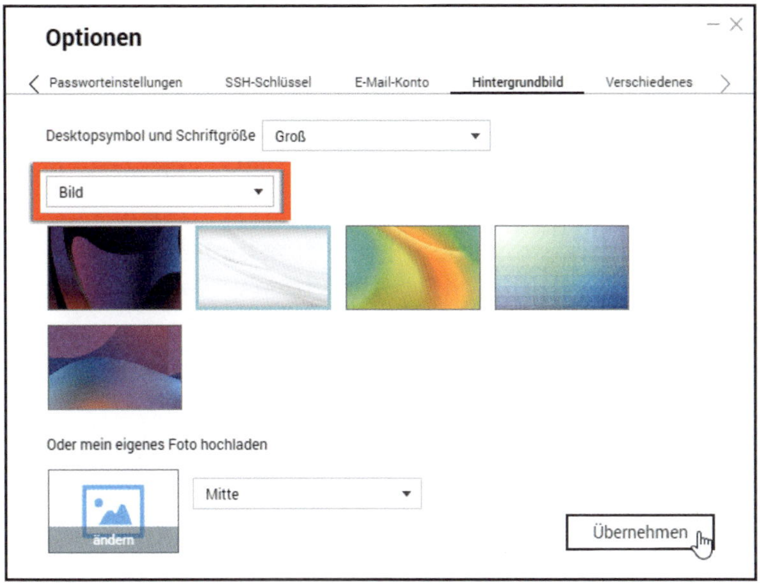

6. Wenn das Bild nicht zufällig die exakt richtigen Abmessungen hat, können Sie mit dem Auswahlfeld rechts daneben bestimmen, wie es angepasst werden soll. Meist ist *Füllen* eine gute Wahl. Die Auswirkung sehen Sie direkt auf der Weboberfläche im Hintergrund, sodass Sie die optimale Methode durch Ausprobieren ermitteln können.
7. Wenn alles passt, klicken Sie unten rechts auf *Übernehmen*.

Alternativen: dynamisches Hintergrundbild oder Farbe

Anstelle eines bestimmten Bildes kann QTS den Hintergrund zeitabhängig dynamisch gestalten, sodass tagsüber ein helleres und nachts ein dunkleres Design verwendet wird. Bei dieser augenfreundlichen Variante sind Sie aber auf die angebotenen Bilder beschränkt. Wer einen einfachen Hintergrund ohne Motiv oder Strukturen bevorzugt, kann die Alternative *Farbe* wählen und den QTS-Desktop dann in einem der angebotenen Farbtöne gleichmäßig einfärben lassen.

Die angezeigten Elemente steuern

In der Rubrik *Verschiedenes* (gehen Sie dazu in der Rubrikleiste mit dem kleinen Pfeil ganz nach rechts) der Benutzeroptionen können Sie unter anderem festlegen, ob bestimmte Elemente der QTS-Weboberfläche angezeigt werden sollen oder nicht:

- *Automatisch abmelden nach einer Inaktivitätszeit von X*: siehe Seite 67.
- *Beim Verlassen von QTS warnen*: Wenn Sie den Webbrowser schließen, ohne sich zuvor vom QTS abgemeldet zu haben, wird jeweils ein Warnhinweis angezeigt, dass eventuell vorgenommene Änderungen unter Umständen nicht gespeichert werden. Dies ist aber nur relevant, wenn noch Dialoge offen sind und Sie darin nicht schon auf *OK*, *Übernehmen*, *Fertigstellen* oder Ähnliches geklickt haben.

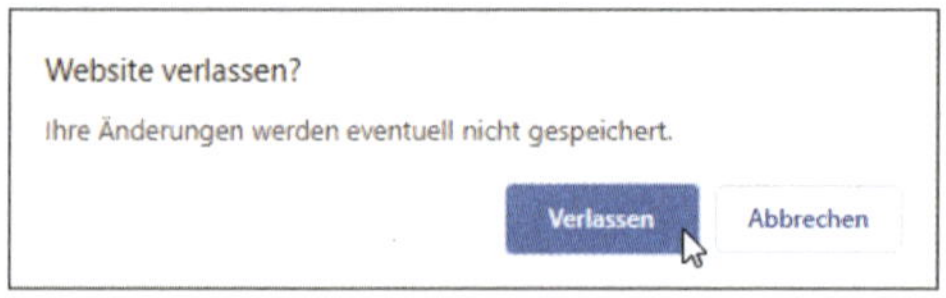

- *Fenster beim erneuten Anmelden an NAS wieder öffnen*: Ist diese Option aktiviert, merkt sich QTS, welche Anwendungen Sie beim letzten Verlassen der Oberfläche offen gelassen haben, und stellt diese automatisch wieder her.
- *Desktop-Wechselschaltfläche anzeigen*: Die QTS-Weboberfläche umfasst mehrere Seiten, auf denen Sie Symbole und Fenster anordnen können (siehe Seite 82). Wenn Sie diese Möglichkeit nicht nutzen und stets nur mit einer Seite arbeiten, können Sie die Schaltflächen dafür ausblenden.
- *Verknüpfungsleiste am Desktop anzeigen*: Die Symbole ganz unten auf dem Desktop, die zu verschiedenen QNAP-Onlineressourcen führen, sind am Anfang vielleicht ganz hilfreich. Später kann man aber vielleicht darauf verzichten.
- *Dashboard-Schaltfläche anzeigen*: Diese Option steuert, ob das Kontrollcenter-Symbol ganz rechts in der Symbolleiste angezeigt wird.
- *NAS-Zeit am Desktop anzeigen*: Die Uhrzeit unten links in der Weboberfläche lässt sich mit dieser Option entfernen, wenn man sie nicht benötigt.

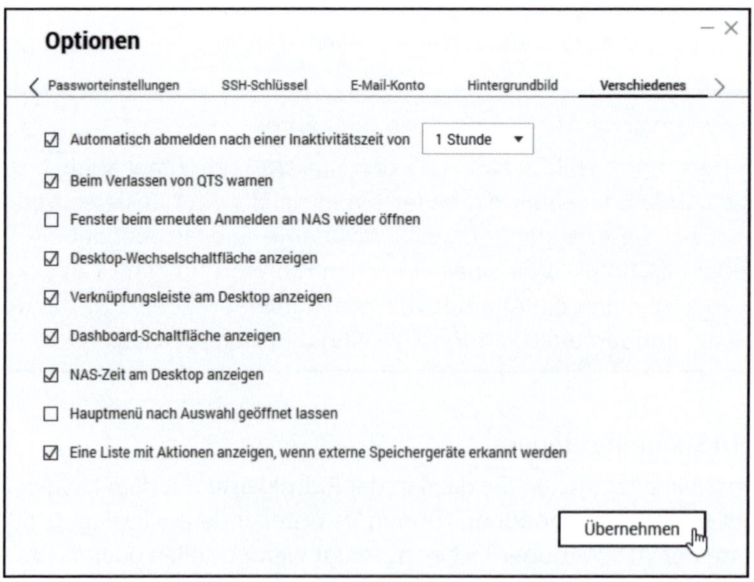

- *Hauptmenü nach Auswahl geöffnet lassen*: Standardmäßig wird das Hauptmenü am linken Bildschirmrand automatisch wieder ausgeblendet, wenn Sie einen der Menüpunkte angeklickt haben. Ist diese Option eingeschaltet, wird das Hauptmenü hingegen so lange angezeigt, bis Sie es mit einem erneuten Klick auf das Menü-Symbol oben links wieder ausblenden.
- *Eine Liste mit Aktionen anzeigen, wenn externe Speichergeräte erkannt werden*: Ist diese Option aktiv, wird beim Anschließen externer Speichermedien wie etwa USB-Sticks automatisch eine Liste mit Aktionen angezeigt, die Sie mit diesem Medium ausführen können.

Ein eigenes Bild als Benutzer-Symbol

Jeder Benutzer des NAS kann ein eigenes Foto oder Symbolbild für sein Benutzerprofil festlegen:

1. Klicken Sie dazu auf das bisherige Benutzer-Symbol in der Symbolleiste.
2. Damit öffnen Sie die Benutzeroptionen in der Rubrik *Profil*.

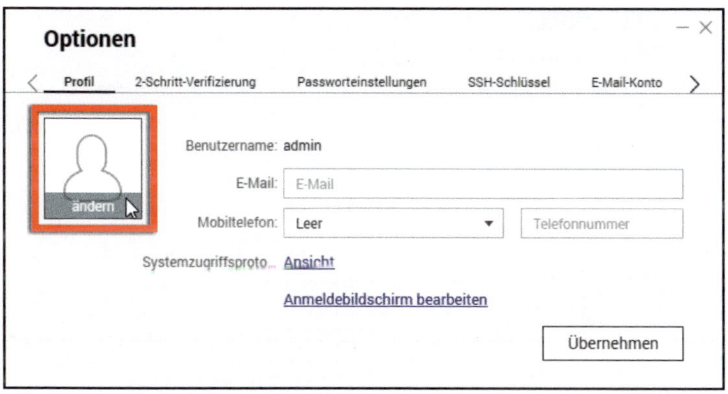

3. Klicken Sie hier auf das Profilbild links.
4. Wählen Sie im anschließenden Dialog eine Bilddatei mit dem gewünschten Bild aus. Diese sollte in einem der gängigen Formate wie PNG, BMP oder JPEG vorliegen.
5. Kontrollieren Sie die Vorschau des Profilbildes, und klicken Sie dann auf *Übernehmen*.

Den Anmeldebildschirm gestalten

Auch der Anmeldebildschirm, in dem man den Benutzernamen und das Kennwort für den Zugang zum QTS eingibt, lässt sich anpassen. Die Einstellungen dafür finden sich in der Systemsteuerung und können dort nur von Anwendern mit entsprechenden Berechtigungen verändert werden:

1. Öffnen Sie in der QTS-Systemsteuerung den Bereich *System/Allgemeine Einstellungen*, und wechseln Sie dort in die Rubrik *Anmeldebildschirm*.
2. Hier können Sie ein eigenes Hintergrundbild und ein eigenes Logo beispielsweise Ihrer Firma hochladen. Ebenso können Sie eine kurze Nachricht hinterlegen, die jeder Benutzer bei der Anmeldung sieht.
3. Wie der Anmeldebildschirm mit den aktuell gewählten Einstellungen aussehen würde, können Sie sich mit *Vorschau* in einem neuen Browser-Tab ansehen.

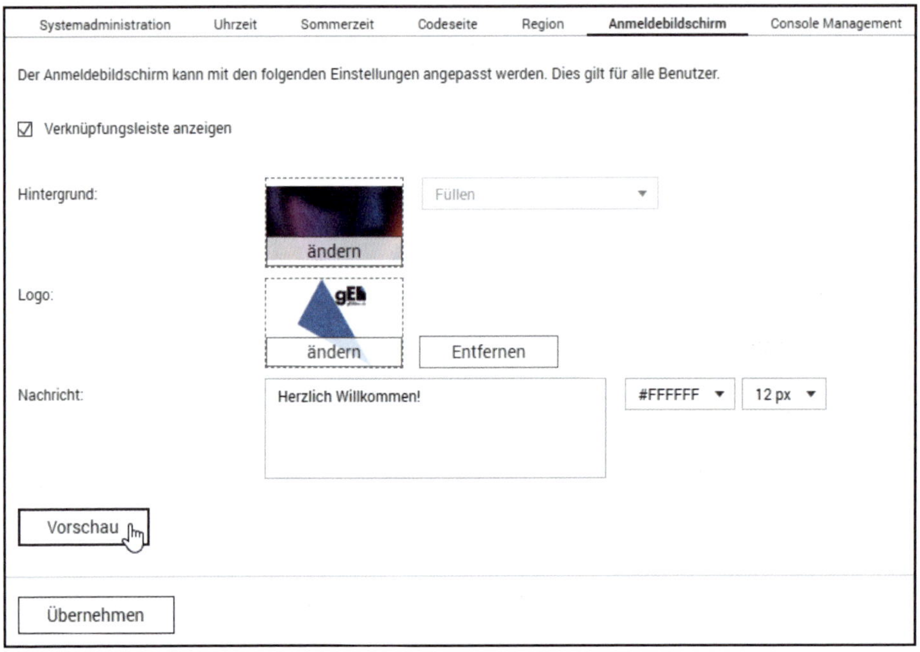

4. Sind Sie mit der Gestaltung zufrieden, klicken Sie unten auf *Übernehmen*.

3.2 Das NAS mit der Systemsteuerung einstellen

Eine ganz wesentliche Komponente des QTS ist die Systemsteuerung. Sie ist das zentrale Konfigurationswerkzeug Ihres NAS mit zahlreichen Optionen und Einstellungsmöglichkeiten.

Ich möchte an dieser Stelle gar nicht auf sämtliche Einstellungen eingehen, da diese besser an den entsprechenden Stellen im Buch vorgestellt werden. Hier soll es nur um die generelle Handhabung der Systemsteuerung gehen, damit Sie an anderer Stelle schnell zu den beschriebenen Optionen gelangen und diese sicher verändern können.

Sie finden die *Systemsteuerung* im Hauptmenü sowie standardmäßig als eigenes Symbol auf dem QTS-Desktop. Ein Klick darauf startet die Systemsteuerung in einem eigenen Fenster.

Auf der Startseite der Systemsteuerung finden Sie eine Liste von Modulen, die grob in die Bereiche *System, Berechtigungen, Netzwerk und Dateidienste* sowie *Anwendungen* unterteilt sind. In jedem Bereich finden Sie verschiedene Unterbereiche, die in den meisten Fällen wiederum mehrere Rubriken enthalten, um die vielen verschiedenen Einstellungen zu beherbergen.

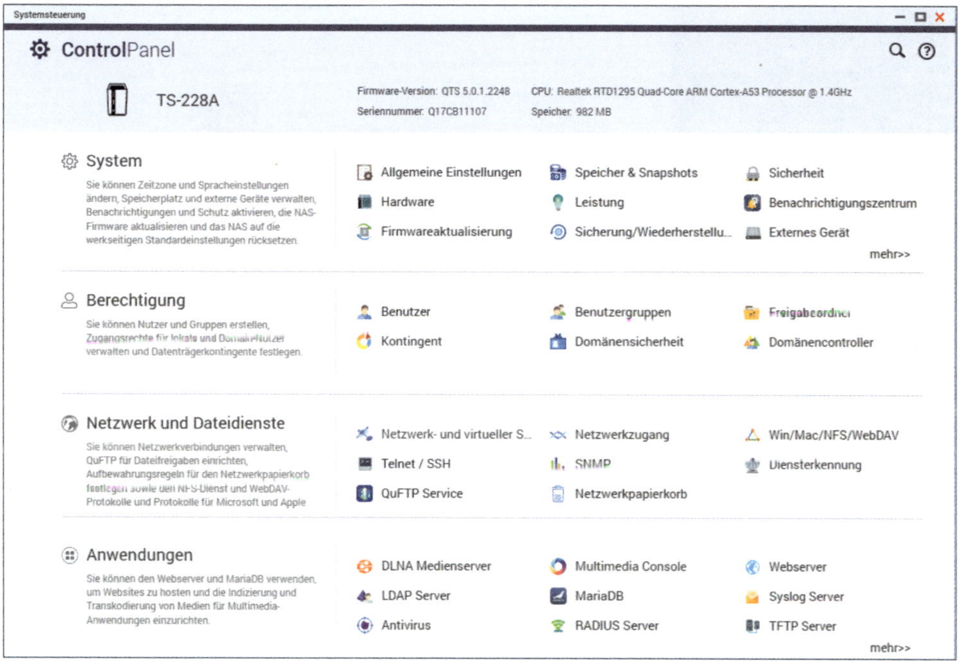

Die Startseite der Systemsteuerung mit direktem Zugriff auf die verschiedenen Bereiche und Unterbereiche.

Wenn Sie einen der Bereiche oder auch direkt einen der Unterbereiche öffnen, wechselt die Systemsteuerung in eine kompaktere Ansicht:

1. Hier finden Sie ganz links die vier großen Bereiche als Symbole wieder.
2. In der Spalte rechts daneben werden die Unterbereiche des jeweils gewählten Bereichs aufgelistet.
3. Der Hauptbereich rechts gehört den eigentlichen Optionen dieses Bereichs.

4. Diese unterteilen sich meist nochmals in mehrere Rubriken, zwischen denen Sie mit der Leiste oben hin und her wechseln können.
5. Mit dem Pfeil-Symbol oben links neben *ControlPanel* gelangen Sie jederzeit wieder zur Startseite der Systemsteuerung zurück.

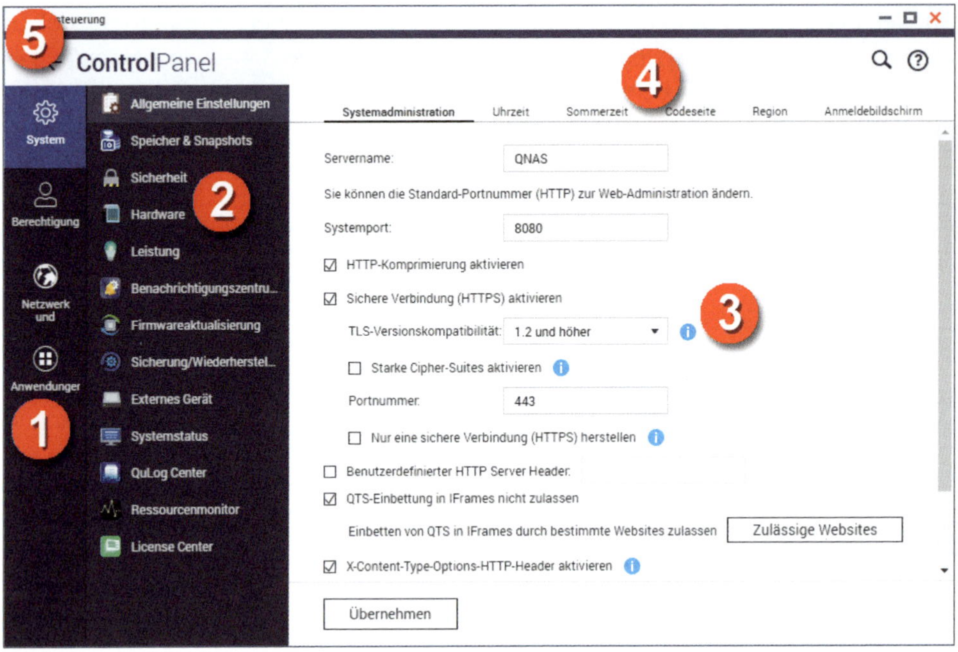

Die Einstellungen selbst bestehen aus gängigen Elementen wie Optionskästchen, Auswahlen oder Eingabefeldern. Wenn Sie Änderungen in der Systemsteuerung vornehmen, müssen Sie jeweils unten auf *Übernehmen* klicken, damit diese aktiviert und dauerhaft übernommen werden.

Dadurch wird die Systemsteuerung nicht automatisch geschlossen. Das kann eventuell etwas verwirren, aber QTS unterstützt Sie dabei: Wann immer Sie eine Einstellungsrubrik oder die Systemsteuerung verlassen, ohne die vorgenommenen Änderungen mit *Übernehmen* gespeichert zu haben, weist ein Warndialog Sie darauf hin.

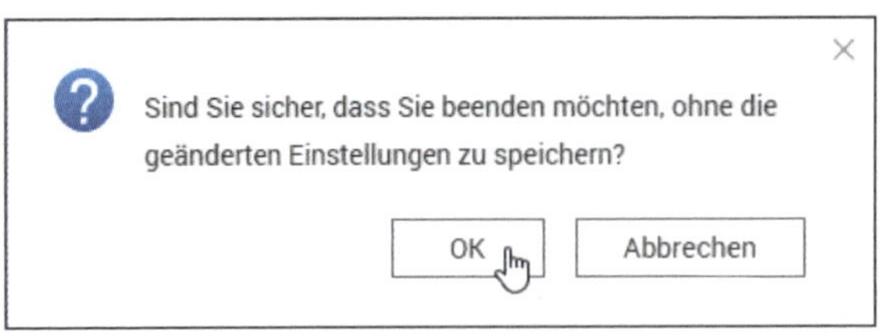

> **Sonderfall externe Module**
>
> Nicht alle Einstellungen werden direkt in der Systemsteuerung vorgenommen. Stattdessen ist der Zugang zu externen Modulen wie dem Speichermanager, dem Benachrichtigungszentrum oder dem App Center als Unterbereich in die Systemsteuerung integriert. Klickt man darauf, wird das entsprechende Modul in einem eigenen Fenster gestartet, und die Systemsteuerung läuft im Hintergrund weiter.

Einstellungen schnell finden

Damit Sie auch in der Vielzahl der Bereiche, Module und Dialoge nicht den Überblick verlieren, finden Sie oben rechts in der Systemsteuerung ein Lupen-Symbol für die Suchfunktion. Klicken Sie es an, um ein Eingabefeld einzublenden. Hier genügt es, einen kurzen Teil der gesuchten Einstellung einzutippen. Eine Liste zeigt dann direkt die Bereiche an, in denen sich dazu passende Optionen finden.

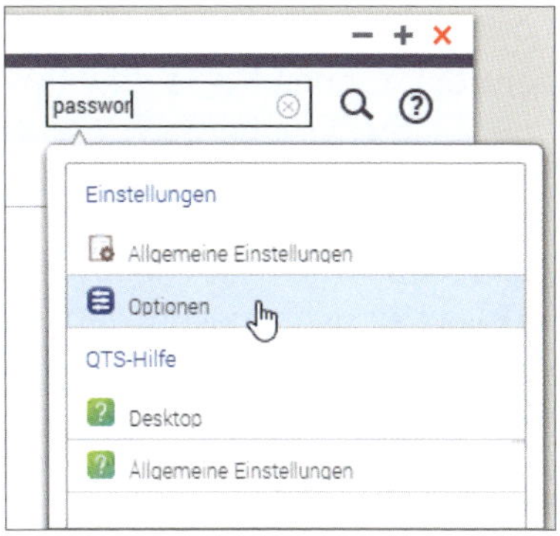

Leider hat QNAP hier nicht immer sauber gearbeitet und beispielsweise bei der Lokalisierung der Suchfunktion geschlampt. Tippt man beispielsweise »Passwort« ein, findet die Suche nichts. Verwendet man hingegen die englische Übersetzung »Password«, liefert die Suche Fundstellen. Sie finden in diesem Buch deshalb bei allen beschriebenen Einstellungen immer eine präzise Angabe, in welchem Bereich und welcher Rubrik der Systemsteuerung diese zu finden ist.

4. Benutzer, Gruppen und Zugriffsrechte verwalten

Wenn Sie Ihr NAS als Einziger verwenden, brauchen Sie sich um Benutzer und Zugriffsrechte keine Gedanken zu machen. Im Prinzip können Sie dann einfach alle Aufgaben als Administrator durchführen, der grundsätzlich auf alles zugreifen darf. Aber auch in diesem Fall ist es eine Überlegung wert, mit verschiedenen Benutzerprofilen zu arbeiten. So könnte man etwa einen Standardbenutzer erstellen, der zwar auch vieles darf, dem aber beispielsweise in wichtigen Bereichen die Berechtigung zum Löschen von Dateien und Ordnern fehlt. Arbeiten Sie im Alltag mit diesem Benutzerprofil, können Sie so effektiv ausschließen, dass Sie wichtige, unwiederbringliche Dokumente versehentlich löschen.

Spätestens wenn mehrere Benutzer auf die gespeicherten Daten zugreifen sollen, ist das Verwalten von Benutzern und Zugriffsrechten unerlässlich. Nur so kann man beispielsweise sicherstellen, dass Benutzer private und vertrauliche Dateien zuverlässig vor neugierigen Blicken verstecken können. Ebenso kann man damit verhindern, dass weniger versierte Benutzer unbedacht Dateien löschen oder wichtige Einstellungen des Gerätes verändern. Ihr NAS bietet Ihnen dazu ein flexibles Gerüst mit Benutzern, Gruppen und Zugriffsrechten, mit dem Sie passende Benutzerprofile auch für viele Benutzer zusammenstellen können.

Erst Benutzer oder erst Gruppen?

Sollte man erst Benutzer anlegen und dann Gruppen oder umgekehrt? Es ist etwas systematischer, wenn man erst Gruppen einrichtet und dann Benutzer, die man in diese Gruppen einteilt. Andererseits entdeckt man meist erst nach und nach, welche verschiedenen Nutzungsmöglichkeiten ein NAS bietet, und passt die Systematik entsprechend an. Grundsätzlich spielt es keine entscheidende Rolle: Sie können zuerst Benutzer anlegen und dann Gruppen, denen Sie die vorhandenen Benutzer zuweisen. Oder Sie erstellen zuerst Gruppen ohne konkrete Benutzer und legen dann beim Einrichten von Benutzerprofilen fest, welchen Gruppen diese angehören sollen. Und ohnehin können Sie alle diese Einstellungen auch nachträglich jederzeit ändern bzw. ergänzen.

4.1 Die Standardbenutzer Ihres NAS

Da es ganz ohne Benutzer nicht geht, kennt Ihr NAS ab Werk bereits Standardbenutzer. Diese sind fest integriert und können auch nicht gelöscht werden.

- *admin* (oder ähnlich): Das ist das Benutzerkonto, das bei der Installation automatisch angelegt wurde bzw. das Sie in deren Ablauf angelegt haben. Der Name kann deshalb abweichen, aber Sie erkennen es am Eintrag *System default user* in der Spalte *Beschreibung*. Das ist der zentrale Benutzer mit allen Zugriffsrechten. Deshalb kann er auch nicht entfernt werden, da Sie sonst den Zugang zum System verlieren würden.
- *Gast*: Ein spezieller Gastzugang, der zunächst einmal keine Zugriffsrechte hat. Das Anmeldekennwort lautet »guest«. Man kann ihn benutzen, um einen sehr eingeschränkten Zugriff auf ganz bestimmte Daten zu ermöglichen. Der Gastzugang kann nur für bestimmte Ressourcen des NAS freigegeben werden. Eine Anmeldung an der QTS-Weboberfläche ist damit nicht möglich.
- *Anonym*: Eine spezielle Einstellung, die den anonymen Zugang zu einem FTP-Server ermöglicht, falls Sie einen solchen auf Ihrem NAS einrichten. Anderweitig kann man dieses Konto nicht nutzen. Ein Kennwort ist für anonymes FTP nicht erforderlich.

Öffnen Sie in der Systemsteuerung den Bereich *Berechtigungen* und darin die Rubrik *Benutzer*, um jederzeit eine Liste der vorhandenen Benutzerprofile abzurufen. Sie werden bemerken, dass hier ab Werk nur der *admin*-Benutzer aufgeführt ist. *Gast* und *Anonym* fehlen hier, da diese Benutzerprofile nicht verändert oder deaktiviert werden können.

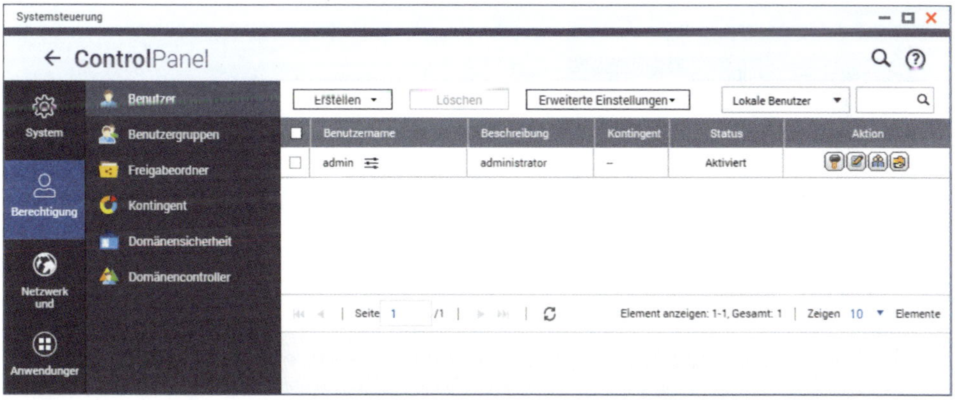

Ab Werk ist in der Benutzerverwaltung nur der Administratorbenutzer eingetragen, der alles darf.

4.2 Benutzerprofile einrichten

Es ist verführerisch, einfach alles mit dem ohnehin vorhandenen Administratorkonto zu erledigen, insbesondere wenn man das NAS womöglich nur für sich allein nutzt. Trotzdem empfehle ich jedem, für den alltäglichen Zugriff ein Benutzerkonto einzurichten, das seine Zugriffsrechte maßgeschneidert bekommt, getreu dem Motto »So viel wie nötig, so wenig wie möglich«. Dazu können Sie jederzeit eigene Benutzerprofile anlegen.

Die Höchstanzahl an Benutzerkonten (die standardmäßig vorhandenen zählen nicht dazu) unterscheidet sich bei den verschiedenen Modellen. Aber selbst bei den Einstiegsmodellen sind theoretisch mehrere Hundert und bei Profigeräten Tausende möglich.

Keine Angst vor falschen Angaben

Beim Erstellen von Benutzerprofilen müssen eine Menge Angaben gemacht und Entscheidungen getroffen werden. Deshalb ist die folgende Anleitung auch recht umfangreich. Man kann dabei aber nichts falsch machen, da sich alle Einstellungen später noch in den Eigenschaften wiederfinden und dort nachträglich verändert werden können.

1. Um einen weiteren Benutzer anzulegen, klicken Sie in der Systemsteuerung unter *Berechtigungen/Benutzer* auf die *Erstellen*-Schaltfläche und wählen im so geöffneten Menü *Einen Benutzer erstellen*.

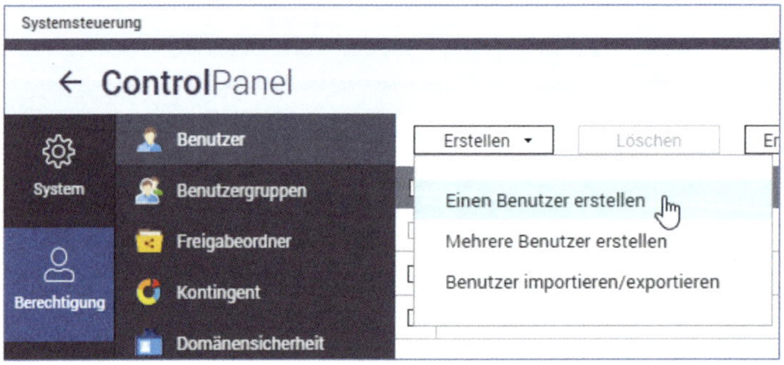

2. Im so geöffneten Assistenten können Sie oben eine Beschreibung eingeben. Das kann der volle Name des Benutzers sein oder ein anderer kurzer Text. Links daneben können Sie auch direkt ein individuelles Symbolbild für diesen Benutzer auswählen. Andernfalls wird das Standardbenutzer-Symbol verwendet. Diese beiden Angaben sind optional, können also auch weggelassen werden.
3. Nicht optional ist hingegen die Angabe des eigentlichen Benutzernamens, mit dem der Anwender sich anmelden soll. Er kann maximal 32 Zeichen lang sein und sollte möglichst nur aus Buchstaben und Ziffern bestehen. Einige wenige Sonderzeichen wie ! und _ sind erlaubt. Wenn Sie ein unzulässiges Zeichen verwenden, färbt sich das Eingabefeld ein.

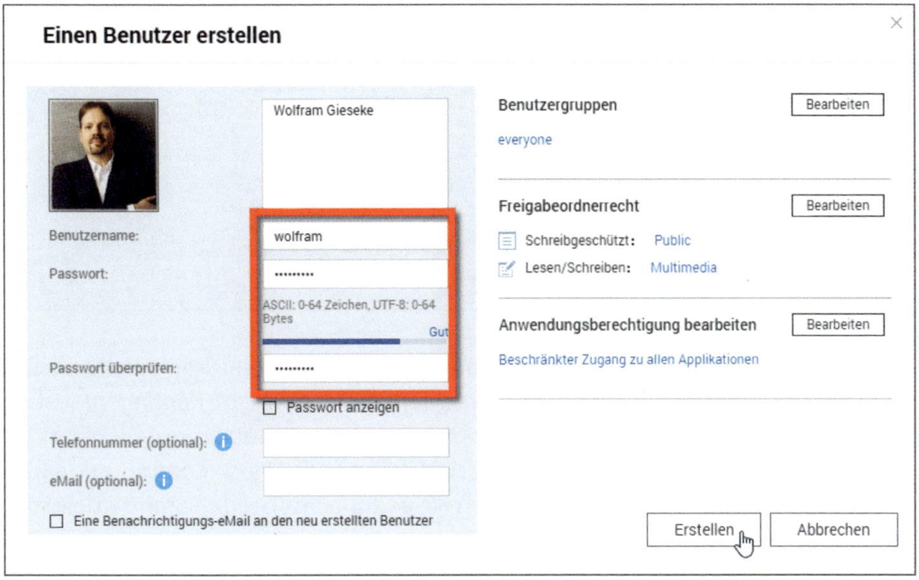

4. Darunter geben Sie – zweimal – das *Passwort* für den neuen Benutzer ein. Dieses darf bis zu 64 Zeichen lang sein und darf neben Groß- und Kleinbuchstaben sowie Ziffern auch gängige Sonderzeichen umfassen. Der Balken zwischen den beiden Eingabefeldern verrät Ihnen in Echtzeit, als wie sicher das gewählte Kennwort eingeschätzt wird.
5. Die Angaben zu *Telefonnummer* und *eMail* sind optional. Falls Sie eine E-Mail-Adresse hinterlegen, können Sie mit der Option ganz unten links dem Benutzer direkt eine Willkommensnachricht senden.

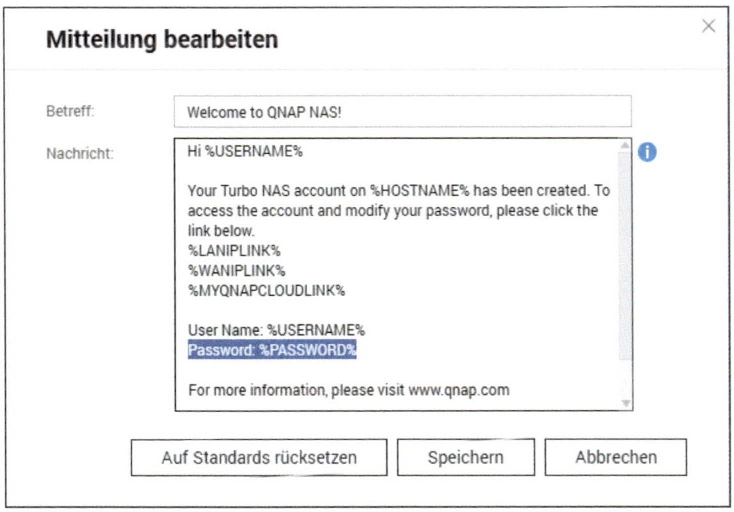

> **Passwort im Klartext**
>
> Die automatisch erzeugte E-Mail an den neuen Benutzer enthält das für ihn festgelegte Kennwort im Klartext, was aus Sicherheitsgründen keine sehr gute Idee ist. Verwenden Sie diese Option also nur, wenn Sie sicher sind, dass nur der Empfänger selbst diese E-Mail zu sehen bekommt.
>
> Alternativ können Sie mit *Mitteilung bearbeiten* die Vorlage für die E-Mail öffnen. Entfernen Sie dort die Zeile mit dem Passwort.

6. Auf der rechten Seite des Dialogs können Sie in den Bereichen *Benutzergruppen*, *Freigabeordnerrecht*, *Anwendungsberechtigungen* sowie ggf. *Kontingent* festlegen, auf welche Daten und Funktionen des NAS der neue Benutzer zugreifen darf. Wenn Ihnen diese Begriffe bereits vertraut sind, können Sie diese Konfiguration hier direkt vornehmen. Andernfalls belassen Sie es zunächst bei den Standardeinstellungen. Diese Berechtigungen lassen sich nachträglich jederzeit anpassen, und die folgenden Abschnitte in diesem Kapitel gehen ausführlich auf die verschiedenen Bereiche ein.
7. Um das Benutzerprofil mit den gewählten Vorgaben einzurichten, klicken Sie abschließend unten rechts auf *Erstellen*.

Ein so eingerichteter Benutzer hat zunächst nur sehr eingeschränkte Rechte. Er darf nur auf bestimmte standardmäßig eingerichtete Ordner zugreifen.

Er kann sich mit seinen Zugangsdaten bei der QTS-Weboberfläche anmelden, erhält dann aber eine sehr abgespeckte Version davon, da er nur auf grundlegende Funktionen wie File Station zugreifen darf. Weitere Funktionen oder gar die Systemsteuerung bleiben ihm verwehrt. In der Systemsteuerung sind die meisten Symbole ausgeblendet. Oftmals ist für einfache Benutzer genau das gewünscht.

Andernfalls lesen Sie in den folgenden Abschnitten dieses Kapitels, wie Sie Benutzern effektiv die Zugriffsrechte zuweisen können, die sie für ihre Aufgaben benötigen.

Benutzerprofile bearbeiten

Alle selbst erstellten Benutzer (und der *admin*-Benutzer) werden in der Benutzerverwaltung in der Systemsteuerung unter *Berechtigungen/Benutzer* aufgelistet. Hier finden Sie ganz rechts in der Spalte *Aktion* die Möglichkeiten zum nachträglichen Bearbeiten der Benutzerprofile und -berechtigungen.

- *Passwort ändern*: Hier können Sie das Kennwort eines Benutzers nachträglich verändern. Der Benutzer selbst kann dies auch tun (sofern Sie dies nicht im Benutzerprofil unterbunden haben), indem er in der Symbolleiste auf sein Benutzer-Symbol klickt und in den so geöffneten Benutzeroptionen in die Rubrik *Kennwort ändern* wechselt.
- *Kontoprofil bearbeiten*: Mit diesem Symbol öffnen Sie das Benutzerprofil, wo Sie – bis auf den Benutzernamen – alle Eigenschaften verändern können. Hier lässt sich das Konto auch deaktivieren, und Sie können Benutzern das eigenmächtige Ändern des Kennworts untersagen. Außerdem können Sie ein Kontingent für diesen Benutzer festlegen, wenn Kontingente aktiviert sind (siehe Seite 126).

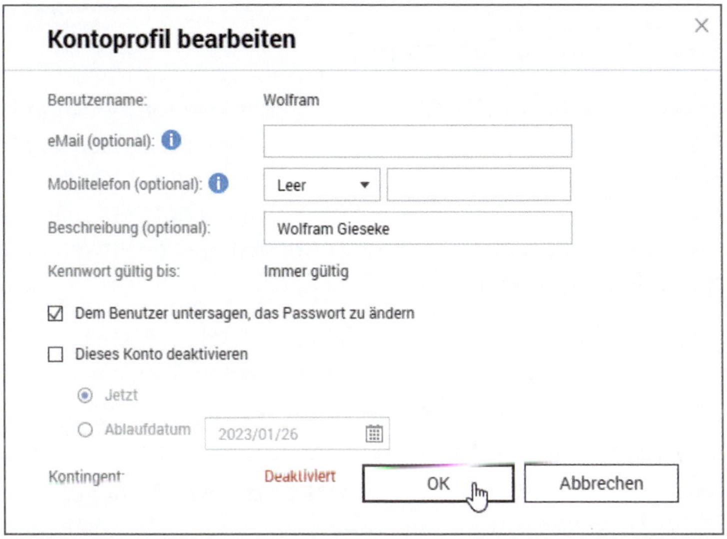

- *Benutzergruppe bearbeiten*: Hinter dieser Schaltfläche verbirgt sich ein Dialog, in dem Sie die Zugehörigkeit des Benutzers zu bestimmten Gruppen festlegen können (mehr dazu erfahren Sie auf Seite 109).
- *Berechtigungen für Freigabeordner bearbeiten*: Wenn Sie wissen möchten, auf welche Ordner und Dateien ein Benutzer effektiv Zugriff hat, hilft dieses Symbol weiter. Was es mit diesen Zugriffsberechtigungen auf sich hat und wie Sie diese zuteilen können, erfahren Sie auf Seite 132).
- *Anwendungsberechtigung bearbeiten*: Nicht jedem Benutzer müssen zwangsläufig alle aktivierten Funktionen zur Verfügung stehen. Schon aus Sicherheitsgründen sollte jeder nur das tun dürfen, was er auch tun soll oder muss (mehr dazu erfahren Sie im folgenden Abschnitt).

> **Besonderheiten beim admin-Konto**
>
> Für das ab Werk eingerichtete Administratorkonto gelten besondere Regeln. So fehlt hier die Schaltfläche für Anwendungsberechtigungen, weil Administratoren grundsätzlich auf alle Anwendungen und Funktionen zugreifen dürfen. Auch im Benutzerprofil stehen nicht alle Einstellungen zur Verfügung. So ist es beispielsweise nicht ohne Weiteres möglich, das admin-Konto zu deaktivieren. Das geht erst, wenn es mindestens einen weiteren Benutzer in der Administratorgruppe gibt. Denn es muss immer mindestens ein Benutzerprofil mit Administratorrechten aktiv sein, weil das NAS sonst nicht mehr administriert werden kann.

Anwendungsberechtigungen festlegen

Ihr NAS unterstützt eine Vielzahl von Funktionen. Allein das Dateisystem kann über verschiedene Protokolle wie NFS, SMB oder FTP bereitgestellt werden. Dazu kommen Dienste und Anwendungen wie File Station, Photo Station oder Virtualisierung. Allerdings wird nicht jeder Anwender jede dieser Funktion auch nutzen wollen (oder sollen). Deshalb können Sie in jedem Benutzerprofil festlegen, welche Anwendungen diesem Benutzer zur Verfügung stehen sollen.

1. Um die Anwendungsberechtigungen für ein Benutzerprofil einzustellen, öffnen Sie die Benutzerliste in der Systemsteuerung (*Berechtigungen/Benutzer*).
2. Lokalisieren Sie hier den Benutzer, und klicken Sie bei diesem Eintrag in der Spalte *Aktion* auf das Symbol ganz rechts. 
3. Im so geöffneten Dialog können Sie für jede Funktion des NAS festlegen, ob der Benutzer sie nutzen darf oder nicht. Entfernen Sie dazu rechts in der Spalte *Genehmigen* die Häkchen bei allen Einträgen, die nicht verfügbar sein sollen.

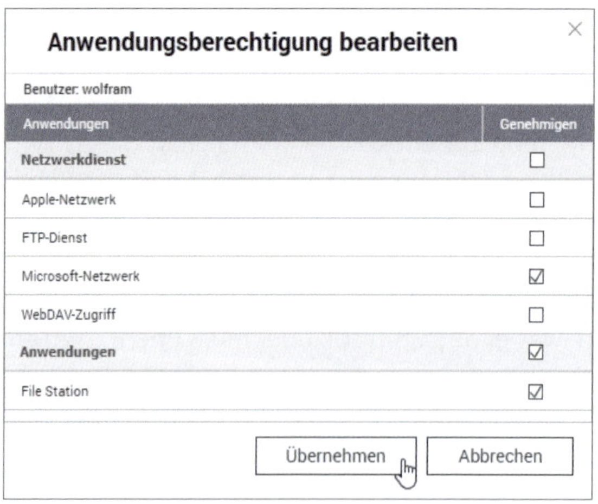

4. Die Liste ist grob unterteilt in zwei Abschnitte, die irritierenderweise beide die Bezeichnung *Anwendungen* führen. Im oberen Bereich geht es um Dienste wie *FTP-Dienst*, *Microsoft-Netzwerk* oder *WebDAV-Zugriff*. Der untere Bereich listet auf, was man eher unter »Anwendung« verstehen würde, also beispielsweise *File Station*. Mit dem Häkchen rechts neben der Abschnittsüberschrift können Sie jeweils alle Einträge dieses Bereichs genehmigen oder ausschließen.
5. Klicken Sie abschließend unten auf *Übernehmen*, um die Einstellungen für dieses Benutzerprofil festzulegen.

Die Einträge in den Anwendungslisten sind dynamisch und hängen davon ab, welche Anwendungen Sie auf Ihrem NAS einrichten. Installieren Sie weitere Software wie beispielsweise Photo Station oder Music Station, werden in der Liste der Anwendungsberechtigungen automatisch entsprechende Einträge ergänzt. Standardmäßig wird dabei ein Häkchen bei *Genehmigen* gesetzt. Soll eine neue Anwendung nur für bestimmte Benutzer verfügbar sein, müssen Sie die Genehmigung für alle anderen also ausdrücklich entfernen.

Benutzer entfernen

Wird ein Benutzerprofil nicht mehr benötigt, können Sie es wieder entfernen. Das ist vor allem sinnvoll, wenn im Laufe der Zeit immer neue Benutzer dazukommen. Denn dann wird es irgendwann unübersichtlich, wenn man Zugriffsberechtigungen kontrollieren möchte.

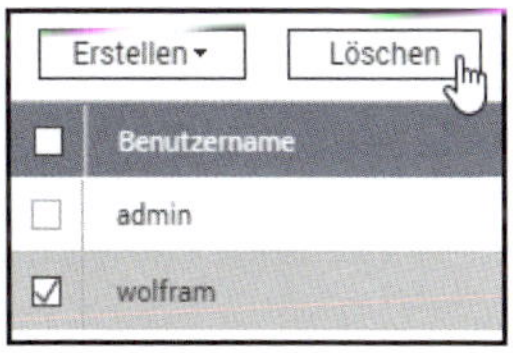

1. Um einen Benutzer zu entfernen, markieren Sie seinen Eintrag in der Benutzerliste mit einem Häkchen ganz links. Sie können auch mehrere Einträge markieren, wenn Sie gleich mehrere Profile auf einmal löschen möchten.
2. Klicken Sie dann oberhalb der Liste auf die *Löschen*-Schaltfläche.
3. Die Sicherheitsrückfrage gibt Ihnen die Möglichkeit, auch die Startseiten-Ordner und Daten dieses Benutzers entfernen zu lassen. Dies sollten Sie nur tun, wenn die Daten ganz sicher nicht mehr benötigt werden bzw. ggf. anderweitig gesichert wurden.
4. Bestätigen Sie den Vorgang dann mit *Ja*. Damit wird das Benutzerprofil vom NAS entfernt.

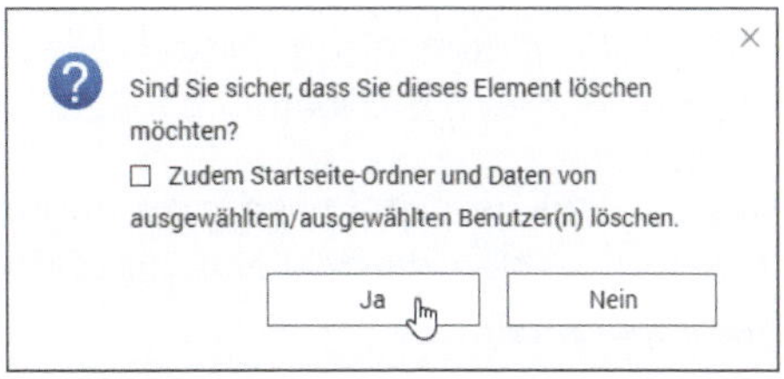

Benutzerprofile sichern und exportieren

QTS bietet Ihnen die Möglichkeit, die Benutzerprofile des NAS zu exportieren. So können Sie zum einen Sicherungen erstellen, um die Profile im Fall eines Hardwaredefekts schnell wiederherstellen zu können. Zum anderen ermöglicht es ggf. den einfachen Umzug auf ein neueres, schnelleres, größeres QNAP-Modell.

1. Klicken Sie in der Benutzerliste oben auf *Erstellen* und im so geöffneten Menü auf *Benutzer importieren/exportieren*.
2. Wählen Sie im anschließenden Dialog die Option *Benutzer-/Gruppeneinstellungen exportieren*.

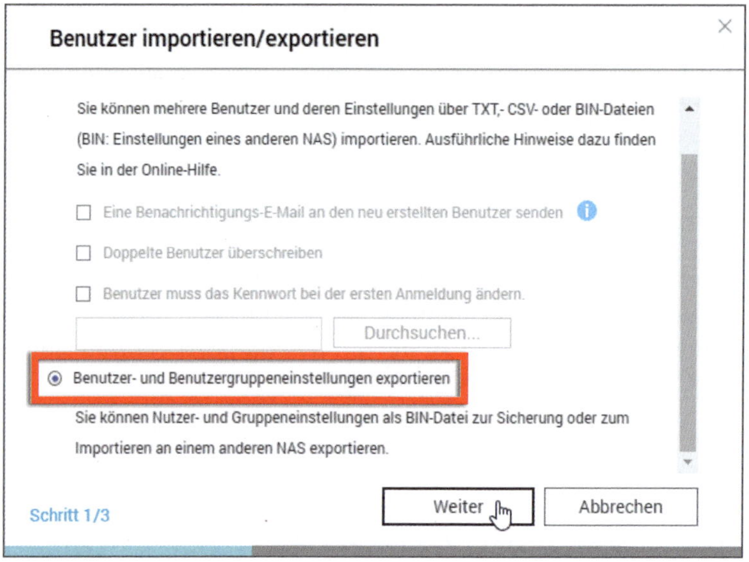

3. Wenn Sie nun auf *Weiter* klicken, lädt Ihr Webbrowser eine Datei herunter, deren Bezeichnung sich aus dem Netzwerknamen des NAS, dem aktuellen Datum und der Endung *.bin* zusammensetzt. Dabei kommt folgendes Schema zum Einsatz: *<-NAS-Netzwerkname>_JJJJMMTT.bin*.

Die so gesicherte Datei enthält alle Angaben zu Benutzern, Zugriffsrechten, Gruppen und Kontingenten, also praktisch alle Daten, die Sie im Bereich *Berechtigungen* der Systemsteuerung bearbeiten können.

Um eine solche Datei wieder zu importieren, wiederholen Sie den beschriebenen Vorgang, wählen diesmal aber die Option *Benutzer- und Benutzergruppeneinstellungen importieren*.

4.3 Benutzergruppen als dynamische Vorlagen

Benutzergruppen erlauben es, Zugriffsrechte gleich für mehrere oder sogar viele Benutzer festzulegen bzw. zu ändern. Das kann man sich wie eine dynamische Vorlage für Benutzerprofile vorstellen:

- Man legt einmal im Detail fest, welche Zugriffsrechte erteilt werden sollen und welche nicht. Beim Anlegen neuer Benutzer ordnet man diese dann einer solchen Gruppe zu, und schon erhalten sie die passenden Zugriffsrechte automatisch.
- Aber nicht nur beim Anlegen von Benutzern sind Gruppen hilfreich, denn Änderungen an den Rechten einer Gruppe wirken sich auch nachträglich auf alle Benutzer dieser Gruppe aus. Wenn Benutzer beispielsweise in einem bestimmten Ordner nur noch Dateien lesen, aber keine mehr verändern oder erstellen sollen, ändert man die Zugriffsrechte für die Gruppe dementsprechend, und damit verändert man auch die Berechtigungen für jedes einzelne Gruppenmitglied. Das geht wesentlich schneller, als die entsprechenden Rechte bei jedem betroffenen Benutzerprofil einzeln anzupassen.

Es spricht also sehr viel dafür, am besten von Anfang an mit Gruppen oder zumindest einer Gruppe für den typischen Benutzer ohne Administrationsaufgaben zu arbeiten. Dafür eignet sich beispielsweise die standardmäßig vorhandene Gruppe *everyone* (deutsch »jedermann«), in der jeder Benutzer automatisch Mitglied ist. Noch besser ist es aber, eine ganz eigene Gruppe für diesen Zweck zu erstellen.

Die Standardgruppen

Das System kennt ab Werk zwei Benutzergruppen, die für den Betrieb unerlässlich sind und die deshalb auch nicht gelöscht werden können. Sie finden diese in der Systemsteuerung im Bereich *Berechtigungen/Benutzergruppen*:

- *administrators*: Das ist die Gruppe für Benutzer mit Administrationsaufgaben, die den Mitgliedern weitestgehende Rechte einräumt.

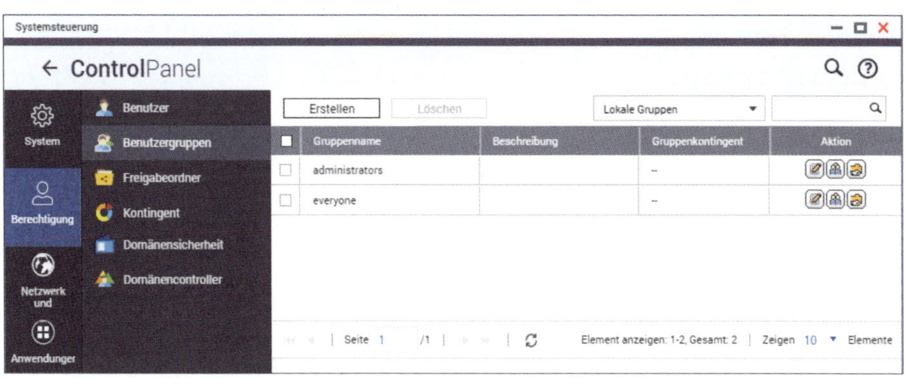

- *everyone*: Diese Gruppe können Sie verwenden, um die Zugriffsrechte für typische Anwender Ihres NAS zu bestimmen. Ab Werk hat diese Gruppe lediglich lesenden Zugriff auf standardmäßig vorhandene Ordner wie *Multimedia* und *Public*.

Eigene Benutzergruppe erstellen

Es ist sinnvoll, für bestimmte Aufgaben zusätzliche Gruppen mit ganz bestimmten Berechtigungen zu erstellen. Dabei können Sie ruhig großzügig vorgehen, denn selbst auf den kleinsten QNAP-Modellen lassen sich schon bis zu 128 Benutzergruppen anlegen, auf den größeren noch mehr.

Das erlaubt ein flexibles Arbeiten mit den so zugeteilten Rechten. Denn jeder Benutzer kann Mitglieder einer oder mehrerer Gruppen sein oder werden und so die entsprechenden Rechte oder Beschränkungen zugewiesen bekommen.

Es ist also empfehlenswert, die Gruppen an den Aufgaben zu orientieren, die mit dem NAS erledigt werden sollen (beispielsweise Datensicherung, Dokumentenarchiv, Mediensammlung etc.), und dann jeden Benutzer entsprechend seinen Aufgaben den Gruppen zuzuordnen.

Im folgenden Beispiel lege ich eine Gruppe *sicherung* an. Diese soll nur auf einen speziellen Freigabeordner für Sicherungszwecke Zugriff haben. Später lassen sich dann Benutzerprofile erstellen, die beispielsweise von Sicherungsprogrammen zur Anmeldung am NAS genutzt werden.

So wird sichergestellt, dass solche Programme am NAS keinesfalls auf Speicherbereiche zugreifen können, in denen sie nichts zu suchen haben.

1. Um eine neue Benutzergruppe zu erstellen, öffnen Sie die Gruppenliste in der Systemsteuerung unter *Berechtigungen/Benutzergruppen*.
2. Klicken Sie hier oberhalb der Liste auf die *Erstellen*-Schaltfläche.
3. Im so geöffneten Dialog geben Sie bei *Benutzergruppenname* einen Namen für die neue Gruppe ein. Er kann bis zu 128 Zeichen lang sein und aus Groß- und Kleinbuchstaben sowie Ziffern bestehen. Als Sonderzeichen ist lediglich der Bindestrich zulässig.
4. Zusätzlich können Sie eine Beschreibung eingeben, die ebenfalls bis zu 128 Zeichen lang sein darf. Sie dient nur der eigenen Orientierung und ermöglicht beispielsweise kurze Erläuterungen, sodass man auch später noch weiß, zu welchem Zweck man eine bestimmte Benutzergruppe ursprünglich erstellt hatte.
5. Klicken Sie dann bei *Benutzer zu dieser Gruppe zuweisen* auf *Bearbeiten*, um eine Liste der Benutzer zu öffnen.

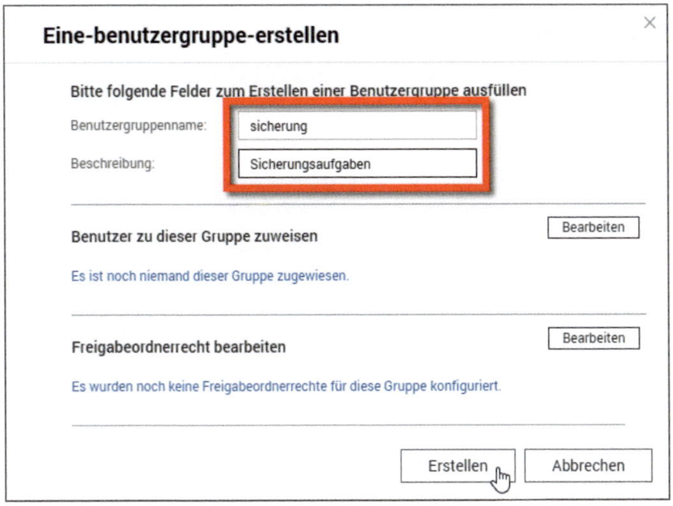

6. Wählen Sie darin mit Häkchen diejenigen Benutzer aus, die Mitglied dieser Gruppe sein sollen. Dies können Sie aber auch später jederzeit nachholen bzw. die Mitgliederzuordnung verändern.
7. Klicken Sie auf *Schließen*, um die Benutzerliste wieder auszublenden.

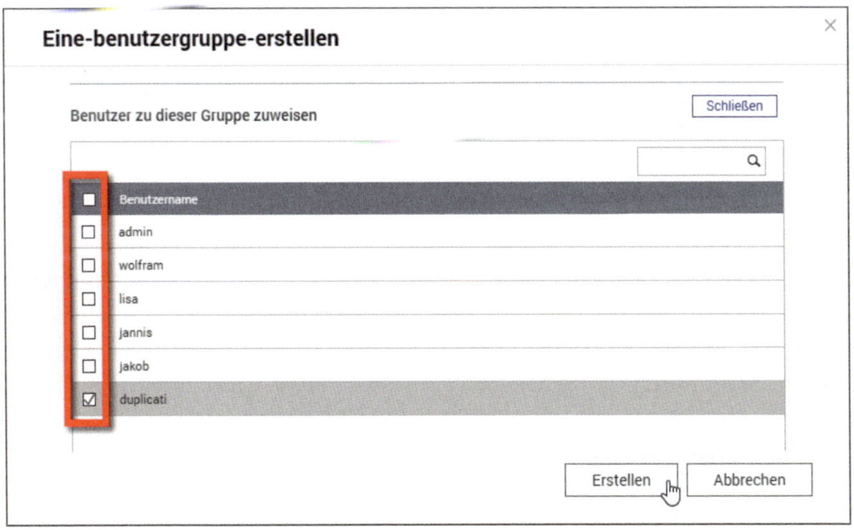

8. Soll die Benutzergruppe auf bestimmte Ordner zugreifen dürfen, klicken Sie im Abschnitt *Freigabeordnerrecht bearbeiten* auf *Bearbeiten*.
9. Damit blenden Sie eine Liste der vorhandenen Freigabeordner ein. In den Spalten rechts können Sie die Zugriffsrechte der Gruppe für den jeweiligen Ordner steuern. Was es mit diesen Rechten auf sich hat, ist auf Seite 132 ausführlich erklärt.

10. Haben Sie alle Einstellungen vorgenommen, klicken Sie ganz unten auf *Erstellen*. Nach kurzer Wartezeit wird die neue Benutzergruppe in der Gruppenliste angezeigt.

Benutzergruppen nachträglich bearbeiten

Ähnlich wie bei den Benutzern gibt Ihnen die Gruppenliste in der Systemsteuerung unter *Berechtigungen/Benutzergruppen* die Möglichkeit, fast alle Eigenschaften einer Gruppe nachträglich zu verändern. Dazu klicken Sie auf eines der Symbole in der Spalte *Aktion*:

- *Gruppendetails anzeigen*: In den Gruppendetails können Sie nur die Beschreibung verändern. Der beim Erstellen gewählte Gruppenname muss beibehalten werden. Interessant sind die Gruppendetails aber, weil Sie hier auf einen Blick alle Benutzer der Gruppe sehen können. Außerdem können Sie ein Kontingent für die Gruppe festlegen, wenn Kontingente aktiviert sind (siehe Seite 126).

- *Benutzer der Gruppe bearbeiten*: Damit öffnen Sie einen Dialog, der dem Auswählen der Benutzer beim Erstellen einer Gruppe ganz ähnlich ist. Benutzer können durch Setzen eines Häkchens ganz links der Gruppe zugeordnet werden. Wenn Sie sehr viele Benutzer angelegt haben, kann das Suchfeld oben rechts hilfreich sein. Es schränkt die Liste auf die Benutzer ein, deren Namen die hier eingetippte Zeichenkombination enthalten.

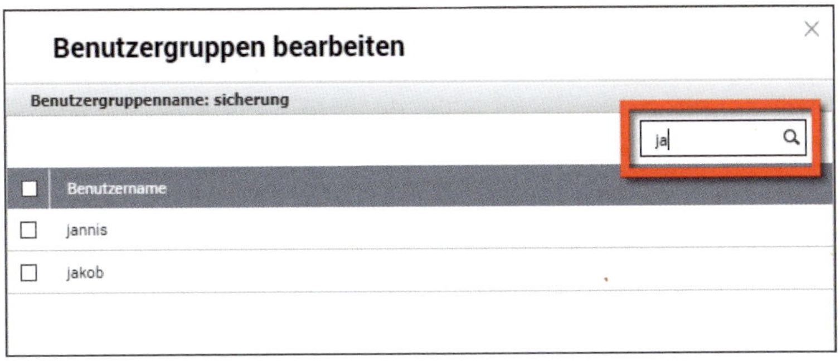

- *Berechtigungen für Freigabeordner bearbeiten*: Auch hinter dieser Schaltfläche verbirgt sich ein ganz ähnlicher Dialog wie beim Einrichten von Gruppen. Mehr zu Zugriffsberechtigungen auf Freigabeorder erfahren Sie auf Seite 114.

Gruppen löschen

Sie können die Eigenschaften und Mitglieder von Gruppen jederzeit verändern. Entziehen Sie einer Gruppe beispielsweise nachträglich ein Zugriffsrecht, dann wird dieses Recht bei allen Gruppenmitgliedern entfernt (sofern dem nicht eine weitere Gruppenmitgliedschaft oder eine benutzerspezifische Berechtigung entgegensteht). Sie können auch Gruppen jederzeit wieder löschen. Die Benutzerprofile von deren Mitgliedern bleiben dabei erhalten. Allerdings werden dabei die Zugriffsrechte der Gruppe aus den Benutzerprofilen der Mitglieder entfernt, sodass sich deren Berechtigungen unter Umständen verändern können.

1. Um eine Gruppe zu löschen, markieren Sie deren Eintrag in der Gruppenliste unter *Berechtigungen/Benutzergruppen* mit einem Häkchen ganz links.
2. Klicken Sie dann oberhalb der Gruppenliste auf die Schaltfläche *Löschen*.
3. Bestätigen Sie anschließend die Sicherheitsrückfrage mit *OK*.

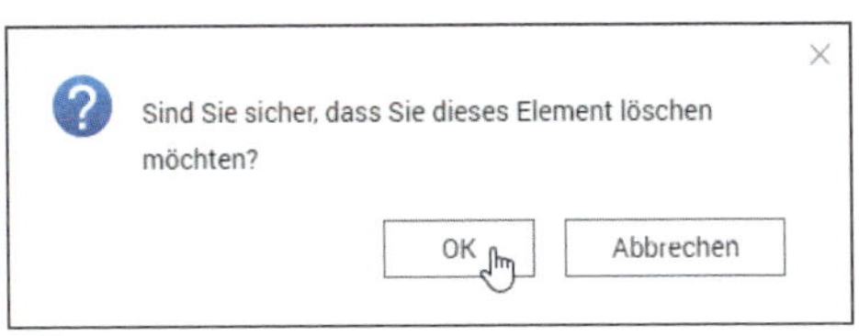

4.4 Zugriffsrechte auf Freigabeordner

Damit Ihr NAS als Dateiserver arbeiten kann, muss es einen oder mehrere Ordner geben, die für den Zugriff aus dem lokalen Netzwerk für die Benutzer freigegeben sind. Dabei ist eine Rechteverwaltung ganz wesentlich, insbesondere wenn mehrere Anwender sich den Netzspeicher teilen wollen bzw. sollen. Denn nur durch Zugriffsrechte lässt sich erreichen, dass Benutzer eigene Ordner haben, deren Inhalte nur sie selbst sehen und verändern dürfen. Und auch nur so lässt sich vermeiden, dass weniger versierte Anwender versehentlich wichtige Dateien und Ordner löschen. Das steuert Ihr NAS über Zugriffsrechte, die für jeden Benutzer – und jede Benutzergruppe – genau festhalten, welche Zugriffsrechte sie auf diesen Ordner haben.

Die Standardordner

In der Systemsteuerung sind unter *Berechtigungen/Freigabeordner* alle derzeit vorhandenen Freigabeordner Ihres NAS aufgeführt. Diese Liste ist voller, als Sie vielleicht denken, denn einige Freigabeordner erstellt das NAS direkt bei der Installation. Andere werden automatisch eingerichtet, wenn Sie bestimmte Dienste oder Anwendungen aus dem App Center installieren. Standardfreigabeordner erkennen Sie in der Liste leicht daran, dass das Kästchen ganz links bei ihrem Eintrag deaktiviert ist. Solche Ordner können also nicht markiert und entfernt werden. Abgesehen davon können sie aber weitestgehend wie selbst erstellte Freigabeordner behandelt und konfiguriert werden:

- *Download*: Dies ist der Ordner, in dem die Download Station (siehe Seite 296) standardmäßig heruntergeladene Dateien ablegt. Auch wenn Sie innerhalb der QTS-Oberfläche Dateien herunterladen, werden diese standardmäßig hier gespeichert.
- *Multimedia*: Diesen Ordner nutzen alle Multimedia-Anwendungen, um dort Bilder, Musik und Videos abzulegen.

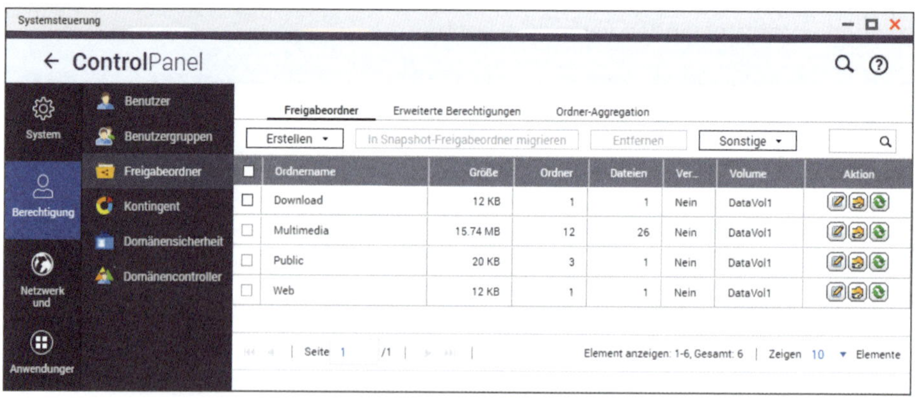

- *Public*: Dieser »öffentliche« Ordner ist standardmäßig für alle Benutzer zugänglich, und die darin gespeicherten Dateien dürfen geöffnet, aber nicht verändert werden.
- *Web*: Dies ist das Stammverzeichnis des Webservers, den Ihr NAS betreiben kann. In diesem Fall werden HTML-Dateien, Bilder und sonstige Elemente in diesem Ordner abgelegt.

Eigene Freigabeordner anlegen

Zusätzlich zu den vom System bereitgestellten Freigabeordnern können Sie jederzeit eigene Freigabeordner anlegen. Das können Sie nach Lust und Laune tun oder aber ein bestimmtes Konzept verfolgen. So könnte man beispielsweise jedem Benutzer seinen eigenen Freigabeordner zur Verfügung stellen. Oder man definiert Freigabeordner für die verschiedenen Aufgaben, die mit dem NAS zu erledigen sind.

1. Um einen Freigabeordner anzulegen, öffnen Sie in der Systemsteuerung den Bereich *Berechtigungen/Freigabeordner*.
2. In der so geöffneten Ordnerliste klicken Sie oben auf die *Erstellen*-Schaltfläche und wählen im Menü *Freigabeordner*. (Alternativ erreichen Sie diese Funktion auch direkt aus File Station mit einem Klick auf das *Hinzufügen*-Symbol in der Symbolleiste und *Ordner freigeben* im so geöffneten Menü.)

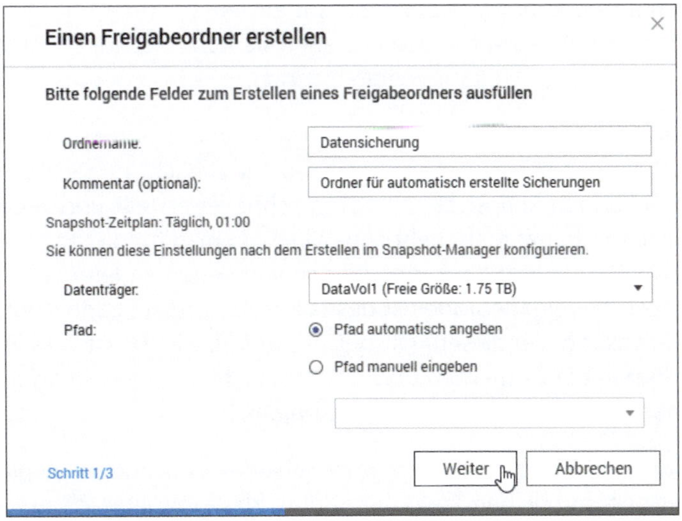

3. Im so geöffneten Dialog geben Sie oben zunächst im gleichnamigen Feld den Ordnernamen an. Er kann bis zu 64 Zeichen lang sein und darf aus Ziffern, Groß- und Kleinbuchstaben bestehen. Leerzeichen sind ebenso erlaubt wie einige wenige Sonderzeichen wie - und _. Falls Sie ein unzulässiges Zeichen verwenden, färbt sich das Eingabefeld ein.

4. Den *Kommentar* können Sie beliebig gestalten. Er dient nur der eigenen Orientierung und darf bis zu 128 beliebige Zeichen enthalten.
5. Sollten Sie mehr als ein Volume eingerichtet haben, können Sie bei *Datenträger* auswählen, in welchem davon dieser Ordner erstellt werden soll.
6. Soll der Freigabeordner direkt im Stammverzeichnis des gewählten Volumes erstellt werden, können Sie es darunter bei der Option *Pfad automatisch angeben* belassen. Wollen Sie den Ordner aber tiefer im Dateisystem in einem bereits vorhandenen Ordner ansiedeln, nehmen Sie *Pfad manuell eingeben*. Dann können Sie mit dem Auswahlfeld darunter das übergeordnete Verzeichnis für den neuen Ordner auswählen.

Das sind die wesentlichen Einstellungen, die für einen neuen Freigabeordner getroffen werden müssen. Darunter geht es noch weiter, aber da diese zusätzlichen Einstellungen ebenso wichtig wie umfangreich sind, teile ich sie der Übersichtlichkeit wegen auf die folgenden Abschnitte auf.

Snapshot-Freigabeordner

Snapshots sind Sicherungen, die das NAS automatisch von seinen Inhalten erstellen kann. Sie ermöglichen es, gelöschte Dateien oder auch frühere Versionen von Dateien wiederherzustellen (siehe Seite 54). Da Snapshots auf der Ebene von Datenblöcken erstellt werden, kann man sie aber nicht bezogen auf einzelne Ordner oder Dateien anlegen oder wiederherstellen. Stattdessen beziehen sie sich stets auf ein ganzes Volume. Das kann sie zeit- und speicheraufwendig machen.

Snapshot-Freigabeordner werden automatisch jeweils in einem eigenen Volume angelegt. Somit beziehen sich alle Snapshot-Aktionen tatsächlich immer nur auf diesen Ordner. Dadurch können Snapshots erheblich schneller erstellt und wiederhergestellt werden. Gleichzeitig hat man mehr Flexibilität, da man für diesen Ordner spezielle Snapshot-Einstellungen wählen kann, die sich von denen anderer Volumes unterscheiden. Ein Snapshot-Freigabeordner ist deshalb insbesondere dann sinnvoll, wenn der Zugriff auf Snapshots bei diesem Ordner besonders wichtig ist. Das kann beispielsweise ein Ordner mit Dokumenten und Daten sein, die sich regelmäßig ändern oder an denen mehrere Benutzer gemeinsam arbeiten.

Das Erstellen eines Snapshot-Freigabeordners unterscheidet sich nur an wenigen Stellen von dem eines herkömmlichen Freigabeordners, deshalb gehe ich nur auf diese Unterschiede ein. Mehr zum praktischen Umgang mit Snapshots erfahren Sie auf Seite 239.

- Beim Erstellen eines Snapshot-Freigabeordners wählen Sie anstelle eines vorhandenen Volumes den Speicherpool aus, in dem das Volume für den Snapshot-Freigabeordner erstellt werden soll. Haben Sie ohnehin nur einen Speicherpool eingerichtet, wird dieser automatisch gewählt.

- Darunter legen Sie fest, ob es sich um ein »dickes« oder ein »dünnes« Volume handeln soll (siehe Seite 62).

Die weiteren Optionen zu Zugangsrechten und erweiterten Einstellungen gleichen denen für herkömmliche Freigabeordner. Klicken Sie dann unten auf *Erstellen*, um den Snapshot-Freigabeordner anzulegen.

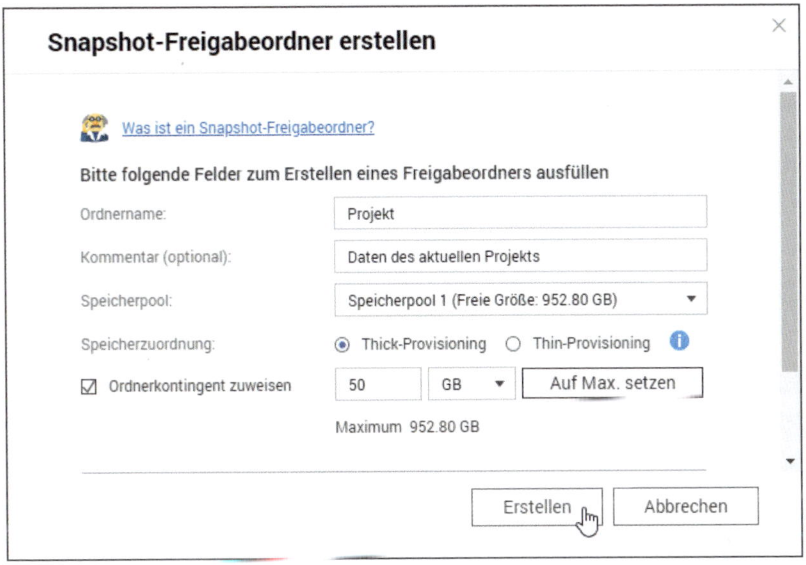

Einen Freigabeordner nachträglich in eine Snapshot-Freigabe umwandeln

Manchmal ergibt es sich erst im Laufe der Zeit, dass ein bestimmter Freigabeordner besser eigene Snapshots haben sollte.

In dem Fall können Sie einen herkömmlichen Freigabeordner zu einer Snapshot-Freigabe umwandeln:

1. Lokalisieren Sie den Ordner in der Liste der Freigabeordner, und öffnen Sie seine Eigenschaften über das Symbol in der Spalte *Aktion*.
2. Klicken Sie in den Eigenschaften ganz unten links auf die Schaltfläche *In Snapshot-Freigabeordner migrieren*.
3. Damit starten Sie einen Migrationsassistenten, in dem Sie im ersten Schritt den Speicherpool für den zu erstellenden Snapshot-Freigabeordner auswählen (falls Sie mehr als einen Speicherpool angelegt haben).

4. Im nächsten Schritt legen Sie fest, ob es sich um ein »dickes« oder ein »dünnes« Volume handeln soll (siehe Seite 62), und begrenzen das Speicherkontingent ggf. auf die gewünschte Größe.

5. Kontrollieren Sie die Zusammenfassung, und klicken Sie schließlich auf *OK*, um die Migration zu starten.

Das Umwandeln läuft anschließend im Hintergrund ab und kann je nach Umfang des Freigabeordners und der Anzahl der darin bereits gespeicherten Dateien einige Zeit in Anspruch nehmen.

ISO-Freigabeordner

Ein ISO-Freigabeordner ist eine hilfreiche Variante, wenn Sie auf Ihrem NAS Datenträgerabbilder im ISO-Format gespeichert haben, beispielsweise Windows-Installationsdateien. Solche Image-Dateien umfassen einen kompletten Datenträger mit Dateisystem, Ordner und Dateien. Allerdings sind diese eben nicht direkt zugänglich. Ein ISO-Freigabeordner kann ein solches Datenträgerabbild als Ordner ins Dateisystem des NAS einhängen, sodass Sie auf die im Abbild enthaltenen Ordner und Dateien direkt zugreifen können. Sie können dann also einzelne Elemente aus einer ISO-Datei herauskopieren und sogar Dateien darin ändern oder ergänzen.

1. Um einen ISO-Freigabeordner anzulegen, klicken Sie in der Systemsteuerung unter *Berechtigungen/Freigabeordner* oben auf *Erstellen* und wählen im Menü *Erstellung eines ISO-Freigabeordners*.
2. Wählen Sie im ersten Schritt des so gestarteten Assistenten zunächst das Datenträgerabbild aus, das Sie als Freigabeordner einbinden möchten. Die ISO-Datei muss sich dazu bereits in einem Ordner des NAS befinden.

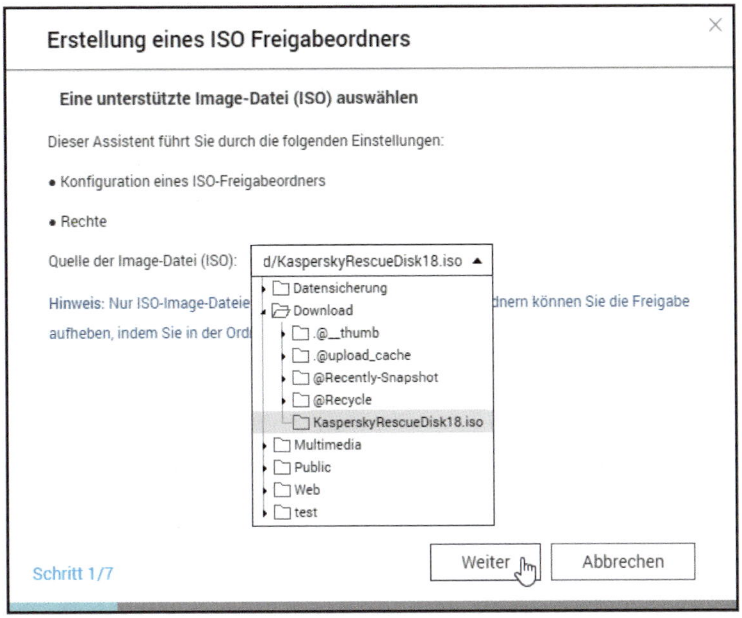

3. Geben Sie anschließend einen Namen sowie ggf. eine kurze Beschreibung der Freigabe ein. Zusätzlich können Sie festlegen, ob der Freigabeordner verborgen sein soll. Wenn ja, wird er beispielsweise im Windows-Explorer nicht aufgelistet, und Benutzer können nur darauf zugreifen, wenn sie den genauen Namen kennen.

4. Dann geht es um die Zugriffsrechte auf den neuen Freigabeordner. Wählen Sie die passende Option. Bei den Einstellungen *Nach Benutzer* oder *Nach Benutzergruppe* legen Sie anschließend in zusätzlichen Schritten fest, welche Benutzer wie auf den Ordner zugreifen dürfen. Unabhängig davon können Sie unten bestimmen, ob Gastbenutzer den Ordner sehen und zumindest lesend darauf zugreifen dürfen. Schreibrechte können sie grundsätzlich nicht erhalten.

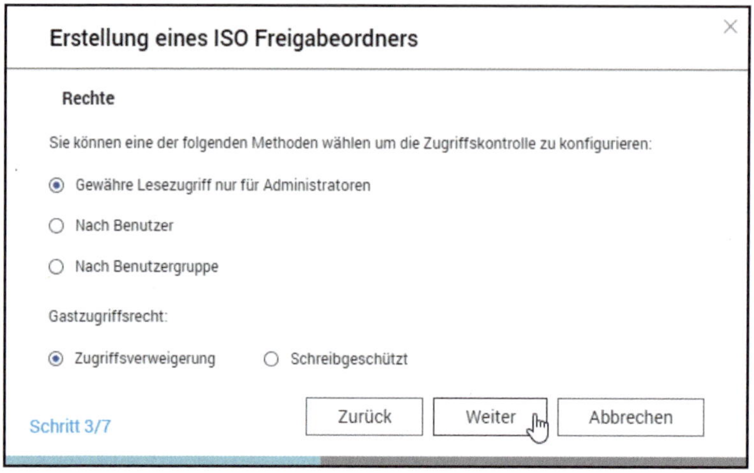

5. Abschließend erhalten Sie eine Zusammenfassung der Einstellungen und bestätigen diese mit *Weiter*. Daraufhin wird der Freigabeordner erstellt.

Anschließend finden Sie den neuen Freigabeordner in der File Station vor. Aber auch wenn Sie beispielsweise mit dem Windows-Explorer die Freigaben Ihres NAS auflisten, wird dort der neue Ordner angezeigt. So können Sie die eingebundenen ISO-Dateien wie jeden anderen Ordner nutzen.

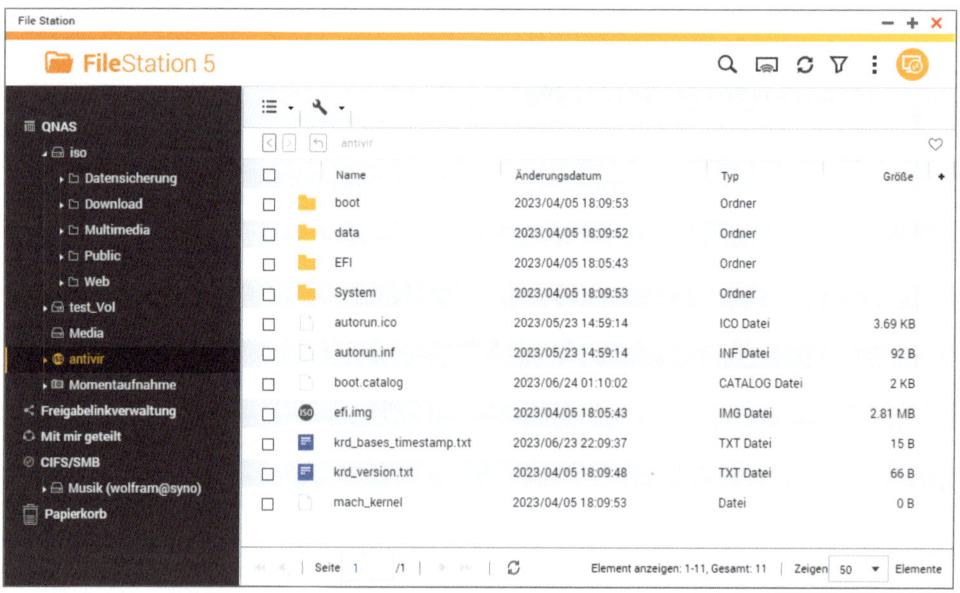

Ein ISO-Freigabeordner macht die Dateistruktur eines Datenträgerabbildes direkt zugänglich.

Um einen ISO-Freigabeordner wieder zu entfernen, finden Sie im Kontextmenü des Ordners in der File Station den *unmount*-Befehl. Sie können den Ordner aber auch in der Liste der Freigabeordner auswählen und auf *Entfernen* klicken. Ignorieren Sie dabei die Hinweise, dass die im Freigabeordner noch vorhandenen Dateien gelöscht werden. Bei diesem Vorgang wird nur der Freigabeordner selbst entfernt, nicht aber die zugrunde liegende ISO-Datei.

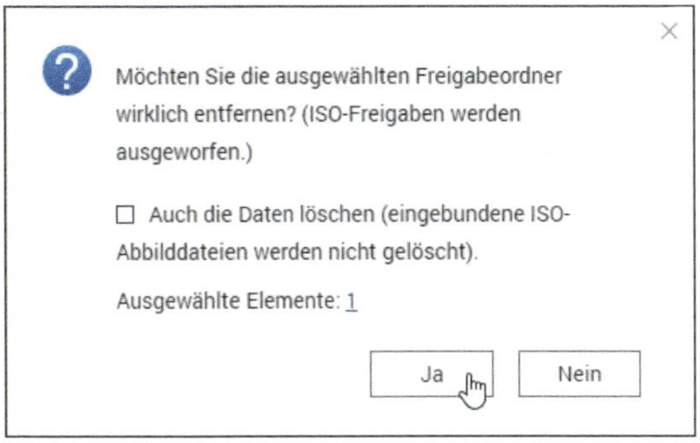

Zugriffsrechte für Nutzer

Beim Erstellen eines Freigabeordners können Sie anhand der Zugriffsrechte genau festlegen, welcher Benutzer was mit dem Inhalt dieses Ordners machen darf oder was nicht. Das ist sinnvoll, wenn auf Ihrem NAS ohnehin nur wenige Nutzer eingerichtet sind und Sie auf das Hantieren mit Benutzergruppen mehr oder weniger verzichten wollen. Denn beim Erstellen eines Freigabeordners können Sie nur Zugriffsrechte für Nutzer konfigurieren, nicht für Benutzergruppen. Wenn Sie Benutzergruppen verwenden, sollten Sie den Freigabeordner besser erst erstellen und dann anschließend die Zugangsrechte anpassen, denn dann werden auch Benutzergruppen berücksichtigt. Bei den Nutzerzugriffsrechten gibt es drei Möglichkeiten:

- *RO*: Read Only (»nur Lesen«) bedeutet, dass der Benutzer den Inhalt des Ordners lesen, aber nicht verändern oder selbst neue Inhalte hinzufügen darf.
- *RW*: Read/Write (»Lesen/Schreiben«) bedeutet, dass der Benutzer den Inhalt des Ordners nicht nur lesen, sondern auch Inhalte verändern und neue Daten hinzufügen darf.
- *Deny*: (»Abweisen«) bedeutet, dass der Leser überhaupt keinen Zugriff auf den Ordner erhält.

In der Spalte *Vorschau* können Sie im Klartext lesen, welche Möglichkeiten welcher der Benutzer mit den aktuell gewählten Zugriffsrechten hätte. Sie werden hier auch schnell erkennen, dass der *admin*-Benutzer überall automatisch Schreib- und Leserechte hat. Man könnte ihm diese entziehen und den Zugriff verweigern. Das wäre aber sinnlos, da ein Benutzer mit Administratorrechten diese Beschränkung jederzeit rückgängig machen könnte.

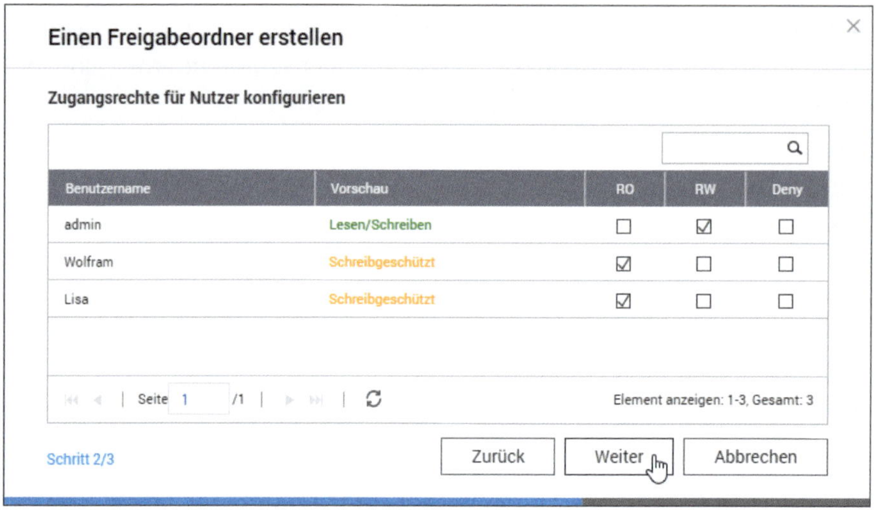

Konflikte bei Zugangsrechten

Ein Benutzer kann in Bezug auf einen Freigabeordner verschiedene Zugriffsrechte haben. Eines, das ihm direkt in seinem Benutzerprofil zugewiesen wird, und weitere, die über die Mitgliedschaft in Benutzergruppen zustande kommen. Dabei kann es zu Konflikten kommen, etwa wenn eine Gruppe für den Ordner XYZ nur Leserechte hat, eine andere Lese- und Schreibrechte oder im Benutzerprofil der Zugriff auf diesen Ordner ausdrücklich verweigert wird. Solche Konflikte müssen aufgelöst werden, damit die Rechteverwaltung weiß, was der Benutzer nun konkret darf. Diese Auflösung erfolgt automatisch, indem die Zugriffsrechte priorisiert werden:

- Zugriffsverweigerung (*Deny*) hat stets die höchste Priorität. Wenn im Benutzerprofil des Benutzers oder in irgendeiner Gruppe, deren Mitglied er ist, der Zugriff auf einen bestimmten Ordner ausdrücklich verweigert wird, erhält der Benutzer niemals Zugriff auf diesen Ordner – egal, was andere Zugriffsrechte dazu sagen.
- Lesen und Schreiben (*RW*) hat die zweithöchste Priorität. Solange einem Benutzer der Zugriff auf einen Ordner durch kein Zugriffsrecht verweigert wird, reicht ein einziges Lese- und Schreibrecht in seinem Benutzerprofil oder in einer seiner Benutzergruppen. Selbst wenn ihm an anderer Stelle nur das Leserecht eingeräumt wird, darf er immer auch schreiben.
- Die niedrigste Priorität hat »Nur lesen« (*RO*). Es kommt nur zum Zuge, wenn an anderer Stelle kein anderslautendes Zugriffsrecht für einen bestimmten Ordner festgelegt wurde.

Wichtig ist darüber hinaus noch: Wenn für einen Benutzer zu einem bestimmten Freigabeordner nirgends Zugriffsrechte festgelegt werden, dann wird ihm der Zugriff darauf verweigert. Wenn Sie also nachträglich Freigabeordner einrichten, können Sie davon ausgehen, dass keiner der bereits vorhandenen Benutzer automatisch darauf zugreifen kann, solange Sie nicht über die Benutzer- oder Gruppenprofile ausdrücklich entsprechende Zugriffsrechte erteilen.

Benutzerprofil	Gruppe 1	Gruppe 2	Effektive Berechtigung
-	RW	-	**RW**
RO	-	-	**RO**
RW	-	Deny	**Deny**
RW	RO	RW	**RW**
Deny	RW	RW	**Deny**
-	-	-	**Deny**

Die Tabelle demonstriert anhand einiger Beispiele, wie Konflikte bei den Zugriffsrechten aufgelöst werden.

Erweiterte Ordnereinstellungen

In den *Eigenschaften* eines Freigabeordners können Sie anhand einer ganzen Liste zusätzlicher Optionen den Zugriff auf diesen Ordner steuern. Grundsätzlich sind die Standardeinstellungen für diese Optionen gut gewählt. Trotzdem ist es sinnvoll, sich zumindest einmal ausführlicher damit zu beschäftigen, um alle Möglichkeiten zu kennen und das Verhalten von Freigabeordnern in bestimmten Situationen ggf. besser nachvollziehen zu können:

- *Gastzugriffsrecht*: Steuert, ob und wie Anwender, die sich mit dem Gastkonto ohne eigenes Kennwort angemeldet haben, auf diesen Ordner zugreifen können. Der Zugriff kann komplett verweigert werden, es kann ein schreibgeschützter Nur-Lesen-Zugang ermöglicht werden, oder Gastbenutzer können volles Lese- und Schreibrecht haben.
- *Netzlaufwerk verbergen*: Der Ordner wird in der Netzwerkumgebung beispielsweise im Windows-Explorer nicht angezeigt, sondern ist nur erreichbar, wenn man seinen Namen kennt.
- *Dateisperre*: Durch opportunistisches Sperren (»oplocks«) kann der Dateizugriff unter Windows beschleunigt werden. Das setzt allerdings voraus, dass eine Datei immer nur von einem Benutzer zur gleichen Zeit abgerufen wird. In Netzwerken

mit vielen Anwendern, die sich den Zugriff auf gemeinsame Dateien teilen, sollte diese Option deshalb ggf. deaktiviert werden.

- *SMB-Verschlüsselung*: Wenn Sie für Ihr NAS die Version 3 des SMB-Protokolls für Dateiübertragungen aktiviert haben (siehe Seite 330), können Sie hier das Verschlüsseln solcher Übertragungen einschalten. Das kann sinnvoll sein, wenn die Dateien nicht anderweitig gesichert sind. Allerdings verringert die Verschlüsselung die Geschwindigkeit der Übertragungen.
- *Vorherige Windows-Versionen aktivieren*: Bei Windows finden Sie in den Eigenschaften von Dateien und Ordnern die Rubrik *Vorgängerversionen*. Darin werden frühere Versionen aufgelistet, die durch den Dateiversionsverlauf (siehe Seite 222) oder die Systemwiederherstellung gesichert wurden. Wenn Sie diese Option aktivieren, steht diese Rubrik auch bei Freigabeordnern auf dem NAS zur Verfügung und listet frühere Versionen auf, die durch Snapshots gesichert wurden. Die Option integriert also den Zugriff auf Snapshots in den Windows-Explorer, sofern die Voraussetzungen dafür erfüllt sind.
- *Netzwerkpapierkorb aktivieren*: Das NAS stellt einen virtuellen Papierkorb zur Verfügung, aus dem man versehentlich gelöschte Dateien retten kann (mehr dazu erfahren Sie auf Seite 159).

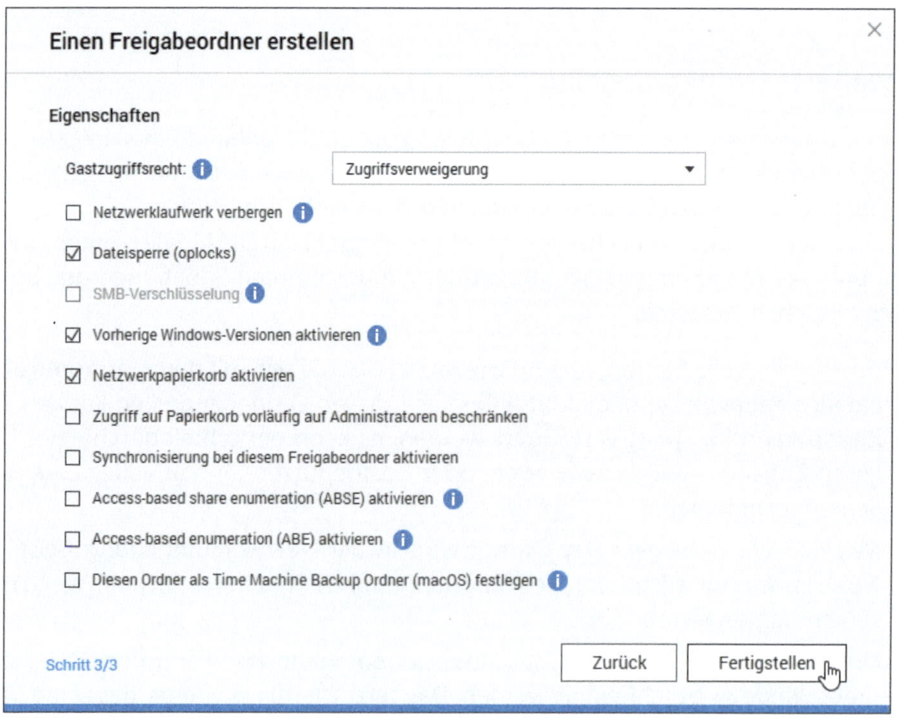

- *Zugriff auf Papierkorb vorläufig auf Administratoren beschränken*: Nur Benutzer der Administratorgruppe dürfen auf den Papierkorb zugreifen und Dateien von dort wiederherstellen oder Elemente aus dem Papierkorb löschen.
- *Synchronisierung bei diesem Freigabeordner aktivieren*: Wenn Sie *Qsync Central* auf dem NAS eingerichtet haben (siehe Seite 244), erweitern Sie das Synchronisieren damit auf diesen Ordner.
- *Access-based share enumeration (ABSE) aktivieren*: Ist diese Option eingeschaltet, wird der Freigabeordner nur Benutzern angezeigt, die auch das Recht haben, den Ordner einzuhängen und auf den Inhalt zuzugreifen. Nutzer ohne diese Berechtigung erfahren von der Existenz dieses Ordners gar nichts.
- *Access-based enumeration (ABE) aktivieren*: Ist diese Option eingeschaltet, wird der Freigabeordner nur Benutzern angezeigt, die das Recht haben, auf den Inhalt des Ordners zuzugreifen. Nutzer ohne diese Berechtigung erfahren von der Existenz dieses Ordners gar nichts.
- *Diesen Ordner als Time Machine Backup Ordner (macOS) festlegen*: Wollen Sie einen Freigabeordner als Ziel für Time-Machine-Sicherungen von Ihren macOS-Geräten nutzen, sollten Sie diese Option einschalten.

4.5 Speicherplatz mit Kontingenten kontrollieren

Kontingente begrenzen, wie viel Speicherplatz ein Benutzer oder eine Gruppe in einem Freigabeordner maximal belegen darf. Ist das Kontingent erschöpft, meldet das NAS, dass kein Speicherplatz mehr verfügbar sei. Solche Kontingente werden im professionellen Bereich mit vielen Benutzern gern eingesetzt, um den Speicherplatz des einzelnen Anwenders zu begrenzen. Aber auch im privaten Bereich mit einem oder wenigen Anwendern können Kontingente sinnvoll sein. Wenn Sie etwa einen Benutzer oder eine Benutzergruppe speziell für Sicherungen anlegen, können Sie für diese Benutzer mit einem Kontingent den maximal für Sicherungen verfügbaren Speicherplatz begrenzen.

Viele Sicherungsprogramme löschen automatisch alte Sicherungen, wenn für neue nicht mehr ausreichend Speicherplatz zur Verfügung steht. Genau diesen Mechanismus machen Sie sich mittels eines Kontingents zunutze und sorgen so dafür, dass die Festplatten Ihres NAS nicht irgendwann randvoll mit alten Sicherungsdateien sind.

Kontingente aktivieren

Standardmäßig verwendet Ihr NAS keinerlei Kontingente, und der verfügbare Speicherplatz ergibt sich nur aus dem in den Volumes verfügbaren Kapazitäten.

Wenn Sie Kontingente festlegen möchten, müssen Sie diese Funktion zunächst grundlegend einschalten:

1. Öffnen Sie in der Systemsteuerung den Bereich *Berechtigungen/Kontingent*.
2. Setzen Sie hier ein Häkchen bei der Option *Kontingente für alle Benutzer aktivieren*.
3. Legen Sie dann darunter fest, wie hoch die Kontingentgröße sein soll. Das ist quasi der Standardwert, der für jeden Benutzer gilt, sofern in seinem Profil oder in einer seiner Gruppen keine andere Einstellung getroffen wird. Der Wert muss irgendwo zwischen 100 MB und 2.048 GB liegen.

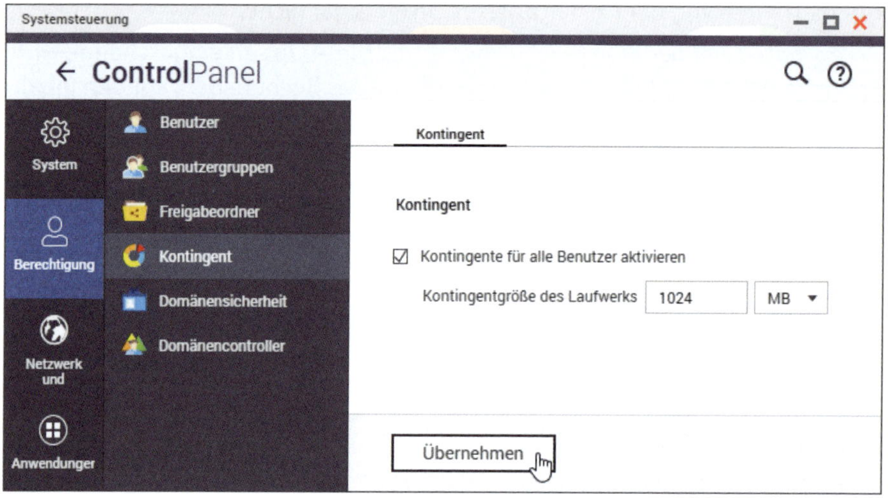

4. Klicken Sie dann unten auf *Übernehmen*.

Nun wird die Kontingentverwaltung aktiviert. Nach kurzer Wartezeit wird Ihnen im selben Dialog eine Liste aller Benutzer und ihrer nun geltenden Kontingente angezeigt. Diese können Sie hier direkt bearbeiten. Sie finden entsprechende Einstellungen ab sofort aber auch in den Eigenschaften von Benutzern und Gruppen vor, wie im folgenden Abschnitt beschrieben.

Kontingente für Benutzer

Haben Sie die Kontingentverwaltung für Ihr NAS aktiviert, finden Sie in den Einstellungen von Benutzern zusätzliche Optionen vor. Dies gilt sowohl für das Erstellen neuer Benutzer auch für das Bearbeiten bereits vorhandener. Hier können Sie jeweils im Bereich *Kontingent* folgende Einstellungen vornehmen:

- *Keine Einschränkung*: Wählen Sie diese Option, wenn dieser Benutzer keinerlei Einschränkungen unterliegen soll.

- *Speicherplatz beschränken auf...*: Dies ist die Standardeinstellung, wobei das Kontingent auf den Standardwert voreingestellt ist, der beim Aktivieren der Kontingentfunktion festgelegt wurde.

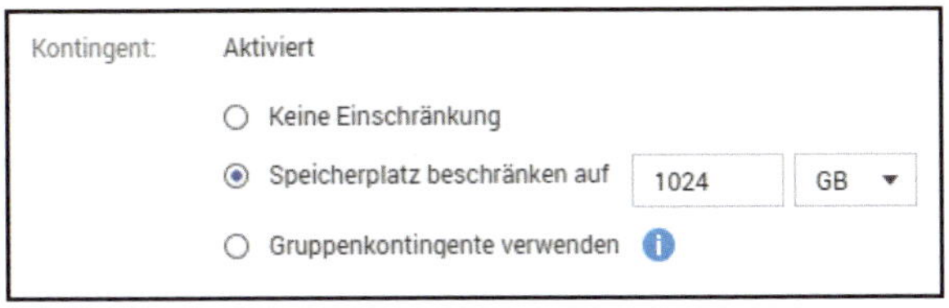

- *Gruppenkontingente verwenden*: Diese Einstellung ist wichtig, wenn Sie Kontingente nicht für Benutzer, sondern für Benutzergruppen festlegen möchten. Wählen Sie diese Option für alle Benutzer, deren Speicherplatz über die Zugehörigkeit zu einer bestimmten Gruppe begrenzt werden soll. Ist für einen Benutzer ein individuelles Kontingent festgelegt, wird dieses immer höher bewertet als ein Kontingent, das sich aus einer Gruppenzugehörigkeit ergibt.

Gruppen ohne Kontingent

Wenn Sie bei einem Benutzer die Einstellung *Gruppenkontingente verwenden* wählen, dieser aber nur in Gruppen Mitglied ist, für die keine Kontingente festgelegt sind, dann gilt für diesen Benutzer die Standardkontingentgröße der Kontingentverwaltung.

Kontingente für Benutzergruppen

Kontingente für Benutzergruppen können ein praktisches Mittel zur Kontrolle des Speicherbedarfs sein. Genau wie Benutzern können Sie auch einer Gruppe ein bestimmtes Kontingent zuweisen. Dabei wird der Speicherplatz, den die Mitglieder der Gruppe belegen, addiert. Wenn eine Gruppe also eine Quote von 50 GB hat und vier Gruppenmitglieder jeweils 10 GB belegen, bleiben für alle übrigen Benutzer dieser Gruppe gemeinsam nur noch 10 GB verfügbarer Speicherplatz übrig.

Kontingente aus mehreren Gruppen

Sollte ein Benutzer Mitglied mehrerer Gruppen sein, für die verschiedene Quoten festgelegt sind, dann addieren sich die Quoten für diesen Benutzer nicht, sondern ihm steht die größte Quote zu, die ihm von einer dieser Gruppen zugestanden wird.

Haben Sie die Kontingentfunktion aktiviert, finden Sie auch beim Erstellen einer neuen Gruppe bzw. jeweils in den Eigenschaften bereits vorhandener Gruppen Optionen für die Begrenzung des Speicherplatzes vor:

- *Keine Einschränkung*: Wählen Sie diese Option, wenn dieser Benutzer keinerlei Einschränkungen unterliegen soll.
- *Speicherplatz beschränken auf...*: Dies ist die Standardeinstellung, wobei das Kontingent auf den Standardwert voreingestellt ist, der beim Aktivieren der Kontingentfunktion festgelegt wurde.

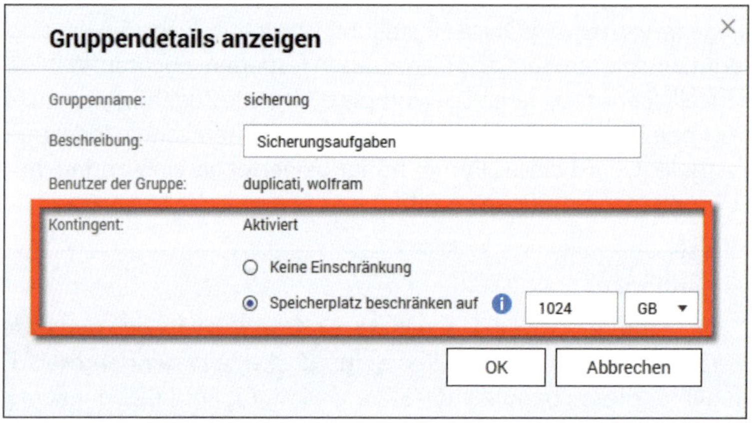

Werfen Sie bei dieser Gelegenheit auch nochmals einen Blick auf die Mitglieder dieser Gruppe, denn die hier getroffene Einstellung gilt nur für Benutzer, in deren Profil die Option *Gruppenkontingente verwenden* ausgewählt wurde.

5. Zentrale Dateiverwaltung mit File Station

File Station gehört zu den bereits in der Erstinstallation enthaltenen Anwendungen Ihres NAS und kann übrigens auch nicht entfernt werden. Das macht schon die besondere Bedeutung dieses Pakets deutlich, denn mit File Station können Sie Ordner auf Ihrem NAS erstellen und für die Benutzung freigeben. Außerdem können Sie damit unter anderem die Eigenschaften und Zugriffsrechte für Ordner und Dateien steuern sowie Ihre Dateien auf dem NAS verwalten. Umfangreichere Operationen wie etwa das Verschieben größerer Sammlungen erfolgen so direkt auf dem NAS und ohne Umweg über ein verbundenes Gerät.

Alle Verbindungen protokollieren?

Beim ersten Start von File Station wird eventuell eine Systemmeldung angezeigt, bei der es um das Protokollieren von Verbindungen geht. Wenn Sie diese mit *OK* aktivieren, werden jede Anmeldung und jeder Zugriff eines Benutzers auf Dateien des NAS in den Systemprotokollen vermerkt. Das ist sinnvoll, wenn ein NAS von verschiedenen Anwendern genutzt wird und der Administrator die Zugriffe kontrollieren möchte, beispielsweise in einer Firma. Wenn Sie Ihr NAS privat nutzen und nur Sie selbst und Familienmitglieder Zugriff darauf haben, sind solche Kontrollen vielleicht nicht nötig. Dann können Sie mit *Abbrechen* auf das Protokollieren verzichten, und die Systemprotokolle bleiben dann auch wesentlich schlanker.

Vereinfacht kann man sagen, File Station ist der Windows-Explorer Ihres NAS (wobei Sie auch mit dem Windows-Explorer selbst auf ein Netzwerk zugreifen können). Auch die Bedienung ist nicht unähnlich:

1. Links finden Sie einen Navigationsbereich, mit dem Sie sich durch die Laufwerke (bzw. Volumes) und Ordner bewegen können.
2. Rechts daneben wird jeweils der Inhalt des links gerade ausgewählten Ordners angezeigt.
3. Oberhalb der Dateiliste wird zur Orientierung stets die aktuelle Position im Dateisystem angezeigt. Die einzelnen Bestandteile des Pfades sind dabei anklickbar, sodass Sie jederzeit schnell zu einem übergeordneten Verzeichnis zurückkehren können.
4. Darüber wiederum wird eine von zwei Symbolleisten angezeigt, wobei diese sich immer auf die darunter angezeigten Dateien bezieht. Hier können Sie die Darstel-

lung der Dateiliste verändern, Dateien in den angezeigten Ordner hochladen oder Momentaufnahmen (Snapshots) steuern.

5. Ganz oben im File-Station-Fenster finden Sie eine weitere Symbolleiste. Diese enthält Symbole für globale Funktionen wie Suche, Medienwiedergabe und Filter. Mit dem Drei-Punkte-Symbol öffnen Sie ein Menü, in dem sich insbesondere die Einstellungen für File Station selbst verbergen.
6. Unterhalb der Dateiliste finden Sie eine Statusleiste. Sie zeigt nicht nur die Anzahl der Elemente im geöffneten Ordner an. Bei umfangreichen Dateilisten kann man hier auch weiterblättern bzw. die Anzahl der pro Seite dargestellten Elemente anpassen.

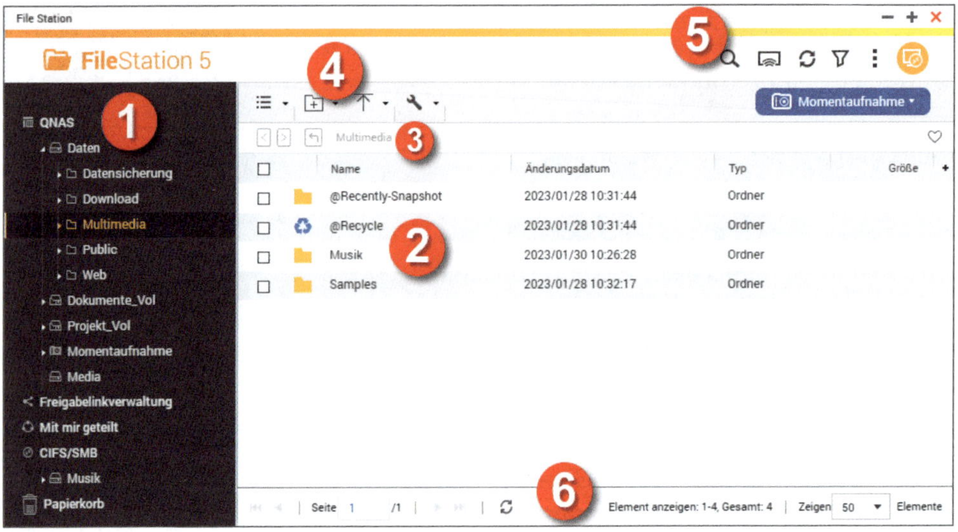

Im Navigationsbereich links werden die Volumes und die darin angelegten Freigabeordner angezeigt (siehe Seite 114).

Zusätzlich finden Sie hier einige weitere Einträge in der Liste:

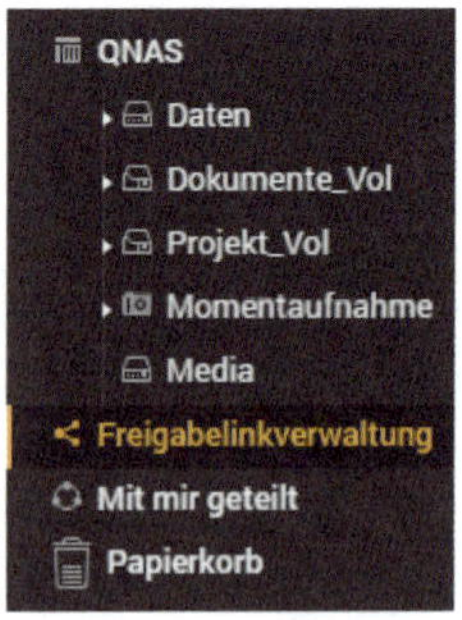

- *Freigabelinkverwaltung*: Hier sind alle Freigaben aufgelistet, mit denen Sie anderen Anwendern Zugriff auf Ihre Dateien oder Ordner eingeräumt haben (siehe Seite 149). Hinweis: Wenn Sie als Administrator angemeldet sind, werden hier nicht nur Ihre eigenen Freigaben angezeigt, sondern die aller NAS-Benutzer.
- *Mit mir geteilt*: Als Gegenstück zur Freigabelinkverwaltung können Sie hier eine Liste mit allen Freigaben abrufen, die andere Nutzer Ihnen eingeräumt haben.

- *Papierkorb*: Hier haben Sie Zugang zu den virtuellen Papierkörben aller Freigabeordner, für die diese Funktion aktiviert ist. Sie können Elemente aus dem Papierkorb wiederherstellen oder auch den Papierkorb leeren (siehe auch Seite 159).

Weitere Elemente werden ggf. automatisch der Liste hinzugefügt, etwa wenn Sie externe Ressourcen in das Dateisystem Ihres NAS einbinden (siehe Seite 174).

5.1 Eigene Ordner anlegen

Alle Dateien direkt in einen Freigabeordner zu platzieren, würde zu einer unüberschaubaren Datenhalde führen. Deshalb werden Sie vermutlich Ordner anlegen wollen, mit denen Sie Ihrer Dateisammlung die gewünschte Struktur verleihen können.

Das ist auch schnell und einfach möglich:

1. Achten Sie darauf, dass der Freigabeordner bzw. das Verzeichnis angezeigt wird, in dem der neue Ordner angelegt werden soll.

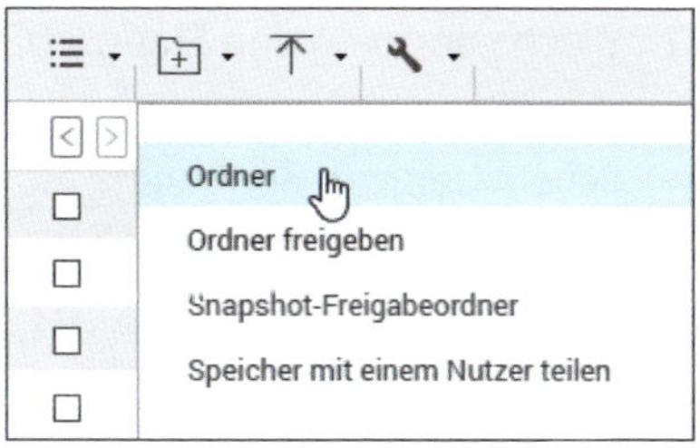

2. Klicken Sie dann oben auf das Ordner-Symbol, und wählen Sie im Menü *Ordner*. Wenn Sie sichergehen wollen, dass der neue Ordner im richtigen übergeordneten Verzeichnis entsteht, können Sie mit der rechten Maustaste auf Letzteres klicken und im Kontextmenü *Ordner erstellen* wählen.
3. Geben Sie den Namen ein, den der neue Ordner erhalten soll, und klicken Sie unten auf *OK*. Mehr ist nicht nötig, der neue Unterordner wird sofort im übergeordneten Verzeichnis angezeigt.

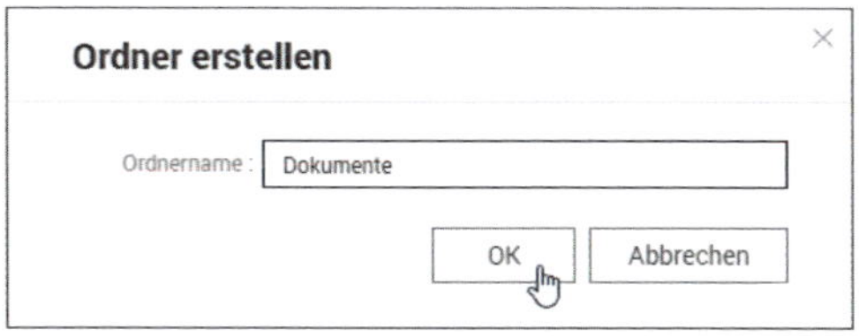

Auf diese Weise können Sie in jedem Freigabeordner Ordner und darin wiederum Unterordner anlegen und so Ihre ganz individuelle Verzeichnisstruktur erstellen.

Ordner als Symbole auf dem QTS-Desktop

Im Werkzeug- bzw. Kontextmenü von Ordnern finden Sie den Befehl *Verknüpfung auf Desktop erstellen*. Damit erstellen Sie ein Symbol für diesen Ordner auf dem QTS-Desktop. Dadurch können Sie regelmäßig genutzte Ordner direkt in File Station anzeigen, ohne die Anwendung erst öffnen und dorthin navigieren zu müssen.

Zugriffsrechte für Ordner (und Dateien)

Neu angelegte Ordner erhalten die Zugriffsrechte, die für den Freigabeordner festgelegt wurden, in dem der neue Ordner sich befindet. Ebenso bekommen Dateien die Rechte des Ordners, in dem sie abgelegt werden. Wenn Sie also beispielsweise im Freigabeordner *Projekt* einen Unterordner *Dokumente* anlegen, dürfen darauf standardmäßig dieselben Benutzer mit denselben Rechten zugreifen wie bei *Projekt* selbst. Man spricht deshalb auch davon, dass ein Unterordner die Zugriffsrechte seines übergeordneten Verzeichnisses »erbt«.

Bei diesen ererbten Zugriffsrechten muss es aber nicht bleiben:

1. Klicken Sie einen Ordner oder eine Datei mit rechts an, und wählen Sie im so geöffneten Kontextmenü die *Eigenschaften*. Alternativ können Sie das Element auch in der Dateiliste markieren und dann auf das Werkzeug-Symbol in der Symbolleiste klicken und dort *Eigenschaften* wählen.
2. Wechseln Sie in den Eigenschaften in die Rubrik *Berechtigung*.
3. Hier finden Sie die aus Kapitel 4 bekannten Zugriffsrechte, jeweils für unterschiedliche Arten von Benutzern:
   - *Eigentümer*: Das ist in der Regel der Benutzer, der das Element erstellt hat. Man kann den Besitz an einer Datei oder einem Ordner aber auch nachträglich übernehmen.
   - *Gruppe*: Die Benutzergruppe, der der Besitzer angehört. Das umfasst alle Benutzer, die Mitglieder einer Gruppe sind, der auch der Besitzer des Elements angehört.
   - *Öffentlichkeit*: alle anderen Benutzer, die nicht der Besitzer oder Mitglied in einer Gruppe des Besitzers sind.

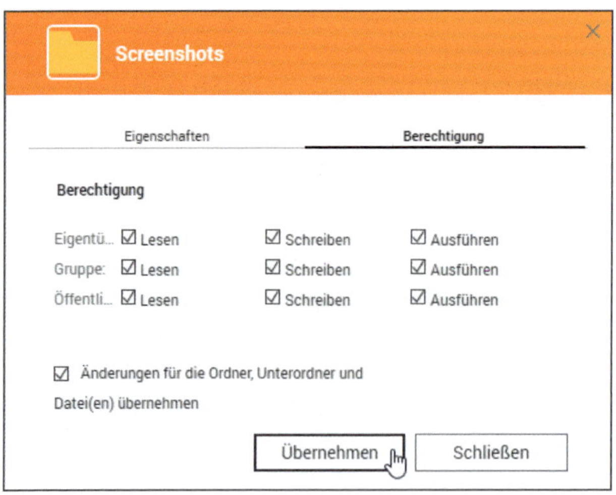

> **Wer ist öffentlich?**
>
> Insbesondere der Eintrag *Öffentlichkeit* kann etwas verwirrend sein, da er den Eindruck erweckt, dass alle Benutzer des NAS vollen Zugriff hätten. Hier kommen aber die Zugriffsrechte auf den übergeordneten Freigabeorder ins Spiel. Nur wer dafür Zugriffsrechte hat, kann überhaupt auf das Element zugreifen und somit »Öffentlichkeit« sein. Das sind also letztlich nur Benutzer, die Zugriff auf einen Ordner haben, ohne in derselben Gruppe Mitglied zu sein wie der Benutzer selbst (sonst würden sie zu *Gruppe* gehören).

4. Für diese drei Arten von Benutzern können Sie jeweils drei Zugriffsrechte steuern:
   - *Lesen*: Die Benutzer dürfen Dateien öffnen bzw. den Inhalt eines Ordners auflisten.
   - *Schreiben*: Die Benutzer dürfen Dateien verändern bzw. in einem Ordner neue Dateien erstellen.
   - *Ausführen*: Die Dateien dürfen Dateien ausführen (sofern es sich um ausführbare Dateien handelt).

> **Berechtigungen an Unterordner und Dateien vererben**
>
> Unterhalb der Rechtematrix finden Sie die Option *Änderungen für die Ordner, Unterordner und Datei(en) übernehmen*. Wenn Sie die Zugriffsrechte für einen Ordner verändern, haben Sie damit die Möglichkeit, diese Änderungen gleichzeitig für alle in diesem Ordner enthaltenen Dateien und Unterordner sowie wiederum die in den Unterordnern enthaltenen Objekte zu übernehmen.
>
> Sie können auf diese Weise Berechtigungen für eine größere Anzahl von Objekten in einem Schritt anpassen. Wenn ein Ordner bereits Objekte enthält, ist das in den meisten Fällen sinnvoll. Setzen Sie dazu jeweils das Häkchen bei dieser Option, bevor Sie unten auf *OK* klicken.

5.2 Dateien auf das NAS hochladen

File Station erlaubt nicht nur das Erstellen und Verwalten von Ordnern, sondern Sie können die erstellten Ordner auch direkt mit Inhalten füllen. Das ist dafür zwar nur einer von mehreren Wegen, aber gerade am Anfang kann man damit sehr schnell wichtige Inhalte auf das NAS bekommen.

Upload per Auswahldialog

Eine Möglichkeit ist das Hochladen von Dateien per Auswahldialog im Webbrowser. Diese eignet sich vor allem, um einzelne Dateien oder den Inhalt eines Ordners auf das NAS zu übertragen.

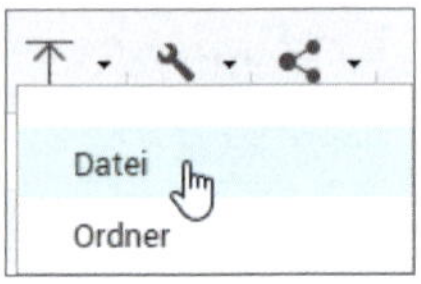

1. Öffnen Sie dazu in File Station den Ordner, in den Sie Dateien hochladen möchten.
2. Klicken Sie dann oben links auf die Schaltfläche *Hochladen*, und wählen Sie im Menü je nach Bedarf *Datei* für einzelne Dateien oder *Ordner* für eine ganze Verzeichnisstruktur aus.
3. Navigieren Sie dann mit dem Dateiauswahldialog des Webbrowsers zu dem gewünschten Ordner bzw. der Datei, markieren Sie diese, und klicken Sie auf *Öffnen*.
4. Das Hochladen erfolgt als Hintergrundaufgabe. Damit diese autonom ausgeführt werden kann, fragt File Station nach, was passieren soll, wenn im Ordner bereits eine Datei mit demselben Namen vorhanden ist. Sie können doppelte Dateien umbenennen, überspringen oder überschreiben lassen.
5. Mit der Option *Dies als Standardaktion einstellen und nicht erneut fragen* legen Sie die einmal gewählte Aktion als Standard fest. (In den Einstellungen von File Station können Sie dies in der Rubrik *Dateiübertragung* nachträglich ändern.)

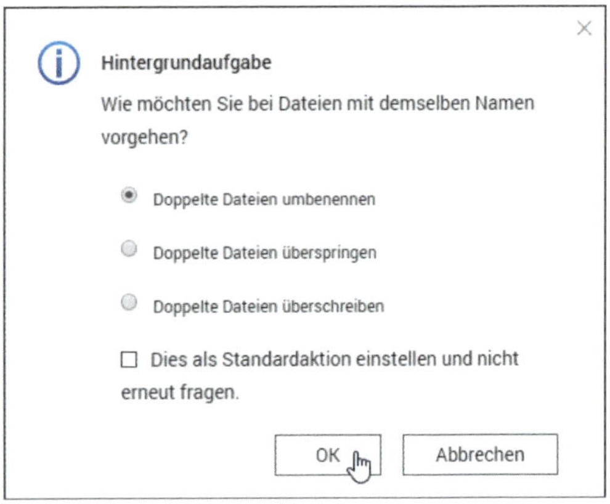

Anschließend erfolgen der Upload durch den Browser und das Speichern auf dem NAS im Hintergrund. Auch bei umfangreicheren Transfers können Sie also direkt weitermachen.

Upload per Drag-and-drop

Wenn Ihnen das Verschieben von Dateien mit der Maus geläufig ist oder wenn Sie umfangreichere Ordnerstrukturen auf Ihr NAS übertragen möchten, ist der Upload per Drag-and-drop eine praktische Alternative. Dabei wählen Sie die hochzuladenden Dateien beispielsweise im Windows-Explorer aus und ziehen sie auf die Weboberfläche des NAS.

1. Öffnen Sie auch bei dieser Variante zunächst in File Station den Ordner, der die neuen Dateien aufnehmen soll. Sein (ggf. leerer) Inhalt sollte auf der rechten Seite angezeigt werden.
2. Starten Sie dann den Windows-Explorer (oder auch ein anderes Dateiauswahlprogramm, das Drag-and-drop unterstützt), und navigieren Sie zu den gewünschten Dateien.
3. Wählen Sie Dateien und/oder Ordner mit der Maus aus. Beim Windows-Explorer können Sie mit Strg und ⇧ mehrere Dateien auf einmal markieren und mit Strg+A alle Dateien in einem Ordner auswählen.
4. Klicken Sie dann mit der linken Maustaste auf die Auswahl, und halten Sie die Taste gedrückt.
5. Drücken Sie dann die Tastenkombination Alt+⇆, bis wieder der Webbrowser mit File Station auf dem Bildschirm angezeigt wird.
6. Ziehen Sie nun den Mauszeiger auf die rechte Seite von File Station zum Inhalt des Ordners. Dort wird daraufhin der Hinweis *Datei(en) bitte ziehen und hier ablegen* angezeigt.
7. Ziehen Sie den Mauszeiger auf den Hinweis, und lassen Sie die linke Maustaste nun los.

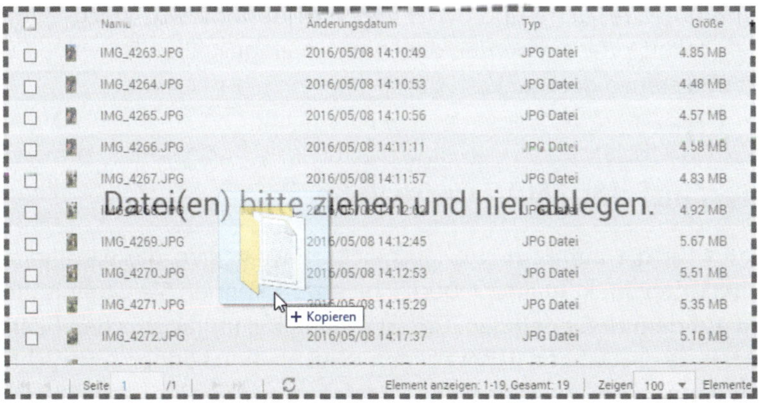

8. Es erfolgt wieder die im vorangegangenen Abschnitt beschriebene Rückfrage, wie Dateien im Fall eines Namenskonflikts behandelt werden sollen.

Anschließend werden die Dateien auf das NAS hochgeladen. Enthielt Ihre Auswahl Ordner und Unterordner, wird diese Ordnerstruktur im gewählten Importordner genau wiederhergestellt. Die beiden hier beschriebenen Methoden zum Hochladen von Dateien sind nur die »Hausmittel«, die QTS bzw. File Station anbieten. Es gibt darüber hinaus zahlreiche Alternativen wie etwa das Einbinden der Freigabeordner in den Windows-Explorer oder das Verwenden alternativer Programme und Apps für den Zugriff aus dem NAS. Mehr dazu erfahren Sie auf Seite 176.

5.3 Dateien vom NAS herunterladen

Wie beim Hochladen gibt es auch zum Herunterladen von Dateien zahlreiche Möglichkeiten. Eine ganz einfache Alternative bietet aber auch in diesem Fall File Station, indem Sie die Download-Funktion Ihres Webbrowsers nutzen können.

- Klicken Sie eine Datei oder einen Ordner mit rechts an, und wählen Sie im Kontextmenü den Befehl *Herunterladen*.

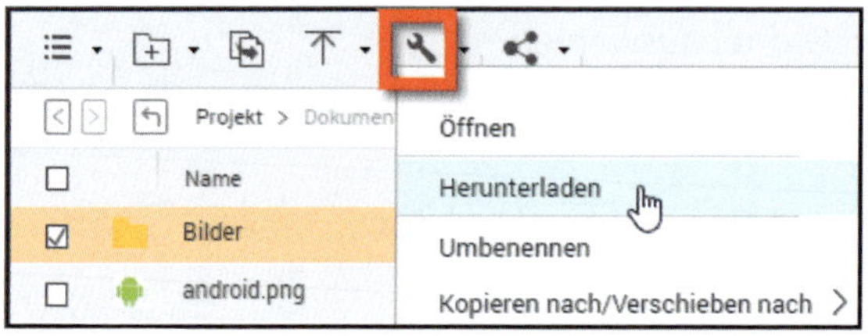

- Wollen Sie gleich mehrere Dateien herunterladen, markieren Sie diese und wählen im Kontextmenü oder im Werkzeugmenü in der Symbolleiste *Herunterladen*.

Einzelne Dateien werden als solche heruntergeladen. Wenn Sie einen Ordner oder mehrere Elemente auswählen, erstellt File Station ein ZIP-Archiv mit diesen Inhalten und lädt dieses herunter. Je nach Webbrowser folgt eine Abfrage, wo die Datei(en) gespeichert werden sollen, oder sie werden direkt in den eingestellten Download-Ordner gespeichert und stehen dort zur Verfügung.

5.4 Dateien auf dem NAS verwalten

File Station bietet für die auf dem NAS gespeicherten Dateien die wesentlichen Verwaltungsfunktionen direkt in ihrer Oberfläche an. So können Sie Organisationsaufgaben direkt auf dem NAS erledigen. Das ist gerade bei umfangreichen Bearbeitungen von Vorteil, da die Dateien dabei auf dem NAS bleiben können und nicht mit einem angeschlossenen Gerät hin und her transferiert werden müssen. Die Oberfläche von File Station bietet Ihnen dazu alle erforderlichen Funktionen über die Symbolleiste an.

Dateien und Ordner auswählen

Die Schaltflächen in der unteren Symbolleiste beziehen sich immer auf die rechts in File Station ausgewählte(n) Datei(en) und/oder Ordner. Ein einzelnes Objekt wählen Sie durch einfaches Anklicken mit der rechten Maustaste aus. Möchten Sie mehr als ein Objekt auswählen, geht das mit den üblichen Tastenkombinationen:

- Um eine weitere Datei zur Auswahl hinzuzufügen, klicken Sie sie mit gedrückter [Strg]-Taste an. Auf die gleiche Weise können Sie eine bereits markierte Datei wieder aus der Auswahl entfernen.
- Um mehrere zusammenhängende Dateien zu markieren, klicken Sie zunächst die erste mit der linken Maustaste an. Dann halten Sie [⇧] gedrückt und klicken dann auf die letzte Datei. Damit werden alle Dateien zwischen der ersten und der letzten (einschließlich) markiert.
- Mit [Strg]+[A] markieren Sie den gesamten Inhalt des angezeigten Ordners.

Das Werkzeugmenü

Das Werkzeugmenü, das Sie in der Symbolleiste von File Station ausklappen können, ist das zentrale Element für den Umgang mit Dateien und Ordnern. Sie können markierte Elemente auch mit der rechten Maustaste anklicken, um ein Kontextmenü zu öffnen. Dieses ist etwas umfangreicher, weil es auch Funktionen aus anderen Menüs der Symbolleiste beinhaltet. Das macht es zugleich aber auch unübersichtlicher. Für den Einstieg kann es deshalb einfacher sein, die gut strukturierten Menüs der Symbolleiste zu nutzen. Da die meisten Einträge selbsterklärend sind, möchte ich hier nur ein paar Besonderheiten herausheben:

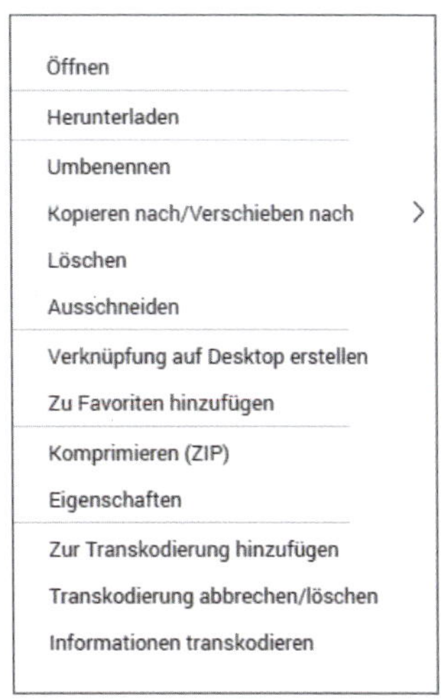

- Im oberen Bereich des Menüs finden Sie abhängig vom Typ einer ausgewählten Datei verschiedene kontextabhängige Aktionen vor. So kann File Station für viele Bilddateien eine Vorschau präsentieren, Musik- und Videodateien direkt abspielen, Office-Dokumente anzeigen oder bearbeiten etc.
- Sie können allerdings immer Dateien durch Klick auf die gleichnamige Schaltfläche herunterladen.
- Eine praktische Hilfe kann *Komprimieren (ZIP)* sein. Damit erstellen Sie aus einer oder mehreren Dateien oder Ordnern ein ZIP-Archiv, das direkt auf dem NAS im geöffneten Ordner abgelegt wird.
- Die beiden untersten Punkte *Hintergrundaufgabe* und *Speicherinfo* beziehen sich nicht auf die ausgewählten Elemente, sondern öffnen die systemweiten Übersichten zu diesen Themen.

Die Darstellung der Dateien anpassen

Da File Station ein vollwertiger Datei-Manager sein will, lässt sich auch die Darstellung der Ordnerinhalte den eigenen Bedürfnissen anpassen:

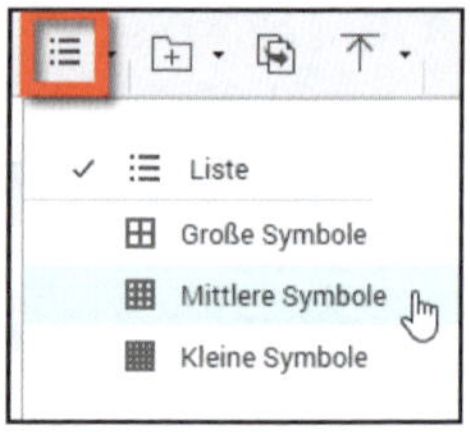

- Mit dem linken Symbol der unteren Symbolleiste können Sie zwischen verschiedenen Arten der Darstellung von Ordnerinhalten wählen. Die *Liste* entspricht dabei am ehesten der von Windows bekannten Detailansicht mit mehreren Spalten, anhand derer sich der Ordner sortieren lässt. Daneben gibt es unterschiedlich große Vorschau-Symbole.
- Haben Sie die Listenansicht gewählt, können Sie jeweils auf die Überschrift einer Spalte klicken, um die Dateiliste anhand dieser Spalte zu sortieren. Ein erneuter Klick kehrt die Sortierreihenfolge um. In der anderen Ansicht klicken Sie irgendwo auf die Dateiliste und wählen im Kontextmenü *Sortierung*. Im so ausgeklappten Untermenü können Sie ebenso das Sortierkriterium bestimmen.

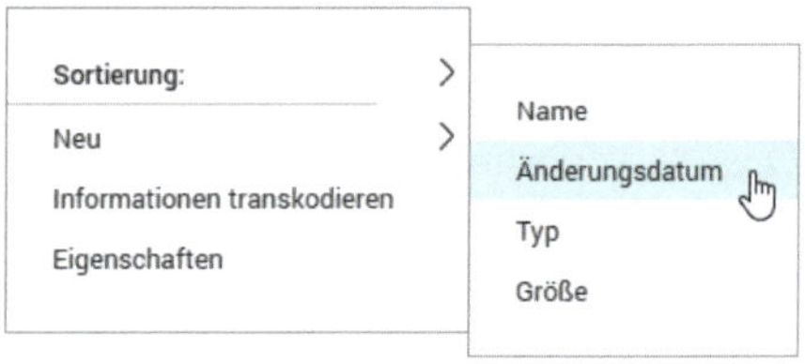

Leider »merkt« sich das System die gewählten Einstellungen nicht pro Ordner, sondern verwendet für alle Ordner stets die aktuell verwendete Ansicht.

Gesuchte Dateien aus vollen Ordnern filtern

Eine weitere Möglichkeit, in einem umfangreichen Ordner schnell gewünschte Dateien aufzufinden, ist das Such-Symbol oben rechts. Wenn Sie daraufklicken und im so eingeblendeten Suchfeld hier einen wesentlichen Bestandteil des Namens oder beispielsweise den Dateityp eingeben, zeigt File Station in der Liste nur die Dateien an, deren Namen diesen Suchbegriff enthalten. Standardmäßig werden dabei enthaltene Unterordner ebenfalls durchsucht, allerdings berücksichtigt die Suche aus Geschwindigkeitsgründen nur Dateinamen und keine Inhalte. Beides lässt sich aber in der erweiterten Suche umstellen. Mehr zum Thema Dateisuche auf dem NAS erfahren Sie auf Seite 156.

Die Dateiliste mit Filtern einschränken

Mit einem Filter können Sie umfangreiche Dateilisten schnell auf das Wesentliche beschränken. Er erlaubt es, anhand verschiedener Kriterien festzulegen, welche Dateien angezeigt werden und welche nicht. Dabei bezieht er sich stets auf den in File Station angezeigten Ordner. Er bleibt aber auch bei einem Wechsel zu einem anderen Ordner aktiv, bis Sie ihn wieder ausschalten.

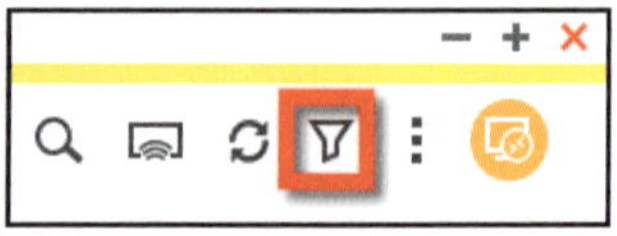

1. Um einen Dateifilter zu aktivieren, klicken Sie oben rechts in der Symbolleiste auf das Filter-Symbol.

2. Damit wird oberhalb der Dateiliste ein Bereich mit verschiedenen Optionen eingeblendet:
   - *Name*: Hier können Sie einen Text eingeben. Die Dateiliste wird dann auf Elemente beschränkt, die diesen Text im Namen enthalten. Der Name umfasst dabei auch die Dateiendung. Wenn Sie als Text also beispielsweise »jpg« eingeben, werden alle Dateien mit der Endung *.jpg* angezeigt (plus Dateien, die die Zeichenkombination »jpg« irgendwo im Namen haben).
   - *Größe*: In diesem Feld können Sie *ist größer als* oder *ist kleiner als* wählen und dann eine Dateigröße angeben. Es werden dann nur Dateien angezeigt, die diese Bedingung erfüllen.
   - *Änderungsdatum*: Ähnlich wie bei *Größe* wählen Sie hier ein exaktes *Datum*, *ist vor*, *ist nach* oder *Is Between* (deutsch »zwischen«). Es werden dann ein oder zwei Felder zur Datumsauswahl eingeblendet.
   - *Typ*: In diesem Auswahlmenü finden Sie einige vorgefertigte Dateitypen wie *Musik*, *Video* oder *Foto*. Dahinter verbergen sich jeweils typische Dateitypen für diese Art von Dateien. Mit *Erweiterung* können Sie in einem zusätzlichen Feld genau die gewünschte(n) Dateiendung(en) selbst eingeben. Oder Sie beschränken die Anzeige auf *Nur Dateien* oder *Nur Ordner*.
   - *Eigentümer/Gruppe*: Wählen Sie hier, ob Sie die Anzeige auf einen bestimmten Besitzer oder eine bestimmte Gruppe beschränken möchten. In letzterem Fall werden nur Dateien und Ordner angezeigt, deren Besitzer Mitglieder in der bzw. den angegebenen Benutzergruppen sind. Geben Sie die Namen der Benutzer bzw. Gruppen im zusätzlich angezeigten Eingabefeld an.

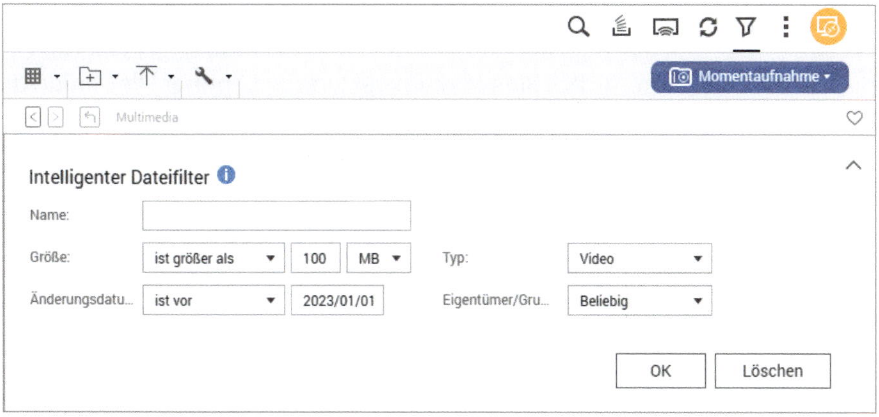

3. Die beschriebenen Optionen lassen sich beliebig kombinieren. Sie können also eine Größe, einen Zeitraum und einen Dateityp gleichzeitig auswählen und so die Menge der angezeigten Dateien sehr effizient steuern.
4. Haben Sie den Filter nach Ihren Wünschen konfiguriert, klicken Sie unten auf *OK*.

5. Damit ist der Filter aktiv, und Sie sehen seine Auswirkung ggf. sofort in der gerade angezeigten Dateiliste. Er bleibt auch aktiv, wenn Sie zu einem anderen (Unter-) Ordner wechseln.
6. Dass ein Filter aktiv ist, erkennen Sie daran, dass die Schaltfläche in der Symbolleiste mit einem roten *on* versehen ist. Wenn Sie auf die Schaltfläche klicken, wird der Filterbereich ausgeblendet, der Filter bleibt aber aktiv.

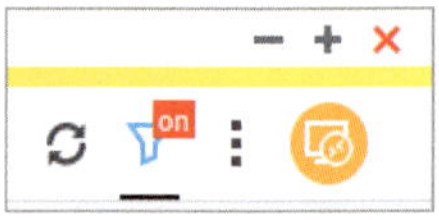

7. Um den Filter wieder zu deaktivieren, lassen Sie den Filterbereich erneut anzeigen und klicken auf die *Löschen*-Schaltfläche.

Ordner als Favoriten schnell wiederfinden

Vielleicht gibt es auf Ihrem NAS bestimmte Ordner, die Sie regelmäßig besuchen und die sich nicht direkt auf der obersten Ebene des Dateisystems befinden? Dann könnte die Favoriten-Funktion von File Station hilfreich sein. Damit können Sie beliebige Ordner in einer Favoritenliste speichern und so jederzeit mit zwei Mausklicks erreichen.

Um einen Ordner als Favoriten zu kennzeichnen, brauchen Sie ihn nur in File Station zu öffnen. Klicken Sie dann auf das Herz-Symbol oben rechts unterhalb der Symbolleiste. Dieses wird dann farbig gefüllt, was bedeutet, dass dieser Ordner als Favorit vermerkt ist.

Sobald Sie mindestens einen Ordner als Favoriten gekennzeichnet haben, wird links im Navigationsbereich von File Station zusätzlich der Eintrag *Favoriten* angezeigt. Durch Doppelklick können Sie diesen jederzeit ein- oder ausklappen. Ist er ausgeklappt, zeigt er alle als Favoriten markierten Ordner an. Klicken Sie auf einen der Einträge, springt File Station direkt zu diesem Ordner und zeigt den Inhalt rechts an.

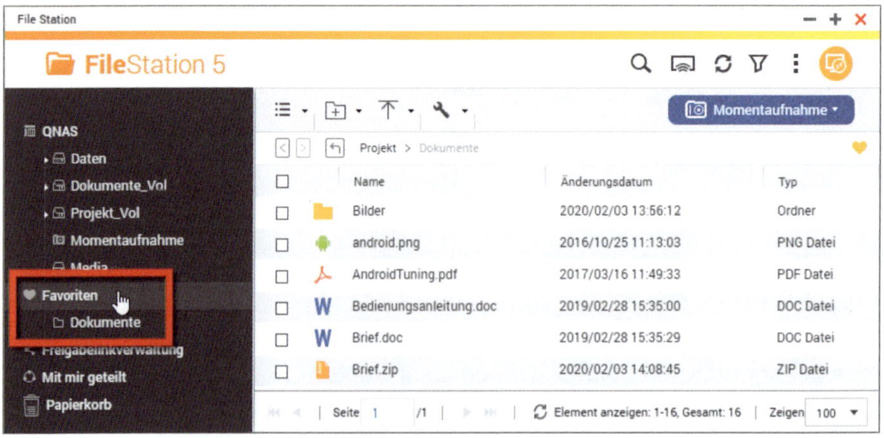

5.5 Dateien kopieren, verschieben, löschen

Selbstverständlich können Sie mit File Station auch Dateien innerhalb des NAS kopieren und verschieben. Das ist insbesondere bei umfangreichen Dateioperationen sinnvoller, da der Transfer dann direkt auf dem NAS stattfinden kann. Wenn Sie Operationen beispielsweise über den Windows-Explorer durchführen, werden die Dateien dabei unter Umständen erst vom NAS auf den PC und dann wieder zurückübertragen, was den Ablauf spürbar verzögern kann.

Dateioperationen per Menü

Für viele die übersichtlichste Variante sind Dateiaktionen über Menübefehle. Hier kommen Sie ganz ohne Mausakrobatik aus und können einen Schritt nach dem anderen machen:

1. Wählen Sie zunächst die Datei(en) und/oder Ordner aus, die Sie kopieren oder verschieben möchten (siehe Seite 136).
2. Öffnen Sie dann das Werkzeugmenü oben in der Symbolleiste, und wählen Sie darin *Kopieren nach/Verschieben nach*. Alternativ finden Sie denselben Befehl im Kontextmenü der rechten Maustaste.
3. Entscheiden Sie sich im so geöffneten Untermenü, ob Sie die ausgewählten Elemente kopieren (die Ausgangsdateien bzw. -ordner bleiben erhalten) oder verschieben (die Ausgangsdateien bzw. -ordner werden gelöscht) möchten.

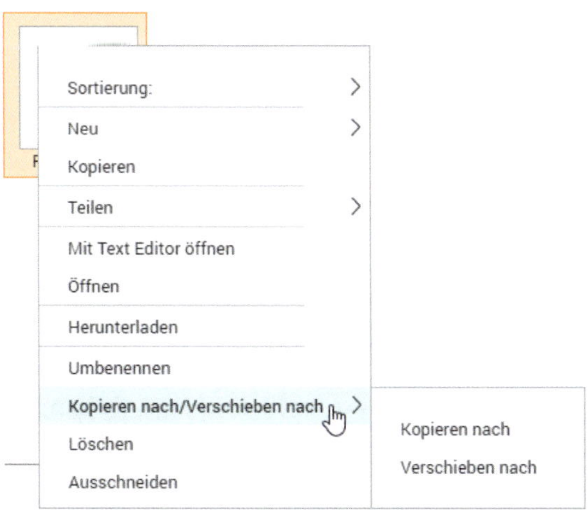

4. Anschließend wird ein Auswahldialog angezeigt, in dem Sie oben den Zielordner angeben, in den die ausgewählten Elemente übertragen werden sollen. Soll dort zunächst ein neuer leerer Ordner angelegt werden, klicken Sie unten auf *Ordner erstellen*.

5. Bei *Modus* legen Sie fest, was geschehen soll, falls es im Zielordner bereits eine Datei mit demselben Namen geben sollte. Diese kann überschrieben, die neue Datei umbenannt oder dieser Teil der Aktion übersprungen werden.
6. Das Zusammenführen von Dateiübertragungsaufgaben ist eine rein organisatorische Frage. In dem Fall werden alle laufenden Dateiübertragungen derselben Hintergrundaufgabe zugeordnet. Dann können Sie diese Übertragungen allerdings auch nur insgesamt pausieren oder abbrechen.
7. Eine *Datenintegritätsprüfung* stellt sicher, dass Dateien beim Transfer nicht beschädigt oder verändert wurden. Das sollte innerhalb desselben NAS aber ohnehin nicht der Fall sein, weshalb man den zusätzlichen Berechnungsaufwand einsparen kann. Bei umfangreichen Übertragungen zwischen unterschiedlichen Ressourcen kann es aber durchaus sinnvoll sein.

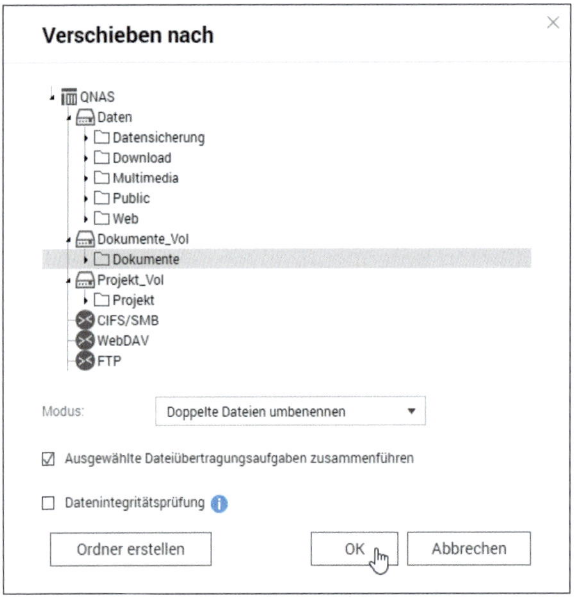

8. Klicken Sie dann unten auf *OK*, um den Vorgang durchzuführen.

Dateioperationen werden als Hintergrundaufgaben durchgeführt. Selbst bei umfangreichen Transfers können Sie also anschließend direkt weitermachen. Es kann allerdings unter Umständen etwas dauern, bis die Dateien am neuen Ort bereitstehen.

Dateioperationen per Drag-and-drop

Wenn Ihnen der Umgang mit der Maus gut von der Hand geht, können Sie sich das Hantieren mit Menüs ersparen und Dateien stattdessen per Drag-and-drop von einem Ordner in einen anderen ziehen.

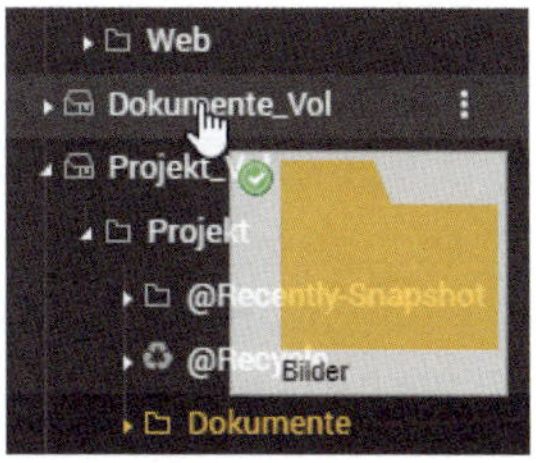

1. Öffnen Sie zunächst den Ausgangsordner in File Station.
2. Klappen Sie dann die Verzeichnisstruktur im Navigationsbereich links so weit aus, dass der Zielordner dort angezeigt wird.
3. Markieren Sie nun im Ausgangsordner die Elemente, die kopiert oder verschoben werden sollen (siehe auch Seite 136).
4. Klicken Sie dann mit der linken Maustaste auf die Auswahl, und halten Sie die Taste gedrückt.
5. Ziehen Sie den Mauszeiger auf den Zielordner im Navigationsbereich, und lassen Sie die Maustaste dort los.
6. Daraufhin wird an dieser Stelle ein Kontextmenü eingeblendet. Darin können Sie unter verschiedenen Varianten wählen, ob Sie kopieren oder verschieben möchten und wie mit doppelten Dateien umgegangen werden soll. Auch weitere im vorangegangenen Abschnitt vorgestellte Optionen sind hier vorhanden.

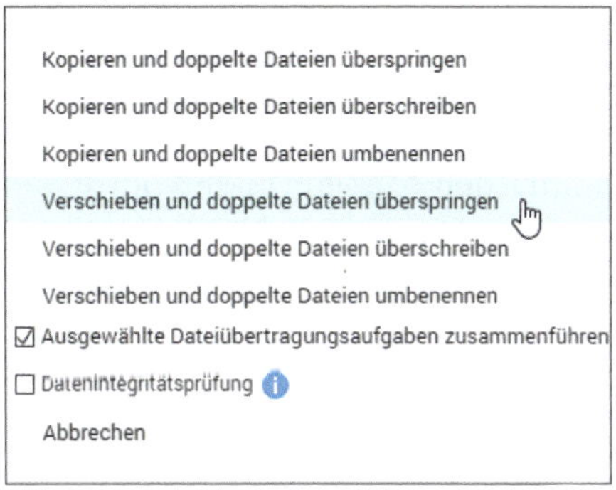

7. Anschließend wird die gewählte Aktion direkt ausgeführt.

Dateioperation per Zwischenablage

Ihr NAS bietet eine Zwischenablage, wie Sie sie vielleicht schon von Windows-PCs kennen. Das ist ein virtueller Zwischenspeicher, bei dem man an einer Stelle Inhalte ablegt, um sie an anderer Stelle wieder herausnehmen und dort einfügen zu können.

1. Öffnen Sie dazu zunächst den Ausgangsordner, und wählen Sie darin die Datei(en) und/oder Ordner aus, die Sie kopieren oder verschieben möchten (siehe Seite 136).
2. Klicken Sie dann in der Symbolleiste oberhalb der Dateiliste auf die *Kopieren*-Schaltfläche.

Dateien per Zwischenablage verschieben

In der Symbolleiste finden Sie nur ein Symbol für das Kopieren in die Zwischenablage. Damit können Dateien und Ordner nur kopiert werden. Wenn Sie Dateien per Zwischenablage verschieben möchten, verwenden Sie anstelle des Symbols den Ausschneiden-Befehl des Werkzeug- oder Kontextmenüs.

3. Navigieren Sie nun zum Zielordner, sodass dessen Inhalt angezeigt wird.
4. Klicken Sie dann in der Symbolleiste oberhalb der Dateiliste auf die *Einfügen*-Schaltfläche. (Diese Schaltfläche wird nur angezeigt, wenn Sie zuvor etwas in die Zwischenablage kopiert haben.)
5. Nun wird ein Dialog angezeigt, in dem Sie festlegen, was im Fall doppelter Dateinamen geschehen soll. Mit der Option *Dies als Standardaktion einstellen und nicht erneut fragen* lässt sich dieser Zwischenschritt in Zukunft vermeiden. (Rückgängig machen können Sie dies ggf. in den Einstellungen von File Station in der Rubrik *Dateiübertragung*.)

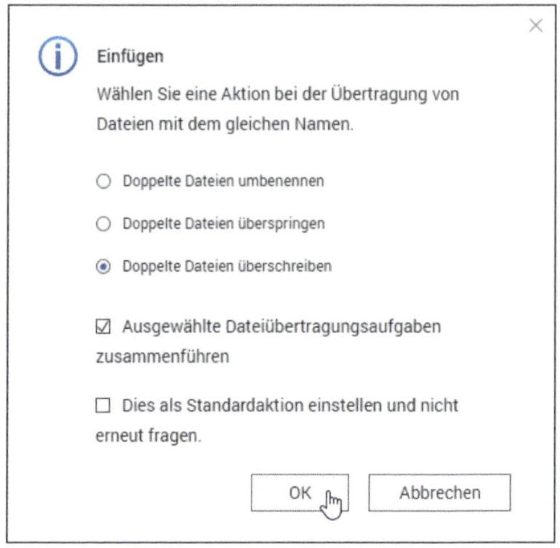

Zwischenablage per Tastenkürzel steuern

Vielleicht sind Sie es vom PC gewohnt, die Zwischenablage ganz schnell per Tastenkürzel zu verwenden? Das funktioniert auch bei File Station, und die Kürzel sind sogar dieselben wie bei Windows:

- Mit Strg+C fügen Sie markierte Elemente in die Zwischenablage ein, um sie kopieren zu können.
- Mit Strg+X schneiden Sie markierte Elemente für die Zwischenablage aus, um sie verschieben zu können.
- Mit Strg+V fügen Sie den Inhalt der Zwischenablage in den aktuell geöffneten Ordner ein. Je nachdem, ob Sie die Elemente zuvor kopiert oder ausgeschnitten haben, werden die Dateien dabei kopiert oder verschoben.

Dateien in ZIP-Archiven

File Station unterstützt Dateiarchive im ZIP- oder 7z-Format. Es kann sowohl solche Dateien entpacken also auch selbst Archive aus Dateien und Ordnern erstellen. An einigen Stellen verwendet File Station diese Funktion sogar automatisch. Wenn Sie beispielsweise mehrere Dateien markieren und dann herunterladen möchten, fasst es die Dateien in einem ZIP-Archiv zusammen und stellt Ihnen dieses zum Download bereit.

Dateiarchive entpacken

Wenn Sie Archive auf Ihrem NAS gespeichert haben und auf deren Inhalt zugreifen wollen, können Sie die Dateien von File Station entpacken lassen. Klicken Sie dazu die Archivdatei einfach an, und wählen Sie im Kontext- oder Werkzeugmenü den Befehl *Extrahieren*. Im so geöffneten Untermenü legen Sie fest, wohin der entpackte Inhalt des Archivs gespeichert werden soll:

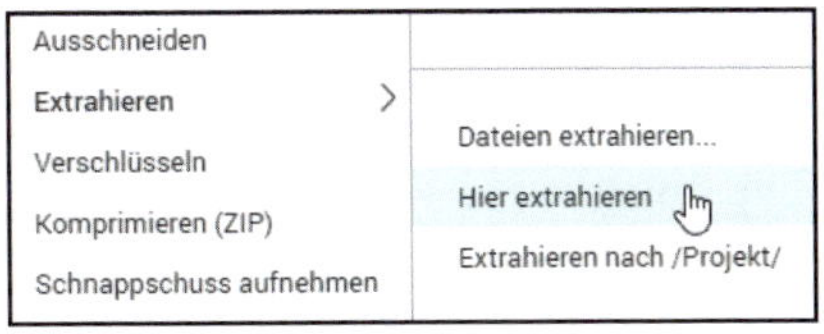

- *Dateien extrahieren...*: Damit wählen Sie in einem weiteren Dialog den Ordner aus, in dem die Dateien abgelegt werden sollen.
- *Hier extrahieren*: Der Inhalt des Archivs wird im selben Ordner gespeichert, in dem sich das Archiv selbst befindet.
- *Extrahieren nach /...*: Es wird im Ordner des Verzeichnisses ein Unterordner mit dem Namen des Archivs angelegt und der Inhalt darin entpackt.

Dateien und Ordner in Archiven zusammenfassen

File Station kann Archivdateien im ZIP- bzw. 7z-Format erstellen. So können Sie Dateien und Ordner direkt auf dem NAS in Archiven zusammenfassen, ohne sie zuvor auf einen PC kopieren zu müssen.

1. Um ein Archiv zu erstellen, markieren Sie zunächst eine oder mehrere Dateien oder Ordner.
2. Wählen Sie dann im Werkzeug- oder Kontextmenü den Befehl *Komprimieren (ZIP)*.
3. Im so geöffneten Dialog können Sie im Feld *Namen archivieren* eine Bezeichnung für die Archivdatei angeben. Standardmäßig verwendet File Station sonst den Namen der zuerst markierten Datei mit der Endung *.zip* (bzw. *.7z*).
4. Im Feld *Komprimierungsstufe* können Sie die Art der Kompression auswählen. In der Regel sollte man es bei *Normal* belassen, was ein sinnvoller Kompromiss ist und auch von allen Entpackprogrammen beherrscht wird. Wenn Sie Dateien aber etwa platzsparend auf dem eigene NAS unterbringen möchten, kann *Maximale Komprimierung* sinnvoll sein, was zwar etwas länger dauert, aber möglichst kleine Archive hervorbringt.
5. Standardmäßig verwendet File Station das verbreitete ZIP-Format, das beispielsweise auch im Windows-Explorer integriert ist. Wenn Sie mit dem Kompressionsprogramm 7-Zip arbeiten, können Sie bei *Archivformat* aber auch dessen Standard *7z* einstellen. Die so erstellten Archive sind je nach Art des Inhalts 20 bis 70 % kleiner als ZIP-Archive. Allerdings können sie eben nur von Programmen geöffnet und entpackt werden, die 7z beherrschen.

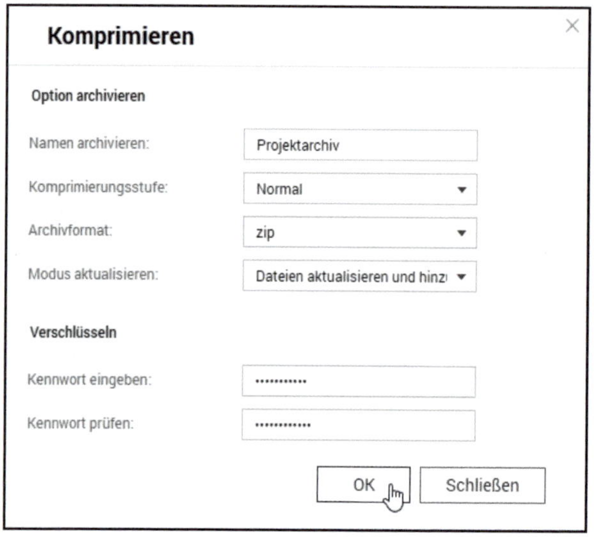

6. Das Auswahlfeld *Modus aktualisieren* ist wichtig, wenn Sie ein Archiv nicht nur einmalig erstellen, sondern immer wieder mit neuen Versionen der Dateien aktualisieren möchten. Hier können Sie festlegen, nach welchen Regeln das geschehen soll, und Archive so zu einem flexiblen Werkzeug der manuellen Datensicherung machen:

   - *Dateien hinzufügen und ersetzen*: Die ausgewählten Dateien werden dem Archiv grundsätzlich hinzugefügt. Sollten schon Dateien gleichen Namens vorhanden sein, werden diese grundsätzlich automatisch überschrieben.
   - *Dateien aktualisieren und hinzufügen*: Sind bereits Dateien mit gleichem Namen vorhanden, werden diese nur überschrieben, wenn die entsprechende Datei neueren Datums als die bereits vorhandene ist. Dateien ohne Entsprechung im Archiv werden grundsätzlich hinzugefügt.
   - *Bestehende Dateien aktualisieren*: In diesem Modus werden nur im Archiv bereits vorhandene Dateien überschrieben, sofern die hinzugefügte Version der Datei neuer ist. Dateien, die im Archiv noch gar nicht vorhanden sind, werden auch nicht hinzugefügt.
   - *Dateien synchronisieren*: Bereits im Archiv vorhandene Dateien gleichen Namens werden überschrieben, wenn sie älter sind oder eine geringere Dateigröße haben. Neue Dateien werden grundsätzlich hinzugefügt. Wichtig: Sind im Archiv Dateien vorhanden, zu denen es bei den neu hinzugefügten keine Entsprechung gibt, werden diese aus dem Archiv gelöscht! Das Archiv kann also hinterher weniger Dateien umfassen als vorher.

7. Soll das Archiv mit einem Passwort geschützt werden, geben Sie unten bei *Verschlüsseln* zweimal das gewünschte Kennwort ein.

8. Klicken Sie abschließend unten auf *OK*, um das Archiv zu erstellen. Es wird im Ordner gespeichert, der aktuell in File Station geöffnet ist und in dem Sie auch die zu archivierenden Dateien ausgewählt haben.

5.6 Dateien mit anderen teilen

Ihr NAS kann nicht nur als Datenspeicher und Archiv für Sie selbst dienen, sondern bietet Ihnen auch die Möglichkeit, ausgewählte Dateien mit anderen Menschen zu teilen. Das können andere Benutzer des NAS sein, denen Sie den Zugriff auf einen Teil Ihrer eigenen Daten einräumen. Aber auch externe Anwender können Sie auf verschiedenen Wegen an bestimmten Bildern, Videos oder Dokumenten teilhaben lassen.

Voraussetzung für externe Zugriffe

Bei der Teilen-Variante per E-Mail und den Freigabelinks an externe Empfänger muss Ihr NAS aus dem Internet erreichbar sein, damit Benutzer von außerhalb auf die freigegebenen Ressourcen zugreifen können. Welche Möglichkeiten es dafür gibt, wie sie funktionieren und was für sichere externe Zugriffe zu beachten ist, erfahren Sie ab Seite 194.

Dateien mit anderen NAS-Benutzern teilen

Wenn Sie das NAS mit anderen Anwendern gemeinsam nutzen, möchten Sie vielleicht gelegentlich Ordner oder einzelne Dateien mit jemandem teilen. Das lässt sich prinzipiell über Zugriffsrechte und Gruppenzugehörigkeiten steuern. Allerdings ist das recht aufwendig und erfordert Administrationsrechte. Um mal eben auf die Schnelle jemandem Zugriff auf bestimmte Dateien zu ermöglichen, ist die Benutzerfreigabe eine schnelle und praktische Alternative.

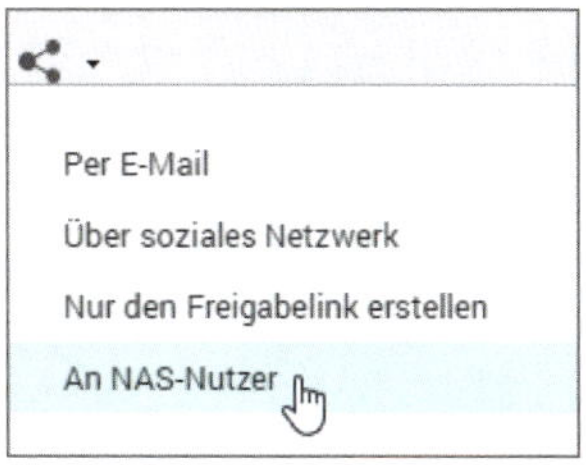

1. Wählen Sie zunächst die Dateien und/oder Ordner aus, die Sie teilen möchten.
2. Klicken Sie dann auf das *Teilen*-Symbol in der Symbolleiste, und wählen Sie im Menü *An NAS-Nutzer*.
3. Das *Teilen*-Menü wird dann in der Rubrik *NAS-Nutzer* geöffnet. Hier sehen Sie eine Liste der angelegten Benutzerprofile. Wählen Sie das bzw. die Profil(e) aus, mit denen Sie die markierten Inhalte teilen möchten. Ist für den Benutzer eine E-Mail-Adresse eingetragen, können Sie unterhalb der Liste die Option *Eine E-Mail-Benachrichtigung an den Nutzer senden* aktivieren. Dann wird der Benutzer automatisch über die Freigabe informiert.

4. Mit diesen Standardeinstellungen würde die Freigabe ohne Passwortschutz erstellt werden und für sieben Tage gültig sein. Wenn Sie diese Vorgaben ändern möchten, klicken Sie unten rechts auf den Link *Weitere Einstellungen*.

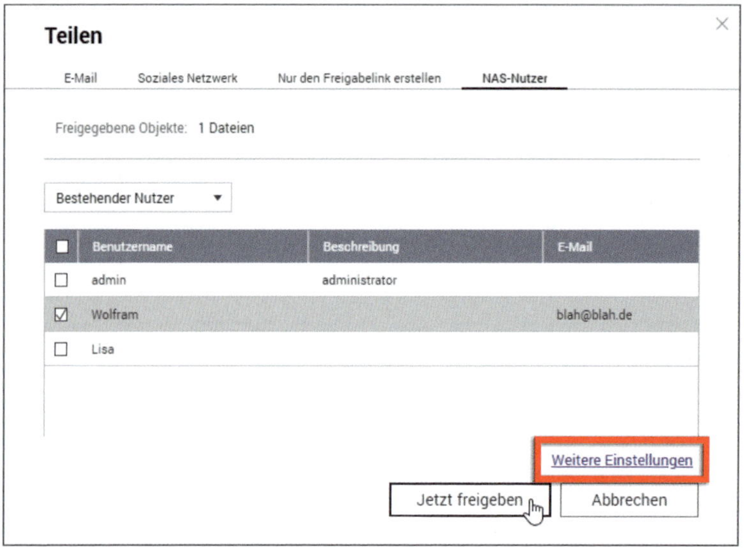

5. In den erweiterten Einstellungen können Sie die Ablauffrist der Freigabe verändern. Nach Ablauf dieser Frist ist die Freigabe dann automatisch nicht mehr verfügbar.
6. Für sensible Daten empfiehlt sich außerdem das Festlegen eines Kennworts, das Sie dem Benutzer auf einem anderen Weg wissen lassen.
7. Klicken Sie abschließend ganz unten auf *Jetzt freigeben*, um die E-Mail mit dem Freigabelink zu versenden bzw. zu erstellen.

Wenn Sie das Versenden einer E-Mail gewählt haben, werden die Benutzer auf diesem Wege auf die Freigabe aufmerksam gemacht. Wenn nicht, sollten Sie sie ggf. anderweitig informieren. In File Station finden die Benutzer die für sie freigegebenen Ressourcen im Navigationsbereich unter *Mit mir geteilt* vor.

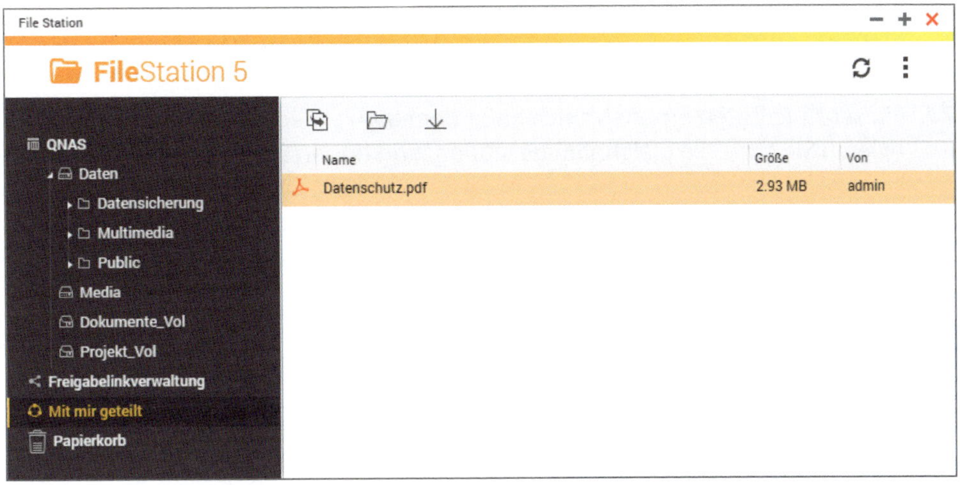

Unter Mit mir geteilt *werden alle Freigaben aufgelistet, die dem Benutzer von anderen erteilt wurden.*

Freigabelinks für externe Empfänger erstellen

Auch Personen, die keine Benutzer des NAS sind, können Sie den Zugriff auf bestimmte Dateien ermöglichen. Dazu erstellen Sie einen Freigabelink. Das ist eine Webadresse, die in jedem Browser geöffnet werden kann. Auf dem NAS läuft ein Webserver, der diese Anfragen bearbeitet. Er liefert als Antwort eine Webseite aus, die den Zugriff auf die freigegebenen Dateien (und nur die!) ermöglicht.

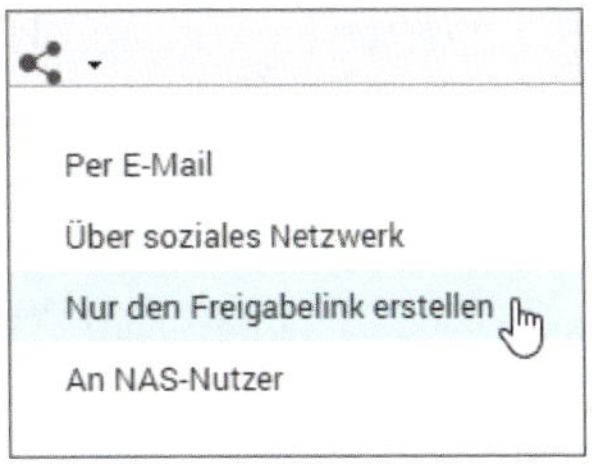

1. Wählen Sie zunächst die Dateien und/oder Ordner aus, die Sie teilen möchten.
2. Klicken Sie dann auf das *Teilen*-Symbol in der Symbolleiste, und wählen Sie im Menü *Nur den Freigabelink erstellen*.
3. Im so geöffneten Dialog können Sie den Linknamen, der standardmäßig der (zuerst) ausgewählten Datei entspricht, in eine beliebige Bezeichnung abändern.
4. Bei *Domainname/IP* wählen Sie aus, wie die Webadresse im Freigabelink aufgebaut sein soll. Benutzer im selben lokalen Netzwerk benötigen auch nur eine lokale IP-Adresse. Empfänger »außer Haus« hingegen müssen unbedingt die extern erreichbare IP-Adresse Ihres NAS (siehe dazu auch Seite 194) kennen. Im Zweifelsfall sollte die externe Adresse aber für jeden Empfänger funktionieren, oder Sie überlassen dem Empfänger mit *Alle verfügbaren Links* die Auswahl.

5. Wenn Ihr NAS sichere Webverbindungen unterstützt (siehe Seite 198), sollten Sie die Option *SSL in URL anzeigen* aktivieren.
6. Im Feld *Ablauf in* können Sie eine Ablauffrist für die Freigabe verändern. Der Standardwert ist *7 Tage*. Nach Ablauf dieser Frist ist die Freigabe automatisch nicht mehr verfügbar.
7. Für sensible Daten empfiehlt sich außerdem das Festlegen eines Kennworts. Aktivieren Sie dazu die gleichnamige Option, und tippen Sie im so eingeblendeten Eingabefeld das gewünschte Kennwort ein. Mit dem Symbol rechts neben dem Feld können Sie sich jederzeit ein sicheres Passwort erzeugen lassen.
8. Um die Freigabe mit den gewählten Einstellungen zu erstellen, klicken Sie unten auf *Jetzt erstellen*.

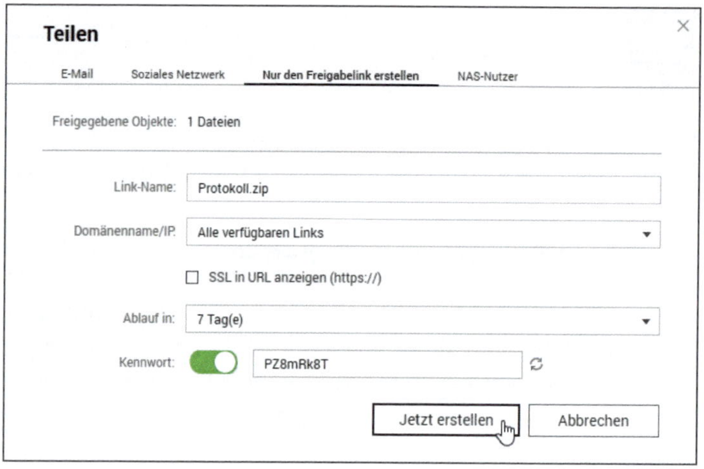

9. Warten Sie kurz ab, bis das NAS die Freigabe eingerichtet hat. Anschließend zeigt es einen Dialog mit dem Freigabelink bzw. den Varianten des Links mit verschiedenen Webadressen an.
10. Kopieren Sie sich den passenden Link für externe oder interne Empfänger mittels der kleinen Schaltfläche rechts daneben in die Zwischenablage.
11. Haben Sie die gewünschte(n) Variante(n) des Freigabelinks kopiert, können Sie den Dialog durch Klick auf die gleichnamige Schaltfläche schließen.

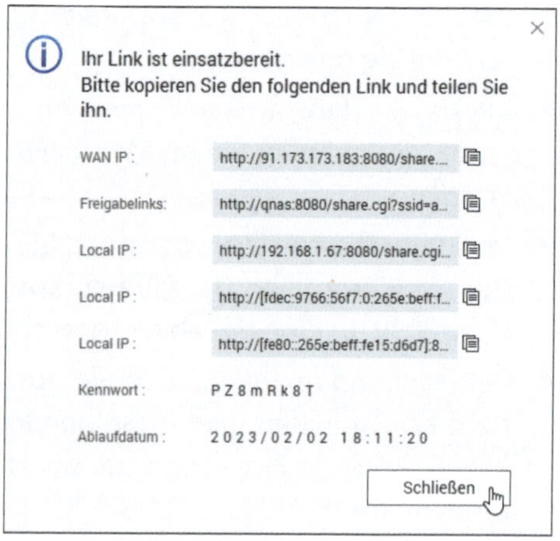

Den so kopierten Freigabelink können Sie dem Empfänger auf beliebigem Wege zukommen lassen, beispielsweise über eine Messenger-App, per E-Mail (siehe auch den folgenden Abschnitt) oder notfalls ausgedruckt oder in eine Textdatei gespeichert. Er braucht ihn nur anzuklicken, um in seinem Browser eine Webseite Ihres NAS angezeigt zu bekommen, die den Zugriff (nur) auf die freigegebenen Dateien ermöglicht.

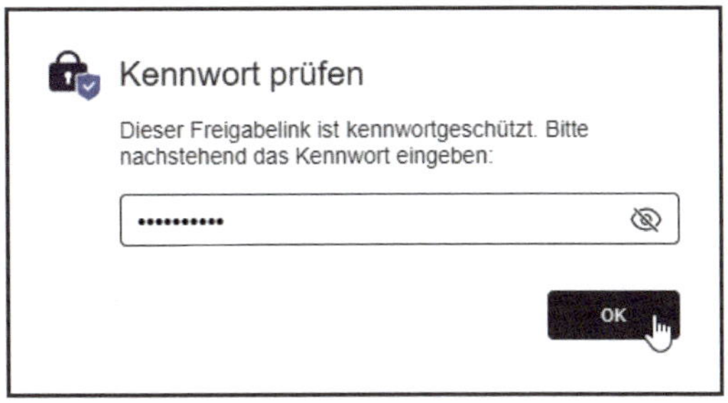

Wenn Sie die Freigabe mit einem Kennwort versehen haben, wird dieses zunächst abgefragt. Nur wer das festgelegte Passwort kennt und korrekt eintippt, kommt an dieser Stelle weiter. Man könnte eine passwortgeschützte Freigabe also sogar in einem Forum veröffentlichen, sofern nur die Personen das Passwort kennen, die darauf zugreifen dürfen sollen.

Die Freigabewebseite selbst enthält eine Liste der Dateien, die die Freigabe umfasst. Mit einem Klick auf einen der Einträge wird die Datei geöffnet (sofern dies sinnvoll möglich ist). Umfasst die Freigabe Unterordner, werden diese durch Anklicken geöffnet, und ihr Inhalt wird angezeigt.

Ganz rechts findet sich außerdem ein Download-Symbol, mit dem Benutzer die Datei von ihrem Webbrowser herunterladen lassen können.

Externe Empfänger können Freigaben per Webbrowser von Ihrem NAS abrufen.

Die gesamte Freigabe herunterladen

Mit *Alles herunterladen* oben rechts auf der Freigabe-Webseite lässt sich die gesamte Freigabe anfordern. Umfasst sie mehr als eine Datei, wird automatisch ein ZIP-Archiv erstellt und im Browser heruntergeladen.

Freigabelinks per E-Mail versenden

Um Dateien mit Personen zu teilen, die kein Benutzerprofil auf dem NAS haben, gehört das Teilen per E-Mail zu den vielleicht einfachsten Varianten. Selbstverständlich können Sie jederzeit eine Datei auch vom NAS in Ihr E-Mail-Programm übernehmen und so versenden. Ihr NAS bietet Ihnen aber auch die Möglichkeit, anstelle der eigentlichen Dateien Freigabelinks zu den Dateien auf Ihrem NAS zu versenden. So können Sie ganze Ordner unkompliziert teilen und brauchen sich auch keine Gedanken über Größenbeschränkungen beim E-Mail-Versand zu machen. Passwörter und Ablaufdaten sorgen dabei für den notwendigen Schutz Ihrer Daten.

E-Mail nur mit konfiguriertem E-Mail-Konto

Das im Folgenden beschriebene Szenario klappt nur, wenn Sie für das verwendete NAS-Benutzerkonto ein E-Mail-Konto eingerichtet haben. Klicken Sie dazu ggf. auf das Benutzer-Symbol in der QTS-Symbolleiste, und wechseln Sie in den Kontooptionen in die Rubrik *E-Mail-Konto*. Ist dort noch kein Konto hinterlegt, klicken Sie auf *Hinzufügen* und geben im anschließenden Dialog die Details zu Ihrem Konto an. Wie das prinzipiell funktioniert, ist auf Seite 68 beschrieben.

1. Wählen Sie zunächst die Dateien und/oder Ordner aus, die Sie teilen möchten.
2. Klicken Sie dann auf das *Teilen*-Symbol in der Symbolleiste, und wählen Sie im Menü *Per E-Mail*.
3. Im so geöffneten Dialog sind die meisten Felder bereits fertig ausgefüllt. Wenn Sie mehr als ein E-Mail-Konto eingerichtet haben, können Sie bei *Absender* auswählen, welches davon in diesem Fall verwendet werden soll.

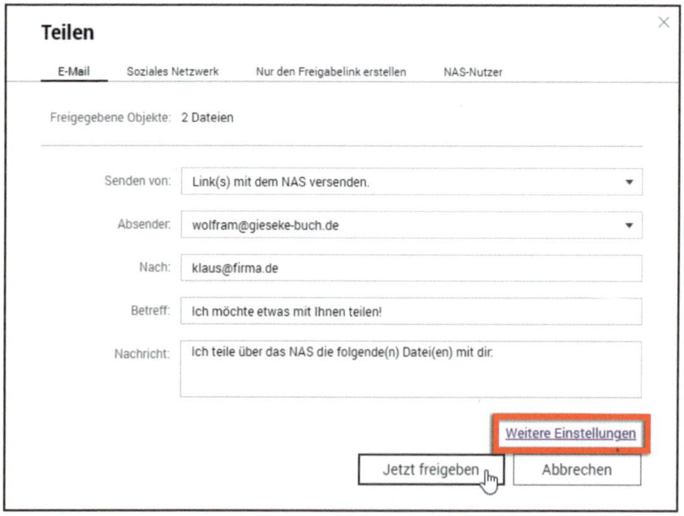

> **Freigaben mit dem eigenen E-Mail-Programm versenden**
>
> Wenn Sie Freigaben lieber mit der eigenen E-Mail-Anwendung verschicken möchten, wählen Sie ganz oben bei *Senden von* die Option *Link(s) mit dem lokalen Computer versenden*. Dann erstellt QTS eine neue E-Mail in Ihrem Standardprogramm und füllt diese weitestgehend aus. Sie brauchen nur noch zu ergänzen und abzusenden. Voraussetzung dafür ist, dass Ihr E-Mail-Programm als Standardanwendung für E-Mail festgelegt ist und den MAPI-Standard unterstützt.

4. Im Feld *Nach* tragen Sie die E-Mail-Adresse des Empfängers ein.
5. Die vorgegebenen Werte bei *Betreff* und *Nachricht* können Sie beibehalten oder durch eigene Texte ersetzen bzw. ergänzen.
6. Mit diesen Standardeinstellungen würde die Freigabe ohne Passwortschutz erstellt werden und für sieben Tage gültig sein. Wenn Sie diese Vorgaben ändern möchten, klicken Sie unten rechts auf den Link *Weitere Einstellungen*.
7. Hier können Sie die Bezeichnung der Freigabe individuell anpassen und auswählen, ob ein Domain-Name oder eine IP-Nummer verwendet werden soll. Wenn Sie den sicheren Zugriff per SSL auf Ihr NAS eingerichtet haben, sollten Sie außerdem die Option *SSL in URL anzeigen* einschalten.
8. Außerdem können Sie die Ablauffrist der Freigabe verändern. Nach Ablauf dieser Frist ist die Freigabe automatisch nicht mehr verfügbar.
9. Für sensible Daten empfiehlt sich außerdem das Festlegen eines Kennworts, wobei dieses möglichst nicht in der E-Mail selbst eingefügt, sondern auf einem separaten Kommunikationskanal übermittelt werden sollte.

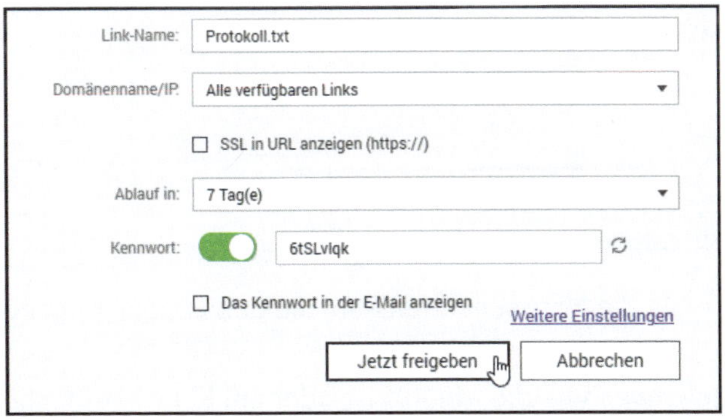

10. Klicken Sie abschließend ganz unten auf *Jetzt freigeben*, um die E-Mail mit dem Freigabelink zu versenden bzw. zu erstellen.

Der Empfänger erhält dann eine E-Mail, die neben der erstellten Nachricht den Freigabelink enthält. Diesen braucht er nur anzuklicken, um in seinem Browser die Freigabe-Webseite Ihres NAS angezeigt zu bekommen.

Dateien in sozialen Netzwerken veröffentlichen

Wer in sozialen Netzwerken wie Facebook oder Twitter aktiv ist, möchte vielleicht gelegentlich Bilder oder andere Dateien vom NAS dort veröffentlichen. Auch das ist mit der *Teilen*-Funktion möglich. Bitte beachten Sie dabei, dass Sie die Freigabe damit potenziell einer großen Zielgruppe zugänglich machen. Sie können zwar auch in diesem Fall den Zugriff mit einem Passwort beschränken. Trotzdem wird die Adresse Ihres NAS dadurch praktisch öffentlich bekannt, was zu erhöhter Aktivität bis hin zu Hacker-Angriffen führen könnte.

1. Wählen Sie zunächst die Dateien und/oder Ordner aus, die Sie teilen möchten.
2. Klicken Sie dann auf das *Teilen*-Symbol in der Symbolleiste, und wählen Sie im Menü *Über soziales Netzwerk*.
3. Im so geöffneten Dialog wählen Sie bei *Soziales Netzwerk* zunächst den Dienst aus, bei dem Sie die Freigabe veröffentlichen möchten.

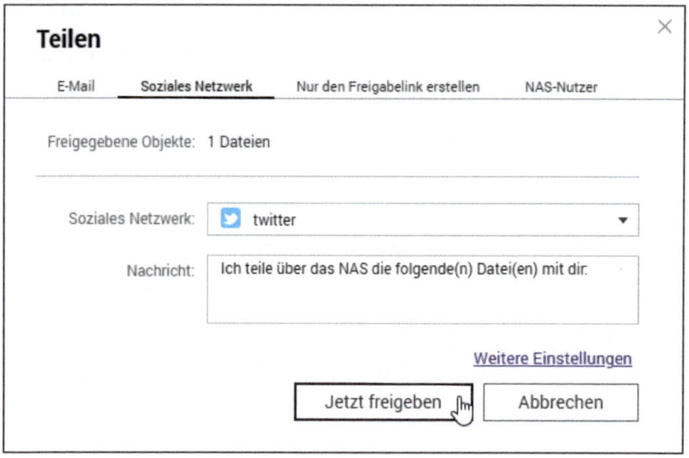

4. Im Feld darunter können Sie die *Nachricht* anpassen, die den Freigabelink begleiten soll.
5. Wollen Sie *Weitere Einstellungen* wie die Ablauffrist oder ein Kennwort festlegen, klicken Sie unten rechts auf den gleichnamigen Link. Was diese Optionen genau bewirken, ist in den vorangegangenen Abschnitten bereits beschrieben worden.
6. Klicken Sie dann unten auf *Jetzt freigeben*.

7. File Station öffnet dann in einem zusätzlichen Browserfenster einen Dialog des gewählten sozialen Netzwerks. Hier müssen Sie sich ggf. noch anmelden, wenn dies nicht zuvor bereits erfolgt ist. Dann können Sie die Vorschau auf Ihren Beitrag kontrollieren und diesen dann veröffentlichen.

Freigaben kontrollieren und beenden

Ist eine Freigabe einmal angelegt, brauchen Sie sich nicht mehr darum zu kümmern. Ist die Ablauffrist absolviert, entfernt QTS sie automatisch, und der Freigabelink läuft ab dann ins Leere. Nur Freigaben ohne Ablauffrist bleiben bestehen, bis Sie sie ausdrücklich entfernen. In File Station können Sie unter dem Punkt *Freigablinkverwaltung* (im Navigationsbereich) jederzeit eine Liste der aktiven Freigaben abrufen.

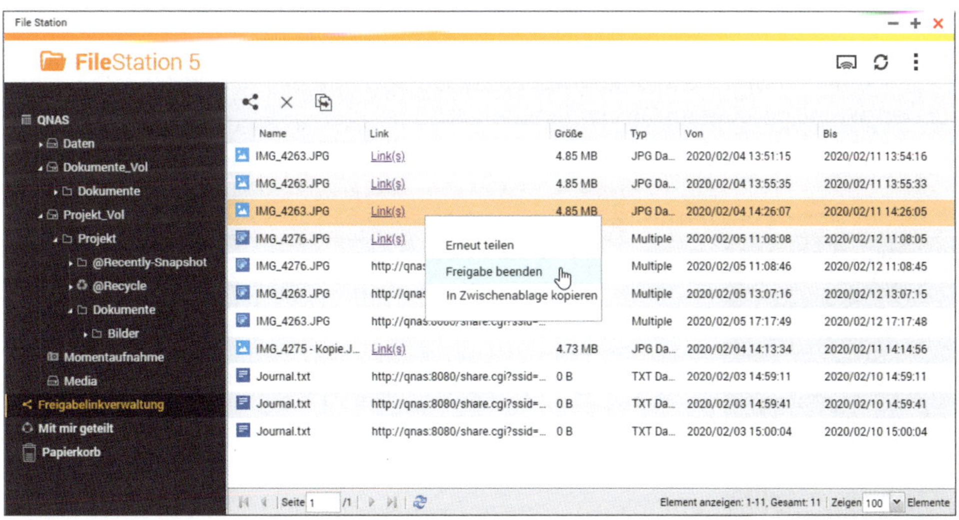

In der Freigabelinkverwaltung kontrollieren Sie bestehende Freigaben und beenden sie bei Bedarf umgehend.

In dieser Liste können Sie einen oder mehrere Einträge markieren. Dann stehen Ihnen mit den Symbolen oben oder im Kontextmenü drei Funktionen zur Verfügung:

- Mit *Erneut teilen* öffnen Sie den bekannten *Teilen*-Dialog. Hier können Sie eine der vier Varianten wählen. Anstelle der für diese Freigabe ursprünglich gewählten Methode finden Sie allerdings die Rubrik *Nur Link ändern*. Darin können Sie beispielsweise die Ablaufzeit nachträglich anpassen.
- Mit *Freigabe beenden* entfernen Sie die Freigabe unabhängig von der ursprünglich gewählten Ablauffrist umgehend. Selbst wer den Freigabelink kennt, kann dann nicht mehr auf die freigegebenen Dateien zugreifen.
- *In Zwischenablage kopieren* ist hilfreich, wenn Sie den ursprünglichen Freigabelink nochmals benötigen, beispielsweise um ihn erneut zu übermitteln.

5.7 Dateien suchen

Bei den Datenmengen, die sich auf einem NAS im Laufe der Zeit ansammeln, ist eine Suchfunktion selbst bei guter Organisation eine große Hilfe. Dementsprechend bietet Ihr NAS praktische Suchhilfen. Das beginnt mit dem Suchfeld in File Station, mit dem sich umfangreiche Dateilisten schnell filtern lassen, und geht bis hin zur Qsirch-Anwendung, mit der Sie Dateien in einer Datenbank indizieren können, um auch den Inhalt von vielen Dateien in Sekundenschnelle durchsuchen zu können.

Dateien anhand des Namens filtern

In File Station finden Sie oben rechts in der Symbolleiste ein Such-Symbol. Mit einem Klick darauf blenden Sie in der Symbolleiste ein Suchfeld ein, das als einfacher Filter für den aktuell geöffneten Ordner funktioniert.

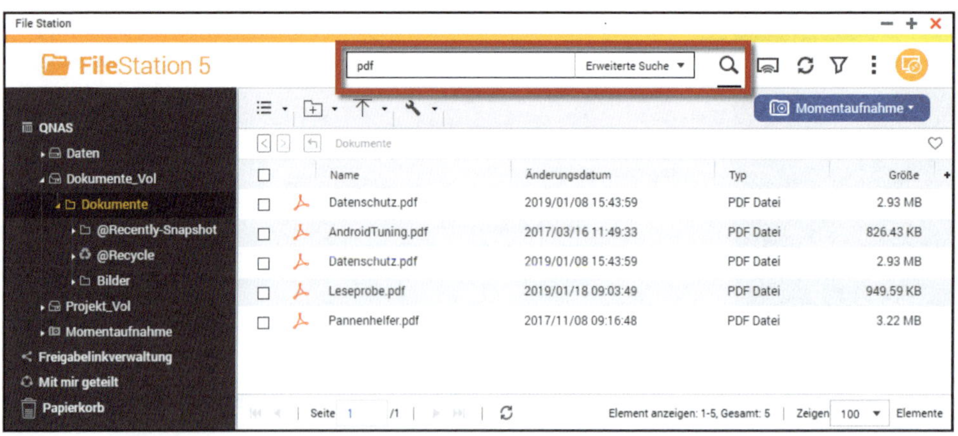

Mit dem Suchfeld lassen sich umfangreiche Dateilisten und Ordnerstrukturen schnell filtern.

Tippen Sie hier einen Text oder eine Zeichenkombination ein und drücken ↵, beschränkt File Station die unten angezeigten Dateien und Ordner auf alle Elemente, die diese Zeichenkombination im Namen haben. Suchen Sie beispielsweise eine PDF-Datei, reicht es, im Suchfeld »pdf« einzutippen. Schon enthält die Liste nur noch Dateien dieses Typs.

So lassen sich auch umfangreiche Dateisammlungen schnell filtern, denn diese Funktion arbeitet rekursiv. Das bedeutet, sie sucht nicht nur im gerade angezeigten Ordner, sondern auch in dessen Unterordner, den darin enthaltenen Unterordnern etc.

Die Suche auf bestimmte Dateitypen beschränken

Das Auswahlfeld rechts neben dem Suchfeld erlaubt es, die Suche bzw. die Anzeige der Dateien unten auf bestimmte Arten von Dateitypen zu beschränken. Dazu stehen Ihnen die Einträge *Musik*, *Video* und *Foto* zur Auswahl. Wählen Sie einen davon, zeigt File Station darunter nur Dateien mit für den jeweiligen Bereich typischen Endungen an.

Das können Sie übrigens mit einem Suchbegriff im Eingabefeld kombinieren. Wenn Sie also beispielsweise »Sommer« im Eingabefeld eintippen und im Menü rechts *Musik* wählen, zeigt File Station Ihnen alle Musikdateien, die das Wort »Sommer« im Namen tragen.

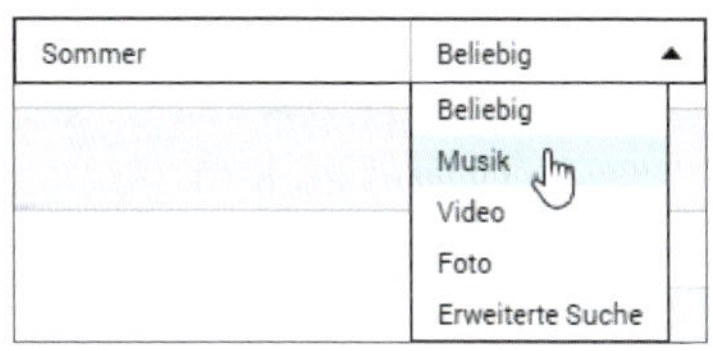

Suche nach Datum, Größe, Typ und mehr

Das Suchfeld oben in der Symbolleiste von File Station bezieht sich stets auf den Dateinamen, wobei dieser die Endung einbezieht. Wollen Sie Dateien anhand anderer (zusätzlicher) Merkmale finden, wählen Sie im Menü des Suchfeldes die *Erweiterte Suche*. Damit öffnen Sie ein Formular, das Ihnen umfangreichere Gestaltungsmöglichkeiten für Ihre Suche bietet.

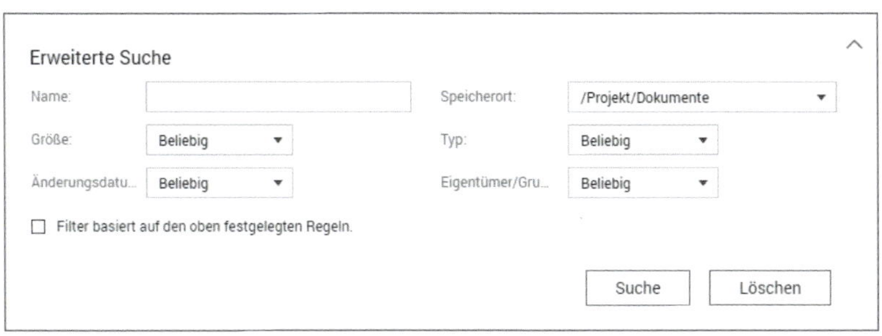

Wenn Sie sich bereits mit Dateifiltern vertraut gemacht haben (siehe Seite 138), kommt Ihnen dieses Formular sicher vertraut vor. Tatsächlich sieht es sehr ähnlich aus und ist auch eng mit Dateifiltern verwandt. Deshalb gehe ich an dieser Stelle nur auf die Unterschiede bzw. zusätzlichen Elemente ein. Ein grundsätzlicher Unterschied zwischen Filter und Suche sei aber vorab nochmals betont: Die Dateisuche berücksichtigt immer auch Dateien in Unterordnern. Dateifilter hingegen wirken nur auf den aktuell angezeigten Ordner.

1. Neben Name, Größe, Änderungsdatum, Typ und Eigentümer/Gruppe können Sie die Suche zusätzlich auf einen bestimmten *Speicherort* konzentrieren. Standardmäßig wird die Suche in dem Ordner (mitsamt Unterordnern) durchgeführt, den Sie gerade in File Station geöffnet haben.

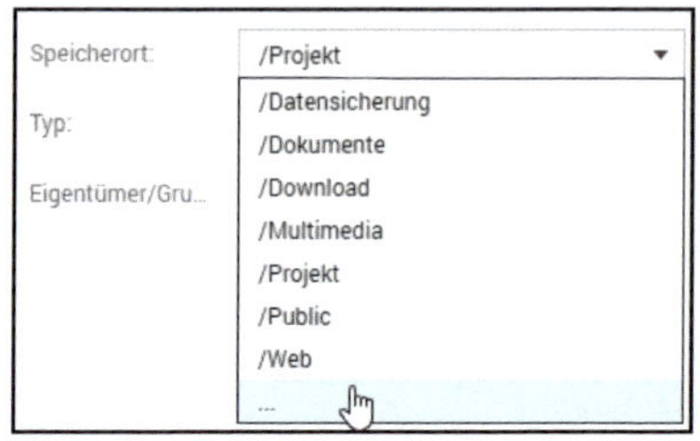

2. Wenn Sie auf das Feld klicken, wird eine Auswahl mit den Freigabeordnern Ihres NAS geöffnet.
3. Wenn Ihnen das nicht reicht, klicken Sie ganz unten in dieser Auswahlliste auf die unscheinbaren drei Punkte.
4. Damit zeigen Sie einen Dialog an, der das gesamte Dateisystem Ihres NAS wiedergibt und in dem Sie sich genau zum gewünschten Ordner klicken können. Sie können auch mehrere Ordner auswählen, indem Sie jeweils links neben dem Ordnernamen ein Häkchen setzen.

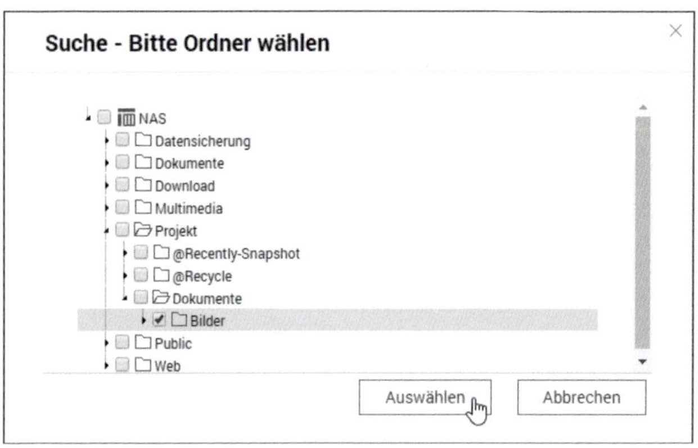

5. Unterhalb der Suchoptionen finden Sie zusätzlich die Option *Filter basiert auf den oben festgelegten Regeln*. Damit erstellen Sie zusätzlich zur Suche gleich noch einen Filter, der dieselben Eigenschaften wie die Dateisuche aufweist.
6. Haben Sie den Suchauftrag nach Ihren Wünschen formuliert, klicken Sie unten auf die *Suchen*-Schaltfläche. Je nach Umfang der Dateien in Ordnern und Unterordnern kann es einen Augenblick dauern, bis das vollständige Suchergebnis in der Dateiliste darunter angezeigt wird.

Dateiinhalte für Volltextsuche indizieren

Die Suche in File Station beschränkt sich immer auf die äußeren Attribute von Dateien wie Name, Typ, Datum, Größe etc. Oftmals viel interessanter ist aber der Inhalt von Dateien. Dieser aber lässt sich nicht in Echtzeit durchsuchen, da dies zu zeitaufwendig wäre. Eine sinnvolle Lösung dieses Problems ist eine regelmäßige Indizierung der gespeicherten Dateien und ihrer Inhalte in einer Datenbank. Eine solche Indizierung beherrscht Ihr NAS nicht von Haus aus. Für viele QNAP-Modelle kann sie aber über das App Center mit der Anwendung Qsirch nachgerüstet werden. Diese übernimmt das Indizieren im Hintergrund und stellt zugleich eine Oberfläche zur Verfügung, mit der Sie Suchen im Volltextindex durchführen können.

5.8 Dateien aus dem Papierkorb retten

Ähnlich, wie von Windows und anderen Systemen bekannt, kann Ihr NAS einen virtuellen Papierkorb für Dateien betreiben. Wenn Benutzer Dateien oder auch ganze Ordner vom NAS löschen, werden diese Daten dann nicht sofort endgültig entfernt. Stattdessen werden sie zunächst in einen speziellen Ordner verschoben. Von dort kann man sie an der alten Stelle oder auch woanders wiederherstellen, falls sich das Löschen im Nachhinein als voreilig oder Versehen herausstellt. Aber wie ein »echter« Papierkorb muss auch die virtuelle Variante gelegentlich geleert werden, damit er nicht überläuft (bzw. dem NAS der Speicherplatz ausgeht).

Papierkorb vs. Snapshot

Papierkorb und Snapshot (siehe Seite 54) sind zwei verwandte Konzepte, die Sie beide parallel einsetzen können. Es gibt aber einen wesentlichen Unterschied: Aus dem Papierkorb kann man nur gelöschte Dateien in dem Zustand wiederherstellen, in dem sie gelöscht wurden. Ein Snapshot umfasst eine oder mehrere frühere Versionen sowohl von gelöschten als auch ungelöschten Dateien. Man kann aus einem Snapshot also nach einer versehentlichen Änderung innerhalb einer Datei die frühere korrekte Version wiederherstellen.

Die Nutzung des Papierkorbs steuern

Standardmäßig verwendet Ihr NAS den Papierkorb bei allen Freigabeordnern. Da die Funktion einigen Speicherplatz verbraucht, kann man die Nutzung aber individuell steuern – sowohl global als auch auf Ebene einzelner Freigabeordner.

Den Papierkorb global ein- oder ausschalten

Wenn Sie bei Ihrem NAS ganz auf den Papierkorb verzichten möchten, können Sie dies in der QTS-Systemsteuerung einstellen:

1. Öffnen Sie in der Systemsteuerung den Bereich *Netzwerk und Dateidienste/Netzwerkpapierkorb*. Alternativ klicken Sie mit der rechten Maustaste auf das Papierkorb-Symbol auf dem QTS-Desktop und wählen in dessen Kontextmenü *Einstellungen*.
2. Entfernen Sie hier das Häkchen bei der Option *Netzwerkpapierkorb aktivieren*.
3. Eine Alternative wäre es, den Papierkorb aktiviert zu lassen, aber die *Dateiaufbewahrungszeit* beispielsweise auf einen Tag zu reduzieren. So haben Sie zumindest einen rudimentären Schutz vor versehentlichen »Dummheiten«.
4. Bestätigen Sie die Einstellungsänderung so oder so mit *OK*.

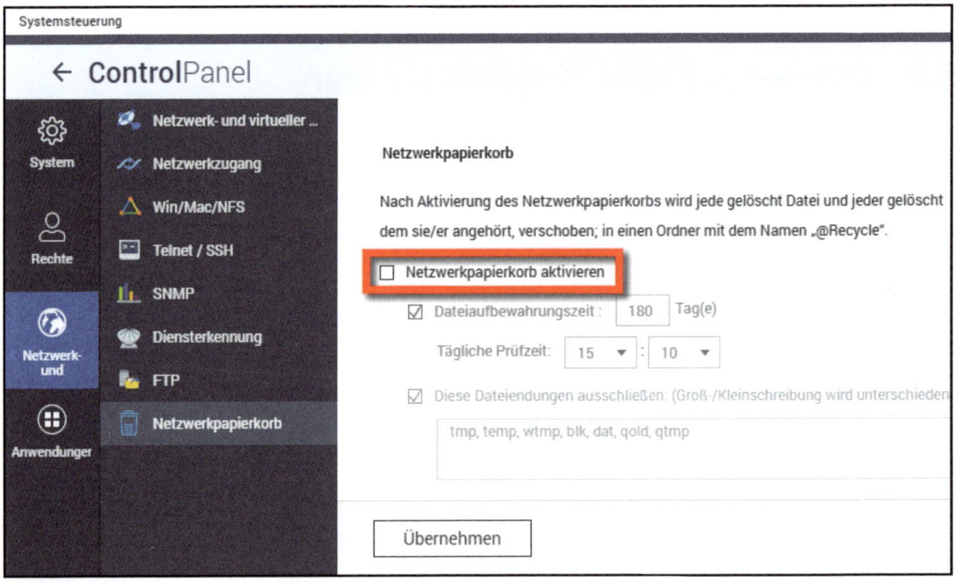

Den Papierkorb für einzelne Freigabeorder deaktivieren

Auch wenn der Papierkorb global aktiviert ist, muss er nicht bei jedem Freigabeordner angewandt werden. Wenn Sie ihn bei bestimmten Ordnern nicht benötigen, können Sie ihn für diese deaktivieren. Das geht beispielsweise direkt beim Erstellen eines Freigabeordners in den erweiterten Einstellungen (siehe Seite 123), wo Sie die Option *Netzwerkpapierkorb aktivieren* ausschalten können.

Aber auch nachträglich können Sie den Papierkorb für einzelne Freigabeordner jederzeit ein- oder ausschalten.

1. Klicken Sie dazu im Navigationsbereich von File Station mit der rechten Maustaste auf den Eintrag des Freigabeordners, und wählen Sie im Kontextmenü *Eigenschaften*.
2. In den *Eigenschaften* gehen Sie in der gleichnamigen Rubrik ganz nach unten und klicken dort auf den Link *Ordner freigeben*.
3. So gelangen Sie zu den erweiterten Eigenschaften des Freigabeordners. Hier finden Sie in der Liste der Optionen auch *Netzwerkpapierkorb aktivieren*. Das Häkchen steuert, ob beim Löschen von Dateien in diesem Freigabeordner der Papierkorb verwendet wird oder nicht.
4. Klicken Sie unten auf *OK* und dann auf *Schließen*, um die Einstellungen zu verlassen.

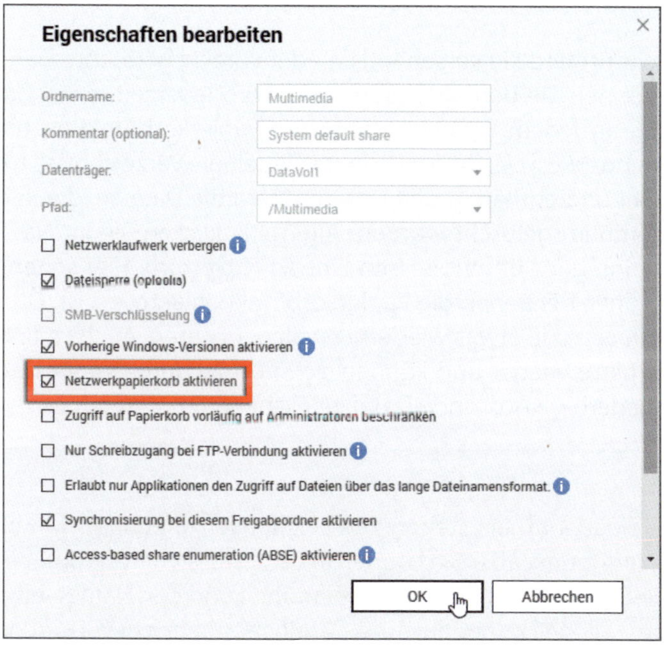

Dateien mit Papierkorb löschen

Wenn Sie Dateien in einem Freigabeordner löschen, für den der Papierkorb aktiviert ist, wird jeweils automatisch ein zusätzlicher Dialog angezeigt. Hier können Sie sich zwischen den folgenden beiden Möglichkeiten entscheiden:

- *In Netzwerkpapierkorb verschieben*: Die Dateien und/oder Ordner werden in den Papierkorb verschoben. Der belegte Speicherplatz wird (zumindest vorläufig) nicht freigegeben. Die Elemente können bei Bedarf aus dem Papierkorb wiederhergestellt werden.

- *Dauerhaft löschen*: Die Dateien und/oder Ordner werden unter Umgehung des Papierkorbs sofort endgültig gelöscht. Der belegte Speicherplatz wird dabei sofort freigegeben, aber ein Wiederherstellen aus dem NAS ist ohne eine externe Sicherung nicht möglich.

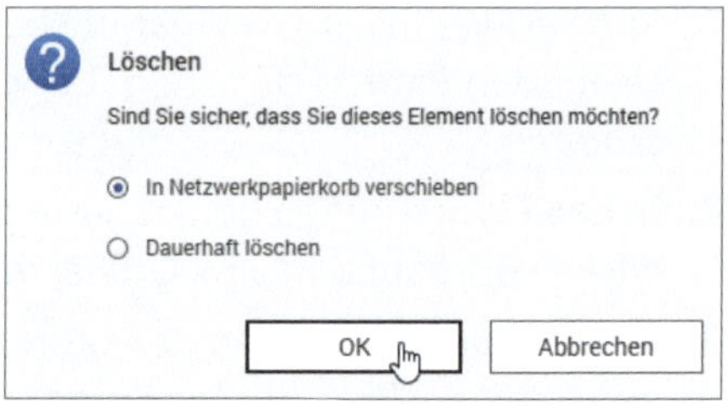

Das Verschieben in den Papierkorb erfolgt sofort, wenn Sie auf *OK* geklickt haben. Vor dem dauerhaften Löschen fragt das System hingegen noch mal nach, ob die Dateien wirklich unwiderruflich entfernt werden sollen.

Dateien aus dem Papierkorb wiederherstellen

Wenn der Fall der Fälle eintritt und Sie versehentlich oder voreilig gelöschte Dateien doch noch benötigen, können Sie den virtuellen Papierkorb jederzeit in Anspruch nehmen. Dazu finden Sie in jedem Freigabeordner mit Papierkorbfunktion einen Ordner mit der Bezeichnung *@Recycle*. Dieser Ordner spiegelt die Verzeichnisstruktur des Freigabeordners wider und enthält in den Unterordnern die Dateien, die in den gleichnamigen Originalordnern gelöscht wurden. Alternativ klicken Sie im Navigationsbereich von File Station ganz unten auf den Eintrag *Papierkorb*. Hier sehen Sie eine Liste der Freigabeordner, bei denen die Papierkorbfunktion aktiviert ist. Öffnen Sie den Freigabeordner, in dem Sie etwas wiederherstellen möchten. Auch so finden Sie dessen Verzeichnisstruktur wieder und können sich dort zu dem Ordner durchklicken, in dem Sie die wiederherzustellende Datei gelöscht hatten.

Suchen im Papierkorb

Im Papierkorb eines Freigabeordners stehen zwar nicht alle Funktionen wie bei »echten« Ordnern zur Verfügung, aber Sie können in der Liste suchen. Sie können also direkt im *@Recycle*-Ordner die Suchfunktion bemühen und den Namen einer Datei eingeben, um diese schnell zu finden. Auch Dateifilter stehen zur Verfügung, um im eventuell recht vollen Papierkorb schnell das Gesuchte zu lokalisieren.

1. Haben Sie die Datei gefunden, die Sie wiederherstellen möchten, markieren Sie diese. Sie können auch mehrere Dateien und/oder Ordner auswählen.
2. Öffnen Sie dann das Kontext- oder Werkzeugmenü, und klicken Sie dort auf *Wiederherstellen*.
3. Bestätigen Sie dann die Rückfrage mit *Ja*.

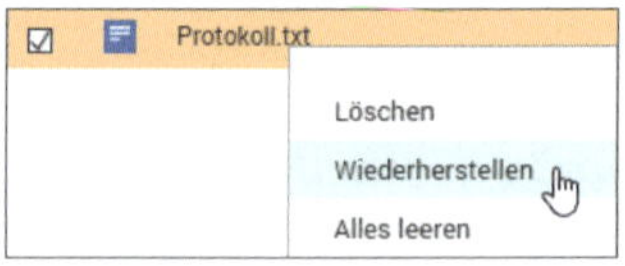

Anschließend finden Sie die wiederhergestellte Datei an der ursprünglichen Stelle vor. Gleichzeitig wird die Datei aus dem Papierkorb entfernt.

Den Papierkorb leeren

Ein virtueller Papierkorb ist in einer Hinsicht wie ein realer: Wenn man immer nur etwas hineinwirft und ihn nie ausleert, läuft er irgendwann über. Übertragen auf das NAS bedeutet das: Durch die in den Papierkorb verschobenen Dateien wird kein Speicherplatz freigegeben, sodass der insgesamt verfügbare Speicher nach und nach immer weiter sinkt. Um den Papierkorb zu leeren und den Speicherplatz freizugeben, gibt es verschiedene Möglichkeiten.

Umfangreiche Dateien gleich endgültig löschen

Wie oben beschrieben, haben Sie bei aktiviertem Papierkorb bei jeder Löschaktion die Wahl, die Dateien in den Papierkorb zu verschieben oder sie gleich dauerhaft zu löschen. Wenn Sie umfangreiche Dateien oder Ordner löschen und sicher sind, diese nie wieder zu benötigen (oder eine externe Sicherung davon haben), können Sie sie also unter Umgehung des Papierkorbs endgültig löschen und den Speicherplatz sofort freigeben.

Den Papierkorb komplett ausleeren

Insbesondere wenn akuter Platzmangel herrscht, ist es eine einfache Abhilfe, den Papierkorb auszuleeren. Dabei werden allerdings sämtliche derzeit im Papierkorb zwischengespeicherten Dateien gelöscht. Ein Wiederherstellen ist danach also nicht mehr möglich bzw. kann nur bei Dateien durchgeführt werden, die Sie erst nach dem Entleeren gelöscht haben.

Um den Papierkorb komplett zu leeren, klicken Sie auf dem QTS-Desktop mit der rechten Maustaste auf das Papierkorb-Symbol und wählen im Kontextmenü den Befehl *Alles leeren*. Bestätigen Sie anschließend die Rückfrage des Systems mit *Ja*. Dann werden alle aktuellen Inhalte aus dem Papierkorb endgültig gelöscht.

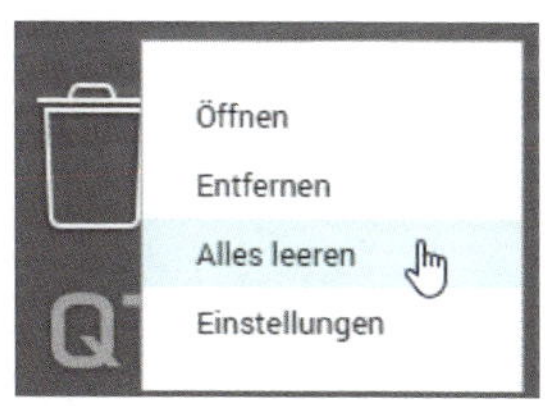

Dateien aus dem Papierkorb löschen

Sie können auch einzelne Dateien oder Ordner aus dem Papierkorb löschen. So können Sie gezielt aufräumen oder beispielsweise korrigieren, wenn Sie umfangreiche Dateien in den Papierkorb verschoben haben, anstatt sie sofort zu löschen. Dazu gehen Sie genau wie beim Wiederherstellen vor und markieren die betreffenden Dateien. Wählen Sie dann im Kontext- bzw. Werkzeugmenü den Befehl *Löschen*, um die gewählten Elemente aus dem Papierkorb zu entfernen und den Speicherplatz freizugeben.

Dateien automatisch nach einer bestimmten Frist löschen lassen

Wenn Sie den Papierkorb dauerhaft nutzen und den Speicherverbrauch durch diese Funktion trotzdem im Rahmen halten wollen, sollten Sie das Aufräumen automatisieren. Dazu legen Sie eine Aufbewahrungsfrist fest. Solange werden neue Inhalte im Papierkorb vorgehalten. Ist die Frist um, werden die Elemente automatisch entfernt, und der Speicherplatz wird freigegeben.

1. Öffnen Sie in der Systemsteuerung den Bereich *Netzwerk und Dateidienste/Netzwerkpapierkorb*. Alternativ klicken Sie mit der rechten Maustaste auf das Papierkorb-Symbol auf dem QTS-Desktop und wählen in dessen Kontextmenü *Einstellungen*.
2. Hier wird das automatische Löschen mit der Option *Dateiaufbewahrungszeit* gesteuert. Ist sie eingeschaltet, sind auch die weiteren Einstellungen zugänglich.
3. Rechts neben der Option geben Sie die Aufbewahrungsfrist in Tagen an.
4. Darunter stellen Sie ein, um wie viel Uhr täglich das NAS den Papierkorb überprüfen soll.
5. Zusätzlich können Sie darunter noch Dateiendungen angeben, mit denen Dateien grundsätzlich nicht in den Papierkorb verschoben, sondern direkt gelöscht werden sollen. Einige Dateitypen sind bereits vorgegeben. Dabei handelt es sich um typische temporäre Dateien, die zwar viel Speicherplatz belegen können, deren Wiederherstellung aber in der Regel keinen Gewinn bringt.
6. Speichern und aktivieren Sie die gewählten Einstellungen mit *Übernehmen*.

Das NAS wird ab sofort jeden Tag zur festgelegten Zeit alle Dateien im Papierkorb überprüfen. Befinden sich einige von ihnen länger dort, als es die gewählte Aufbewahrungsfrist erlaubt, werden sie umgehend gelöscht, und der Speicherplatz wird freigegeben.

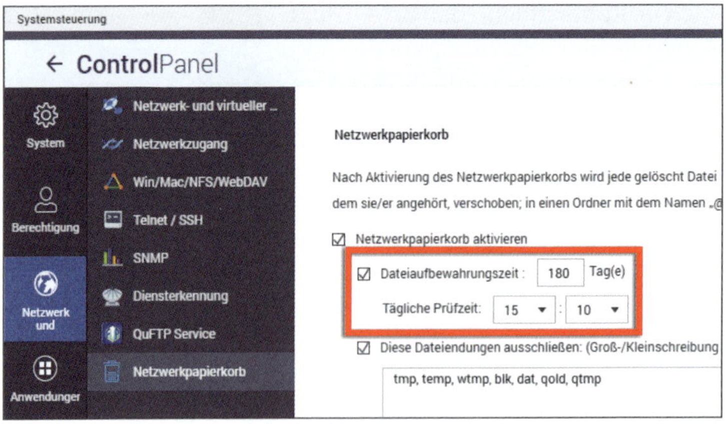

Der Papierkorb kann täglich alle Dateien löschen, die sich länger als die festgelegte Frist darin befinden.

5.9 Externe Speichermedien einbinden

Neben den im NAS eingebauten Festplatten können Sie weitere Speichermedien einbinden. Das gilt zum einen für externe Festplatte am USB- oder ggf. eSATA-Anschluss. Ebenso lassen sich aber auch Onlinequellen wie Cloud-Speicher oder andere Netzwerkspeichergeräte dem Dateisystem des NAS hinzufügen. So können Sie bequem Daten mit solchen externen Quellen austauschen oder die externen Quellen als Netzwerkordner für die Benutzer freigeben.

USB- und eSATA-Speicher anschließen

Praktisch alle QNAP-NAS verfügen über Anschlüsse für externe Speichermedien. Meist handelt es sich dabei um USB-, aber es gibt ebenso Modelle mit eSATA-Anschluss. Es macht dabei auch keinen Unterschied, ob Sie am USB-Anschluss einen USB-Stick, eine externe Festplatte oder einen Kartenleser beispielsweise mit einer SD-Karte einstecken. Das NAS erkennt automatisch, wenn ein Speichermedium an einem der Anschlüsse eingesteckt wird, und bindet es in sein Dateisystem ein.

Beachten sollten Sie dabei nur:

- Wenn Ihr NAS mehr als einen USB-Anschluss hat, achten Sie auf die Farbe des Stecker-Innenlebens (falls diese sich unterscheiden): Ist der Innenteil schwarz, handelt es sich um einen langsameren USB-2.0-Anschluss. Der empfiehlt sich zum Anschließen von Geräten wie Druckern und allenfalls kleineren USB-Sticks. USB-Festplatten sollten Sie – wenn möglich – nur in die schnelleren USB-3.0-Anschlüsse mit blauem Innenleben einstecken.
- Zum Betreiben kleinerer Magnetfestplatten und SSDs reicht in der Regel die Stromversorgung aus dem USB-Anschluss. Größere Magnetfestplatten sollten Sie mit einem externen Netzteil betreiben. Selbst wenn sie zu funktionieren scheinen, könnte ein zu hoher Leistungsbedarf die USB-Anschlüsse und sogar das Mainboard des NAS beschädigen.

Ein eingestecktes USB-Speichermedium wird von File Station mit einer eigenen Bezeichnung – soweit vorhanden – angezeigt. Ansonsten werden die generischen Bezeichnungen *USBDisk1*, *USBDisk2* etc. verwendet. Bei eSATA-Laufwerken ist die Benennung entsprechend *eSATADisk1*, *eSATADisk2* etc. Abhängig von den Zugriffsrechten ist der Zugriff auf das Medium dann auch direkt möglich, sodass Dateien und Ordner ohne Weiteres erstellt, kopiert, verschoben oder gelöscht werden können.

Zusätzlich zeigt der QTS-Desktop automatisch einen Dialog an, der Ihnen schnellen Zugang zu den typischen Funktionen und Einstellungen für externe Speichermedien erlaubt. Mit *Dateien öffnen und anzeigen* etwa können Sie den Inhalt des Speichers in File Station betrachten und genau wie die internen Festplatten des NAS nutzen.

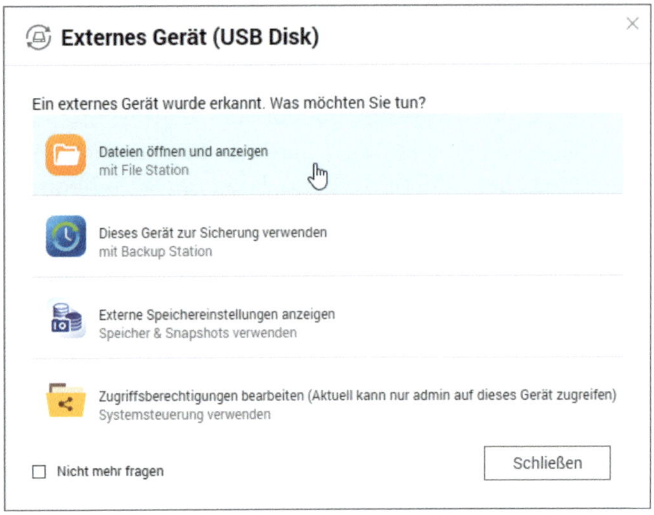

Einschränkungen bei USB-Geräten

USB-Speichergeräte können vom NAS nur erkannt werden, wenn sie sich als Standard-USB-Laufwerk anmelden und ein bekanntes Dateisystem verwenden (FAT, NTFS, ext3, ext4 oder exFAT). Manche Digitalkameras und Smartphones setzen stattdessen auf eigene Treiber, die beispielsweise für den Zugriff in Windows installiert werden müssen. Da man solche Treiber im NAS nicht verwenden kann, lassen sich solche Geräte nicht einbinden. Sie können aber beispielsweise die Speicherkarte einer Digitalkamera in ein externes Lesegerät stecken und dieses per USB ans NAS anschließen. Das klappt erfahrungsgemäß reibungslos.

Speichermedien auswerfen

Wenn auf externe Speichermedien Schreiboperationen erfolgt sind, sollten sie vor dem physischen Entfernen vom NAS-Dateisystem getrennt werden. Dies empfiehlt sich auch, wenn eventuell andere Benutzer derzeit noch darauf zugreifen könnten.

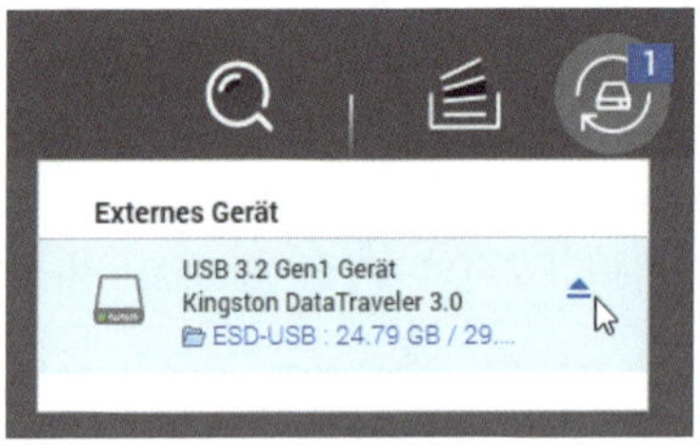

1. Wann immer ein externes Medium mit dem NAS verbunden ist, wird dies in der QTS-Symbolleiste angezeigt. Klicken Sie darauf, um eine Liste der verbundenen Geräte einzublenden.
2. Bei jedem Eintrag finden Sie rechts ein Auswerfen-Symbol. Klicken Sie darauf, um dieses Gerät aus dem Dateisystem des NAS zu entfernen.
3. Bestätigen Sie die Rückfrage des Systems mit *Ja*.

4. Warten Sie kurz, bis sich am Symbol für verbundene Geräte der Zähler um eins verringert bzw. (bei nur einem angeschlossenen Gerät) ganz ausgeblendet wird. Anschließend können Sie das Speichermedium bedenkenlos vom NAS trennen.

Externe Speichermedien im Netz freigeben

Angeschlossene Speichermedien werden standardmäßig als Freigabeordner eingerichtet. Allerdings sind sie dem Administrator als Besitzer zugeordnet. Dementsprechend haben nur er bzw. Mitglieder der Administratorgruppe Zugriff darauf.

Damit auch andere Benutzer auf die Freigabe zugreifen können, brauchen Sie die Zugriffsrechte lediglich anzupassen:

1. Öffnen Sie dazu in der Systemsteuerung den Bereich *Berechtigungen/Freigabeordner*.
2. Lokalisieren Sie in der Liste rechts den Eintrag für das externe Medium, also beispielsweise *USBDisk1*.
3. Klicken Sie in dieser Zeile in der Spalte *Aktion* auf das mittlere Symbol *Berechtigung für Freigabeordner bearbeiten*.

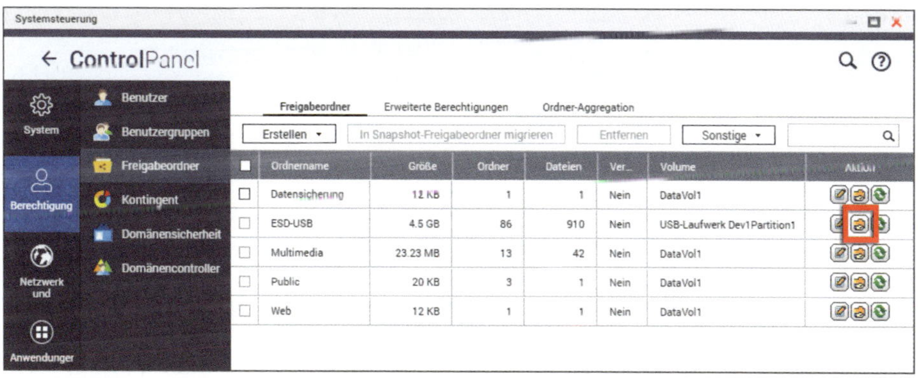

4. Im so geöffneten Dialog sehen Sie, welche Zugriffsrechte derzeit für dieses Medium konfiguriert sind. Klicken Sie unten auf *Hinzufügen*, um weitere Rechte zuzuweisen.
5. Wählen Sie dann oben links zunächst aus, ob Sie *Lokale Benutzer* oder ganze *Lokale Gruppen* hinzufügen möchten. Dementsprechend wird die Liste der NAS-Benutzer bzw. Benutzergruppen angezeigt.
6. Wählen Sie einen Benutzer bzw. eine Gruppe aus der Liste aus, und legen Sie rechts fest, welche Zugriffsrechte diese an dem Freigabeordner haben sollen. Wie gewohnt stehen *RO* für »Nur lesen«, *RW* für »Lesen und Schreiben« sowie *Deny* für »keinen Zugriff« zur Auswahl. Sollen alle NAS-Benutzer lesend auf das Speicher-

medium zugreifen dürfen, fügen Sie beispielsweise die Gruppe *everyone* hinzu und erteilen Sie ihr das Zugriffsrecht *RW*.

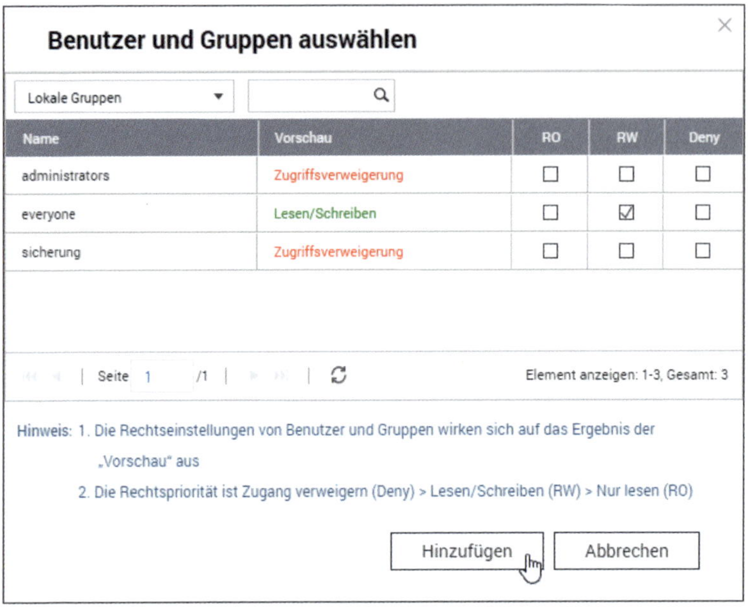

7. Klicken Sie unten auf *Hinzufügen*. Auf diese Weise können Sie mehreren Benutzern und/oder Benutzergruppen Zugriffsrechte an dem Speichermedium einräumen.
8. Schließen Sie mit einem Klick auf die gleichnamige Schaltfläche den Dialog. Zurück in der Übersicht der Freigabeberechtigungen für diesen Ordner, klicken Sie nun noch einmal auf *Übernehmen*, um die Änderungen dauerhaft zu speichern.

Sind externe Speichermedien derart freigegeben, können Benutzer nicht nur per File Station darauf zugreifen. Auch beispielsweise im Windows-Explorer werden solche Laufwerke auf Freigabeordner aufgelistet und können wie andere Ordner genutzt werden. QTS »merkt« sich die einmal zugewiesenen Zugriffsrechte. Wenn Sie das Speichermedium später erneut ans NAS anschließen (und es zwischenzeitlich nicht grundlegend neu formatiert haben), wird es automatisch mit den zuvor festgelegten Zugriffsrechten ins Dateisystem eingebunden.

Medien am vorderen Anschluss werden nicht freigegeben?

Wenn ein USB-Speichermedium beim Einstecken an einen USB-Anschluss der Gerätevorderseite nicht automatisch freigegeben ist, dann ist es im Sicherungs-Manager nicht als externes Speicherlaufwerk eingestellt (Näheres dazu erfahren Sie im folgenden Abschnitt).

Dateien von externen Medien per Knopfdruck kopieren

Viele QNAP-Modelle sind mit einer Kopiertaste am Gehäuse ausgestattet. So kann man ein Speichermedium in den USB-Anschluss neben der Taste einstecken und dann auf die Taste drücken, um eine vordefinierte Aufgabe mit diesem Medium durchzuführen. Wenn Ihr Gerät eine solche Taste hat, können Sie in der App *HBS 3 Hybrid Backup* festlegen, was beim Drücken der Taste genau passieren soll.

1. Öffnen Sie dazu den Bereich *Dienste*.
2. Wählen Sie dort im Abschnitt *Externe Geräte* die Option *USB-One-Touch-Kopie*.

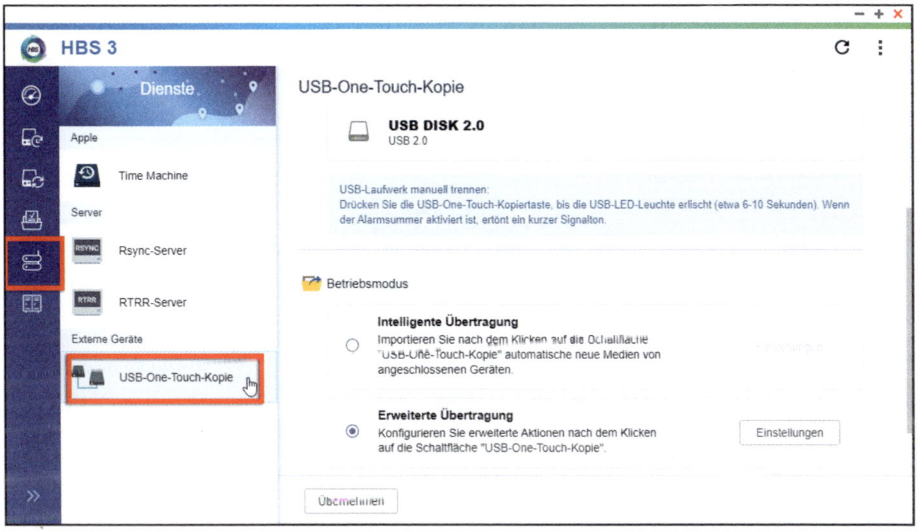

3. Entscheiden Sie sich bei der Einstellung *Betriebsmodus* für die Option *Erweiterte Übertragung* und klicken Sie rechts daneben auf die *Einstellungen*-Schaltfläche.
4. Legen Sie im so geöffneten Dialog bei *Sicherungsmodus* zunächst die Richtung des Datentransfers fest. Sie können entweder Inhalte vom USB-Medium *Auf NAS sichern* oder eben ausgewählte Inhalte des NAS *Auf angeschlossenes USB-Laufwerk sichern*.
5. Wählen Sie dann die Datensicherungsmethode, die Ihren Bedürfnissen entspricht.
   - *Verzeichnis hinzufügen:* Im ausgewählten Zielordner wird bei jedem Kopiervorgang ein neues Verzeichnis angelegt. Es erhält als Bezeichnung das aktuelle Datum. In dieses Verzeichnis wird der gesamte Inhalt des Quellordners auf dem Speichermedium kopiert.
   - *Kopieren:* Der gesamte Inhalt des Quellordners auf dem Speichermedium wird in den festgelegten Zielordner auf dem NAS kopiert. Eventuell bereits auf dem NAS vorhandene Dateien werden überschrieben.

- *Synchronisieren:* Der Inhalt des Ordners auf dem Speichermedium wird mit dem gewählten Ordner auf dem NAS abgeglichen. Eventuell bereits im Zielordner vorhandene Dateien werden überschrieben. Dateien, die im Quellordner nicht mehr vorhanden sind, werden auch im Zielordner gelöscht.

6. Darunter können Sie ein oder mehrere Ordnerpaare festlegen, die beim Kopieren per Tastendruck als Quell- und Zielordner verwendet werden sollen.
7. Die Option *USB-Laufwerk manuell trennen* verhindert, dass ein USB-Speichermedium nach Abschluss des Kopiervorgangs automatisch aus dem NAS-Dateisystem entfernt wird.
8. Möchten Sie bei Beginn und Abschluss des Vorgangs akustisch informiert werden, setzen Sie die Option *Alarmsummer aktivieren*.
9. Klicken Sie abschließend ganz unten auf *Übernehmen*.

Nun können Sie jederzeit ein beliebiges USB-Medium am vorderen USB-Anschluss Ihres NAS einstecken. Drücken Sie dann die Kopiertaste am Gehäuse für ca. zwei Sekunden, bis das NAS zur Bestätigung piept. Nun wird die festgelegte Kopieraktion durchgeführt. Sofern die Option *USB-Laufwerk manuell trennen* **nicht** aktiviert ist, wird das USB-Gerät anschließend automatisch wieder aus dem Dateisystem entfernt. Danach piept das NAS erneut, sodass Sie wissen, dass Sie das Medium nun sicher wieder entnehmen können.

Intelligenter Import per Kopiertaste

Eine etwas andere Variante für die Kopiertaste bietet die Option *Intelligente Übertragung*. Hier wählen Sie einen beliebigen Zielordner auf dem NAS aus. Nach Anschließen eines externen Mediums und Drücken der Kopiertaste durchsucht das NAS das gesamte Speichermedium nach Multimediadateien in gängigen Formaten wie JPEG, PNG, BMP, RAW, MP4, AVI, MPG, MKV, MPEG, 3GP, MTS, MOD, DIVX, FLV etc. und kopiert diese in den angegebenen Zielordner. Dies ist eine praktische Variante, um beispielsweise regelmäßig neue Bilder und Videos vom Smartphone oder einer Digitalkamera mit einem Tastendruck ins NAS zu übertragen.

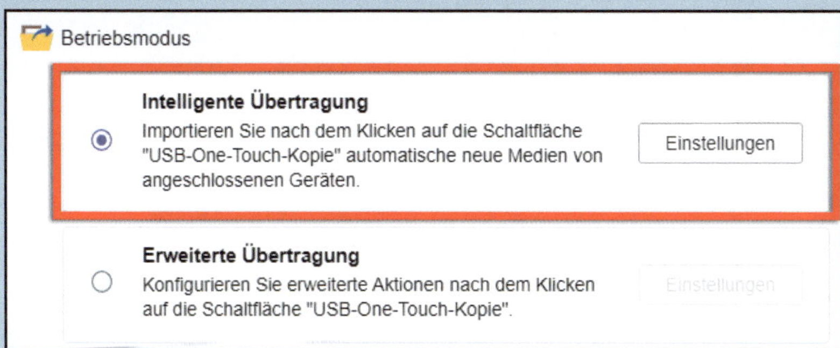

Cloud-Speicher einbinden

Neben lokalen externen Speichermedien können Sie auch Onlinespeicher von Cloud-Diensten wie OneDrive, Amazon oder Google ins NAS einbinden. Dadurch können Sie nicht nur Dateien zwischen Cloud und NAS austauschen. Sie können den Cloud-Speicher auch wie eine Freigabe für die Benutzer des NAS zugänglich machen, die dann ohne zusätzliche Software beispielsweise mit dem Windows-Explorer darauf zugreifen können. Das NAS legt dazu einen lokalen Freigabeordner an, den es automatisch mit dem Cloud-Speicher synchronisiert. Benutzer im lokalen Netzwerk brauchen also nicht mehr per Internet auf den Cloud-Speicher zuzugreifen, sondern verwenden stattdessen die direkte, schnelle Kopie auf dem lokalen NAS.

1. Starten Sie dazu im QTS-Hauptmenü die Anwendung HybridMount. Sollte diese noch nicht vorhanden sein, können Sie sie mit dem App Center jederzeit nachrüsten (siehe Seite 206).
2. In HybridMount klicken Sie oben rechts auf die Schaltfläche *Remote-Mount erstellen*.
3. Im so geöffneten Assistenten entscheiden Sie sich im ersten Schritt für *Datei-Cloud-Gateway erstellen*.

4. Wählen Sie im nächsten Schritt den Cloud-Anbieter aus, den Sie mit Ihrem NAS verbinden wollen. Sie finden dazu eine umfangreiche Liste mit allen bekannten Dienstleistern.

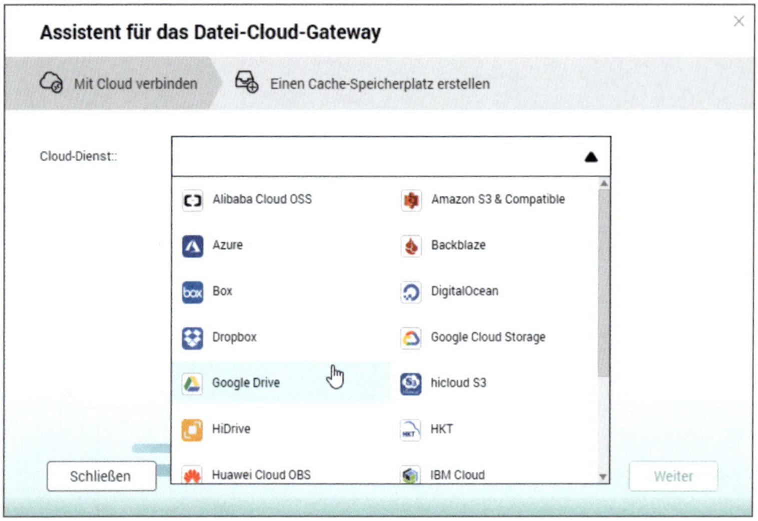

5. Die weiteren Schritte hängen vom gewählten Anbieter ab. Bei einigen werden zusätzliche Eingabefelder und Optionen eingeblendet, wo Sie Ihre Zugangsdaten zum entsprechenden Dienst eintragen. Bei anderen wie etwa Microsoft OneDrive, Dropbox oder Google Drive öffnet der Assistent eine Webseite, auf der Sie sich mit Ihren Zugangsdaten anmelden und anschließend QNAP den Zugriff auf dieses Cloud-Konto einräumen.

6. Zurück im Assistenten, können Sie den Verbindungsnamen individuell anpassen. Besonders wenn der automatisch erstellte Vorschlag recht lang ist oder persönliche Daten wie E-Mail-Adresse oder Benutzername enthält, sollten Sie eingreifen. Außerdem können Sie festlegen, ob beim Hochladen vorhandene Dateien grundsätzlich aktualisiert oder bei Konflikten automatisch Kopien erstellt werden sollen.

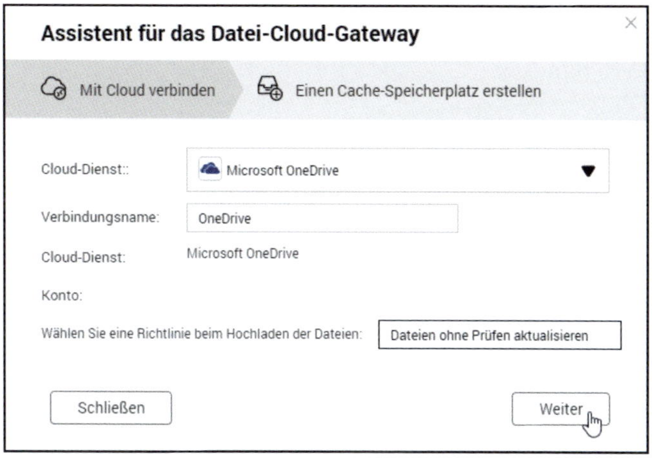

7. Schließlich richten Sie den Freigabeordner ein, in dem die lokale Kopie des Cloud-Speichers vorgehalten wird. Wählen Sie dazu einen Speicherpool aus (falls es mehr als einen gibt), und legen Sie die Volume-Kapazität für diesen Freigabeordner fest.

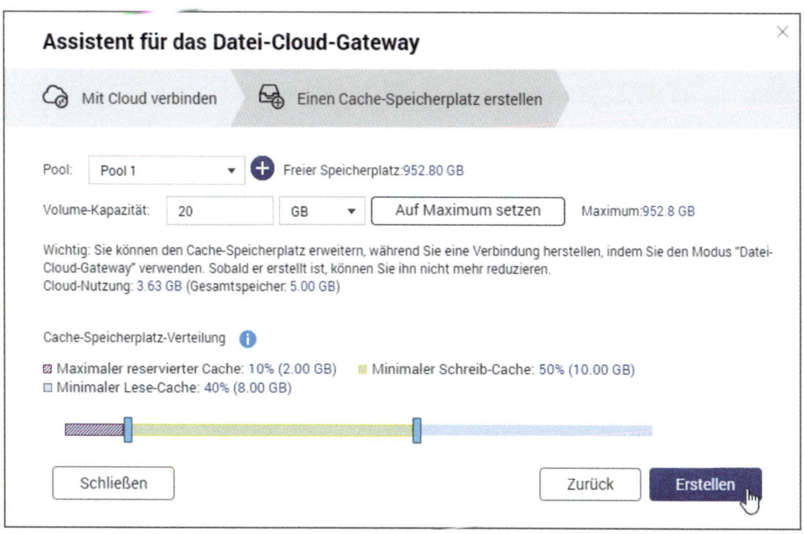

Ihr NAS verfügt nun über einen neuen Freigabeordner, den es automatisch mit dem verbundenen Cloud-Speicher synchronisiert. Alle Zugriffe aus dem lokalen Netzwerk können also sehr schnell auf diese lokale Kopie erfolgen. Das NAS kümmert sich darum, dass Änderungen und neue Dateien zügig auch im eigentlichen Cloud-Speicher landen. Der Freigabeordner selbst kann wie gewohnt in der Systemsteuerung unter *Berechtigungen/Freigabeordner* bearbeitet werden. Hier können Sie Benutzern den Zugriff erlauben, sodass der Speicher beispielsweise auch direkt im Windows-Explorer etc. verwendet werden kann.

Andere Netzwerkressourcen einbinden

Auch zu anderen Netzwerkspeichern im eigenen oder in anderen Netzwerken können Sie eine direkte Verbindung herstellen und deren Ressourcen in das Dateisystem des NAS einbinden. Dazu unterstützt HybridMount neben vielen Cloud-Speichern auch die Protokolle CIFS/SMB, FTP sowie WebDAV.

Datei-Cloud-Gateway vs. File Station-Mount

Im Unterschied zum oben beschriebenen Einbinden von Cloud-Speicher (Datei-Cloud-Gateway) wird beim File Station-Mount kein Freigabeordner mit einer lokalen Kopie der entfernten Ressource erstellt. Stattdessen ist die Ressource »nur« als Verknüpfung in File Station selbst verfügbar. Dementsprechend können Dateioperationen nur über die QTS-Weboberfläche durchgeführt werden. Solche Verbindungen eignen sich aber gut, um größere Dateimengen direkt mit anderen Ressourcen auszutauschen. Auch Cloud-Dienste kann man auf diese Weise einbinden, wenn man keinen Freigabeordner dafür erstellen und auf das automatische Synchronisieren verzichten will.

1. Klicken Sie auch dazu in HybridMount oben rechts auf die Schaltfläche *Remote-Mount erstellen*.
2. Im so geöffneten Assistenten entscheiden Sie sich diesmal für *File Station-Mount erstellen*.
3. Wählen Sie im nächsten Schritt oben die Option *Remote-Gerät* (mit *Cloud-Dienst* binden Sie wie im vorangegangenen Abschnitt einen Cloud-Speicher – nur ohne synchronisierten Freigabeordner – ein).
4. Der Assistent versucht nun, passende Ressourcen im lokalen Netzwerk zu ermitteln. Wenn das nicht klappt, geben Sie bei *Server-URL* die Adresse manuell ein.
5. Wählen Sie dann bei *Remote-Gerät* ein Protokoll aus, das das andere Netzwerkgerät beherrscht. Abhängig davon verändern sich die weiteren Eingabeelemente.

6. Darunter geben Sie Benutzername und Kennwort an, mit dem das QNAP sich beim anderen Gerät anmelden soll.
7. Soll direkt auf einen bestimmten Ordner des entfernten Gerätes zugegriffen werden, geben Sie diesen als spezifischen Ordner an.
8. Ganz unten können Sie den automatisch gewählten Verbindungsnamen individuell anpassen.

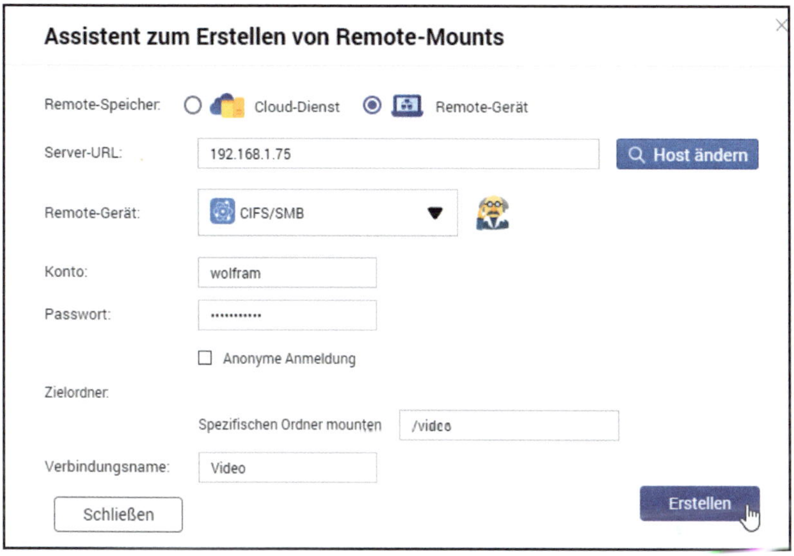

9. Klicken Sie dann auf *Erstellen*, um die Ressource in das Dateisystem des NAS einzubinden. Sollte es dabei zu einer Fehlermeldung kommen, überprüfen Sie die gewählten Einstellungen.

So eingebundene Ressourcen finden Sie in File Station im Navigationsbereich am linken Rand wieder. Hier können Sie in dem eingebundenen Speicher wie gewohnt navigieren. Je nach Art der Ressource lassen sich Dateien und Ordner direkt kopieren bzw. verschieben, oder Sie finden im Kontext- oder Werkzeugmenü stattdessen die Möglichkeit, Dateien auf das NAS oder den lokalen PC herunterzuladen.

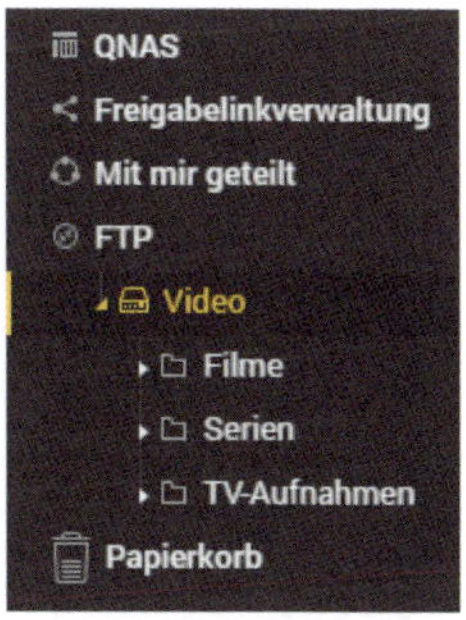

6. Lokaler und mobiler Zugriff auf Dateien

Ein wichtiger Aspekt eines NAS ist, dass man nicht nur über dessen Weboberfläche auf die Daten zugreifen kann, sondern auch auf möglichst komfortable und sichere Art von anderen Geräten aus. So soll das NAS meist als Netzwerkspeicher und Sicherungsmedium für PCs fungieren. Ebenso möchte man aber vielleicht auch von mobilen Geräten wie Tablets und Smartphones aus zumindest gelegentlich auf wichtige Daten oder die eigene Foto- bzw. Musiksammlung zugreifen – und das am liebsten nicht nur zu Hause im eigenen Netzwerk, sondern genauso einfach von unterwegs aus übers Internet.

6.1 Vom PC auf das NAS zugreifen

Auf PCs können Sie direkt vorhandene Datei-Manager wie etwa den Windows-Explorer verwenden, um auf die freigegebenen Ordner des NAS zuzugreifen. Sie benötigen dazu lediglich den Netzwerknamen des NAS sowie Name und Kennwort eines NAS-Benutzers.

NAS-Ordner im Windows-Explorer anzeigen

Für den Zugriff von einem Windows-PC auf das NAS ist es besonders praktisch, wenn Windows-PC und NAS derselben Arbeitsgruppe angehören (siehe Seite 66). Dann wird das NAS direkt in der Netzwerkumgebung im Windows-Explorer angezeigt. Diese finden Sie im Navigationsbereich des Windows-Explorers sowie in Dateiauswahldialogen.

1. Hier werden unter *Netzwerk* alle Geräte angezeigt, mit denen der PC gerade verbunden ist. Klicken Sie in der Liste den Namen Ihres NAS an.

Gleiche Benutzerdaten bei PC und NAS

Wenn Sie es sich besonders einfach machen wollen und können, dann richten Sie auf dem NAS Benutzerkonten ein, die dieselben Anmeldedaten verwenden wie das Windows-Benutzerkonto. Denn Windows versucht, sich bei Netzwerkressourcen immer automatisch mit den Anmeldedaten des Windows-Benutzers anzumelden. Erst wenn das nicht klappt, wird ein Dialog zum Eingeben der Benutzerdaten angezeigt. Sind Benutzername und Kennwort identisch, kann der Benutzer ohne weitere Umstände auf die für ihn freigegebenen Ordner zugreifen.

2. Da der Zugriff von der Benutzerverwaltung des NAS geschützt wird, muss der Windows-Explorer sich dem NAS gegenüber autorisieren. Das versucht er zunächst mit dem Benutzernamen und Kennwort, das Sie für die Windows-Anmeldung verwenden (siehe Hinweiskasten). Da das in der Regel nicht klappen wird, kommt es zur Fehlermeldung *Der Benutzername bzw. das Kennwort ist falsch*. Geben Sie dann den Namen und das Kennwort ein, die im NAS für Ihr Benutzerprofil hinterlegt sind.

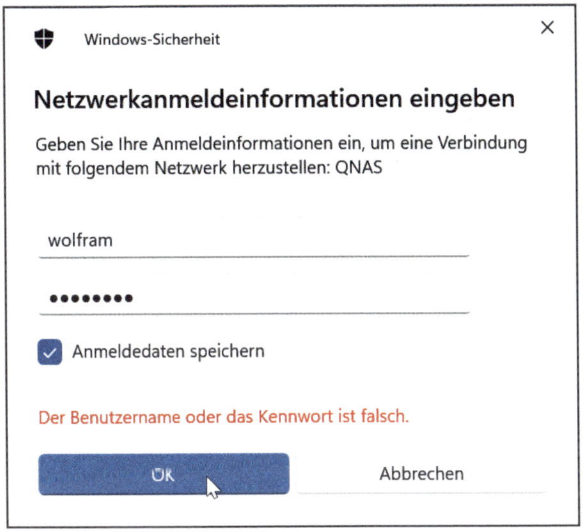

3. Die Option *Anmeldedaten speichern* sorgt dafür, dass Sie diese Eingabe – an diesem PC – nur einmal machen müssen. Beim nächsten Mal verwendet Windows die erfassten Daten zur automatischen Anmeldung.

Komfort vs. Sicherheit

Das Speichern der Anmeldedaten ist bequem, bedeutet aber auch, dass jeder, der Ihren PC benutzt, sich jederzeit mit dem NAS verbinden und die dortigen Dateien einsehen und ggf. verändern oder löschen kann.

Außerdem wird der Windows-Explorer Sie in Zukunft immer automatisch mit diesem Benutzerkonto anmelden. Sie haben also keine Chance, sich bei Bedarf mit einem anderen Benutzerprofil beispielsweise als Administrator auszuweisen.

4. Nun werden rechts die freigegebenen Ordner und Dateien angezeigt, ganz wie dieser Benutzer sie auch in der Weboberfläche sehen würde. Dabei werden selbstverständlich die in den Benutzer- und Gruppeneinstellungen des NAS festgelegten Zugriffsrechte beachtet.

Der Benutzer kann auch im Windows-Explorer also nur die Ordner und Dateien einsehen, bearbeiten oder löschen, für die er ausreichend Berechtigungen hat.

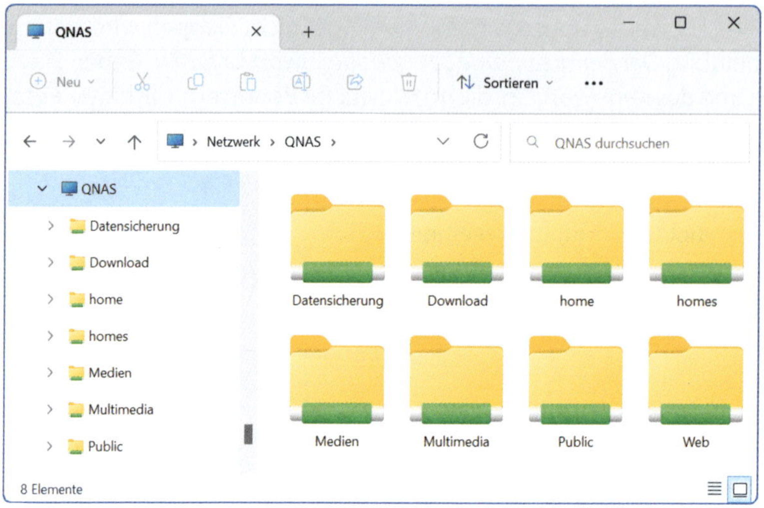

NAS-Dateien direkt aus Anwendungen öffnen

Um Dateien aus dem Netz öffnen und bearbeiten zu können, müssen Sie diese nicht erst extra auf Ihren PC übertragen, sondern können sie auch direkt in einer Anwendung über das Netzwerk öffnen. Das folgende Beispiel verwendet das *Öffnen*-Menü des Texteditors WordPad. Er nutzt das gleiche Menü wie die meisten anderen Windows-Anwendungen.

1. Rufen Sie das Dateimenü mit *Datei/Öffnen* oder mit einem Klick auf das *Öffnen*-Symbol in der Symbolleiste auf.

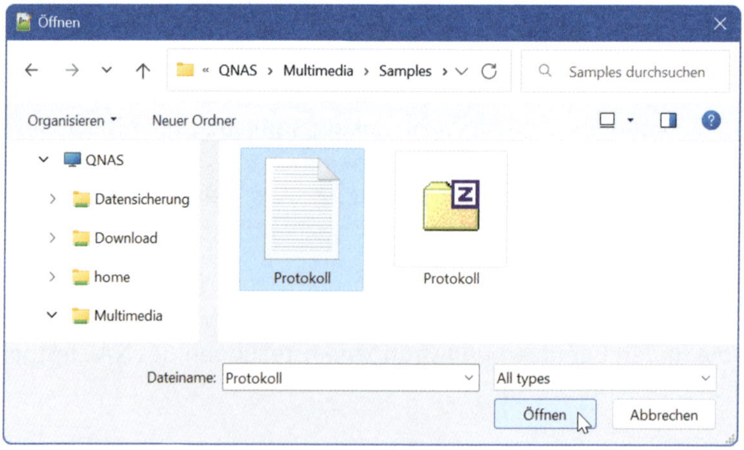

2. Wählen Sie hier in der Ordnerleiste am linken Fensterrand unten *Netzwerk* aus. Sie erhalten daraufhin – ggf. nach einer kurzen Wartezeit – eine Auflistung der in der Arbeitsgruppe verfügbaren Netzwerkressourcen.
3. Wählen Sie hier den Namen Ihres NAS aus. Falls Sie sich in dieser Sitzung noch nicht am NAS angemeldet haben, müssen Sie dies nun nachholen (siehe vorangegangene Seite).
4. Dann werden die Freigabeordner des NAS im *Öffnen*-Dialog angezeigt. Nun können Sie eine der enthaltenen Dateien öffnen oder gegebenenfalls auch in weitere Unterordner wechseln.

Auch beim Speichern können Sie vorgehen, als würde es sich um eine Datei auf dem lokalen PC handeln. Haben Sie die Datei aus dem Netzwerk geöffnet, reicht ein einfaches *Datei/Speichern* bzw. ein Klick auf das *Speichern*-Symbol in der Symbolleiste aus, um den veränderten Inhalt der Datei zu speichern. Wollen Sie eine neu angelegte Datei in einem Netzwerkordner ablegen, rufen Sie im Dialog *Speichern unter* wiederum das Netzwerk auf und suchen dort auf dem NAS einen geeigneten Speicherplatz. Einzige Einschränkung beim Speichern von Dateien: Wenn der gewählte Ordner beim Freigeben nur für das Lesen, nicht aber für das Schreiben von Daten vorgesehen wurde, erhalten Sie beim Schreibversuch eine Fehlermeldung. In diesem Fall müssen Sie ein anderes Benutzerkonto verwenden, das das Verändern und Speichern dieser Datei zulässt, oder Sie lassen die Freigabeeinstellungen entsprechend ändern.

NAS außerhalb der Arbeitsgruppe öffnen

Wenn PC und NAS nicht zur selben Arbeitsgruppe gehören, wird das Gerät nicht in der Netzwerkumgebung angezeigt. Es ist aber trotzdem für den PC erreichbar, sofern Sie den Netzwerknamen bzw. die IP-Adresse des NAS im lokalen Netzwerk kennen.

Geben Sie im Adressfeld des Windows-Explorers (oder im *Öffnen*-Dialog einer Anwendung) \\, gefolgt vom Netzwerknamen oder der IP-Nummer Ihres NAS ein, also beispielsweise *\\QNAS* oder *\\\\192.168.1.75* (verwenden Sie dafür den Netzwerknamen bzw. die Adresse, die Ihr NAS in Ihrem Netzwerk hat). Den Schrägstrich erreichen Sie auf Ihrer Tastatur mit der Kombination AltGr+ß. Anschließend melden Sie sich wie beschrieben an und können dann ebenfalls im Rahmen der Zugriffsrechte des verwendeten Benutzerprofils auf die Netzwerkressourcen zugreifen.

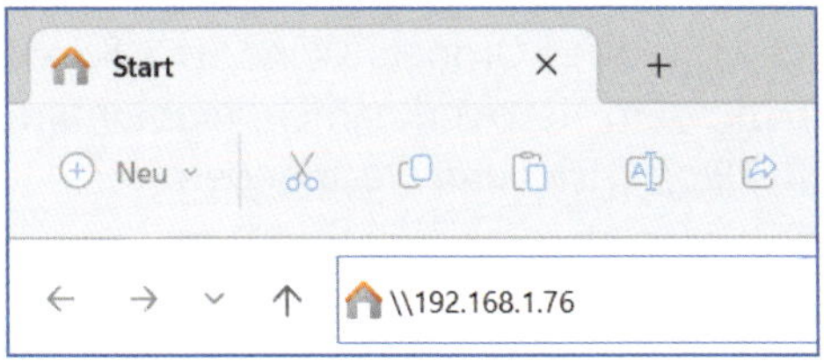

Freigegebene Ordner als Netzlaufwerk einbinden

Eine praktische Möglichkeit, jederzeit schnell auf das NAS zuzugreifen, ist das Einbinden eines häufig genutzten Freigabeordners als Netzlaufwerk. Das kann gleich mehrere Vorteile haben:

- Windows kann sich für das Netzlaufwerk die Anmeldedaten merken und die Verbindung bei jedem Start automatisch wiederherstellen.
- Sie können einen beliebigen Unterordner innerhalb des Freigabeordners als Basis des Netzlaufwerks verwenden. So müssen Sie sich nicht jedes Mal durch die gesamte Freigabe zum benötigten Unterordner hangeln, sondern gelangen direkt zu den gewünschten Dateien.
- Falls ein Programm nicht mit Netzwerkfreigaben umgehen kann, kann es keine Dateien direkt auf dem NAS öffnen. Dieses Problem können Sie mit einem Netzlaufwerk umgehen, da der Netzwerkordner wie ein lokales Laufwerk mit eigenem Laufwerkbuchstaben eingebunden wird. Damit können selbst sehr alte Windows-Programme in der Regel umgehen.

Ein Netzlaufwerk einrichten

Sie können beliebig viele Netzlaufwerke einrichten und dabei sowohl unterschiedliche Ordner als auch unterschiedliche Anmeldedaten verwenden, sodass diese Funktion sehr flexibel eingesetzt werden kann. Einzig die Zahl der verfügbaren Laufwerkbuchstaben ist ein limitierender Faktor.

1. Um eine solche dauerhafte Zuordnung vorzunehmen, wählen Sie im Explorer Ihren PC (*Dieser PC*) aus.
2. Klicken Sie dann in der Symbolleiste auf ■■■ und wählen Sie *Netzlaufwerk verbinden*.
3. Dadurch öffnen Sie den gleichnamigen Dialog. Hier wählen Sie zunächst aus, welchen Laufwerkbuchstaben diese Netzwerkressource bekommen soll. Im Auswahlfeld *Laufwerk* finden Sie eine Liste aller verfügbaren Laufwerkbuchstaben, die nicht zu einem physisch vorhandenen oder einem anderen Netzlaufwerk gehören.
4. Im Feld *Ordner* geben Sie den Netzwerkordner ein, auf den Sie über diesen Laufwerkbuchstaben zugreifen wollen. Dabei müssen Sie eine bestimmte Schreibweise beachten: Beginnen Sie stets mit einem \\, gefolgt vom Netzwerknamen des NAS, einem weiteren \ und dem Pfad des gewünschten Ordners. Wenn Sie z. B. den Ordner *Projekt/Dokumente* auf Ihrem NAS mit dem Netzwerknamen *qnas* einbinden möchten, müssen Sie bei *Ordner* *\\qnas\Projekt\Dokumente* angeben.
5. Einfacher geht es, wenn Sie auf die *Durchsuchen*-Schaltfläche klicken. Dann können Sie den gewünschten Ordner in einem komfortablen Auswahldialog angeben, der alle verfügbaren freigegebenen Ordner anzeigt.

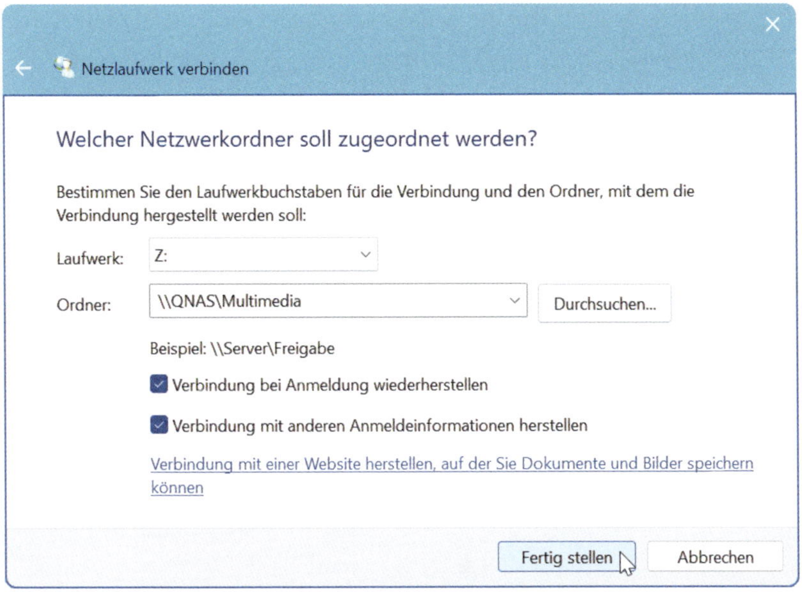

6. Möchten Sie, dass diese Ressource bei jedem Windows-Start immer wieder automatisch eingebunden wird, schalten Sie die Option *Verbindung bei Anmeldung wiederherstellen* ein.

Mit anderem Benutzernamen anmelden

Sollte die gewünschte Ressource nicht für Ihr Benutzerkonto freigegeben sein, können Sie für den Zugriff auch die Kontodaten eines anderen Benutzers wählen. Aktivieren Sie dazu die Option *Verbindung mit anderen Anmeldeinformationen herstellen* und geben Sie auf Nachfrage die erforderlichen Daten an.

7. Wenn Sie dann unten auf *Fertig stellen* klicken, erstellt Windows die Netzwerkverbindung und verknüpft sie mit dem angegebenen Laufwerkbuchstaben.

Anschließend finden Sie die Verknüpfung im Arbeitsplatz in der Liste der Laufwerke vor und können wie auf jedes andere Laufwerk darauf zugreifen.

Verbundene Netzlaufwerke trennen

Selbstverständlich können Sie eine einmal hergestellte Verbindung trotz des dauerhaften Charakters auch wieder auflösen.

1. Um ein eingerichtetes Netzlaufwerk später wieder zu entfernen, wählen Sie es im Explorer aus und klicken mit der rechten Maustaste darauf.

2. Wählen Sie im Kontextmenü *Weitere Optionen anzeigen* und im erweiterten Kontextmenü dann *Trennen*.
3. Sollten zum Zeitpunkt der Trennung auf diesem Netzlaufwerk noch Ordner oder Dateien geöffnet sein, kann es unter Umständen zu Datenverlusten kommen. Windows warnt Sie deshalb in diesem Fall. Prüfen Sie dann, ob alle infrage kommenden Dateien ordnungsgemäß gesichert sind, und bestätigen Sie den Hinweis mit einem Klick auf *Ja*.

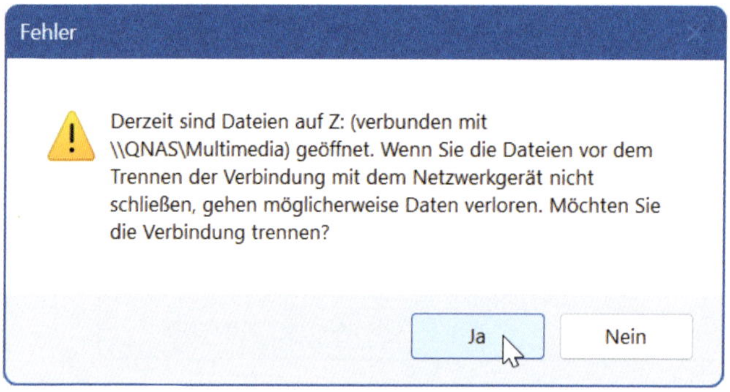

4. Daraufhin nimmt Windows die Trennung des Netzlaufwerks vor. Diese ist dauerhaft und gilt daher auch über den nächsten Neustart hinaus.

NAS-Ordner bei Macs einbinden

Bei Macs können Sie die Freigaben Ihres NAS mit dem Finder einbinden, um jederzeit direkt darauf zugreifen zu können.

1. Klicken Sie im Finder oben in der Menüleiste auf *Gehe zu/Mit Server verbinden*.
2. Geben Sie im anschließenden Dialog *afp://*, gefolgt vom Netzwerknamen oder der IP-Nummer Ihres NAS ein, also beispielsweise *afp://qnas*.

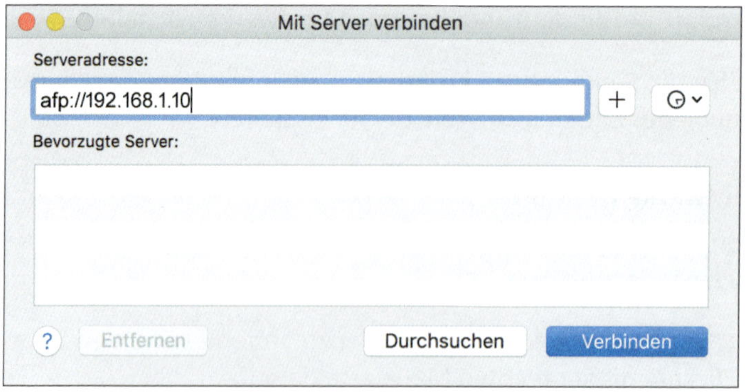

3. Anschließend tippen Sie Name und Passwort für das Benutzerkonto auf dem NAS ein, das für den Zugang verwendet werden soll. Klicken Sie dann auf *Verbinden*.

Auf diese Weise eingebundene Netzwerkordner werden im Finder links in der Navigationsleiste im Abschnitt *Freigaben* aufgeführt. Hier finden Sie einen Eintrag mit dem Netzwerknamen bzw. der IP-Nummer Ihres NAS. Klicken Sie doppelt darauf, um die freigegebenen Ordner anzuzeigen.

6.2 Zugang per Tablet und Smartphone

Auch mit mobilen Geräten wie Smartphones oder Tablets ist der Zugriff auf die Dateien Ihres NAS möglich. Von Haus aus haben diese Geräte zwar meist keinen echten Datei-Manager, aber es gibt entsprechende Apps, die sogar den Zugriff per SMB ermöglichen (für Android-Geräte beispielsweise *Total Commander* mit dem LAN-Plug-in). Aber auch QNAP selbst bietet Apps für Android und iOS. Für den direkten Zugriff eignet sich dabei am besten die App *Qfile*, die Sie kostenlos aus dem jeweiligen App Store installieren können.

Abfrage der Region bei QNAP-Apps

Bei QNAP-Apps wird Ihnen immer wieder beispielsweise beim ersten Start eine Abfrage nach der Region begegnen, in der Sie sich befinden. Zur Auswahl stehen dabei stets nur *Global* oder *China*. Entscheiden Sie sich dabei für *Global* (sofern Sie sich nicht in China befinden). Hintergrund der Abfrage ist, dass chinesische Nutzer zwangsläufig bestimmte Domains verwenden müssen. Das taiwanesische Unternehmen QNAP hält sich streng an die Vorgaben der chinesischen Regierung, da es sonst erhebliche wirtschaftliche Nachteile befürchten müsste.

Zugang zum NAS einrichten

Beim ersten Start versucht die App automatisch, ein QNAP-Gerät im lokalen Netzwerk ausfindig zu machen, und bietet Ihnen dieses an. Sollte das nicht klappen, tippen Sie auf *NAS manuell hinzufügen* und geben den Netzwerknamen bzw. die Netzwerkadresse selbst ein.

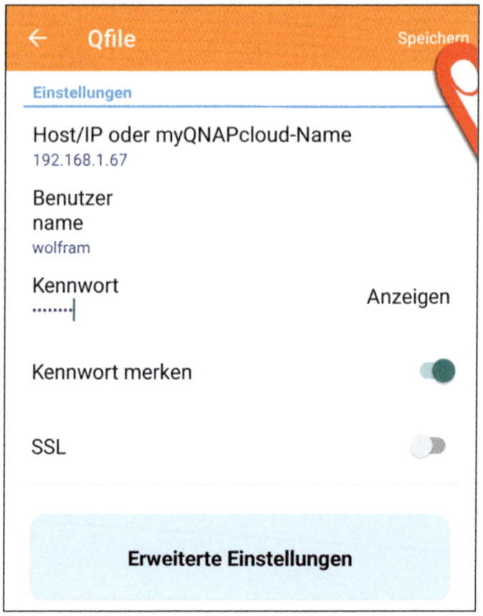

Falls Sie bereits ein myQNAPcloud-Konto haben, können Sie auch dieses verwenden (siehe Seite 187). Dann gelingt der Zugang nicht nur aus dem lokalen Netzwerk, sondern auch von unterwegs.

- Tippen Sie dann *Benutzername* und *Kennwort* Ihres NAS-Kontos ein.
- Schalten Sie die Option *Kennwort merken* ein, speichert die App Ihre Zugangsdaten, sodass Sie sie nicht jedes Mal wieder eintippen müssen.
- Mit der Option *SSL* verwenden Sie eine sicher verschlüsselte Verbindung, was insbesondere bei Zugriffen von außerhalb des lokalen Netzwerks empfehlenswert ist. Das ist allerdings nur sinnvoll, wenn Sie zuvor ein SSL-Zertifikat eingerichtet haben (siehe Seite 198).

Tippen Sie dann oben rechts auf *Speichern*, um die Einstellungen zu übernehmen und sofort eine Verbindung zum NAS herzustellen.

Dateien per App nutzen und verwalten

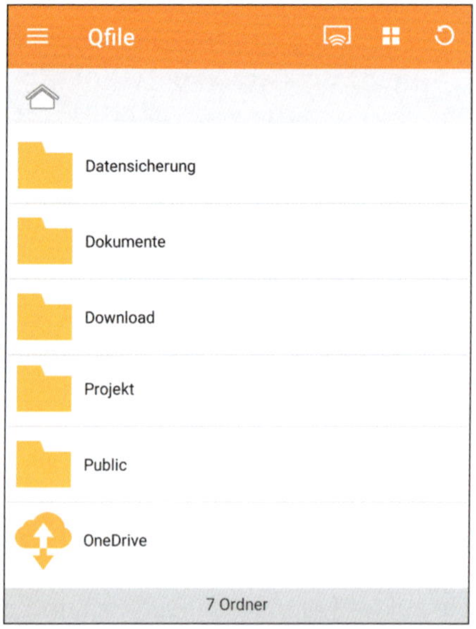

Qfile stellt Ihnen viele Funktionen zur Verfügung, die Sie auch in File Station nutzen könnten – nur eben in einer komfortabel per Finger bedienbaren Oberfläche:

- Unterordner werden per Antippen geöffnet. Zurück geht es jeweils mit einem Tipp auf das Pfeil-Symbol links oben.
- Dateien können Sie durch Antippen öffnen, sofern eine App zur Wiedergabe vorhanden ist. Einige Medienformate kann *Qfile* direkt wiedergeben. Für andere Dokumentformate wählen Sie ggf. eine passende App auf Ihrem Mobilgerät aus.

- Für Dateioperationen ist das Kontextmenü zuständig, das Sie jeweils mit dem Drei-Punkte-Symbol ganz rechts öffnen. Hier finden Sie die vertrauten Menüeinträge wie *Kopieren*, *Verschieben*, *Umbenennen* und *Löschen*, aber auch die Möglichkeit zum *Download* einer Datei.
- Um Dateien zu markieren, tippen Sie eine Datei länger an. Dann wird der Auswahlmodus aktiviert und diese Datei automatisch markiert. Weitere Dateien fügen Sie der Auswahl durch Markieren hinzu. Wenn Sie nun das Kontextmenü mit dem Drei-Punkte-Symbol rechts oben öffnen, beziehen sich die Aktionen auf alle gewählten Dateien.

Dateien suchen

Wer sich nicht lange durch das Dateisystem tippen will oder vielleicht nicht mehr genau weiß, wo eine bestimmte Datei abgelegt ist, der kann auch am Mobilgerät eine einfache Suche nutzen:

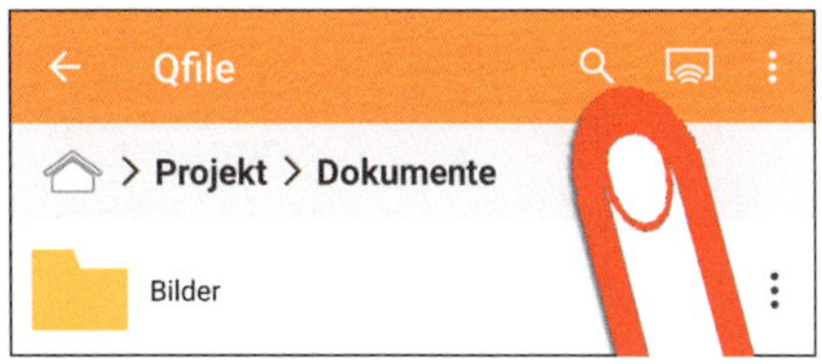

1. Tippen Sie innerhalb eines Freigabeordners oben rechts auf das Lupen-Symbol.
2. Das so eingeblendete Suchfeld entspricht der einfachen Suche, die auf Seite 156 beschrieben ist. Sie können hier also nach Teilen des Dateinamens und/oder der Dateiendung suchen.
3. Als Ergebnis erhalten Sie eine Liste aller Dateien aus dem aktuell geöffneten Ordner sowie dessen Unterordnern, die den eingetippten Text im Namen beinhalten. Diese können Sie wie in einem Ordner behandeln, also eine oder mehrere Dateien auswählen und im Kontextmenü Aktionen veranlassen.

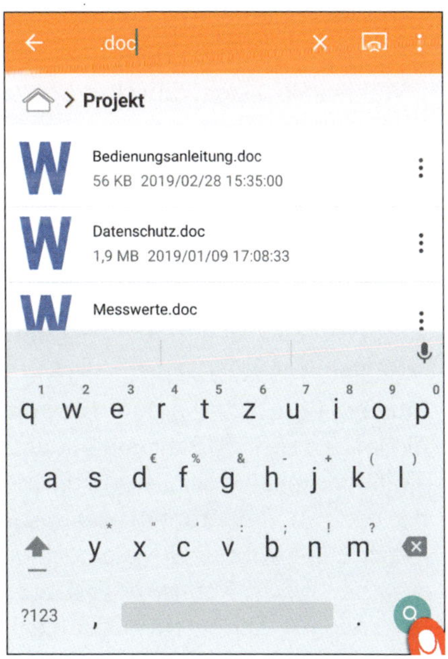

Dateien an andere weitergeben

Eine weitere praktische Funktion der Qfile-App ist die Möglichkeit, Dateien vom NAS über das Mobilgerät an andere Personen weiterzugeben. Dazu lädt die App eine Datei herunter und gibt sie an die *Teilen*-Funktion des Mobilgerätes weiter. Von dort aus können Sie sie beispielsweise als E-Mail-Anhang oder per WhatsApp & Co. anderen zukommen lassen.

1. Navigieren Sie in der App zu der gewünschten Datei auf Ihrem NAS.
2. Öffnen Sie dann für diesen Listeneintrag das Kontextmenü, und wählen Sie im Abschnitt *Teilen* den Eintrag *Kopie senden*.

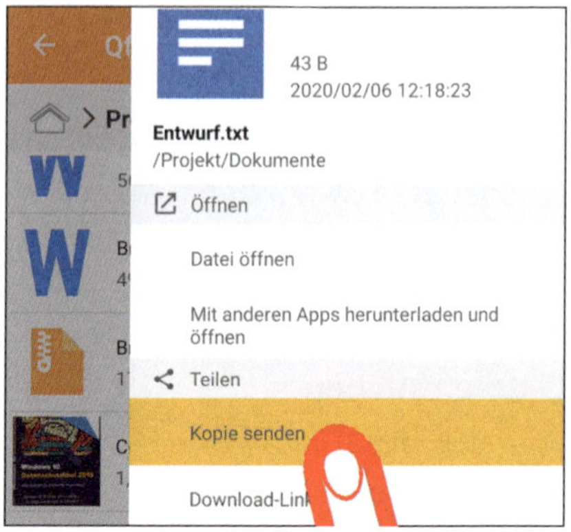

3. Die App lädt die Datei nun herunter und zeigt dann den *Teilen*-Dialog des Mobilgerätes an. Hier sind alle Apps aufgeführt, die mit dieser Art von Datei etwas anfangen können.
4. Wählen Sie die gewünschte App sowie ggf. den Empfänger aus, der die Datei erhalten soll.

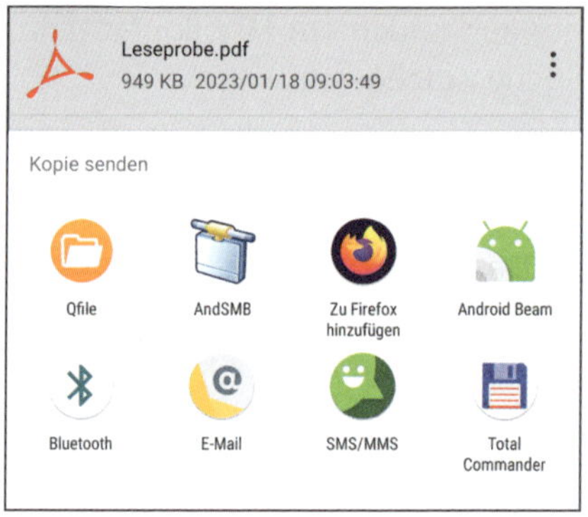

Freigabelinks an andere weitergeben

Auf Seite 149 ist beschrieben, wie Sie Freigabelinks erstellen und so anderen Benutzern den Zugriff auf Dateien und Ordner auf Ihrem NAS ermöglichen. Solche Freigaben können Sie auch in der Qfile-App erstellen und dann auf den Kommunikationskanälen verbreiten, die Ihnen Ihr Smartphone oder Tablet bietet. Wählen Sie dazu im Kontextmenü der ausgewählten Elemente den Befehl *Download-Link teilen*. Dann können Sie wie bei einem Freigabelink in File Station den Linknamen bearbeiten, ein Kennwort festlegen oder ein Ablaufdatum bestimmen, ab dem die Freigabe nicht mehr zugänglich sein soll. Tippen Sie anschließend oben rechts in der App auf das *Senden*-Symbol. Damit öffnen Sie wiederum, wie im vorangegangenen Abschnitt beschrieben, den *Teilen*-Dialog des Mobilbetriebssystems und wählen dort die App sowie den oder die Kontakt(e) aus, an die der Freigabelink übermittelt werden soll.

6.3 Mobiler Zugriff von unterwegs

Die Apps für mobile Geräte wie Smartphones oder Tablets funktionieren prima, solange sich diese Geräte über WLAN im selben lokalen Netzwerk befinden wie das NAS selbst. Ist man unterwegs, könnte die Verbindung über das Internet hergestellt werden. Dazu muss aber das heimische WLAN von außen erreichbar gemacht werden. Dafür gibt es verschiedene Methoden, mit denen man dies zuverlässig und vor allem auch sicher erreichen kann.

Schnell und einfach per myQNAPcloud

QNAP selbst stellt für die Benutzer seiner Geräte kostenlos einen solchen Dienst unter der Bezeichnung myQNAPcloud bereit. Dabei muss man einmalig ein Benutzerkonto für diesen Dienst erstellen und seine Benutzerdaten sowohl im NAS als auch auf den Mobilgeräten hinterlegen. Kern von myQNAPcloud sind Server von QNAP, bei denen sich dann sowohl das NAS als auch die Mobilgeräte anmelden. Anhand des verwendeten Benutzerkontos können die Server die verschiedenen Geräte zusammenbringen, sodass Anfragen vom Smartphone ans NAS weitergeleitet werden. Wer einfach nur auf sein NAS zugreifen möchte und keine Probleme damit hat, dass die Zugriffe über die Server von QNAP geleitet werden, für den Ist das eine schnelle und unkomplizierte Lösung.

Ein myQNAPcloud-Konto einrichten

Für die Verwendung von myQNAPcloud müssen Sie sich einmalig bei QNAP registrieren. Diesen Vorgang können Sie direkt aus der Weboberfläche des NAS starten (oder Sie rufen direkt https://account.qnap.com/signup auf und machen dann bei Schritt 4 weiter):

1. Öffnen Sie in der QTS-Weboberfläche das Hauptmenü, und wählen Sie darin den Menüpunkt *myQNAPcloud*.
2. In der so geöffneten myQNAPcloud-Anwendung klicken Sie oben auf die Schaltfläche *Erste Schritte*.
3. Anschließend klicken Sie im ersten Schritt des myQNAPcloud-Assistenten auf *Starten*. Wenn Sie noch keine QNAP-ID haben (wovon diese Anleitung ausgeht), klicken Sie anschließend auf den Link *QNAP ID erstellen*.

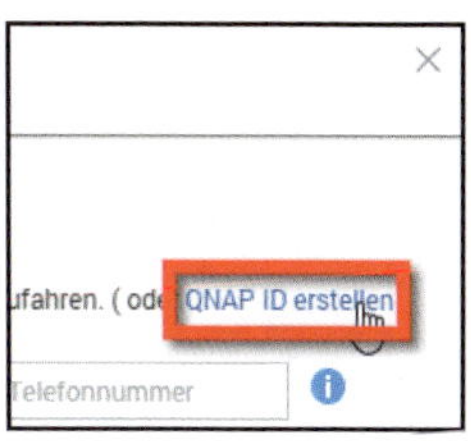

4. Damit wird im Webbrowser eine neue Seite geöffnet, mit der Sie ein Konto auf dem QNAP-Kundenserver erstellen können. Wählen Sie dazu einen Benutzernamen aus.

5. Geben Sie dazu Ihre E-Mail-Adresse ein, und legen Sie ein sicheres Passwort für den Zugang fest. Es muss mindestens sechs Zeichen umfassen, von denen jeweils mindestens eins eine Ziffer, ein Klein- und ein Großbuchstabe sind. Merken Sie sich diese Daten besonders gut, weil sie mit Ihrer QNAP-ID verknüpft sind.
6. Bestätigen Sie, dass Sie älter als 16 Jahre alt sind, und klicken Sie dann unten auf *Registrieren*.
7. Daraufhin wird eine Bestätigungs-E-Mail an die angegebene E-Mail-Adresse gesendet. Öffnen Sie diese, und klicken Sie darin auf *Registrierung bestätigen*.
8. Dieser Link öffnet wiederum eine Webseite auf dem QNAP-Kundenserver, der Ihnen die erfolgreiche Anmeldung bestätigt.

Das Gerät mit der QNAP-ID verbinden

Haben Sie eine QNAP-ID erstellt, wechseln Sie zurück in die Weboberfläche Ihres NAS (Schritt 3 der vorangegangenen Anleitung).

1. Hier können Sie nun im Dialog die zuvor festgelegte E-Mail-Adresse als *QNAP ID* mitsamt *Passwort* eingeben. Klicken Sie dann auf *Weiter*.

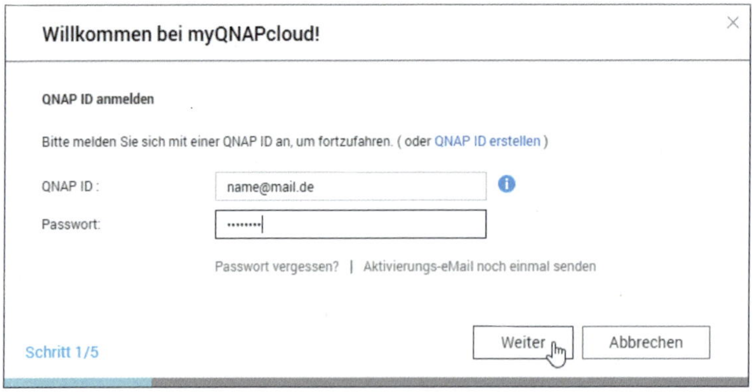

2. Im zweiten Schritt tragen Sie bei *Gerätename* eine Bezeichnung für Ihr NAS ein. Diese ist im Prinzip beliebig. Bedenken Sie aber, dass Ihr NAS unter dieser Bezeichnung für externe Nutzer erreichbar ist, beispielsweise wenn Sie Freigabelinks verwenden (siehe Seite 149). Außerdem darf der Name nicht schon von anderen QNAP-Nutzern verwendet werden. Der Assistent zeigt Ihnen jeweils nach kurzer Prüfung an, ob die gewählte Bezeichnung geeignet ist.

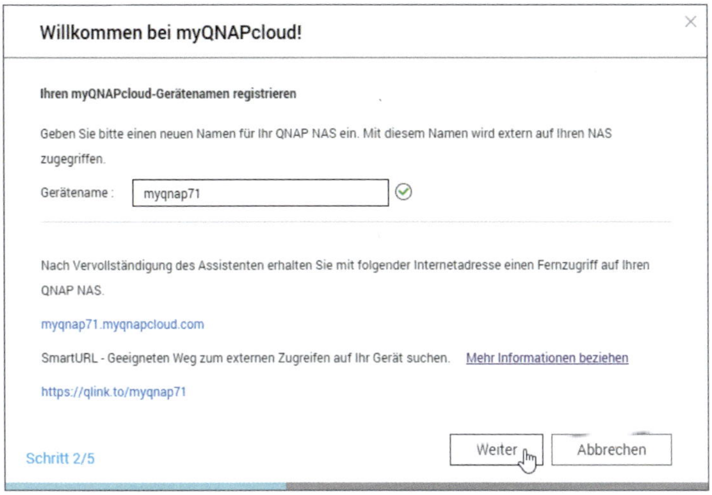

3. Für den folgenden Schritt *Ihr Gerät konfigurieren* möchte ich Ihnen empfehlen, alle Optionen zunächst zu deaktivieren. In den folgenden Abschnitten gehe ich auf die verschiedenen Möglichkeiten ein und beschreibe, wie Sie Funktionen bei Bedarf nachträglich aktivieren und welche Auswirkungen dies ggf. hat. Wählen Sie außerdem in jedem Fall bei *Zugriffskontrolle* zunächst die Einstellung *Privat*.

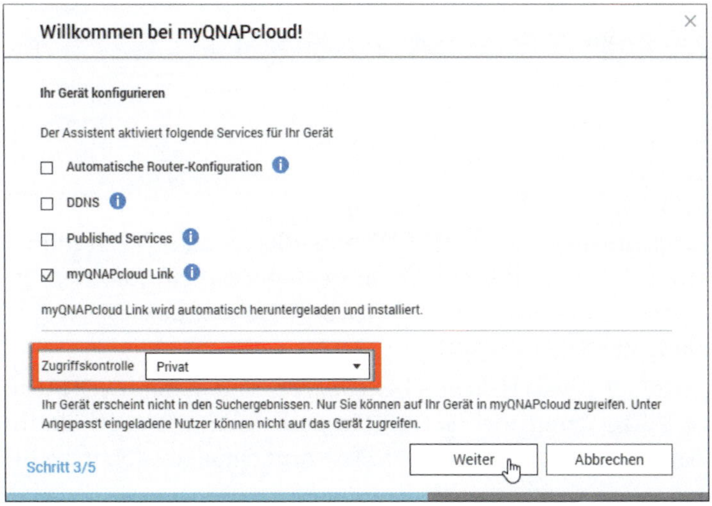

4. Nun registriert der Assistent Ihr Gerät mit Ihrer QNAP-ID und richtet alles gemäß den gewählten Optionen ein. Sie bekommen dabei auch eine E-Mail an die für die QNAP-ID hinterlegte E-Mail-Adresse.
5. Abschließend sehen Sie eine Zusammenfassung des Assistenten, die Sie mit *Fertigstellen* ausblenden können.

Dienste für die entfernte Nutzung freigeben

Wenn Sie Ihr NAS mit der myQNAPcloud verbunden haben, sind nicht automatisch alle Dienste auf diesem Wege verfügbar, was auch nicht sinnvoll wäre. Denn Sie teilen sich den Kundenserver der myQNAPcloud mit vielen anderen Benutzern. Mit falschen Einstellungen können diese anderen Benutzer auch Ihre NAS-Dienste sehen und womöglich auch darauf zugreifen (beispielsweise wenn anonyme oder Gastzugriffe möglich sind). Deshalb ist es wichtig, genau festzulegen, welche Dienste auf diesem Weg verfügbar sein sollen und für wen.

1. Diese Einstellungen nehmen Sie in der myQNAPcloud-Anwendung im Bereich *Published Services* vor.
2. Hier finden Sie eine Liste aller NAS-Dienste. In der Spalte *Status* sehen Sie, welche davon aktiviert sind.

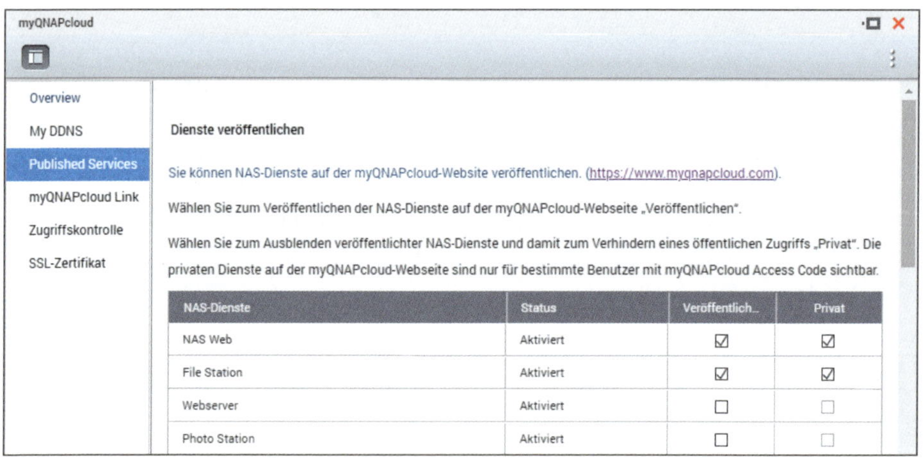

3. Soll ein Dienst wie beispielsweise die QTS-Weboberfläche oder File Station über myQNAPcloud erreichbar sein, müssen Sie in dessen Zeile ein Häkchen in der *Publiceer*-Spalte setzen (bei der Bezeichnung wurde bei der Lokalisierung wohl Deutsch mit Niederländisch verwechselt).
4. Wichtig: Alle Dienste mit einem Häkchen bei *Publiceer* sind in der myQNAPcloud potenziell für alle Nutzer erreichbar. Setzen Sie deshalb immer auch gleich ein Häkchen rechts daneben in der Spalte *Privat*. Das sorgt dafür, dass eben nicht alle

myQNAPcloud-Nutzer diesen Dienst erreichen können, sondern nur Sie selbst oder Personen, die Sie ausdrücklich eingeladen haben.

5. Geben Sie dann weiter unten bei *myQNAPcloud Access Code festlegen* einen Zugangscode für die Dienste Ihres NAS ein.
6. Unten im Bereich *Benutzerverwaltung* können Sie lokale NAS-Benutzer hinzufügen, denen der Zugriff auf das NAS via myQNAPcloud erlaubt sein soll (standardmäßig dürfen es nur Mitglieder der Administratorgruppe). Fügen Sie Benutzer hinzu, und setzen Sie das Häkchen bei *myQNAPcloud-Website*. Die Berechtigung *myQNAPcloud Connect (VPN)* ermöglicht bei Bedarf zusätzlich den entfernten Zugriff über das NAS ins lokale Netzwerk (siehe Seite 201).

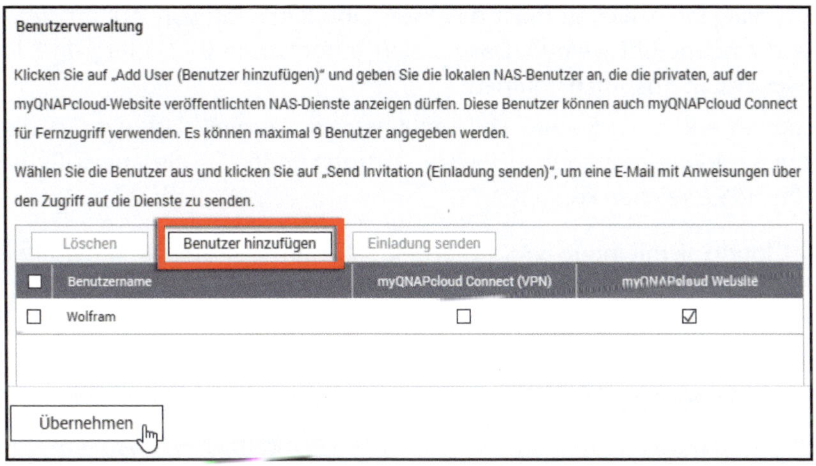

7. Klicken Sie unten auf *Übernehmen*, um die Einstellungen zu speichern und zu aktivieren.

CloudLink für Apps und einfachen Fernzugriff

Die einfachste Methode, von unterwegs per App oder Webbrowser auf Ihr NAS zuzugreifen, bietet QNAP unter der Bezeichnung CloudLink an. Dabei unterhält Ihr NAS eine ständige Verbindung zum QNAP-Kundenserver. Zugriffe von außerhalb gehen über die QNAP-ID ebenfalls an den Kundenserver. Dieser vermittelt dann zwischen NAS und dem entfernten Gerät. Diese Methode hat den Vorteil, dass Sie in Ihrem lokalen Netzwerk keine weiteren Einstellungen beispielsweise beim Internet-Router vorzunehmen brauchen. Auch Freigabelinks an externe Empfänger lassen sich mit CloudLink verwenden.

Die Nachteile der Methode sind:

- Alle Daten fließen immer über die QNAP-Server. Sensible Daten sollten also stets verschlüsselt sein.

- Der Umweg über die Server macht die Verbindungen langsamer. Bei großen Datenmengen kann es deshalb zu Verzögerungen oder Abbrüchen kommen.
- Da diese Methode proprietäre Verfahren von QNAP verwendet, kann man diese Verbindung nur per Webbrowser und über ausgewählte Apps von QNAP einsetzen.

Wenn Sie nur gelegentlich einzelne Dateien von unterwegs abrufen und/oder ausschließlich QNAP-Apps einsetzen möchten, ist CloudLink eine unkomplizierte Lösung.

1. Um CloudLink zu aktivieren, wechseln Sie in der myQNAPcloud-App in den Bereich *myQNAPCloudLink*.
2. Klicken Sie dort rechts oben auf den Schalter, um CloudLink zu aktivieren.
3. Beim erstmaligen Aktivieren muss dafür die CloudLink-Software auf Ihr NAS geladen und eingerichtet werden. Das passiert automatisch im Hintergrund, kann aber etwas Zeit in Anspruch nehmen.
4. Anschließend erkennen Sie am *Verbindungsstatus: Normal*, dass die CloudLink-Verbindung erfolgreich aufgebaut wurde. Darunter finden Sie die SmartURL, unter der Sie Ihr NAS erreichen können.

Um sich via CloudLink mit Ihrem NAS zu verbinden, können Sie im Webbrowser diese SmartURL verwenden. Diese ist nach einem ganz bestimmten Schema aufgebaut, sodass Sie im Prinzip nur den Gerätenamen kennen müssen, den Sie beim Verbinden Ihres NAS mit der myQNAPcloud gewählt haben: *https://qlink.to/<Gerätename>*, also beispielsweise *https://qlink.to/myqnap71*.

1. Wollen Sie sich mit einer der QNAP-Apps per CloudLink zum NAS verbinden, wählen Sie in deren Anmeldedialog die Variante *QNAP ID anmelden*.
2. Geben Sie die E-Mail-Adresse und das Kennwort Ihres myQNAPcloud-Kontos an.
3. Klicken Sie dann auf *anmelden*, und warten Sie kurz, bis die Verbindung erfolgreich hergestellt wurde.
4. Sie sehen nun eine Liste der Geräte, die mit Ihrer myQNAPcloud verbunden sind (falls es mehr als eines ist). Wählen Sie das Gerät aus, auf das Sie zugreifen möchten.
5. Geben Sie nun den Benutzernamen und das Kennwort des NAS-Benutzerkontos an, mit dem Sie sich beim Gerät anmelden möchten.

Beachten Sie bei der Anmeldung, dass das gewählte Benutzerprofil die Zugriffsrechte für die zugrunde liegenden Ressourcen auf dem NAS haben muss. Für die App *Qfile* beispielsweise muss der Benutzer die Anwendungsberechtigung für File Station haben. Und auch dann darf er mit der App nur die Freigabeordner öffnen, für die er bzw. seine Benutzergruppe die Zugriffsrechte hat.

Probleme beim Verbinden?

Wenn Sie CloudLink eingerichtet haben, können Sie bei QNAP-Apps eigentlich immer die Verbindung über Ihre QNAP-ID verwenden. Denn wenn sich das Mobilgerät im selben lokalen Netzwerk wie das NAS befindet, wird dies automatisch erkannt und die Verbindung dann auch direkt lokal hergestellt. Der Verbindungsaufbau kann dann kurz dauern, aber anschließend sind die Übertragungen genauso flott wie bei einer direkt konfigurierten lokalen Verbindung. Sollte es beim Verbinden von außerhalb zum NAS zu Problemen kommen, tippen Sie bei der Fehlermeldung auf *Eine Verbindungsmethode wählen*. Sie erhalten dann eine Liste aller möglichen Verbindungsmethoden für lokalen sowie entfernten Zugriff auf das NAS, die Sie ausprobieren können. Die Variante *Mit myQNAP-cloud* geht den Umweg über die QNAP-Server und ist meist die aussichtsreichste.

NAS-Zugriffe per dynamischem DNS

Eine andere Möglichkeit, Ihr NAS von unterwegs erreichbar zu machen, ist das Verwenden von dynamischem DNS, kurz DDNS. Üblicherweise hat Ihr lokaler Internetanschluss keine fest zugeteilte IP-Adresse, unter der er dauerhaft per DNS erreichbar wäre. Stattdessen teilt Ihnen Ihr Internetanbieter bei jeder (Wieder-)Einwahl eine aus einem Pool verfügbare Adresse zu. Unter einer solchen dynamischen Adresse ist man also nicht dauerhaft erreichbar.

Hier kommt DDNS ins Spiel. Das ist ebenfalls ein Namensserver, der zu einem Domain-Namen eine konkrete IP-Nummer liefert. Bei diesem melden Sie sich an und bekommen dort eine Domain-Adresse zugeteilt. Diese ist zwar nicht frei wählbar und oft etwas kryptisch, hat aber den Vorteil, dass Sie bzw. Ihr NAS jederzeit darunter erreichbar sind.

Denn das Entscheidende ist, dass Ihr NAS sich nach jeder Interneteinwahl bzw. wann immer sich die vom Internetanbieter zugewiesene dynamische IP-Nummer ändert, beim DDNS-Server meldet und diesem die aktuelle IP-Nummer mitteilt. Somit weiß dieser stets, unter welcher Adresse das NAS gerade erreichbar ist, und Verbindungen zur DDNS-Domain werden automatisch an die aktuell genutzte IP-Nummer weitergeleitet. Damit das Ganze funktioniert, benötigen Sie ein DDNS-Konto und müssen Ihr NAS dafür konfigurieren.

DDNS im Internet-Router

Das NAS kann die Aufgabe übernehmen, sich regelmäßig mit der aktuellen IP-Nummer beim DDNS-Server zu registrieren. Noch sinnvoller wäre es aber, wenn diese Aufgabe direkt vom Internet-Router durchgeführt wird. Der sitzt sozusagen »an der Quelle« und bekommt zuverlässig mit, wenn die IP-Adresse sich ändert. Viele Modelle wie beispielsweise FRITZ!Boxen beherrschen DDNS ebenfalls von Haus aus. Wenn Ihnen diese Möglichkeit offensteht, sollten Sie sie also ruhig nutzen. Dann brauchen Sie DDNS im NAS gar nicht zu konfigurieren.

Falls Ihr Router diese Option nicht bietet oder Sie den DDNS-Server von QNAP nutzen möchten, schauen Sie in die folgende Anleitung.

Portfreigaben im Internet-Router konfigurieren

Damit ein Zugang aus dem Internet zur Ihrem NAS möglich ist, müssen Sie im Router, der für Ihren Internetzugang sorgt, Netzwerkports auf das NAS weiterleiten. Der Internet-Router ist das einzige Gerät in Ihrem Netzwerk, das direkten Kontakt zum Internet hat. Alle Datenpakete, die per DDNS von außerhalb eingehen, kommen bei ihm an. Damit Geräte wie das NAS von außen erreichbar werden, muss der Router wissen, welche Arten von Datenpaketen er an welches Gerät im lokalen Netzwerk weiterzuleiten hat. Dazu erstellt man im Router Regeln, nach denen alle Datenpakete, die auf bestimmten Ports ankommen, an ein ganz bestimmtes lokales Netzwerkgerät weitergeleitet werden sollen.

Grundsätzlich empfiehlt es sich, diese Einstellungen im Router selbst vorzunehmen. Insbesondere wenn mehrere Geräte auf solche Portweiterleitungen angewiesen sind, ist es am besten, diese zentral im Router zu verwalten. Praktisch jeder Internet-Router bietet dafür Einstellungen an. Leider sehen diese bei jedem Gerät etwas anders aus, sodass ich dafür nur auf die Onlinehilfe bzw. das Handbuch des Gerätes verweisen kann. Welche Ports genau freigegeben werden müssen, hängt davon ab, welche Dienste des NAS Sie nutzen möchten. QNAP pflegt dafür eine ausführliche Liste, die auch bei Bedarf aktualisiert wird.

Deshalb verweise ich lieber darauf, anstatt hier alles selbst aufzulisten:

https://www.qnap.com/de-de/how-to/faq/article/welche-portnummern-nutzt-der-turbo-nas/

Den Router automatisch steuern

Falls Sie sich das Einstellen von Portweiterleitungen nicht zutrauen, können Sie Ihren Router vom NAS einstellen lassen, wenn er das automatische Konfigurieren per UPnP erlaubt. Bei den weitverbreiteten FRITZ!Boxen beispielsweise klappt dies in der Regel problemlos.

1. Öffnen Sie dazu in der Weboberfläche Ihrer FRITZ!Box den Bereich *Heimnetz/Netzwerk*.
2. Lokalisieren Sie in der Liste der Netzwerkverbindungen den Eintrag für Ihr NAS.
3. Klicken Sie dort ganz rechts auf das Stift-Symbol zum Bearbeiten.
4. Klappen Sie in den Eigenschaften für das Netzwerkgerät im Abschnitt *Erreichbarkeit aus dem Internet* den Bereich *Freigaben* aus.
5. Schalten Sie hier die Option *Selbstständige Portfreigaben für dieses Gerät erlauben* ein.

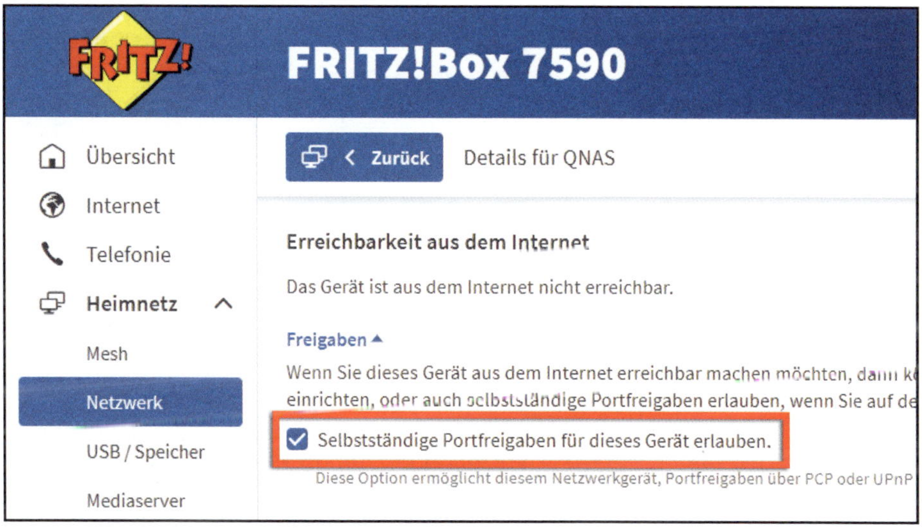

DDNS über Ihre myQNAPcloud

Damit Ihr NAS dynamisches DNS nutzen kann, werden Freigaben für die Ports 8080 (HTTP) und 443 (HTTPS) benötigt. Diese müssen im Internet-Router entweder automatisch (wie vorangehend beschrieben) oder manuell eingerichtet sein. Einen DDNS-Dienst stellt QNAP Ihnen im Rahmen von myQNAPcloud kostenlos zur Verfügung.

1. Um diesen zu aktivieren, öffnen Sie in der myQNAPcloud-App den Bereich *My DDNS* und klicken dort rechts auf den Schalter.
2. Die Anwendung meldet nun Ihre aktuelle IP-Adresse an den QNAP-Server und richtet dort eine DDNS-Adresse für Sie ein. Dies dauert kurze Zeit.
3. Hat alles geklappt, färbt sich der Schalter grün, und Sie können darunter Ihre DDNS-Adresse ablesen. Diese setzt sich standardmäßig aus dem für die myQNAP-

cloud gewählten Gerätenamen und der Ergänzung »myqnapcloud.com« zusammen, also beispielsweise *myqnap71.myqnapcloud.com*.

4. Unter dieser Adresse ist Ihr NAS ab sofort aus dem Internet erreichbar. Sollte es mal nicht klappen, kehren Sie hierher zurück und klicken auf den *Aktualisieren*-Button unten. Dann wird jeweils die aktuelle IP-Adresse an die myQNAPcloud gemeldet und dort mit der DDNS-Adresse verknüpft.

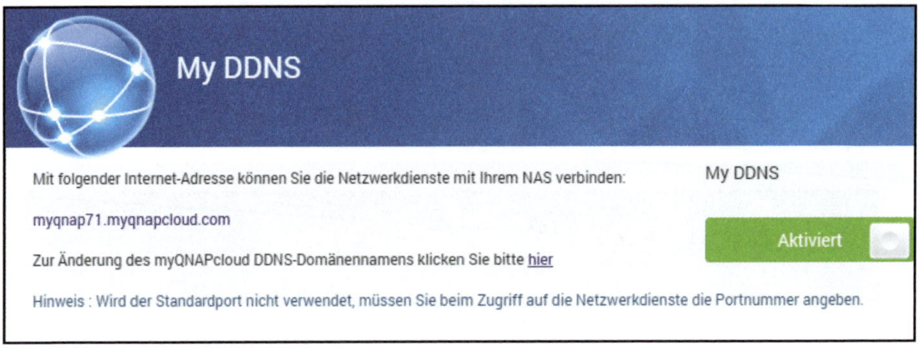

DDNS über beliebige Dienste

Auch wenn Sie sich schon bei einem anderen DDNS-Dienstleister registriert haben und diesen bevorzugen, können Sie ihn mit Ihrem QNAP-NAS nutzen. Verzichten Sie in diesem Fall einfach darauf, in der myQNAPcloud-Anwendung DDNS zu aktivieren.

1. Öffnen Sie stattdessen in der Systemsteuerung den Bereich *Netzwerk und Dateidienste/Netzwerk- und virtueller Switch*.
2. In den so geöffneten Netzwerkeinstellungen öffnen Sie den Bereich *Zugriffsdienste/DDNS*.
3. Klicken Sie hier auf der rechten Seite auf *Hinzufügen*.
4. Im so geöffneten Dialog wählen Sie zunächst ganz oben Ihren DDNS-Anbieter aus.
5. Tragen Sie darunter *Benutzername*, *Kennwort* sowie *Hostname* ein, die Sie bei diesem Anbieter registriert haben.
6. Im Feld *Externe IP-Adresse automatisch prüfen* legen Sie fest, wie häufig das NAS kontrollieren soll, ob sich Ihre IP-Adresse geändert hat. Das ist damit der Zeitraum, den Ihr NAS nach Erhalt einer neuen Internetadresse maximal nicht erreichbar sein kann.
7. Unten wird automatisch die für diesen DDNS-Anbieter passende *URL* eingefügt. Das ist die Adresse, an die das NAS jeweils die aktuelle IP-Adresse übermitteln muss. Üblicherweise können Sie diese URL so belassen. Falls Ihr Anbieter Ihnen ausdrücklich eine abweichende Adresse vorgibt, können Sie diese aber hier eintragen.

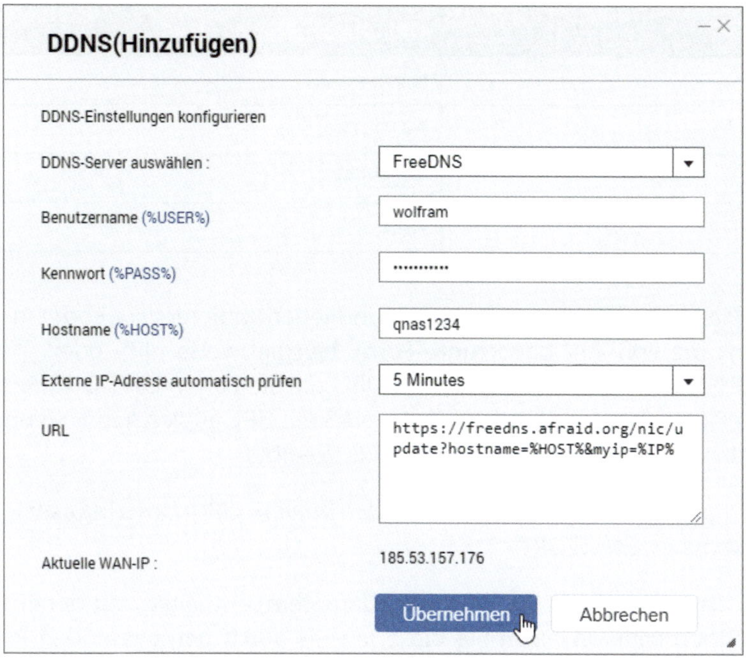

8. Klicken Sie abschließend unten auf *Übernehmen*, um den DDNS-Dienst einzutragen und zu aktivieren.

Etwas anders sieht es aus, wenn Ihr DDNS-Anbieter nicht in der Liste aufgeführt wird. Auch mit solchen Diensten kann Ihr NAS in den meisten Fällen zusammenarbeiten. Nur das Einrichten ist dann etwas umständlicher, weil Sie zunächst ein eigenes Profil für diesen Dienst erstellen müssen.

1. Wählen Sie dazu als DDNS-Server *Customized*.
2. Füllen Sie dann die Felder wie oben beschrieben aus. Es kommt lediglich die Angabe *Profilname* hinzu, bei der Sie einen beliebigen Text eintragen können.
3. Entscheidend ist bei eigenen Profilen das Feld *URL*, denn in diesem Fall kann das NAS Ihnen keinen vorgefertigten Update-Link bereitstellen. Diesen erhalten Sie von Ihrem DDNS-Anbieter und fügen ihn hier ein. Allerdings muss die URL an das Format angepasst werden, das das NAS erwartet (mehr darüber erfahren Sie im Folgenden).

In der Update-URL, mit der das NAS jeweils die aktuelle IP-Adresse an den DDNS-Anbieter übermittelt, sind Platzhalter enthalten. An deren Stelle fügt das NAS die passenden individuellen Informationen ein.

Information	URL-Platzhalter des NAS
IP-Adresse	%IP%
Domain-Name	%HOST%
Benutzername	%USER%
Kennwort	%PASS%

Nun sind diese Platzhalter nicht standardisiert, und jeder Anbieter verwendet in seinem Update-Link die von ihm bevorzugte Form, beispielsweise <IP> oder __IP__ anstelle von %IP%. Deshalb müssen Sie in der URL, die Sie von Ihrem DDNS-Anbieter erhalten, die Platzhalter ersetzen, damit das NAS die URL nutzen kann. Wenn Ihr DDNS-Anbieter Ihnen beispielsweise folgende URL vorgibt:

update.ddns.de/update?hostname=<HOSTNAME>&myip=<IPNUMBER>&user=<BENUTZERNAME>&pass=<KENNWORT>

dann sind darin Platzhalter (alles in <eckigen> Klammern) enthalten, mit denen das NAS nichts anfangen kann. Ersetzen Sie diese jeweils durch den passenden Platzhalter, den das NAS kennt:

update.dyndns.de/update?hostname=%HOST%&myip=%IP%&user=%USER%&pass=%PASS%

Machen Sie sich keine Gedanken, wenn die URL Ihres Anbieters nicht alle Platzhalter enthält. Ersetzen Sie einfach nur die, die da sind.

Datenübertragungen verschlüsseln und zertifizieren

Solange Sie ausschließlich aus einem lokalen Heimnetzwerk auf Ihr NAS zugreifen, spielt Sicherheit meist keine große Rolle. Hier ist mit Angriffen nicht zu rechnen, sodass Sicherheit und Authentizität der Verbindungen vernachlässigt werden können. Anders sieht es aus, wenn Sie sich von unterwegs über das öffentliche Internet mit Ihrem NAS verbinden. Dann sollten Sie sicherstellen, dass die Daten verschlüsselt übertragen werden, sodass niemand »mithören« kann, wenn Sie etwa Mails abrufen, vertrauliche Dokumente bearbeiten oder sich mit Benutzernamen und Passwort am NAS anmelden.

Das lässt sich erreichen, indem Sie geschützte Versionen der Verbindungen verwenden, also beispielsweise HTTPS statt HTTP oder FTPS statt FTP. Das S steht dabei jeweils für »Secure«, also »sicher«. Die Datenübertragungen werden dabei mit einem Zertifikat verschlüsselt, das die Authentizität der Gegenstelle sicherstellt. Von Haus aus ist Ihr NAS mit einem Zertifikat des Herstellers QNAP ausgestattet, was im Prinzip auch ausreicht. Allerdings werden sich Webbrowser trotzdem beschweren, wenn Sie beispielsweise für die Verbindung zum QTS https://... anstelle von http:// verwenden. Denn das Zertifikat stammt nun mal »nur« von QNAP und nicht von einer anerkannten Ausgabestelle. Dem können Sie abhelfen, indem Sie selbst ein Zertifikat beispielsweise bei der Initiative Let's Encrypt erstellen und im NAS hinterlegen. Das NAS ist darauf vorbereitet und unterstützt Sie dabei nicht nur, sondern erledigt später auch die regelmäßig erforderliche Aktualisierung des Zertifikats automatisch.

1. Öffnen Sie in der QTS-Systemsteuerung den Bereich *System/Sicherheit*, und wechseln Sie dort in die Rubrik *SSL-Zertifikat & privater Schlüssel*.
2. Klicken Sie hier auf die Schaltfläche *Zertifikat ersetzen*.
3. Wählen Sie im anschließenden Dialog die Option *Von Let's Encrypt beziehen*, und klicken Sie auf *Weiter*.

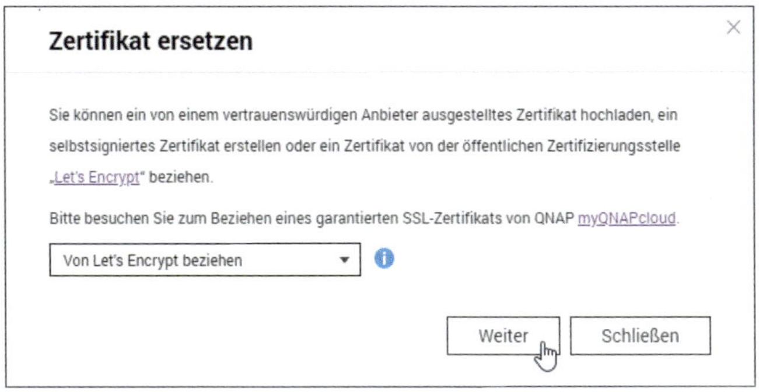

4. Geben Sie dann unter *Domainname* den Namen bzw. die DDNS an, unter der das NAS erreichbar ist. Sollten Sie mehrere Domains (bei verschiedenen Anbietern) registriert haben, können Sie unten bei *Alternativer Name* weitere Domains ggf. mit Komma getrennt angeben.
5. Geben Sie außerdem Ihre E-Mail-Adresse für die Registrierung bei Let's Encrypt an.

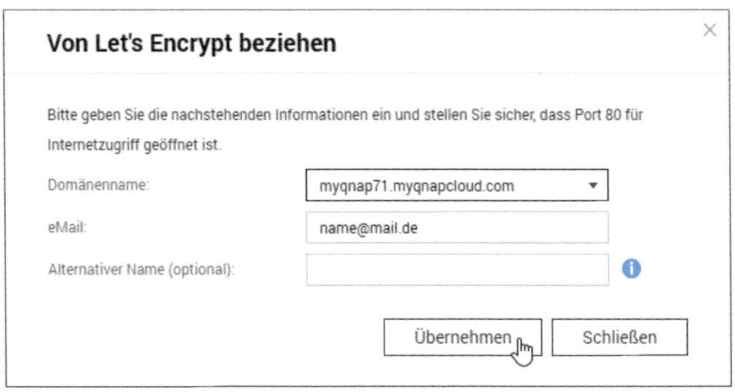

6. Warten Sie nun ab, bis das NAS sich bei Let's encrypt angemeldet und das Zertifikat heruntergeladen und installiert hat.

Um eine sichere verschlüsselte Verbindung zu Ihrem NAS herzustellen, können Sie die QTS-Weboberfläche wie gewohnt aufrufen. Geben Sie Ihre Benutzerdaten ein, und setzen Sie dann ein Häkchen bei *Sichere Anmeldung*, bevor Sie auf *Anmeldung* klicken. Alternativ verwenden Sie die URL *https://<Gerätename>:8081*. Der nutzt direkt eine sichere Verbindung schon für die Anmeldung. Die Option für die sichere Anmeldung ist dann auch bereits ausgewählt.

Zugang über ein virtuelles privates Netzwerk (VPN)

Eine weitere Variante für den Zugang zum NAS von unterwegs ist das Nutzen eines virtuellen privaten Netzwerks. Dabei läuft auf dem Gerät, das man von unterwegs bzw. vom Heimnetzwerk entfernt nutzt, eine spezielle VPN-Software. Am anderen Ende im Heimnetzwerk sitzt ein VPN-Server. Zwischen diesen beiden wird ein Tunnel durch das Internet eingerichtet, der durch Authentifizierung und Verschlüsselung geschützt ist. Die Verbindung kann also nur von berechtigten Personen genutzt und dabei nicht abgehört oder manipuliert werden.

Eine solche VPN-Verbindung erlaubt es dem entfernten Gerät, sich genauso zu verhalten, als wenn es direkt im Heimnetzwerk angemeldet wäre. Es kann also ohne spezielle Portweiterleitungen oder sonstige Vorkehrungen direkt auf lokale Geräte und deren Ressourcen zugreifen.

Der Vorteil aus Sicht des NAS: Die VPN-Verbindung muss nur einmalig eingerichtet werden. Danach können Sie darüber auf das NAS und seine Dienste zugreifen, ohne dass dafür weitere Portfreigaben im Internet-Router angelegt werden müssten. Mit einem VPN bringen Sie also mit einem Schlag die gesamten Dienste und Ressourcen Ihres NAS ins Internet – aber eben auf eine sichere Art, nur für berechtigte Benutzer und ohne sich um öffentliche Adressen und Portnummern kümmern zu müssen. Stattdessen können Sie auf Ihr NAS unterwegs ganz genauso zugreifen, als wenn Sie sich zu Hause im heimischen Netzwerk befänden.

Das NAS als VPN-Server nutzen

Als VPN-Server sollten Sie grundsätzlich Ihren Internet-Router verwenden. Der sitzt sozusagen direkt an der Quelle – nämlich am Internetanschluss. Sie können auch Ihr NAS als VPN-Server nutzen. Allerdings müssen Sie dann wieder erst verschiedene Portfreigaben im Internet-Router einrichten, damit die VPN-Datenpakete ans NAS weitergeleitet werden. Da kann der Internet-Router auch gleich selbst als VPN-Server eingerichtet werden. Viele Internet-Router wie beispielsweise auch die weitverbreiteten FRITZ!Boxen können von Haus aus als VPN-Server eingesetzt werden. Wenn das auch bei Ihrem Router möglich ist, sollten Sie diesen Weg bevorzugen.

Falls Sie dennoch Ihr NAS als VPN-Server nutzen müssen oder wollen, benötigen Sie dazu das Paket *QVPN Service*, das Sie im App Center herunterladen und installieren können (mehr dazu erfahren Sie auf Seite 206).

Dieser VPN-Server beherrscht verschiedene Verbindungsarten, von denen ich OpenVPN empfehle. Hier brauchen Sie nur auf *OpenVPN-Server aktivieren* zu klicken. Die dafür vorgewählten Standardeinstellungen können Sie in der Regel durch einen Klick auf die gleichnamige Schaltfläche mit übernehmen. Anschließend können Sie eine *Konfigurationsdatei herunterladen*. Diese übertragen Sie auf Ihr(e) Mobilgerät(e) und lassen sie dort mit der jeweiligen OpenVPN-App einlesen. Damit haben die Apps alle erforderlichen Informationen und benötigen nur noch die DDNS-Domain, unter der Ihr NAS erreichbar ist.

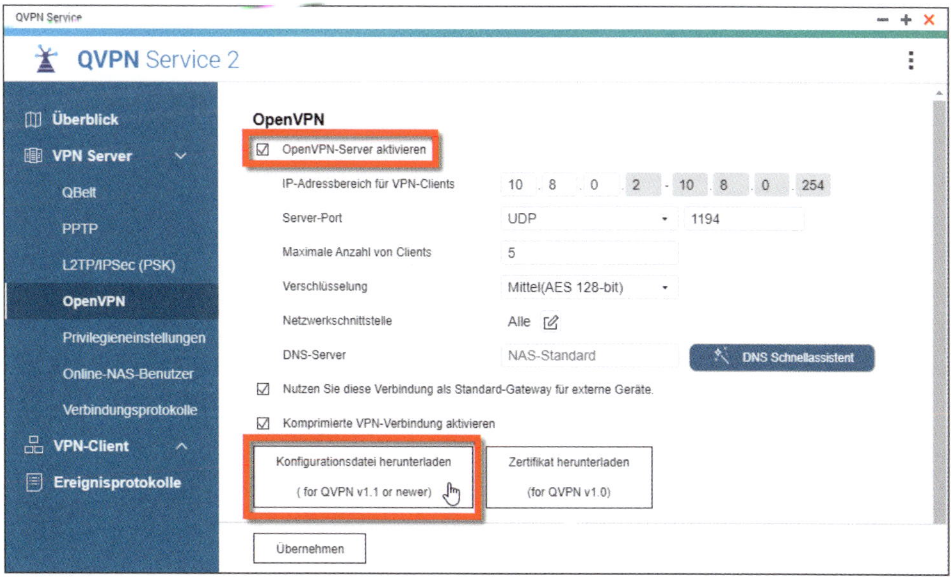

Wichtig: Für alle VPN-Arten müssen im Internet-Router bestimmte Portfreigaben (siehe Seite 194) eingerichtet werden, die Sie der folgenden Tabelle entnehmen können:

VPN-Variante	Ports
QBelt	TCP: 443
PPTP	TCP: 1723
OpenVPN	TCP: 1194
L2TP/IPSec	UDP: 1701, 500, 4500

7. App Center – zusätzliche Funktionen per Softwarepaket

Ihr NAS ist im Grunde genommen ein kleiner Computer, der einiges mehr draufhat, als einfach »nur« Daten zu speichern. Wie ein richtiger Computer kann er eine Vielzahl von Aufgaben ausführen, sofern die richtige Software installiert ist. Nun will der Hersteller das NAS allerdings nicht schon ab Werk mit Funktionen überfrachten, die der Anwender am Ende gar nicht benötigt. Stattdessen setzt man – ähnlich wie bei den App Stores der großen Smartphone-Hersteller – auf ein Onlineverzeichnis, aus dem sich jeder genau die Komponenten herauspicken kann, die er braucht

7.1 Das Paket-Zentrum Ihres NAS

Das Onlinesoftwareverzeichnis Ihres NAS heißt *App Center*. Es umfasst eine große Auswahl von Zusatzpaketen, sowohl vom Hersteller QNAP selbst als auch von Partnern.

Im Gegensatz zu den App Stores von Apple oder Android können diese Pakete prinzipiell kostenlos installiert werden. Wenn die Anwendung zu einem kostenpflichtigen Dienst gehört, muss aber ggf. eine Lizenz beim Hersteller erworben werden, um alle Funktionen uneingeschränkt nutzen zu können.

1. Das App Center gehört zu den vorinstallierten Apps, die Sie als Symbol auf dem Desktop der QTS-Weboberfläche und auch im QTS-Hauptmenü in der Weboberfläche Ihres NAS finden.
2. Wenn Sie das App Center starten, zeigt es standardmäßig den Bereich *Meine Apps* an. Hier sehen Sie rechts alle Softwarepakete, die auf Ihrem NAS derzeit installiert sind. Liegen Aktualisierungen für einzelne Pakete vor, werden diese Pakete ganz oben in einem eigenen *Aktualisieren*-Abschnitt aufgeführt.
3. Am linken Rand finden Sie eine Navigationsleiste mit einem umfangreichen Menü. Die darin enthaltenen Kategorien erlauben verschiedene Sichtweisen auf die vorhandenen Zusatzpakete.
   - Mit *Alle Apps* rufen Sie eine umfangreiche Liste aller für Ihr Gerät verfügbaren Apps auf.
   - Sollten Sie von QNAP Lizenzen zum Betrieb kostenpflichtiger Applikationen erworben haben, wird zusätzlich die Kategorie *Meine Lizenzen* angezeigt.

- *QTS-Grundlagen* umfasst Basispakete, die für die typischen Einsatzzwecke eines NAS sinnvoll sind.
- *Empfohlenes* zeigt besonders empfehlenswerte Pakete, die aber jeweils nur für spezielle Einsatzzwecke benötigt werden.
- *Beta Lab* beinhaltet neue, noch nicht ganz reife Pakete für experimentierfreudige Anwender.
- *Partner* listet Software von anderen Entwicklern auf.
- Darunter ist der Paket-Katalog in verschiedene Themenbereiche wie Sicherung, Unterhaltung, Überwachung oder Sicherheit unterteilt.

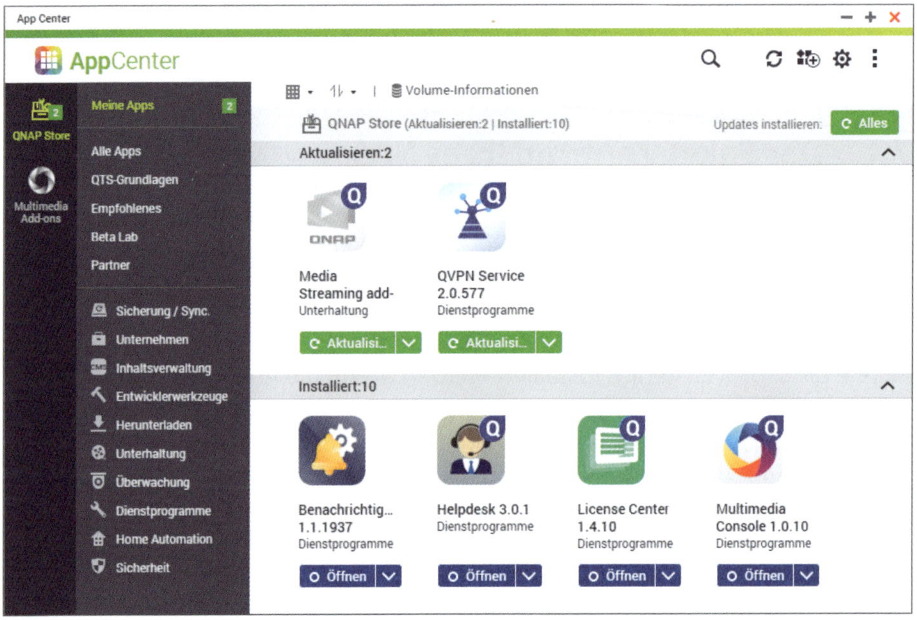

Die Darstellung der Liste anpassen

Die Darstellung der Anwendungen erfolgt standardmäßig in einer Kachelansicht, die neben Symbol und Namen nur die Versionsnummer und die Art der Software angibt.

Zum Erkunden der Möglichkeiten sollten Sie oberhalb der Pakete von der *Element*- auf die *Liste*-Ansicht umschalten. Dann erhalten Sie direkt in der Übersicht zu jeder App eine kurze Beschreibung.

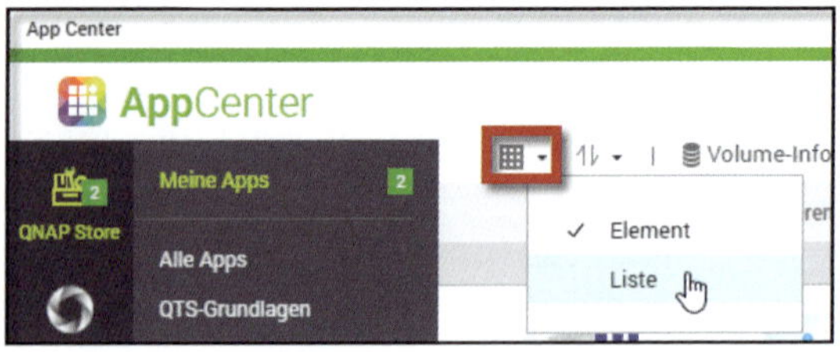

Die Sortierung der Einträge erfolgt standardmäßig alphabetisch. Sie können die Liste aber auch nach dem Veröffentlichungsdatum sortieren lassen. So landen neue Anwendungen bzw. Apps, von denen kürzlich neue Versionen veröffentlicht wurden, ganz oben.

Das ist praktisch, wenn Sie sich gelegentlich über interessante neue Möglichkeiten und Funktionen informieren möchten.

7.2 Apps suchen

Wenn Sie genau wissen, welches Softwarepaket Sie benötigen, finden Sie in der Symbolleiste des App Centers ein Suchfeld, mit dem Sie den Bestand schnell durchsuchen können.

Tippen Sie hier beispielsweise den Namen einer Applikation oder eines Dienstes ein, die Sie benötigen. Die Suche berücksichtigt dabei nur die Namen der Pakete. Sie wird gleichzeitig in allen vorhandenen Kategorien durchgeführt. Es ist also egal, was Sie zuvor links in der Navigationsleiste ausgewählt hatten.

Die Suche erfolgt in Echtzeit mit jedem eingetippten Zeichen. Es werden jeweils alle Anwendungen angezeigt, die die bisher eingetippte Zeichenkombination in ihrem Namen enthalten.

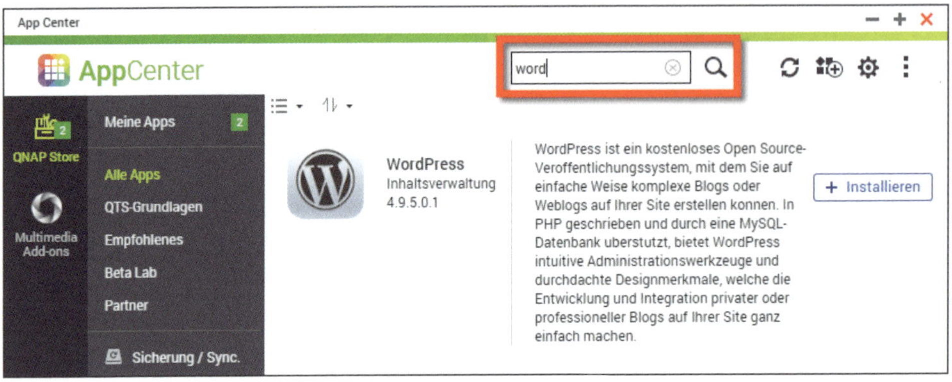

> **Das »richtige« Suchfeld**
> Da sich auch in der Symbolleiste am oberen Rand des QTS-Desktops ein Lupen-Symbol befindet, kann man leicht versehentlich das falsche Symbol anklicken und den Suchbegriff dann auch im falschen Suchfeld eintippen. Das macht in diesem Fall aber nichts, da auch die globale QTS-Suchfunktion Softwarepakete berücksichtigt und fündig wird.

7.3 Software aus dem App Center installieren

Wenn Sie eine bestimmte Zusatzapplikation nutzen möchten, können Sie diese jederzeit einfach im App Center installieren. Das NAS lädt dann die erforderlichen Dateien herunter, installiert die Software, richtet die ggf. erforderlichen Dienste im NAS ein und erstellt ein Symbol für die Software im Hauptmenü.

1. Haben Sie sich für eine Anwendung entschieden, können Sie direkt auf die *Installieren*-Schaltfläche bei ihrem Eintrag im App Center klicken.
2. Wenn Sie erst noch weitere Informationen haben möchten, klicken Sie stattdessen auf einen anderen Bereich des Eintrags wie beispielsweise Name, Symbol oder Beschreibung. So erhalten Sie zunächst eine ausführlichere Beschreibung der App mit Text und Bildern.
3. Um die Anwendung dann zu installieren, klicken Sie auf die gleichnamige Schaltfläche.

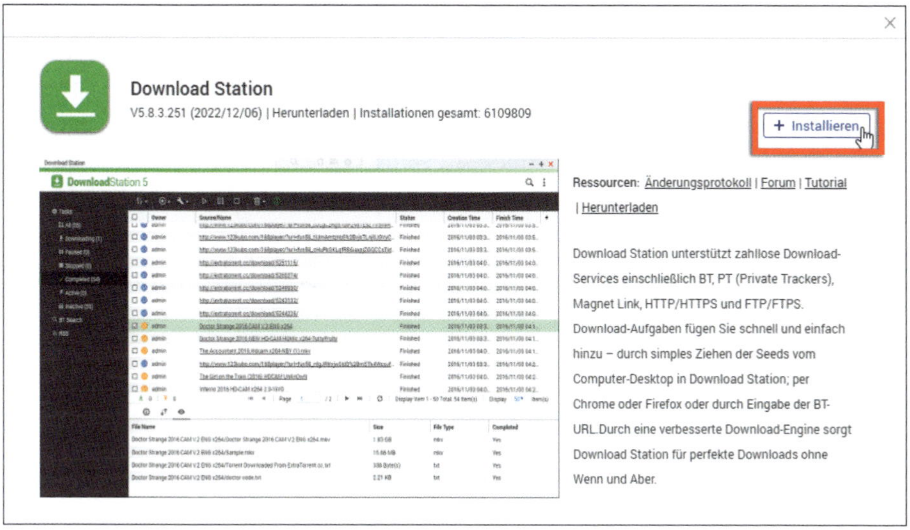

4. Nun brauchen Sie nur noch etwas abzuwarten, während das NAS alle erforderlichen Schritte ausführt. Wobei Sie nicht mal wirklich »warten« müssen, denn das Ganze passiert im Hintergrund, und Sie können solange (auch mit dem NAS) weiterarbeiten. Das App Center können Sie ebenfalls bereits schließen.
5. Wenn die Installation abgeschlossen ist, erhalten Sie einen Hinweis auf dem QTS-Desktop. Im App Center ändert sich die Beschriftung der Schaltfläche von *Installieren* zu *Öffnen*. Bei vielen Applikationen finden Sie außerdem anschließend ein entsprechendes neues Symbol auf dem QTS-Desktop vor.

Apps für weitere Benutzer bereitstellen

Standardmäßig werden zusätzliche Anwendungen nur für den Benutzer bereitgestellt, der sie installiert. Das bedeutet nicht, dass andere Benutzer nicht davon profitieren würden. Wenn es sich um eine grundsätzliche Funktionserweiterung handelt oder etwa eine Serverkomponente mit eigener Weboberfläche, dann können andere diese auch nutzen. Aber sie werden auf ihrem QTS-Desktop kein Symbol dafür sehen und können diese App dementsprechend auch nicht konfigurieren und steuern. Das können Sie ändern, indem Sie eine von Ihnen installierte App auch anderen Benutzern zur Verfügung stellen.

1. Öffnen Sie im App Center im Navigationsbereich links den Abschnitt *Meine Apps*, um alle installierten Pakete anzuzeigen.
2. Lokalisieren Sie die betreffende Anwendung, und klicken Sie bei deren Eintrag in der Liste auf den kleinen Pfeil rechts neben der *Öffnen*-Schaltfläche (aber nicht auf die Schaltfläche selbst!).

3. Klicken Sie im so geöffneten Menü dann auf *Anzeige an*.
4. Damit öffnen Sie ein Untermenü mit den Optionen für die Anzeigen dieser App. Welche Optionen genau anwählbar sind, hängt von der Art der Applikation ab. Manche Hintergrunddienste etwa können grundsätzlich nicht für alle Nutzer oder auf dem Anmeldebildschirm angezeigt werden. Dann sind diese Optionen inaktiv.
   - *Administrator-Hauptmenü*: Die App wird nur für Administratorbenutzer angezeigt.
   - *Menü jedes Nutzers*: Die App wird bei allen Benutzern angezeigt.

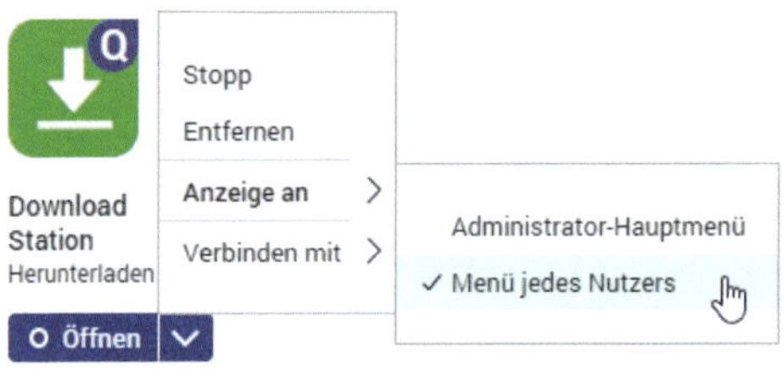

7.4 Weitere Softwarequellen hinzufügen

Neben den von QNAP und offiziellen Partnern angebotenen Anwendungen im App Center gibt es weitere Verzeichnisse mit Software für QNAP-Geräte, die Sie ebenso verwenden können. Diese lassen sich sogar ins App Center integrieren, sodass sie dort als zusätzlicher Bereich angezeigt werden. Das Installieren der Anwendungen ist dementsprechend genauso komfortabel mit wenigen Mausklicks erledigt.

Eine beliebte Alternative ist etwa der QNAP Club Store. Beachten Sie aber bitte bei diesen und anderen Store-Alternativen, dass Apps aus diesen Quellen nicht von QNAP geprüft sind, und installieren Sie Software von dort nur, wenn Sie den Anbietern vertrauen. Denn prinzipiell lässt sich auf diese Weise auch schädliche Software auf Ihrem NAS installieren.

1. Um weitere Quellen hinzuzufügen, klicken Sie im App Center oben rechts auf das Zahnrad-Symbol, um die Einstellungen zu öffnen.
2. Wechseln Sie dort in die Rubrik *App-Archiv*, und klicken Sie darin oben links auf *Hinzufügen*.
3. Tragen Sie dann bei *Name* eine eigene Bezeichnung für die zusätzliche Quelle ein.
4. Im Feld *URL* geben Sie die Adresse für den Zugriff auf die Paketquelle ein, hier im Beispiel verwende ich die URL des QNAP Club Stores.
5. Sollte es sich um ein nicht-öffentliches bzw. geschütztes Softwareverzeichnis handeln, tragen Sie darunter zusätzlich *Benutzername* und *Kennwort* für den Zugriff ein. Diese Daten erhalten Sie vom Betreiber des Verzeichnisses.

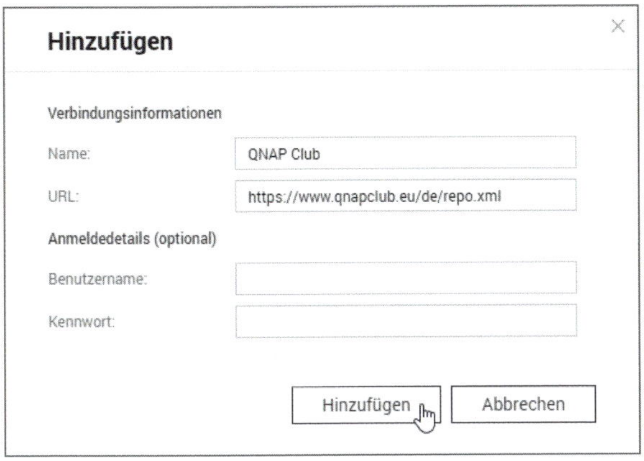

6. Klicken Sie dann auf *Hinzufügen*. Zurück in der Einstellungsrubrik *App-Archiv*, wird dort ein Eintrag für die neue Paketquelle angezeigt. Schließen Sie die Einstellungen mit *OK*.

Zurück im Hauptfenster des App Centers, finden Sie anschließend links im Navigationsbereich einen zusätzlichen Eintrag mit dem Namen der neuen Quelle. Wenn Sie diesen anklicken, werden rechts die Anwendungen aus dieser Quelle angezeigt. Dabei finden Sie, wie vom QNAP Software Store gewohnt, oben die Kategorien *Meine Apps* und *Alle Apps* vor. Darunter folgt eine thematische Unterteilung, die der Betreiber des Archivs selbst so erstellt hat.

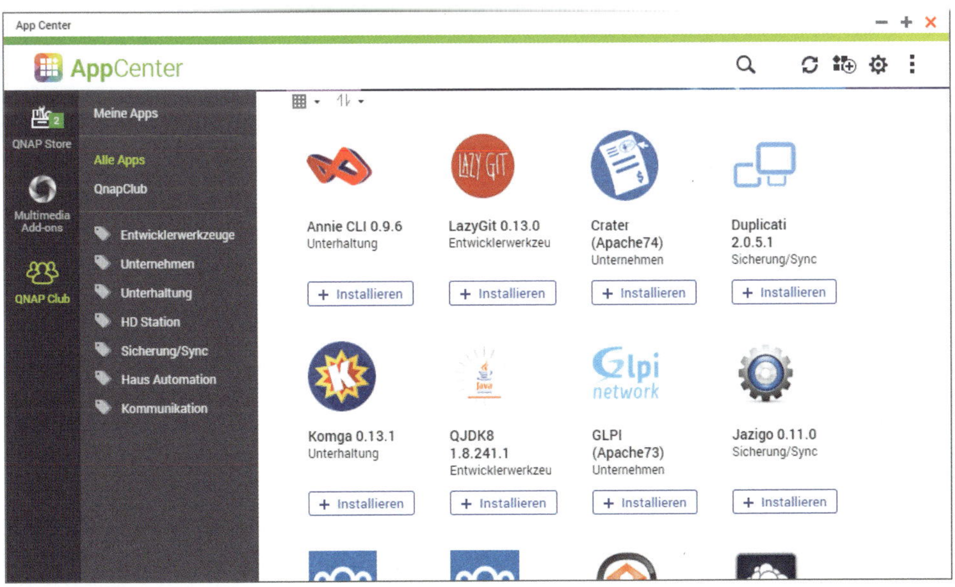

Für noch mehr Funktionen kann das App Center um zusätzliche Quellen für Applikationen erweitert werden.

7.5 Software manuell installieren

Teilweise werden Anwendungen für QNAP-NAS auch abseits von Softwarequellen zum direkten Download angeboten. Dabei handelt es sich um Dateien mit der Endung *.qpkg* oder ZIP-Archive, die ihrerseits QPKG-Dateien enthalten. Diese können manuell installiert werden. Bedenken Sie dabei zwei Dinge:

- Sie müssen sich auf den Anbieter eines solchen Pakets verlassen, dass die Software auch tatsächlich das tut, was sie vorgibt. Die Pakete werden bei der Installation nicht geprüft und könnten im Prinzip auch schädliche oder fehlerhafte Programme enthalten, die beispielsweise die auf dem NAS gespeicherten Daten löschen.
- Manuell installierte Pakete können nicht automatisch aktualisiert werden. Sie müssen sich bei solchen Applikationen also selbst darum kümmern, regelmäßig nach neuen Versionen Ausschau zu halten, und diese ggf. zeitnah von Hand einspielen.

Wenn Sie trotzdem ein solches Softwarepaket für Ihr NAS verwenden möchten, laden Sie die Datei herunter. Dann können Sie das Paket im App Center installieren:

1. Öffnen Sie das App Center, und klicken Sie dort oben auf die Schaltfläche zum manuellen Installieren.
2. Klicken Sie im so geöffneten Dialog auf die *Durchsuchen*-Schaltfläche.
3. Navigieren Sie zu der zuvor heruntergeladenen QPKG- bzw. ZIP-Datei auf Ihrem PC, und wählen Sie diese mit *Öffnen* aus.
4. Zurück im Dialog zum manuellen Installieren, klicken Sie nun auf die *Installieren*-Schaltfläche.

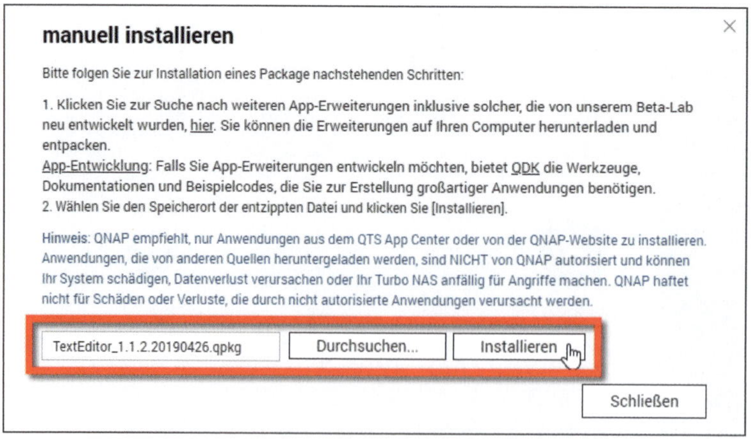

5. Bestätigen Sie die Rückfrage, ob Sie dieses Softwarepaket tatsächlich installieren möchten, mit *OK*.

6. Warten Sie nun kurz ab, während die Software auf das NAS hochgeladen und installiert wird. Abschließend erhalten Sie eine Erfolgsmeldung und können die Applikation ab sofort nutzen.

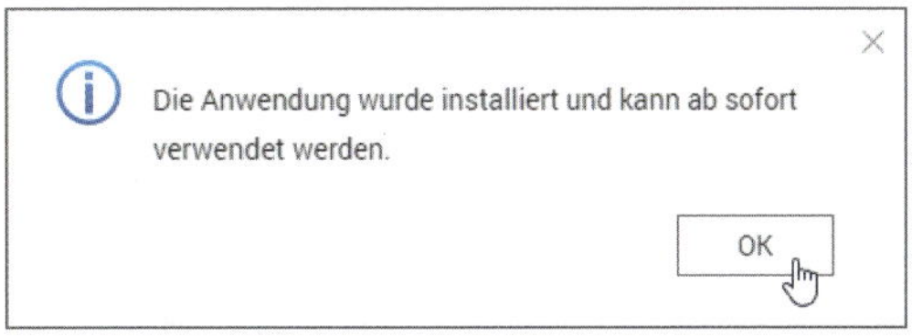

7.6 Apps auf dem aktuellen Stand halten

Wie jede Software müssen Apps gelegentlich aktualisiert werden. Wenn Sie Anwendungen für Ihr NAS aus den Quellen im App Center installiert haben, ist dieser Vorgang sehr geradlinig bzw. lässt sich sogar komplett automatisieren. Denn das App Center prüft in regelmäßigen Abständen, ob neue Versionen der Software vorliegen, und informiert Sie darüber. Was Sie dann tun können, um die Aktualisierungen einzuspielen, habe ich auf Seite 74 im Rahmen der Ersteinrichtung beschrieben, weshalb es hier nicht wiederholt werden soll.

App-Aktualisierung vs. System-Update

Bei den Updates, um die es hier geht, handelt es sich um Aktualisierungen für einzelne installierte Anwendungen Ihres NAS. Diese sind nicht zu verwechseln mit Updates der Firmware, also der eigentlichen Systemsoftware. Diese wird auf Seite 314 beschrieben.

Sie können die Benachrichtigungen über vorliegende Aktualisierungen anpassen oder App-Updates sogar ganz automatisch einspielen lassen. Besonders wenn schon eine Reihe von Anwendungen installiert ist, ist das sinnvoll, denn sonst werden Sie sich ständig um Aktualisierungen kümmern müssen.

1. Klicken Sie im App Center oben rechts auf das Zahnrad-Symbol, um die Einstellungen zu öffnen.
2. Wechseln Sie in den Einstellungen in die Rubrik *Aktualisieren*.

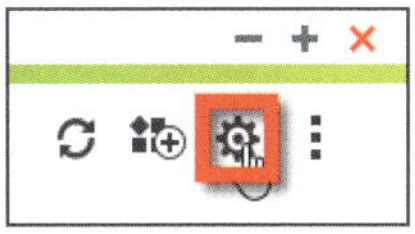

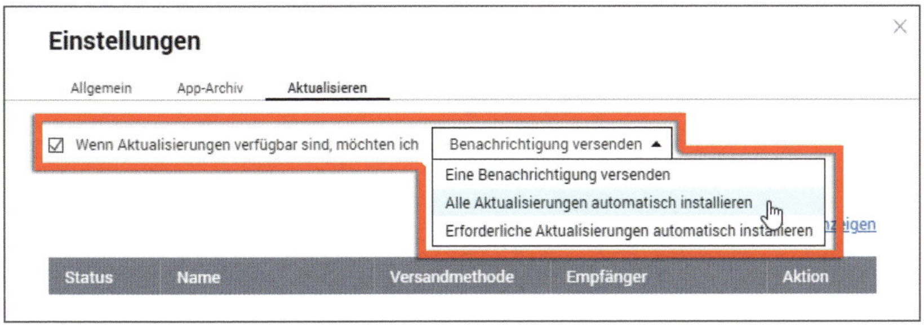

3. Damit das NAS bei vorliegenden Updates automatisch aktiv wird, schalten Sie zunächst die Option *Wenn Aktualisierungen verfügbar sind, möchte ich...* ein.
4. Anschließend können Sie festlegen, welche Aktion erfolgen soll:
   - *Eine Benachrichtigung versenden*: Das NAS schickt nur eine Benachrichtigung, unternimmt sonst aber nichts.
   - *Alle Aktualisierungen automatisch installieren*: Das NAS installiert vorliegende Updates grundsätzlich umgehend automatisch. Sie können darunter festlegen, wie oft auf neue Updates geprüft werden soll. Wenn Sie nur wenige gängige Anwendungen installiert haben und sich nicht viel damit beschäftigen möchten, ist diese Variante empfehlenswert.
   - *Erforderliche Aktualisierungen automatisch installieren*: Das NAS installiert nur vorliegende Updates, wenn diese als kritisch oder besonders wichtig eingestuft sind, also beispielsweise Sicherheit oder Stabilität betreffen. Auch dabei können Sie das Prüfintervall individuell anpassen. Der Vorteil dieser Variante ist, dass Sie etwas mehr Kontrolle darüber behalten, welche Updates wann eingespielt werden.
5. Haben Sie sich für Benachrichtigungen entschieden, können Sie weiter unten *Benachrichtigungsregeln erstellen*. Dazu wird das Benachrichtigungscenter geöffnet und dort der Assistent für neue Regeln gestartet. Die Ereignisart *App-Updates* ist bereits vorausgewählt. Mehr Ereignisse und die weiteren Einstellungen wie Kriterien, Methoden und Empfänger können Sie individuell anpassen.

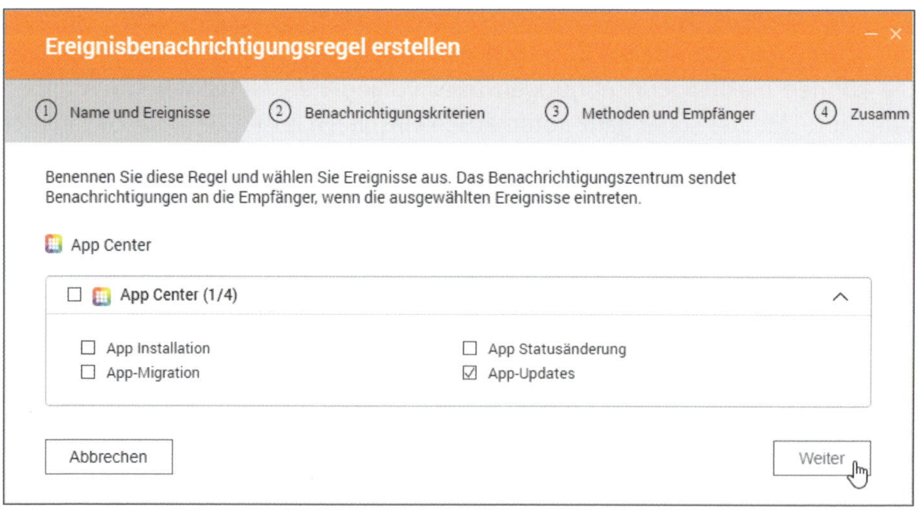

7.7 Anwendungen deinstallieren

Wenn Sie ein App nicht mehr benötigen, sollten Sie sie deinstallieren. So geben Sie die Ressourcen wieder frei, die von diesem Programm und seinen Daten belegt werden.

1. Öffnen Sie im App Center im Navigationsbereich links den Abschnitt *Meine Apps*, um alle installierten Pakete anzuzeigen.

2. Lokalisieren Sie die zu entfernende Anwendung, und klicken Sie bei deren Eintrag in der Liste auf den kleinen Pfeil rechts neben der *Öffnen*-Schaltfläche (aber nicht auf die Schaltfläche selbst!).
3. Im so geöffneten Menü wählen Sie den Befehl *Entfernen*.
4. Bestätigen Sie anschließend die Rückfrage, ob diese Applikation einschließlich der dazu gespeicherten Nutzerdaten wirklich entfernt werden soll, mit *OK*.

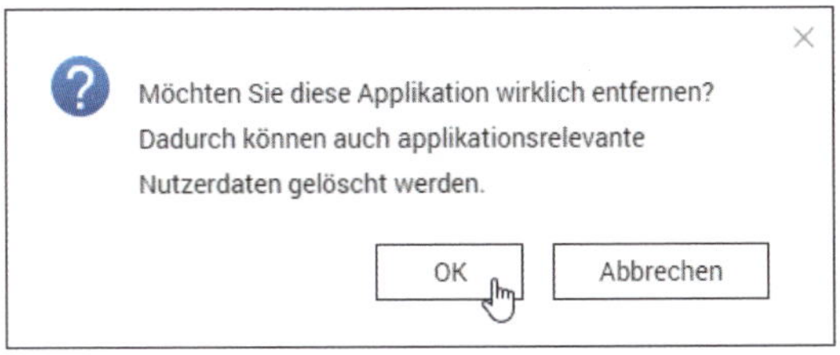

5. Die Anwendung wird nun im Hintergrund entfernt, was je nach Umfang ein wenig dauern kann. Sie können das NAS währenddessen wie gewohnt weiternutzen.

8. Backup-Zentrale für Ihre Geräte

Das NAS bietet sich mit seiner zentralen Speicherkapazität als Medium für Dateisicherungen an. Wenn Sie bereits ein Sicherungsprogramm im Einsatz haben oder mit den Werkzeugen Ihres Betriebssystems für diesen Zweck zufrieden sind, können Sie einen Freigabeordner des NAS als Ziel für Ihre Sicherungen angeben. Das macht den Einsatz externer Festplatten o. Ä. überflüssig. Zumindest fast, denn auch wichtige Dateien auf einem NAS sollte man vorsichtshalber auf externen Medien speichern, um vor Totalausfällen geschützt zu sein. Hier bietet ein NAS aber den Vorteil, solche Dateien von verschiedenen PCs und Geräten zu sammeln, sodass man sie am NAS zentral extern sichern kann.

8.1 NetBak Replicator für Windows

Wenn Sie mit den vorhandenen Sicherungswerkzeugen nicht zufrieden sind oder sich damit noch gar nicht befasst haben, könnte NetBak Replicator eine Lösung sein. Dieses Windows-Programm stellt QNAP in seinem Download-Zentrum (https://www.qnap.com/de-de/utilities/essentials) kostenlos zur Verfügung.

Die Verbindung zum NAS einrichten

Beim ersten Start können Sie direkt die Verbindung zum NAS herstellen und festlegen, wo das Programm dort seine Sicherungsdaten ablegen darf:

1. Wählen Sie im ersten Schritt das Ziel-NAS anhand des Gerätenamens aus (falls Sie mehr als ein QNAP-Gerät im Einsatz haben).

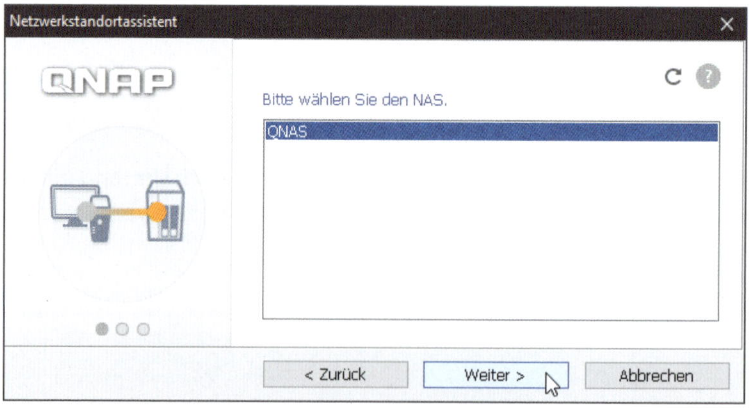

2. Falls Windows für den Zugriff auf das NAS eine Anmeldung benötigt, geben Sie Name und Kennwort des NAS-Benutzers ein. Verwenden Sie einen Benutzer, der Zugriff auf den gewünschten Freigabeordner hat.
3. Der Assistent ruft dann die verfügbaren Freigabeordner beim NAS ab und stellt sie in einer Liste dar. Wählen Sie den Ordner aus, in dem die Sicherungsdaten abgelegt werden sollen.

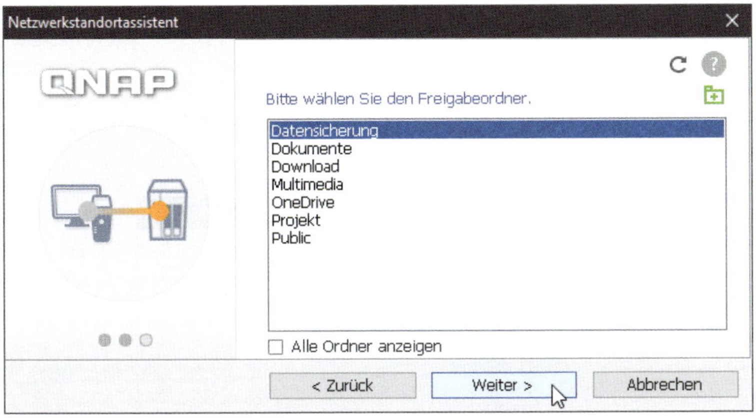

4. Geben Sie dann den NAS-Benutzer an, mit dessen Profil das Sicherungsprogramm sich beim NAS anmelden soll. Davon hängt ggf. ab, welche Freigabeordner als Ziel für die Sicherung zur Verfügung stehen (mehr dazu erfahren Sie auf Seite 101). Die Option *Vergessen Sie nicht den Benutzernamen und das Passwort* sorgt dafür, dass das Programm die Anmeldedaten speichert. Andernfalls müsste es bei jeder Sicherung erneut danach fragen.

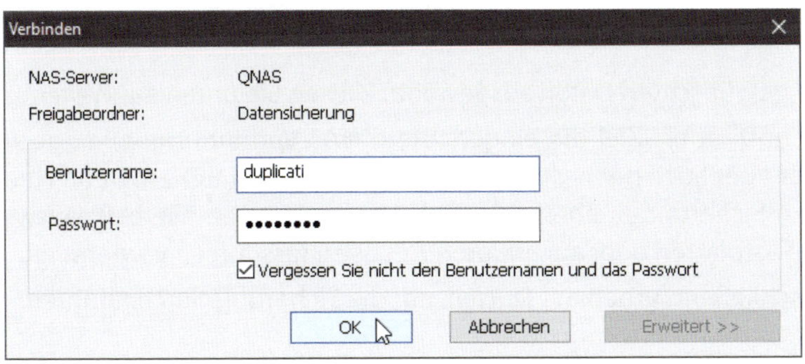

Damit ist die Verbindung zum NAS hergestellt, und Sie können mit dem Sichern der lokalen Daten beginnen.

Sicherungen auf dem NAS durchführen

NetBak Replicator bietet verschiedene Möglichkeiten, Daten vom lokalen Windows-PC zu sichern. Die schnellste ist eine direkte Sicherung im einfachen Modus.

1. Klicken Sie dazu im Startfenster auf *Sofortsicherung*.
2. Im so geöffneten Dialog wählen Sie die zu sichernden Dateien und Ordner aus. Der Assistent zeigt Ihnen dazu die Laufwerke des PCs sowie Ihren Benutzerordner und den Schriftartenordner an. Sie können diese Einträge jeweils aufklappen und so das gesamte Dateisystem erkunden. Setzen Sie jeweils Häkchen bei den Ordnern und Dateien, die gesichert werden sollen.

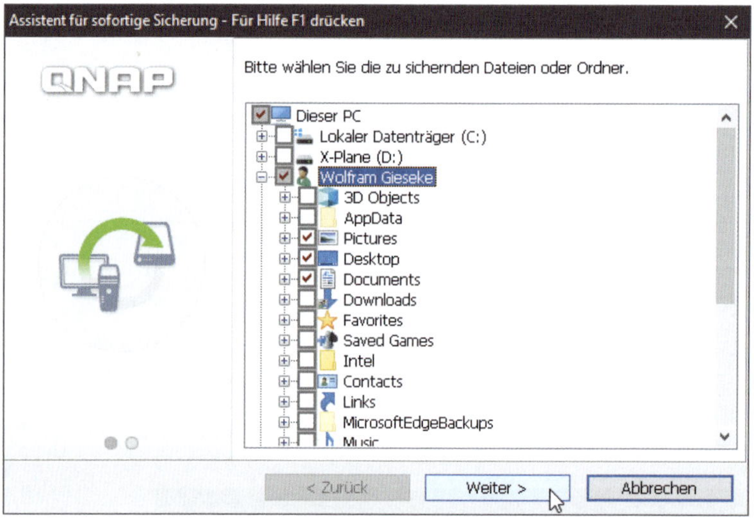

3. Haben Sie alle gewünschten Daten ausgewählt, klicken Sie unten auf *Weiter*.
4. Im zweiten Schritt ist als Ziel die eingerichtete NAS-Verbindung voreingestellt. Sie können hier aber auch noch eine abweichende Auswahl treffen. Denn NetBak Replicator kann Sicherungen ebenso auf lokalen Laufwerken wie beispielsweise externen USB-Festplatten oder auf anderen Netzwerkressourcen vornehmen.
5. Klicken Sie abschließend unten auf *Starten*, um die Sicherung durchzuführen.

Sie können den Fortschritt der Sicherung im Fortschrittsdialog verfolgen. Ebenso können Sie diesen aber auch minimieren und die Sicherung im Hintergrund weiterlaufen lassen. Eine solche Sofortsicherung können Sie jederzeit wiederholen. Wenn Sie dasselbe Ziel verwenden, werden dort die Dateien ersetzt, die sich seit der letzten Sicherung verändert haben.

Automatische Sicherung bei Bedarf

Neben der sofortigen manuellen Sicherung beherrscht NetBak Replicator andere Modi, mit denen der Sicherungsvorgang automatisiert werden kann.

Eine clevere Variante ist die automatische Sicherung. Dabei überwacht das Programm die für die Sicherung ausgewählten Ordner auf dem lokalen PC ständig. Sobald Sie Änderungen an den dort vorhandenen Dateien vornehmen oder neue Dateien erstellen, werden diese automatisch auch auf dem NAS gesichert.

So ist sichergestellt, dass Sie auf dem NAS stets eine vollständige aktuelle Sicherung Ihrer Dokumente haben.

1. Für die automatische Sicherung wechseln Sie im Startdialog links unten zum *Erweiterten Modus*.
2. Öffnen Sie darin die Rubrik *Autom. Sicherung*.

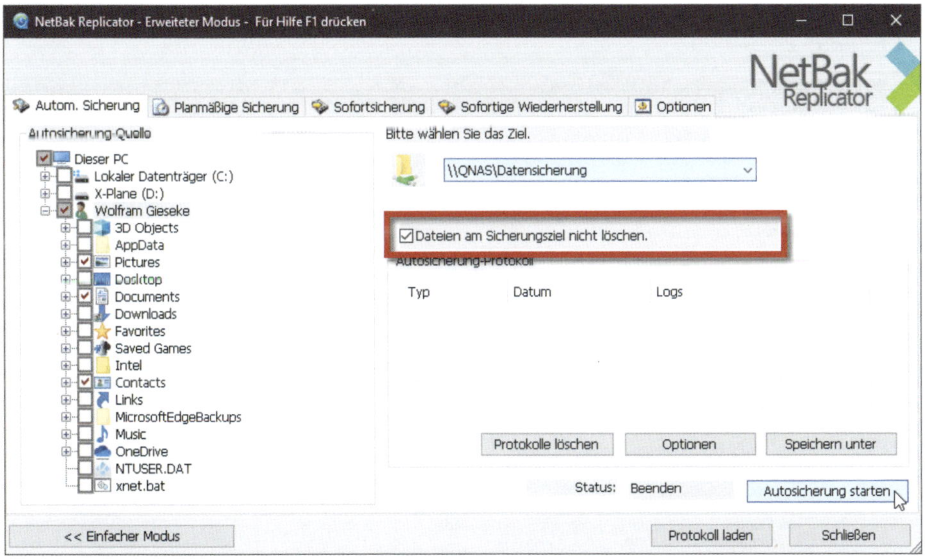

3. Hier können Sie links auswählen, welche Ordner und Dateien berücksichtigt werden sollen.
4. Rechts oben wählen Sie das Sicherungsziel aus, wobei die eingerichtete NAS-Verbindung standardmäßig ausgewählt ist.
5. Wichtig ist darunter die Option *Dateien am Sicherungsziel nicht löschen*. Setzen Sie diese, damit die gesicherten Dateien auf dem NAS erhalten bleiben, auch wenn die Originale am PC gelöscht wurden. Andernfalls würde das Programm Dateien,

die im Quellordner gelöscht wurden, automatisch auch aus der Sicherung entfernen. Das ist meist nicht das, was man vom Backup erwartet.

6. Klicken Sie dann rechts unten auf *Autosicherung starten*.

Ab sofort sichert das Programm alle Änderungen in den ausgewählten Ordnern automatisch auf das NAS.

Sicherung nach Zeitplan

Soll die Sicherung nicht ständig aktualisiert und ergänzt werden, sondern wollen Sie lieber in regelmäßigen Abständen neue Komplettsicherungen vornehmen, können Sie dies mit einer planmäßigen Sicherung erreichen.

Dabei legen Sie alle Einzelheiten vorab fest, und die Sicherung wird vom Programm zum geplanten Zeitpunkt automatisch durchgeführt.

1. Wechseln Sie dazu im *Erweiterten Modus* von NetBak Replicator in die Rubrik *Planmäßige Sicherung*.

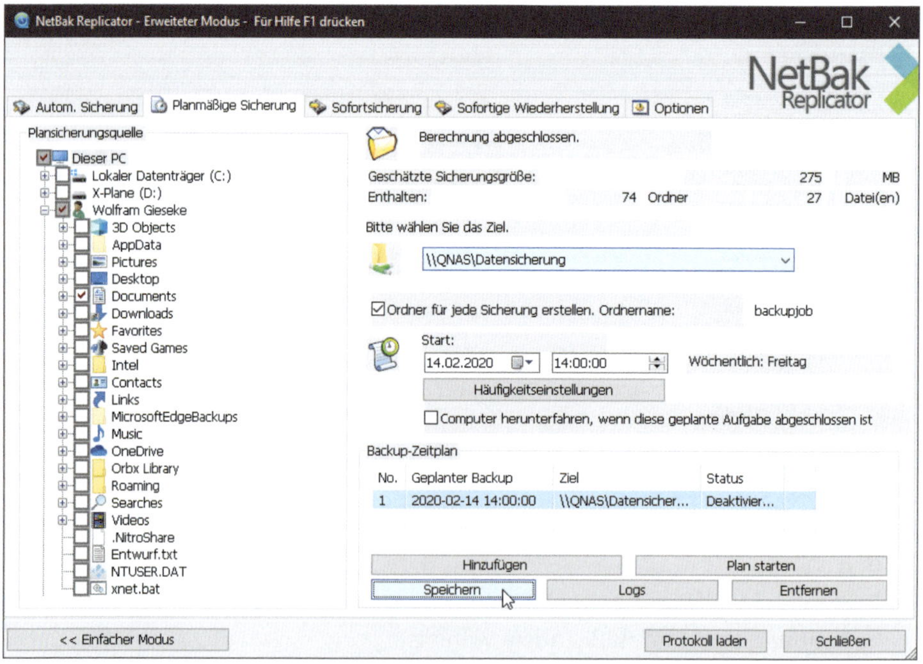

2. Hier können Sie links wie gewohnt auswählen, was genau gesichert werden soll. Ebenso wählen Sie rechts das Ziel aus, also standardmäßig das verbundene NAS.

3. Wollen Sie jeweils eine neue vollständige Sicherung anlegen, schalten Sie die Option *Ordner für jede Sicherung erstellen* ein, und geben Sie rechts daneben einen Ordnernamen an. Es wird dann bei jeder Sicherung in diesem Unterordner ein neuer Ordner angelegt, der als Bezeichnung Datum und Uhrzeit des Sicherungstermins trägt.
4. Darunter legen Sie bei *Start* den Zeitpunkt fest, zu dem die Sicherung (erstmals) durchgeführt werden soll.
5. Klicken Sie dann auf die Schaltfläche *Häufigkeitseinstellung*, um einen Dialog zu öffnen, in dem Sie die Frequenz für die automatischen Wiederholungstermine festlegen. Andernfalls wird die Sicherung nur einmalig zum gewählten Zeitpunkt ausgeführt.
6. Anschließend fragt das Programm nach, ob der gewählte Zeitplan sofort aktiviert werden soll. Dies können Sie mit *Ja* bestätigen. Andernfalls wählen Sie den Zeitplan später im Backup-Zeitplan aus und klicken dann auf *Plan starten*.

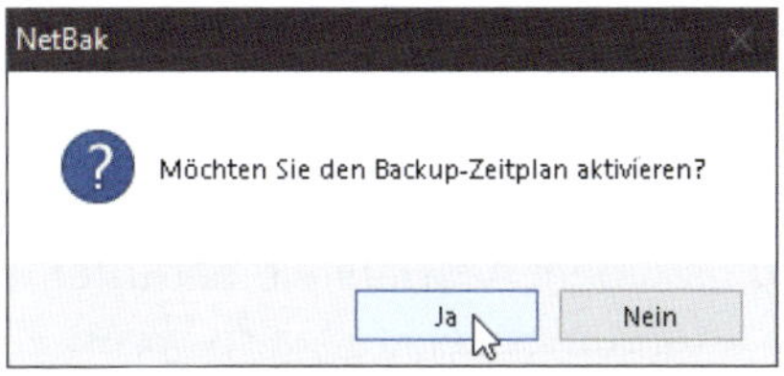

7. Damit das Programm eine vollständige Sicherung durchführen kann, selbst wenn Sie gerade nicht angemeldet sind, benötigt es das Passwort für das Administratorkonto des PCs.
8. Auf diese Weise können Sie auch mehrere Zeitpläne für die Sicherung erstellen und aktivieren. Vergessen Sie abschließend nicht, unten auf die *Speichern*-Schaltfläche zu klicken, um die gewählten Einstellungen dauerhaft zu übernehmen.

Auf gesicherte Dateien zugreifen

Wenn Sie Dateien aus einer Sicherung benötigen, können Sie diese ebenfalls mit NetBak Replicator zurückholen. Es ermöglicht Ihnen, durch die Sicherungen zu navigieren und Dateien oder Ordner auszuwählen, die wiederhergestellt werden sollen.

1. Um gesicherte Dateien wiederherzustellen, können Sie den einfachen Modus von NetBak Replicator verwenden. Klicken Sie hier auf *Sofortige Wiederherstellung*.
2. Wählen Sie dann im ersten Schritt Sicherungsquelle sowie Benutzer und Computer aus, sofern die Voreinstellung nicht automatisch korrekt ist.
3. Darunter können Sie durch die Sicherung zu den gewünschten Dateien oder Ordnern navigieren. Markieren Sie alle Elemente mit einem Häkchen, die Sie wiederherstellen möchten.
4. Klicken Sie dann unten auf *Weiter*.

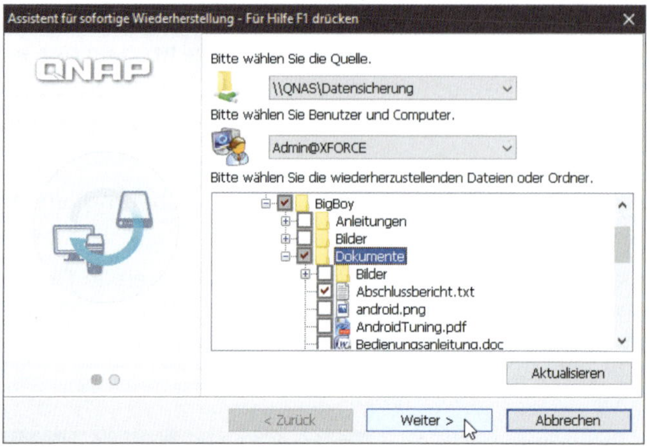

5. Wählen Sie im zweiten Schritt oben zunächst, ob die Elemente im Originalpfad oder an einer abweichenden Stelle wiederhergestellt werden sollen.
6. Mit dem Auswahlfeld darunter legen Sie fest, wie das Programm mit Dateikonflikten umgehen soll, also wenn eine wiederherzustellende Datei im Original noch vorhanden ist, sich aber von der gesicherten Version unterscheidet:
   - *Alle Dateien wiederherstellen*: Alle ausgewählten Dateien werden wiederhergestellt und eventuell vorhandene Originaldateien ggf. dabei überschrieben.
   - *Diese Datei überspringen und fortsetzen*: Es werden nur gesicherte Dateien wiederhergestellt, die im Originalpfad nicht mehr vorhanden sind.
   - *Warndialog anzeigen*: Es wird bei einem Konflikt jeweils ein Dialog angezeigt, und Sie entscheiden, ob das Original behalten oder die gesicherte Version wiederhergestellt werden soll.
7. Klicken Sie dann unten auf *Starten*, um das Wiederherstellen zu beginnen.

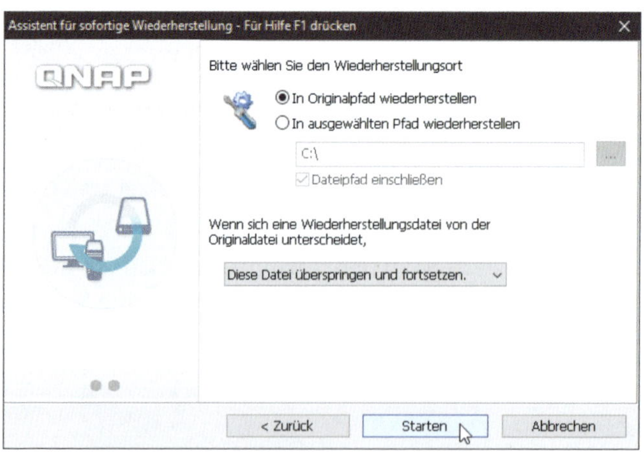

Sollten Sie den Warndialog gewählt haben, wird bei Konflikten zwischen Dateiversionen jeweils ein Hinweis angezeigt. Sie können dann entscheiden, ob Sie das Wiederherstellen dieser Datei durch Klick auf die gleichnamigen Schaltflächen überspringen oder die vorhandene Datei durch die gesicherte Version ersetzen möchten.

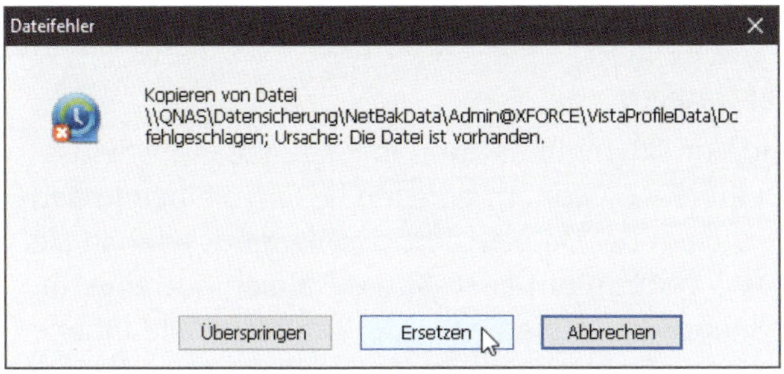

Weitere Möglichkeiten zum Wiederherstellen

Alternativ können Sie auch File Station oder einen beliebigen Datei-Manager zum Wiederherstellen verwenden. Dazu finden Sie im für die Sicherung ausgewählten Freigabeordner in der obersten Ebene einen Ordner *NetBakData*. Darunter sind alle mit NetBak Replicator erstellten Sicherungen zu finden. Verschiedene Sicherungen finden Sie in Unterordnern, die nach dem Schema Windows-Benutzername@Windows-PC-Name benannt sind, also beispielsweise *wolfram@meinpc*.

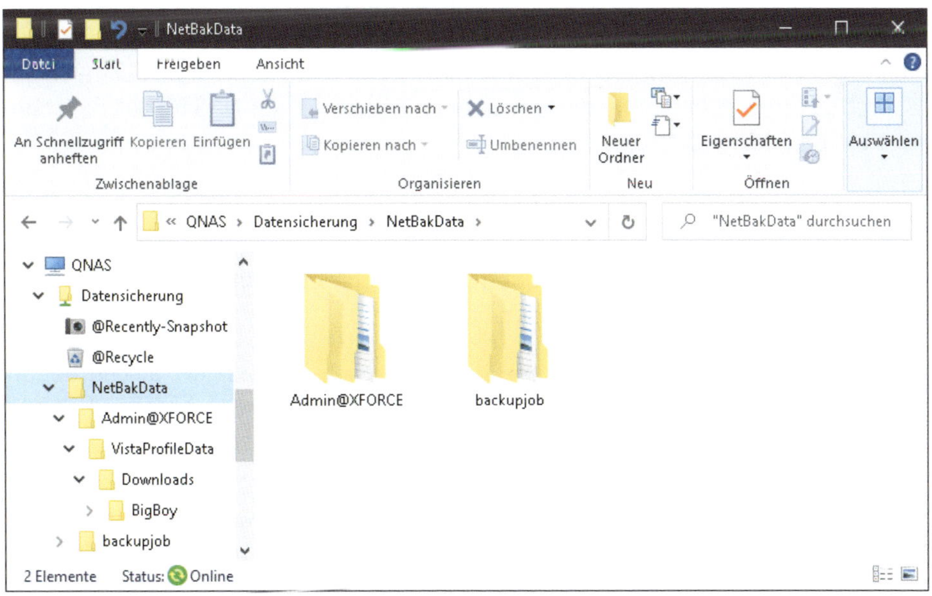

Die Sicherungsdaten können auch mit File Station oder im Windows-Explorer durchsucht werden.

Zusätzlich können Sie hier auch auf Sicherungen zugreifen, die Sie nach Plan in jeweils einem neuen Ordner haben anlegen lassen. Navigieren Sie durch die Ordnerstrukturen, bis Sie die gesuchten Dateien oder Ordner ausfindig gemacht haben. Diese können Sie dann mit den gewohnten Funktionen des Datei-Managers kopieren, verschieben oder herunterladen.

Frühere Versionen gesicherter Dateien

NetBak Replicator sichert standardmäßig immer nur den letzten Stand einer Datei. Nur wenn Sie Sicherungen in neuen Ordnern anlegen lassen, bleiben in den alten Ordnern auch frühere Versionen der Dateien zurück. Allerdings können Sie die Snapshot-Funktion Ihres NAS nutzen, um auch ältere Dateien aus einer Sicherung wiederherzustellen. Snapshots (siehe Seite 238) umfassen alle Inhalte eines Volumes, also auch die Sicherungen. Wenn Sie regelmäßig Snapshots Ihres Volumes erstellen, finden Sie darin also auch frühere Versionen der gesicherten Dateien.

8.2 NAS als Ziel für den Windows-Dateiversionsverlauf

Windows kann in seinem Dateiversionsverlauf gelöschte Dateien und auch vorherige Versionen vorhandener Dateien vorrätig halten, um diese ggf. wiederherstellen zu können. Das NAS bietet sich mit seiner Speicherkapazität als Ziel solcher Sicherungsmechanismen an, insbesondere da man so gleichzeitig eine Kopie seiner Dateien auf einem separaten Gerät hat. Allerdings sind beim Einrichten des NAS für solche Sicherungen ein paar Dinge zu beachten.

Freigabeordner für Sicherungen einrichten

Zunächst empfiehlt es sich, einen eigenen Freigabeordner anzulegen, der als Ziel für die Sicherung dient. Das hat verschiedene Vorteile:

- Man kann ein Kontingent für diesen Ordner festlegen, sodass der Speicherbedarf automatisch gedeckelt ist. Dateiversionsverlauf und Time Machine sind darauf ausgelegt, automatisch die ältesten Daten zu verwerfen, wenn sich der Füllstand des Sicherungsmediums dem Maximum nähert.
- Der Freigabeordner kann mit restriktiven Zugriffsrechten versehen und vor Anwendern verborgen werden, sodass unbefugte Eingriffe verhindert und sensible Daten geschützt werden.
- Der Freigabeordner kann leichter ganz nach Bedarf bei der externen Sicherung des NAS ein- oder ausgeschlossen werden.

Wenn Sie auf Ihrem NAS Snapshots verwenden, dann sollten Sie den Freigabeordner in einem Volume ohne Snapshots (bzw. alternativ in einem eigenen Volume) anlegen. Dateiversionsverlauf bzw. Time Machine bieten an sich schon eine Schnappschuss-Funktion. Davon nochmals Snapshots anzufertigen, wäre nicht sinnvoll und würde den für Snapshots verfügbaren Speicher unnötig belasten.

Das Erstellen eines Freigabeordners wird auf Seite 114 detailliert gezeigt. Deshalb hier nur die wesentlichen Schritte:

1. Legen Sie einen einfachen, aussagekräftigen Namen fest.
2. Wählen Sie die Zugriffsrechte so, dass der Zugriff für einfache Benutzer des NAS erschwert wird. Idealerweise sollte nur ein speziell für diesen Zweck eingerichtetes Benutzerprofil Lese- und Schreibrechte haben. Diesem Benutzer können Sie ggf. auch ein Kontingent zuordnen, das den für Dateiversionen verfügbaren Speicherplatz effektiv begrenzt.
3. Nehmen Sie in den *Erweiterten Einstellungen* des Freigabeordners am besten die folgenden Einstellungen vor:
   - *Netzlaufwerk verbergen*: einschalten, damit der Freigabeordner beispielsweise im Windows-Explorer gar nicht erst angezeigt wird
   - *Netzwerkpapierkorb aktivieren*: ausschalten, damit alte Sicherungen gleich richtig gelöscht und nicht erst in den Papierkorb verschoben werden
   - *Diesen Ordner als Time Machine Backup Ordner (macOS) festlegen*: einschalten, wenn der Freigabeordner als Ziel für Time Machine genutzt werden soll

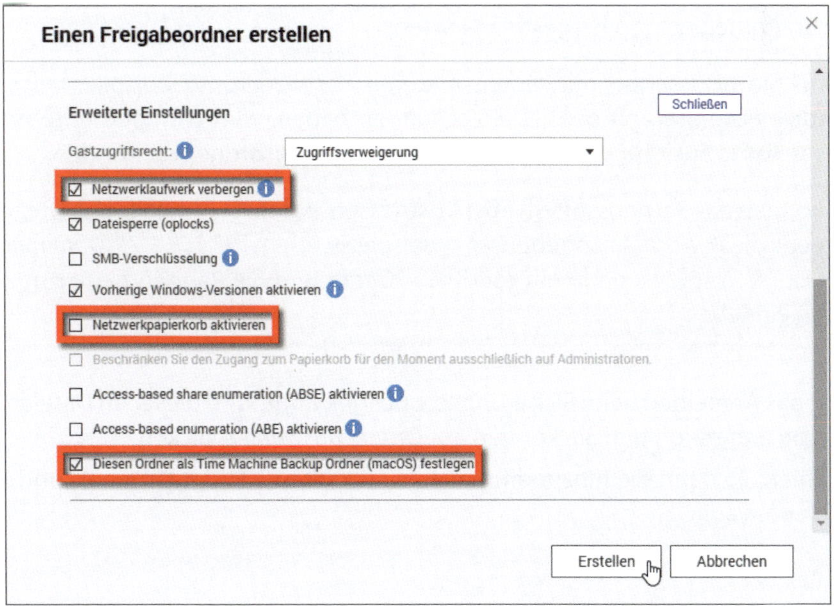

Sicherungsziel im Dateiversionsverlauf einstellen

Beim Windows-Dateiversionsverlauf reicht es, den erstellten Freigabeordner als Ziel anzugeben.

Allerdings gibt es dabei die eine oder andere Hürde zu umschiffen:

1. Öffnen Sie die Einstellungen für den *Dateiversionsverlauf* in der Windows-Systemsteuerung. Sollte der Dateiversionsverlauf noch nicht aktiviert sein, schalten Sie ihn jetzt ein.
2. Klicken Sie hier links auf *Laufwerk auswählen* und dann auf *Netzwerkadresse hinzufügen*.
3. Haben Sie den Sicherungsordner »versteckt«, wird er nun nicht angezeigt. In dem Fall können Sie ihn nicht per Mausklick auswählen, sondern geben ihn von Hand ein: \\<NAS-Netzwerkname>\<Freigabeordner>, also beispielsweise *\\QNAS\Dateiverlauf*. Drücken Sie dann ↵.
4. Nun geben Sie ggf. die Anmeldedaten für den Zugriff auf diesen Ordner ein. Wählen Sie dabei die Option *Anmeldedaten speichern*, damit der Dateiversionsverlauf sich in Zukunft automatisch beim NAS anmelden kann.

Probleme beim Anmelden?

Beim Anmelden von Windows an NAS-Freigaben kann es durch eine Unzulänglichkeit des Betriebssystems Probleme geben: Windows erlaubt es nicht, dass zur gleichen Zeit zwei Netzwerkverbindungen zu einem anderen Gerät mit verschiedenen Anmeldedaten hergestellt werden.

Wenn Sie also schon mit einem anderen Benutzerkonto beispielsweise den Windows-Explorer mit dem NAS verbunden haben, wird Windows automatisch dieses Konto auch für den Zugriff auf den Sicherungsordner verwenden.

Sie können das Betriebssystem aber austricksen, indem Sie anstelle des Netzwerknamens die IP-Adresse angeben, also beispielsweise *\\192.168.1.75\Dateifreigabe*. Das ist für Windows dann ein »anderes« Gerät, und Sie können neue Anmeldedaten eingeben.

5. Hat das Anmelden beim Sicherungsordner geklappt, wird dieser im Dateiauswahldialog angezeigt, und Sie können auf *Ordner auswählen* klicken.
6. Wählen Sie dann die hinzugefügte Netzwerkadresse in der Liste aus, und klicken Sie unten auf *OK*.

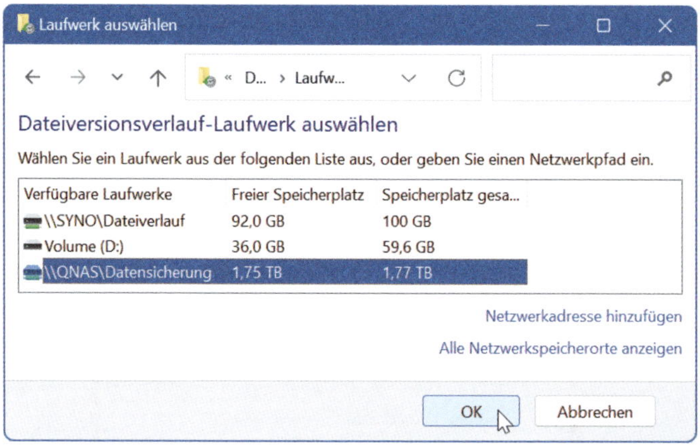

7. Hatten Sie den Dateiversionsverlauf zuvor schon im Einsatz, bietet Windows Ihnen nun an, dessen Inhalt zum neuen Sicherungsziel zu kopieren, sodass der Inhalt nicht verloren geht. Bestätigen Sie das *Ja*, oder klicken Sie auf *Nein*, um mit einem frischen Sicherungsordner zu starten.

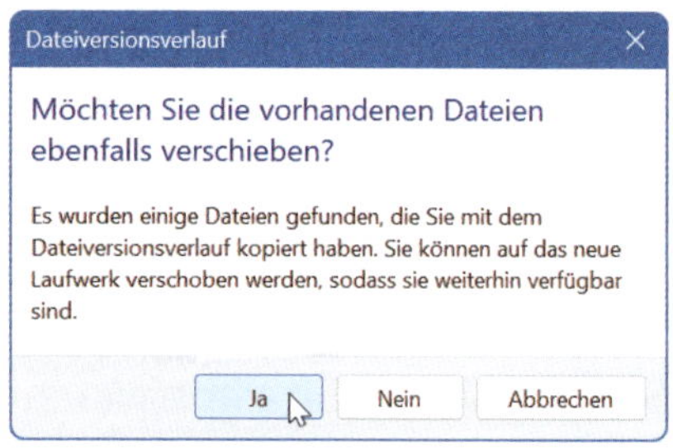

Haben Sie sich für das Kopieren vorhandener Daten entschieden, wird dies direkt durchgeführt. Anschließend können Sie den Windows-Dateiversionsverlauf wie gewohnt verwenden.

8.3 Das NAS für Time Machine konfigurieren

Bei macOS hört der eingebaute Sicherungsdienst auf den Namen Time Machine. Um das NAS dafür als Sicherungsziel zu nutzen, sind etwas mehr Schritte erforderlich als bei Windows, da Apple auf eigene Protokolle setzt, die im NAS aktiviert und passend eingestellt werden müssen. Ihr QNAP-NAS bringt aber alle Voraussetzungen mit, um als Time-Machine-Server zu dienen.

1. Öffnen Sie im QTS-Hauptmenü den Bereich *Dienste/Time Machine*.
2. Schalten Sie hier rechts die Option *Freigegebenes Time Machine Konto aktivieren* ein.
3. Legen Sie darunter ein *Passwort* für den *TimeMachine*-Benutzer fest, den das NAS für diesen Zweck intern anlegt.
4. Wählen Sie ggf. das Speicher-*Volume* aus, auf dem die Sicherungen gespeichert werden sollen. Zusätzlich können Sie eine maximale Kapazität für Time-Machine-Backups festlegen. Wenn Sie den Wert auf 0 belassen, ist die Kapazität unbegrenzt.

5. Klicken Sie dann unten auf *Übernehmen*, um den Dienst zu aktivieren.

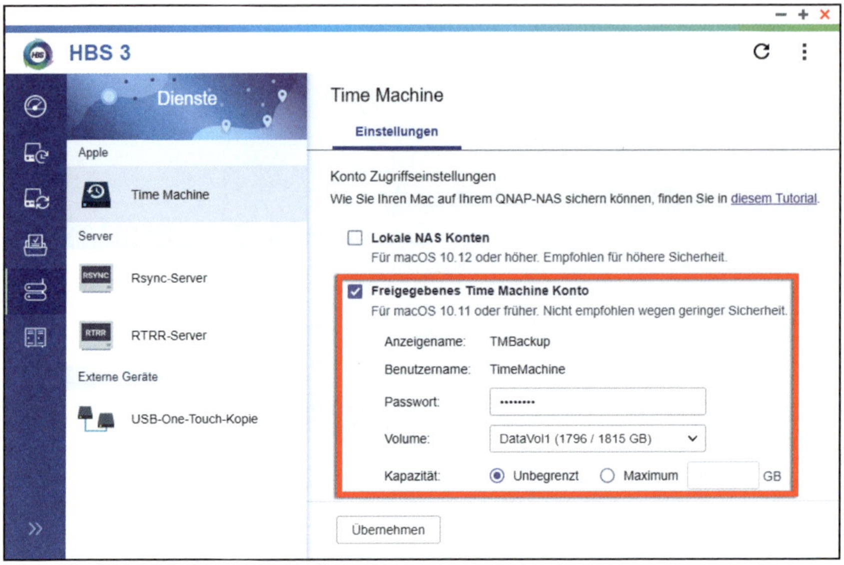

Sicherungsziel in Time Machine einstellen

Ist das NAS für Time Machine vorbereitet, können Sie es an Ihrem Mac-Rechner als Ziel für die Dateisicherung einstellen:

1. Öffnen Sie in den Mac-Systemeinstellungen den Bereich *Time Machine*.
2. Klicken Sie hier auf *Backup-Volume hinzufügen oder entfernen*, und wählen Sie dann das Laufwerk *TMBackup* auf Ihrem NAS aus.
3. Aktivieren Sie ggf. die Option *Backups verschlüsseln*, und klicken Sie dann auf *Volume verwenden*.

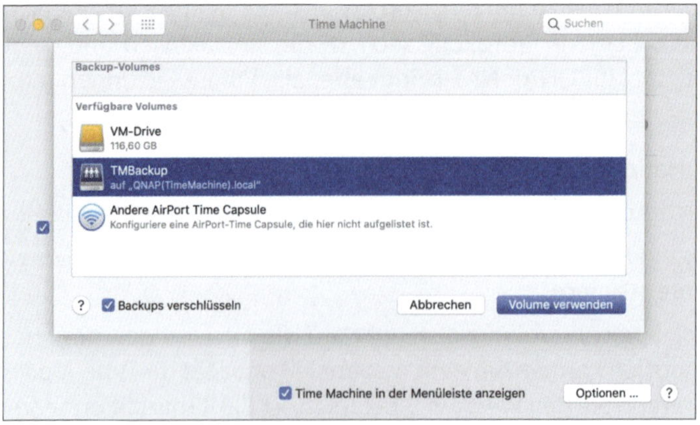

4. Bestätigen Sie die Rückfrage, ob Sie sich mit diesem Server verbinden möchten, mit *Verbinden*.
5. Nun werden *Name* und *Passwort* für den Zugriff aufs NAS abgefragt. Verwenden Sie dazu den Benutzernamen *TimeMachine* (den das NAS intern dafür angelegt hat) und das Kennwort, das Sie beim Einrichten von Time Machine (siehe vorangegangener Abschnitt) selbst festgelegt haben.

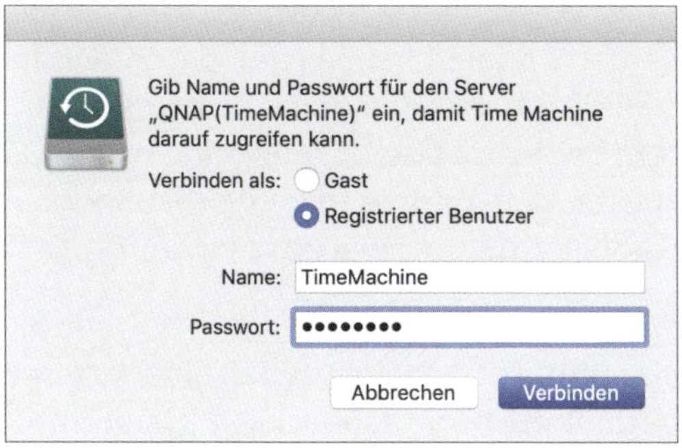

6. Falls Sie sich für verschlüsselte Backups entschieden haben, müssen Sie zusätzlich ein Kennwort zum Verschlüsseln der Sicherungen angeben. Dieses hat mit dem Benutzerkennwort beim NAS nichts zu tun und kann anders gewählt werden. Klicken Sie dann auf *Volume verschlüsseln*.

Damit ist das NAS als Sicherungsziel für Time Machine festgelegt, und die Daten werden ab sofort dort abgelegt.

8.4 Die Daten des NAS sichern

Das NAS ist ein gutes Medium, um Daten von PCs, Smartphones und anderen Geräten darauf zu sichern und bei Bedarf wiederherstellen zu können. Aber auch das NAS selbst sollte Teil einer Sicherungsstrategie sein. Denn bei einem Ausfall oder durch einen Fehler können die darauf gespeicherten Dateien unwiederbringlich verloren gehen. Bei wichtigen Daten sollten Sie sich also nicht darauf verlassen, dass das NAS diese schon für ewige Zeiten sicher bewahren wird. Stattdessen sollten Sie beispielsweise Ihre Familien-Fotosammlung zusätzlich auf externen Datenträgern schützen.

Mit der Anwendung *Hybrid Backup Sync* (HBS) aus dem App Center lassen sich solche Sicherungsaufgaben definieren und nach Bedarf oder Zeitplan durchführen. Es kann dabei nicht nur externe Speichermedien oder andere Netzwerkspeicher als Ziel verwenden, sondern beispielsweise auch Sicherungen in virtuellen Speicherordnern in der Cloud anlegen.

3-2-1 – die Faustregel für sichere Backups

Welche Backups man wo, wie und wie oft anlegt, ist eine individuelle Frage, die vom eigenen Sicherheitsbedürfnis, der Relevanz der Daten und letztlich auch dem eigenen Know-how und den verfügbaren Möglichkeiten abhängt. Es gibt aber eine Faustregel, an der man sich orientieren kann, wenn man wichtige Daten zuverlässig sichern möchte.

Das ist die 3-2-1-Regel: Man sollte immer **3** Kopien haben, eine davon auf dem Rechner selbst, zwei weitere als externe Backups. Die Kopien sollten sich auf **2** verschiedenen Medientypen befinden, beispielsweise eine auf einem NAS und eine weitere auf einer externen Festplatte. Und **1** Kopie sollte sich »außer Haus« befinden, damit selbst im Fall eines großen Unglücks wie etwa einem Feuer immer noch eine Kopie verfügbar ist.

Der letzte Punkt ist am aufwendigsten umzusetzen, aber neben einer externen Festplatte an einem sicheren Ort besteht auch die Möglichkeit, Daten in der Cloud zu sichern. Das dabei bestehende Datenschutzproblem lässt sich durch Verschlüsselung lösen.

Sicherungsaufträge erstellen

In HBS können Sie einen oder mehrere Sicherungsaufträge erstellen, die sich jeweils in Quellauswahl, Ziel, Umfang und Häufigkeit unterscheiden. So können Sie ein flexibles Sicherungskonzept umsetzen, das manche Daten nur gelegentlich auf einen externen Datenträger sichert oder wichtige Daten regelmäßig auf einen Cloud-Speicher dupliziert.

Im folgenden Beispiel zeige ich eine Sicherung auf einem an das NAS angeschlossenen externen USB-Laufwerk. Auf alternative Speicherziele geht der folgende Abschnitt ein.

1. Um einen neuen Sicherungsauftrag zu erstellen, wechseln Sie in HBS in den Bereich *Sichern & Wiederherstellen*.
2. Klicken Sie hier auf *Jetzt sichern/Neuer Sicherungsauftrag*.
3. Im so gestarteten Assistenten wählen Sie zunächst aus, welche Ordner des NAS gesichert werden sollen. Klicken Sie sich dabei durch das Dateisystem des NAS, und markieren Sie die gewünschten Ordner jeweils mit Häkchen. Im gewählten Ordner werden automatisch alle Dateien sowie enthaltene Unterorder mitsamt Inhalt berücksichtigt. Unterhalb des Auswahlfeldes wird – mehr oder weniger – in Echtzeit berechnet, wie viel Speicherplatz die Sicherung belegen wird.

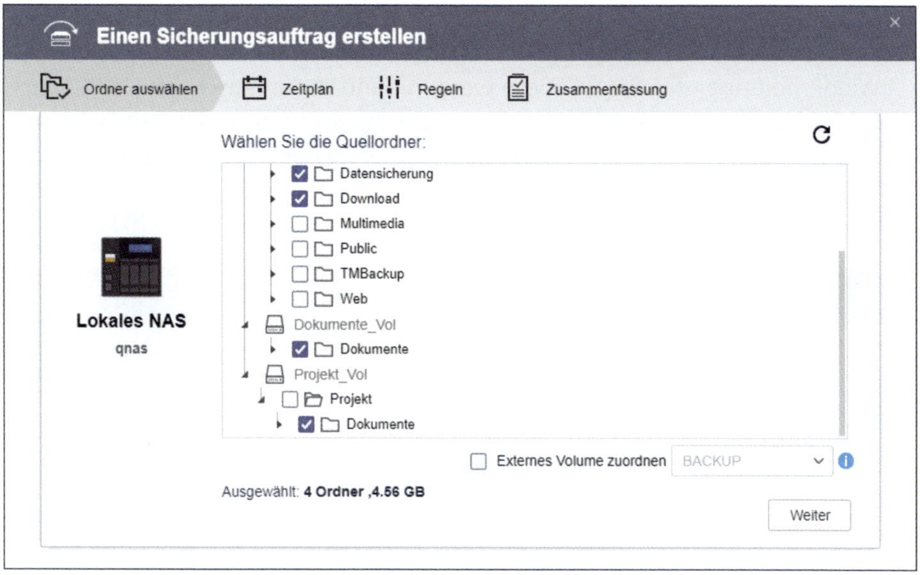

4. Anschließend geben Sie das Ziel der Sicherung aus. Für ein externes Laufwerk am NAS wählen Sie dazu *Lokales NAS* und dann im nächsten Schritt unter *Externe Geräte* das gewünschte Laufwerk aus.

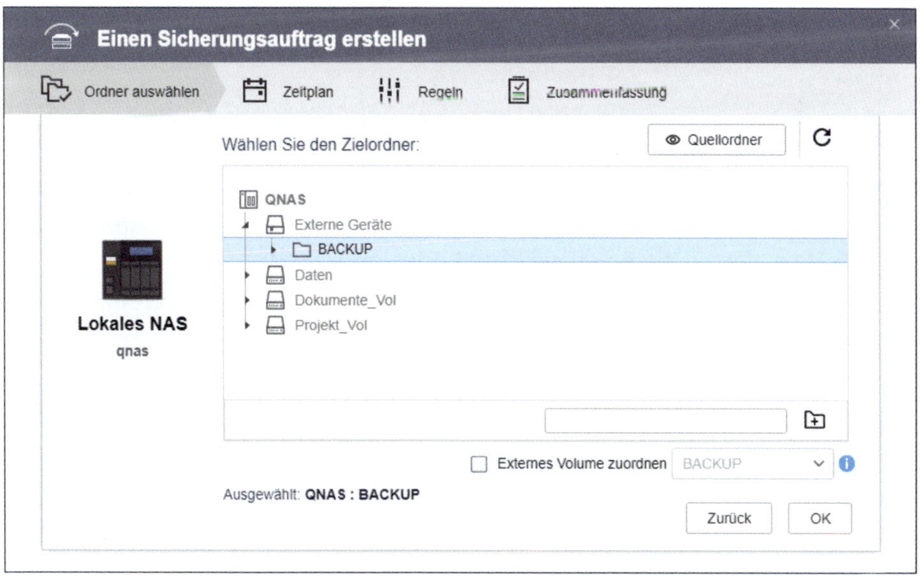

5. Anschließend können Sie einen Auftragsnamen sowie eine Beschreibung festlegen. Diese dienen nur der eigenen Orientierung und sind vor allem wichtig, wenn man mehrere Aufträge einrichtet und verwaltet. Klicken Sie dann auf *Weiter*.

6. Soll ein Sicherungsauftrag regelmäßig ausgeführt werden, können Sie anschließend mit dem *Planer* stündliche, tägliche, wöchentliche oder auch monatliche Wiederholungen festlegen. Diese werden dann automatisch vom NAS durchgeführt. Alternativ lassen Sie den Auftrag abhängig von einem anderen, bereits vorhandenen Plan ausführen, speichern ihn ohne konkreten Zeitplan für eine rein manuelle Ausführung oder richten eine automatische Sicherung ein, bei der Änderungen im Quellordner ständig mit der Sicherung synchronisiert werden.

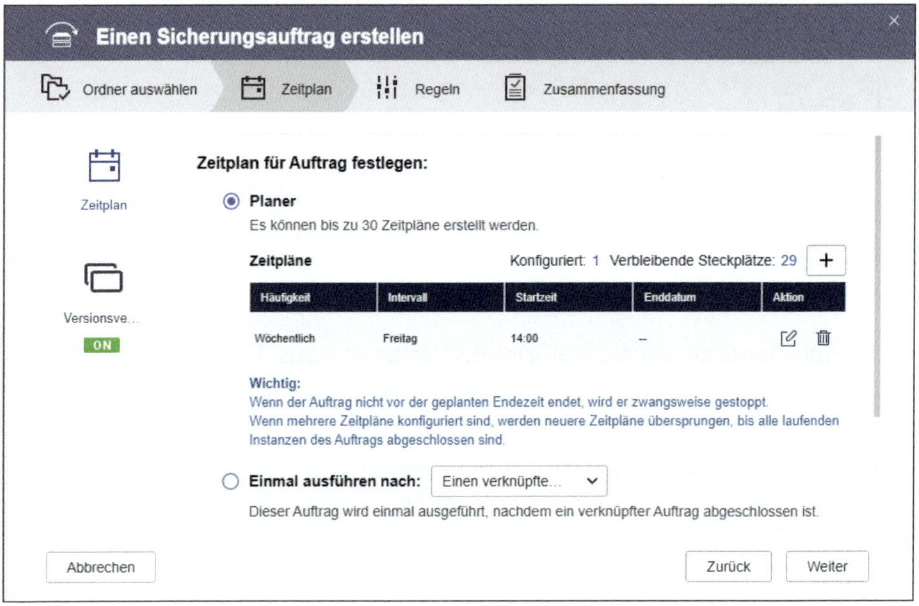

7. Im Schritt *Regeln* können Sie unter anderem mit *Filter anwenden* Regeln definieren, nach denen Dateien beispielsweise anhand der Größe, des Datums oder des Dateityps beim Sichern berücksichtigt oder ignoriert werden.
8. Abschließend wird Ihnen eine Zusammenfassung des Sicherungsauftrags angezeigt. Klicken Sie auf *Erstellen*, um den Auftrag zu speichern.

Haben Sie Zeitpunkte für die Durchführung geplant, wird das NAS sie automatisch wahrnehmen. Ist als Ziel ein externer Datenträger angegeben, müssen Sie allerdings selbst dafür Sorge tragen, dass dieser zum geplanten Zeitpunkt auch angeschlossen ist.

Sicherungsversionen

Wenn Sie einen Sicherungsauftrag regelmäßig ausführen lassen wollen, sollten Sie in den Eigenschaften des Auftrags unter *Zeitplan* die *Versionsverwaltung aktivieren*. Diese sorgt dafür, dass nicht unbegrenzt immer nur neue Sicherungen hinzugefügt werden, sondern dass alte Sicherungen irgendwann auch wieder gelöscht werden. Dazu können Sie bei *Einfache Versionierung* eine feste Anzahl von Versionen oder Tagen festlegen.

Sicherungen, die diese Grenzen überschreiten, werden automatisch gelöscht, um Platz für neue zu machen.

Eine langfristig etwas smartere Variante ist die *Intelligente Versionierung*. Dabei verwendet HBS ein komplexes Regelwerk, um nicht notwendigerweise jede Fassung einer Datei vorzuhalten, aber doch zumindest so viele Versionen, dass der gesuchte wiederherzustellende Inhalt mit hoher Wahrscheinlichkeit dabei ist, selbst wenn Sie eine frühere Fassung einer Datei benötigen:

- Dazu wird beispielsweise pro **Stunde** jeweils die früheste Fassung einer Datei gesichert und für x Stunden beibehalten.
- Am Ende eines **Tages** wird jeweils die früheste Fassung der letzten Stunde als Tagesfassung gesichert und für x Tage beibehalten.
- Am Ende einer **Woche** wird die früheste Sicherung zur Wochensicherung und für x Wochen beibehalten.
- Am Ende eines **Monats** wird die früheste Sicherung dieses Monats zur Monatssicherung und für x Monate beibehalten.

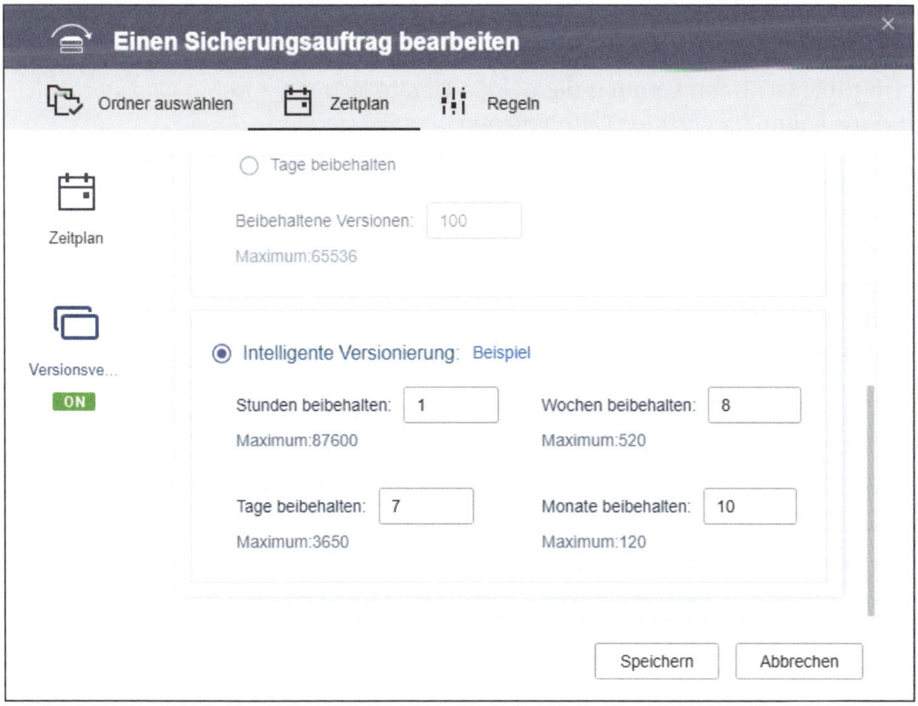

Den Faktor x können Sie dabei jeweils in den Einstellungen anpassen und so selbst entscheiden, wie viele Sicherungen aus einem Zeitraum beibehalten werden sollen. Das System sorgt idealerweise dafür, dass Sie aus der jüngeren Vergangenheit stets einige Sicherungen zur Auswahl haben, aber bei Bedarf auch noch auf einige Monate alte Fassungen der Dateien zurückgreifen können.

Weitere Sicherungsziele

Das Verwenden eines externen Laufwerks als Sicherungsziel am NAS ist eine praktikable Lösung, die allerdings einen Nachteil hat: Die Sicherungskopie auf dem Datenträger befindet sich am selben Ort wie das NAS selbst (sofern man sie nicht außer Haus schafft). Ein großes Unglück wie etwa ein Feuer würde im Zweifelsfall beide Geräte in Mitleidenschaft ziehen, sodass die Daten verloren wären. Deshalb empfiehlt die 3-2-1-Regel, immer eine Kopie an einem anderen Ort aufzubewahren. Das lässt sich am besten dadurch erreichen, dass man diese Kopie von vornherein an einem anderen Ort erstellt. HBS unterstützt dazu verschiedene Möglichkeiten.

Ein anderes QNAP-NAS

Eine Möglichkeit ist eine Sicherung auf einem weiteren QNAP-NAS, das sich an einem anderen Standort befindet, aber über ein lokales Netzwerk oder das Internet erreichbar ist. Vielleicht verwenden Sie ein NAS sowohl in der Firma als auch zu Hause? Oder ein Familienmitglied oder guter Freund hat ein eigenes NAS? Oder Sie haben die Möglichkeit, ein zweites Gerät an einem sicheren Ort aufzustellen, wo es per Internet erreichbar ist? Dann könnten die beiden Geräte sich gegenseitig als externes Sicherungsmedium für wichtige Daten dienen.

Voraussetzung dafür ist, dass auf dem Ziel-Server ebenfalls HBS installiert und dort bei den Diensten der RTRR-Server aktiviert ist. Für den Zugriff übers Internet sollte für dieses Gerät eine QNAP-ID oder eine dynamische Internetadresse festgelegt sein. Außerdem muss im Internet-Router des Zielnetzwerks der Port 8899 freigegeben und an das NAS weitergeleitet werden. Und es sollte ein Benutzerprofil vorhanden sein, das die erforderlichen Berechtigungen für den Sicherungsordner hat.

1. Dann wählen Sie auf dem Quellgerät im ersten Schritt des Datensicherungsassistenten die Option *Externes NAS*.
2. Anschließend geben Sie die Adresse des entfernten NAS und die Anmeldedaten ein.
3. Die Option *SSL-Verbindung verwenden* ist empfehlenswert, wenn Daten über öffentliche Netzwerke übertragen werden. Allerdings verlangsamt der zusätzliche Rechenaufwand den Vorgang.

4. Klicken Sie dann unten auf *Erstellen*, um das entfernte NAS als Speicherplatz einzurichten.

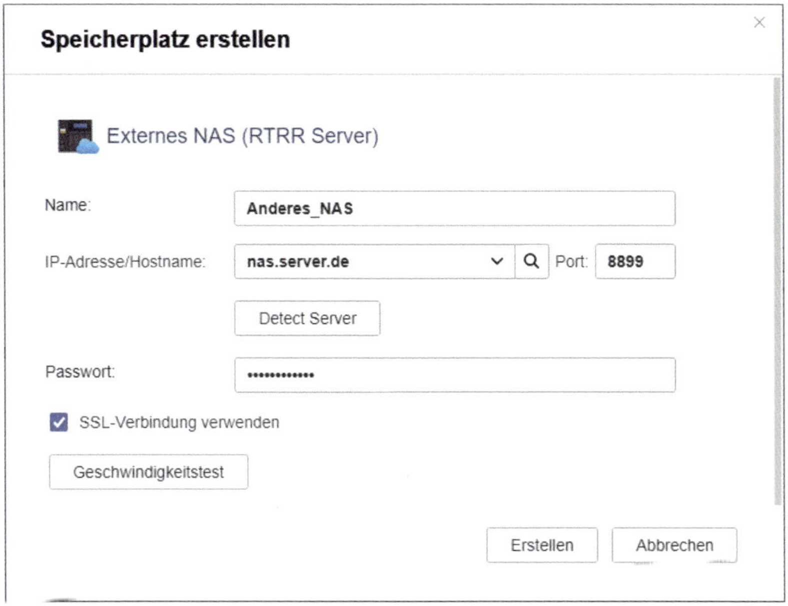

Beliebiges NAS per rsync

Auch wenn Ihr »Zweit-NAS« nicht von QNAP stammt, können Sie es für eine Remote-Sicherung nutzen. Dann kommt das rsync-Protokoll zum Einsatz, das die meisten NAS-Geräte beherrschen.

Stellen Sie dazu sicher, dass der rsync-Server auf dem Zielgerät aktiviert ist. Meist können Sie dort auch einen Benutzernamen und ein Kennwort für die Anmeldung per rsync festlegen. Beachten Sie außerdem, dass im Internet-Router des Zielnetzwerks der Port 873 (standardmäßig) freigegeben und an das Ziel-NAS weitergeleitet werden muss.

1. Im lokalen NAS erstellen Sie dafür ebenfalls einen neuen Speicherplatz und wählen dabei die Option *Rsync-Remote-Server*.
2. Auch hier geben Sie IP-Adresse und Portnummer an, unter der der rsync-Dienst auf dem anderen Gerät erreichbar ist. Als *Port* verwendet das rsync-Protokoll standardmäßig die Nummer 873. Falls Sie davon abweichen möchten, müssen Sie dies bei beiden Geräten einheitlich tun sowie ggf. auch die Portfreigabe im Internet-Router entsprechend anpassen.
3. Wählen Sie bei *Servertyp* im Zweifelsfall den Eintrag *Rsync-kompatibler Server*.

4. Die Angaben *Benutzername* und *Passwort* beziehen sich auf die Benutzerdaten, mit denen eine Anmeldung am Zielsystem möglich ist.
5. Soll die Verbindung verschlüsselt erfolgen, wird eine zusätzliche SSH-Verbindung benötigt. Standardmäßig erfolgt diese auf Port 22. Dazu muss SSH auch auf dem Zielsystem aktiviert sein.
6. Ganz unten können Sie die *Verbindung testen*, bevor Sie den Speicherplatz mit *Erstellen* einrichten.

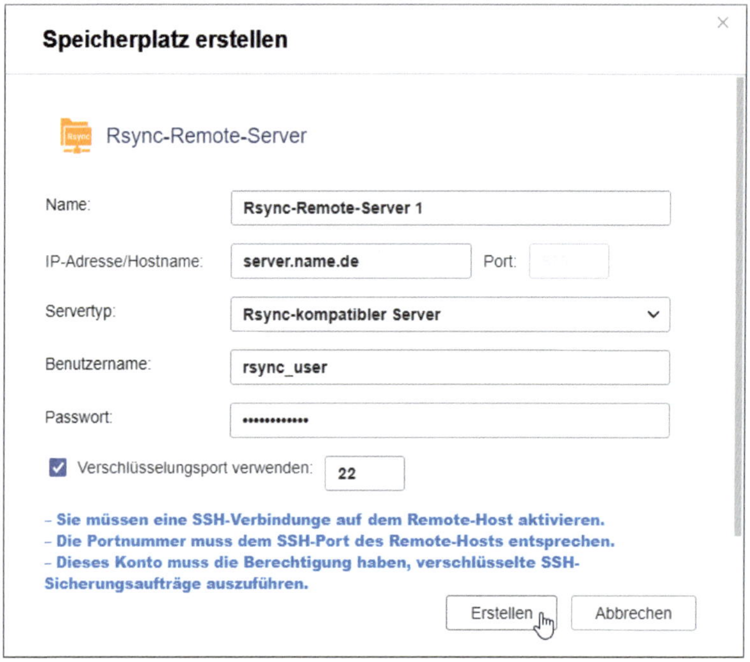

Cloud-Speicher

Wenn Ihnen kein anderes NAS als Sicherungsziel zur Verfügung steht, können Sie externe Sicherungskopien in der Cloud erstellen. Voraussetzung dafür ist ausreichend Speicherplatz bei einem unterstützten Anbieter.

Beim Einrichten von externen Speicherplätzen finden Sie im Abschnitt *Cloud Server* eine Übersicht der von HBS unterstützen Anbieter. Mit großer Wahrscheinlichkeit haben Sie ohnehin bei einem dieser Anbieter ein Konto mit Cloud-Speicher.

So gehört zu jedem Google-Konto (auch für Android-Geräte) Google Drive, bei einem Microsoft-Konto ist OneDrive dabei. Den meist nur begrenzten Gratisspeicher können Sie bei Bedarf kostenpflichtig erweitern.

Wählen Sie einen Anbieter aus, bei dem Sie bereits ein Konto haben. Das Einbinden des Speicherplatzes unterscheidet sich bei jedem Anbieter etwas.

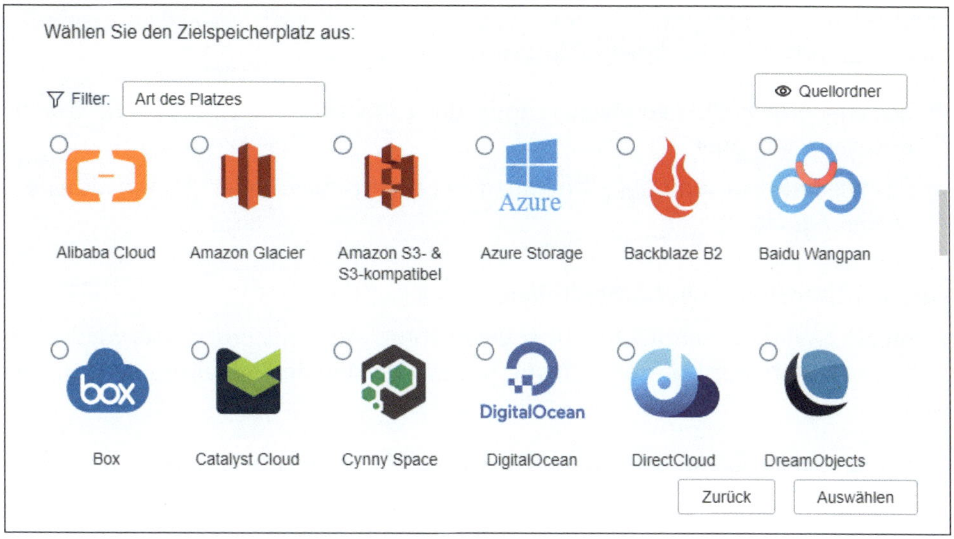

HBS unterstützt von Haus aus eine ganze Reihe von Cloud-Anbietern als externes Sicherungsziel.

Bei einigen geben Sie die Zugangsdaten direkt in einem Einstellungsdialog ein, bei anderen Diensten wie Google Drive oder OneDrive öffnet HBS ein zusätzliches Fenster im Webbrowser, in das Sie Ihre Zugangsdaten zu diesem Dienst eingeben und dann den Zugriff auf den Cloud-Speicher durch HBS autorisieren.

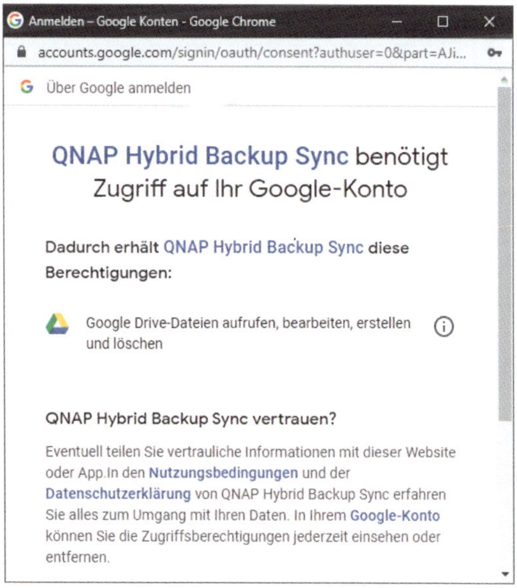

Daten aus Backups wiederherstellen

Um für den Ernstfall gut vorbereitet zu sein, sollte man genau wissen, wie man gesicherte Daten wiederherstellen kann – und es am besten auch schon einmal »geübt« haben. Grundsätzlich ist dabei zu unterscheiden:

- das Wiederherstellen von Sicherungen, das zumindest auf Ordnerebene selektiv erfolgen kann, oder
- das Wiederherstellen oder Entnehmen einzelner Dateien oder Ordner aus einem Sicherungssatz.

Ganze Sicherungen wiederherstellen

Wenn Sie größere Datenmengen oder einen kompletten Sicherungssatz wiederherstellen möchten, geht das am effektivsten mit der Wiederherstellen-Funktion von HBS.

1. Klicken Sie in HBS im Bereich *Sichern & Wiederherstellen* auf *Erstellen/Jetzt wiederherstellen*.
2. Wählen Sie dann den Quellspeicherplatz aus, an dem sich die Sicherungsdaten befinden, also beispielsweise *Lokales NAS*, wenn das Backup auf einem angeschlossenen externen Laufwerk gespeichert wurde.

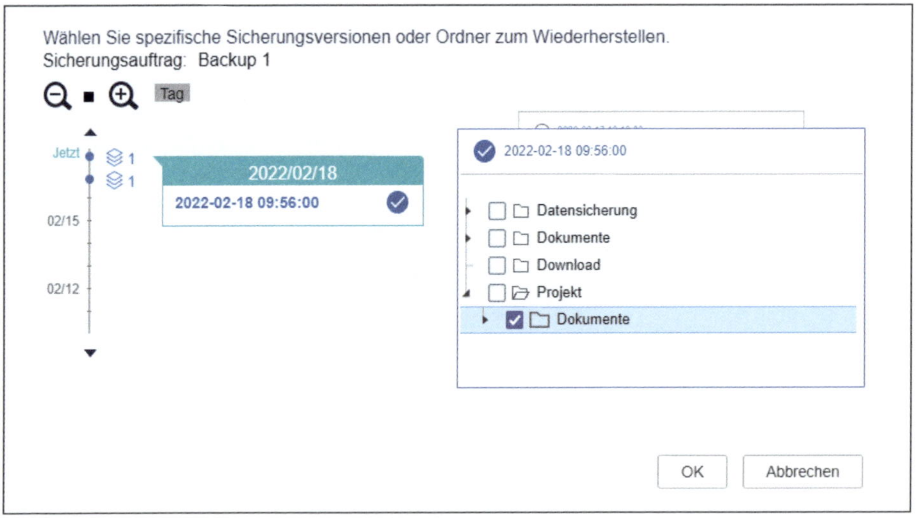

3. Im ersten Schritt des so gestarteten Assistenten wählen Sie links den Speicherplatz aus (falls es auf dem NAS mehr als einen gibt). Klicken Sie dann darunter auf *Quelle wählen*.

4. Dann sehen Sie links, welche Datensicherungen in dieser Quelle vorliegen. Insbesondere wenn Sie mehrere zeitlich verschiedene Sicherungen durchgeführt haben, können Sie hier ggf. eine ältere Sicherungsversion auswählen.
5. Haben Sie links eine Version ausgewählt, können Sie rechts bestimmen, was aus dieser Sicherung wiederhergestellt werden soll. Klicken Sie sich dabei durch das Dateisystem, und setzen Sie bei den gewünschten Ordnern Häkchen.
6. Zurück im Assistenten, können Sie dann rechts festlegen, wo die Ordner wiederhergestellt werden sollen. Mit *Originalspeicherort* werden die Dateien dort wiederhergestellt, von wo sie ursprünglich gesichert wurden. Alternativ können Sie *Ausgewählter Speicherordner* wählen und dann ein anderes Ziel vorgeben.

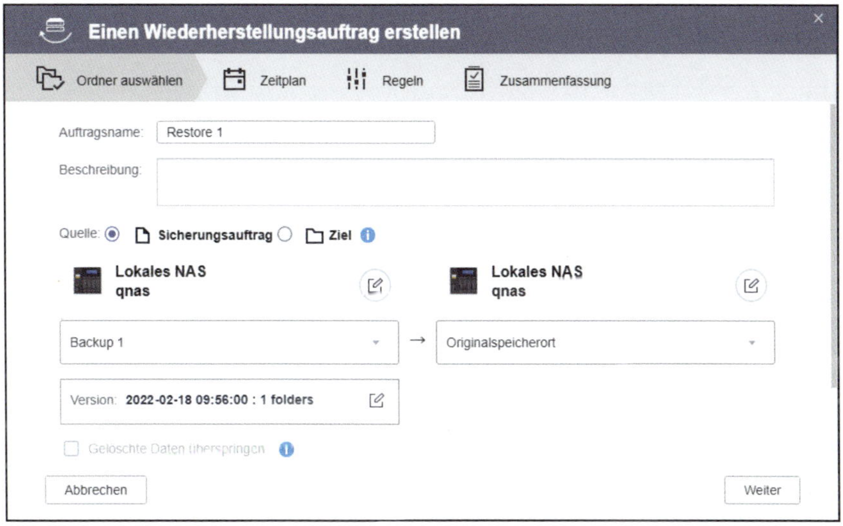

7. Beim Wiederherstellen kann man meist auf einen Zeitplan verzichten und mit *Jetzt wiederherstellen* dafür sorgen, dass die Wiederherstellung direkt durchgeführt wird.

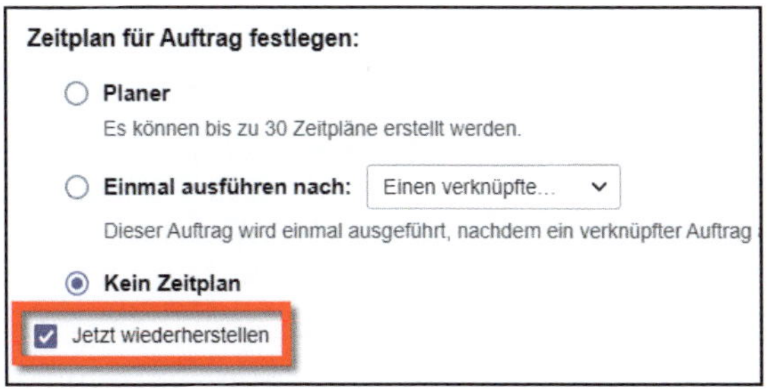

8. Wenn Sie dann in der Zusammenfassung auf *Wiederherstellen* klicken, wird der Vorgang unmittelbar erledigt.

Einzelne Elemente aus einer Sicherung entnehmen

Wenn Sie nur eine ganz bestimmte Datei aus einer Sicherung benötigen, ist das Wiederherstellen ganzer Ordner zu umständlich. Sofern Sie Ihre Sicherungen nicht mit einer Verschlüsselung versehen haben, handelt es sich um Kopien der Originalordner, auf die Sie auch ohne HBS zugreifen können.

Bei einem an das NAS angeschlossenen externen Laufwerk etwa öffnen Sie dieses in File Station. Im Stammverzeichnis des Laufwerks finden Sie einen Ordner mit dem Namen des Sicherungsauftrags. Darin wiederum finden Sie einen Unterordner für jede Sicherungsversion. Die jeweils letzte trägt den Namen »latest«. Alle älteren sind mit dem Zeitpunkt des Erstellens bezeichnet. Innerhalb dieser Verzeichnisse finden Sie die gesicherten Ordner und können darin bis zu bestimmten Dateien navigieren. Diese können Sie wie gewohnt öffnen, kopieren, verschieben etc.

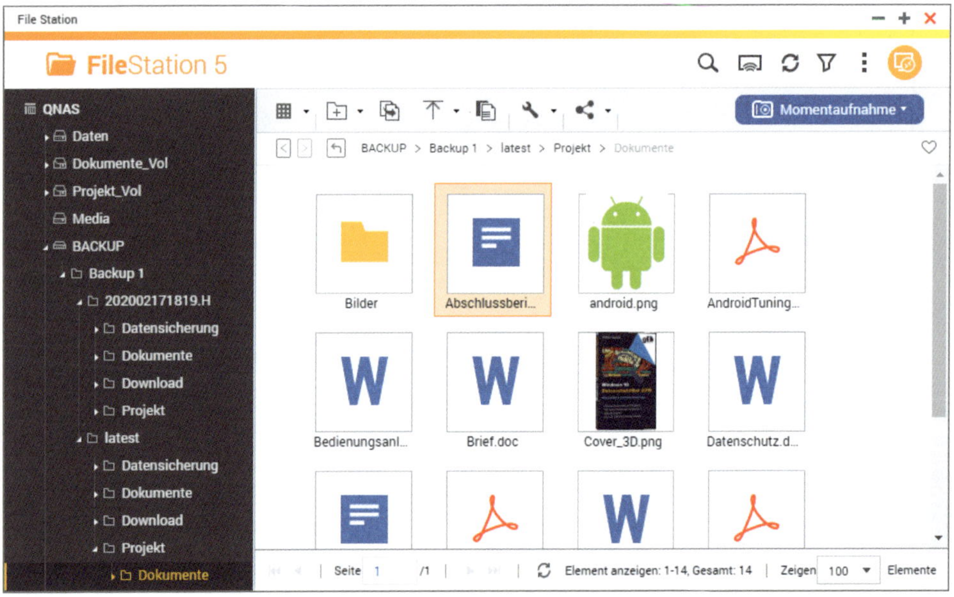

8.5 Momentaufnahmen des NAS-Inhalts erstellen

Das NAS ist die Versicherung gegen Datenverluste oder versehentliche Änderungen oder Löschungen von Daten auf Ihren Geräten. Was aber, wenn auf dem NAS wichtige Daten versehentlich gelöscht oder durch eine Fehlkonfiguration unzugänglich werden? Dann können Sie ggf. auf eine externe Sicherung zurückgreifen, wenn diese regelmäßig und häufig genug durchgeführt wurde.

Eine pflegeleichte Alternative dazu sind Snapshots. Das sind sozusagen Momentaufnahmen des NAS-Inhalts, die manuell oder nach Zeitplan erstellt und auf dem NAS selbst gespeichert werden.

So funktionieren Snapshots

Eine Momentaufnahme des NAS-Inhalts hört sich viel an, aber der Speicherbedarf ist nicht so groß, wie man im ersten Moment vermuten könnte. Denn Snapshots basieren auf Datenblöcken, also recht kleinen Informationseinheiten, aus denen die Dateien auf dem NAS zusammengesetzt sind. Beim Anlegen eines neuen Snapshots werden nur die Blöcke gesichert, die sich seit dem letzten Snapshot verändert haben. Dementsprechend hängt der zusätzliche Speicherbedarf also stark davon ab, wie häufig Dateien verändert werden oder neue hinzukommen. Anders gesehen, kann man auch relativ häufig neue Snapshots anlegen, denn es macht keinen wesentlichen Unterschied, ob man nur wenige Snapshots mit jeweils vielen Änderungen oder viele Snapshots mit jeweils wenigen Änderungen macht. Die Menge der insgesamt zu sichernden Blöcke ist ungefähr die gleiche. Aber häufige Momentaufnahmen bergen die Chance, später genau die Informationen zurückgewinnen zu können, die man verloren hat.

Das Erstellen solcher Momentaufnahmen ist mit den meisten neueren NAS-Modellen von QNAP möglich. Wichtig ist dabei, dass Snapshots nicht für einzelne Ordner, sondern immer nur für ganze Volumes erstellt werden können. Und es muss sich dabei um dynamische Volumes handeln, in deren Speicherpool ausreichend freier Platz vorhanden ist. Dann können Sie Snapshots jederzeit aus File Station heraus erstellen.

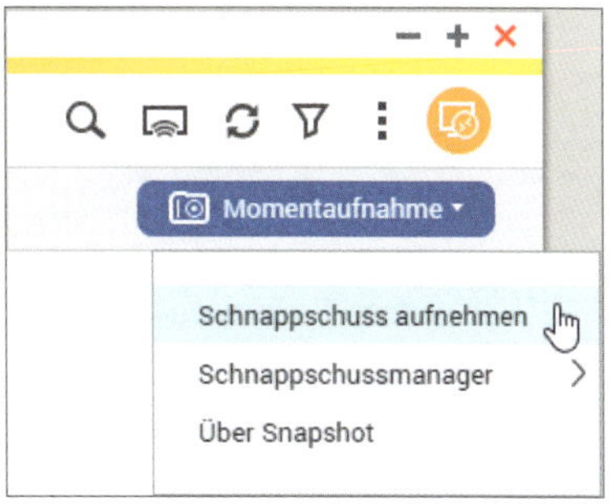

1. Navigieren Sie mit File Station zu dem Volume, von dem Sie eine Momentaufnahme erstellen möchten.
2. Klicken Sie dann oben rechts auf *Momentaufnahme/Schnappschuss aufnehmen*.
3. Bestätigen Sie ggf. den Hinweis, dass sich die Leistung des Volumes durch das Erstellen eines Snapshots verringern kann, mit *OK*.
4. Standardmäßig wird der *Schnappschussname* aus dem Erstellzeitpunkt gebildet. Sie können aber auch eine beliebige eigene Bezeichnung wählen.
5. Die Option *Diesen Schnappschuss dauerhaft aufbewahren* sorgt dafür, dass diese Momentaufnahme nicht gelöscht wird, wenn der für Snapshots verfügbare Platz

zur Neige gehen sollte. Andernfalls sorgt ein Mechanismus dafür, dass ältere Aufnahmen automatisch entfernt werden, um für neuere Platz zu machen.

6. Klicken Sie dann auf *OK*, um die Momentaufnahme anzufertigen.

Snapshots nach Zeitplan erstellen

Man kann Momentaufnahmen nur manuell vor wichtigen Dateiaktionen durchführen. Sinnvoller ist es aber meistens, solche Schnappschüsse regelmäßig anzufertigen. Diese Aufgabe kann das NAS per Zeitplan ganz automatisch erledigen.

1. Klicken Sie wiederum oben rechts in File Station auf *Momentaufnahme/Schnappschussmanager* und dann auf das Volume, für das Sie einen Zeitplan erstellen wollen.

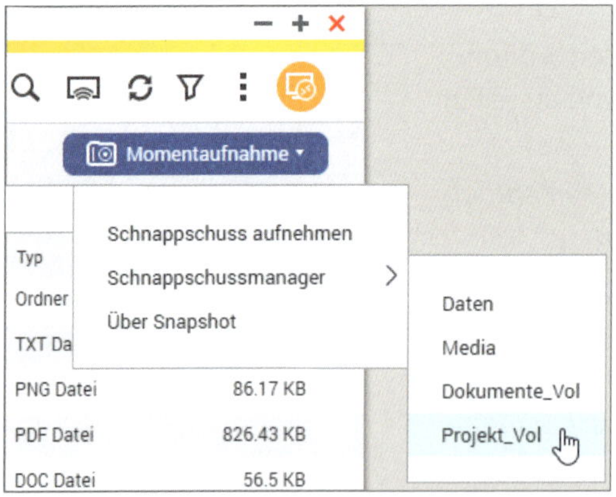

2. Damit öffnen Sie den Schnappschussmanager für dieses Volume, der Ihnen eine Übersicht der derzeit vorhandenen Schnappschüsse anzeigt.
3. Klicken Sie oben auf *Schnappschuss planen*.

4. Schalten Sie im anschließenden Dialog zunächst *Zeitplan aktivieren* ein.
5. Dann legen Sie darunter fest, wie häufig und zu welchem Zeitpunkt ein automatischer Snapshot erstellt werden soll.
6. Schalten Sie außerdem die Option *Smart-Snapshot aktivieren* ein. Dann wird eine neue Momentaufnahme nur dann angelegt, wenn sich seit dem letzten Schnappschuss etwas auf dem Volume verändert hat.

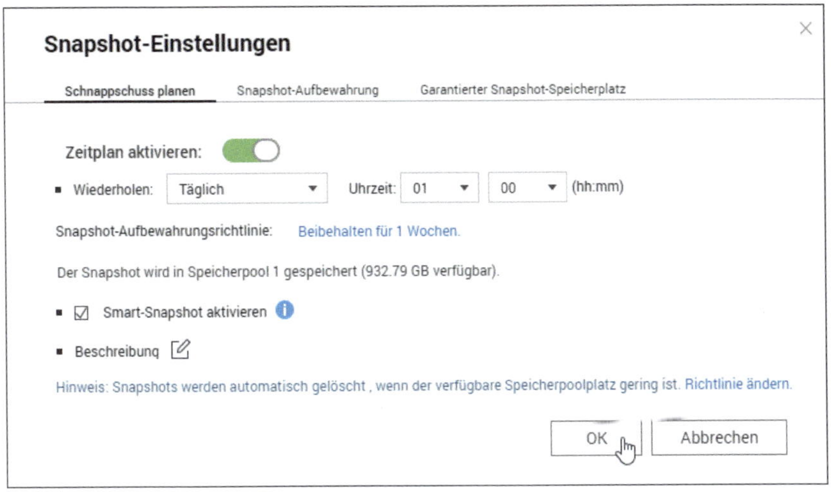

7. In der Rubrik *Snapshot-Aufbewahrung* steuern Sie, wie lange bzw. wie viele Snapshots bereitgehalten werden. Ähnlich wie bei HBS-Sicherungen kann man das Alter oder die Anzahl der Schnappschüsse begrenzen, oder man wählt die *Intelligente Versionierung* (siehe Seite 230).

Der Platzbedarf von Snapshots

Auch wenn Snapshots blockweise nur die wirklich veränderten Teile von Dateien berücksichtigen, benötigen sie einiges an Speicherplatz. Man hört häufig, dass Snapshots die Speicherkapazität eines NAS halbieren. Das ist insoweit richtig, als man für Snapshots immer mindestens noch mal denselben Speicherplatz wie für die Originaldateien benötigt. Allerdings braucht man meist nicht vom gesamten Inhalt eines NAS auch Schnappschüsse. Die Mediensammlung beispielsweise kann man besser regelmäßig ganz klassisch auf einer externen Festplatte sichern. Das Gleiche gilt für Archivdaten, an denen sich nichts mehr ändert.

Snapshots sind sinnvoll für Dateien, mit denen regelmäßig gearbeitet wird. Denn dann können Fehler passieren oder Änderungen vorgenommen werden, die Sie später gern rückgängig machen möchten. Es ist deshalb sinnvoll, den Speicherplatz des NAS ggf. so einzuteilen, dass Sie nur für solche Dateien ein kleineres Snapshot-Volume erstellen von denen Sie dann regelmäßig Momentaufnahmen erzeugen. Dabei sollten Sie beachten, dass im Speicherpool, zu dem dieses Volume gehört, stets ausreichend Speicherplatz für die Momentaufnahmen frei bleibt. Wenn Sie einen Zeitplan zum Erstellen von Snapshots verwenden, können Sie dort in der Rubrik *Garantierter Snapshot-Speicherplatz* einen bestimmten Teil des Speicherpools für Snapshots reservieren, sodass diese nicht versehentlich entfernt werden, wenn das NAS Speicherplatz für andere dynamische Volumes benötigt.

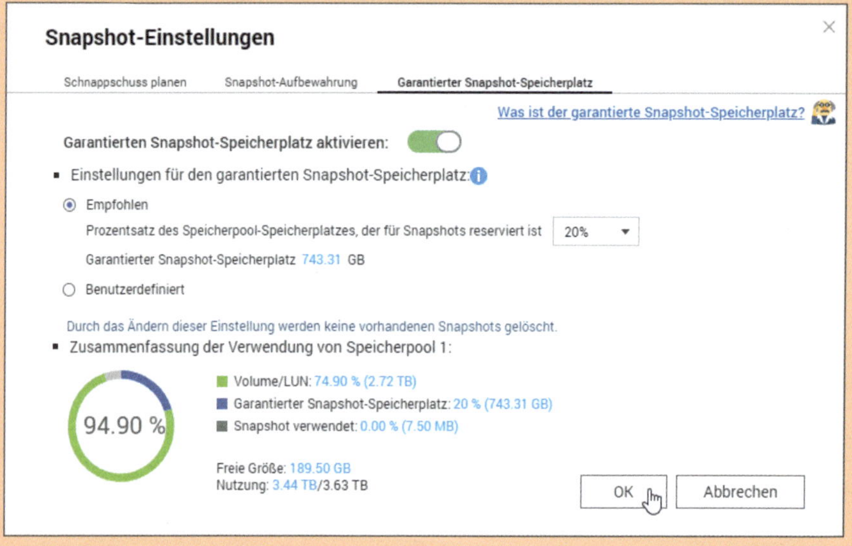

In den Zeitplan-Einstellungen können Sie einen festen Teil des Speicherpools garantiert für Snapshots reservieren.

Dateien aus Snapshots wiederherstellen

Das NAS legt in allen Freigabeordnern auf Snapshot-Volumes einen Ordner namens *@Recently-Snapshot* an. Dieser enthält wiederum Unterordner für jeden vorhandenen Schnappschuss. Darin finden Sie eine komplette Kopie des Freigabeordners zum jeweiligen Zeitpunkt. Diese sind wie gewohnt in File Station oder auch per Windows-Explorer etc. zugänglich. Sie können direkt auf die Dateien zugreifen oder beispielsweise auch Ordner und Dateien aus verschiedenen Snapshots vergleichen, um Unterschiede festzustellen.

Eine andere Möglichkeit zum Wiederherstellen aus Momentaufnahmen ist der Schnappschussmanager, den Sie wie beschrieben direkt aus File Station heraus öffnen können.

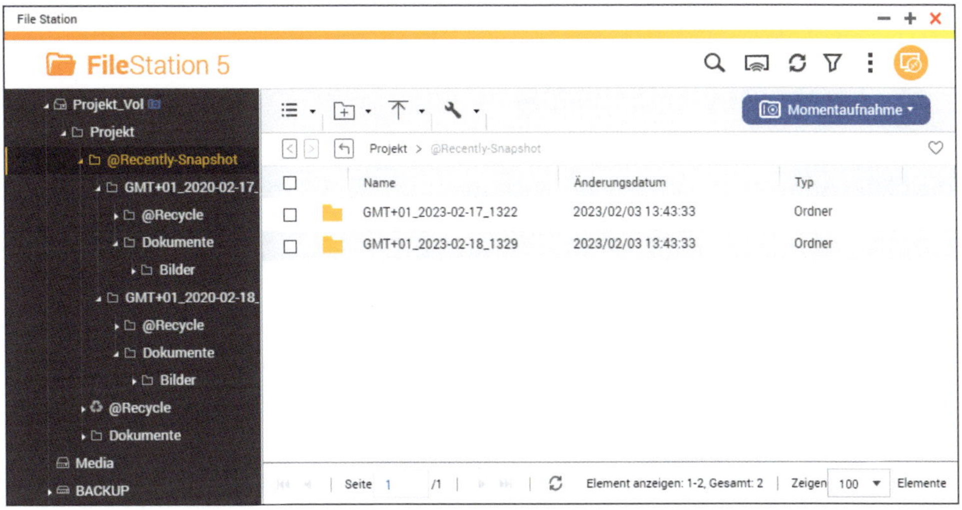

Der Inhalt von Snapshots kann direkt mit File Station oder anderen Datei-Managern durchsucht werden.

Er erlaubt Ihnen das komfortable Auswählen und Durchsuchen der vorhandenen Snapshots. Haben Sie die gewünschten Ordner oder Datei(en) gefunden, können Sie entscheiden, ob diese an der Originalstelle oder an einer anderen Stelle wiederhergestellt werden sollen. Ebenso können Sie Elemente von dort direkt herunterladen, um sie anderweitig nutzen zu können.

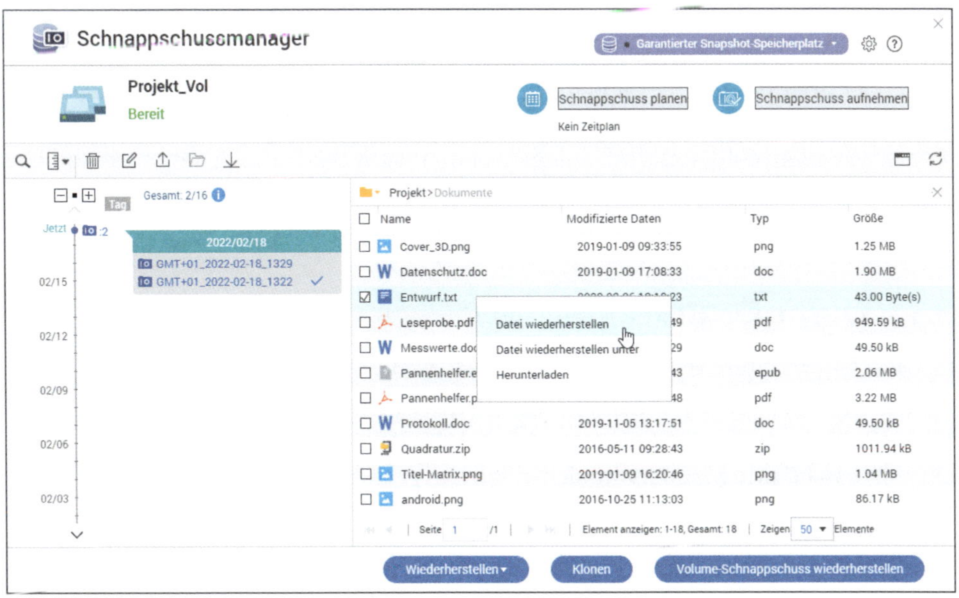

9. NAS und Geräte per Cloud synchronisieren

Die Cloud ist heute in aller Munde, auch wenn der Begriff recht schwammig ist und aus einer wilden Mischung von Diensten, Protokollen und Anbietern besteht. Letztlich ist die Grundidee, dass man Daten nicht mehr auf Geräten speichert, sondern dass sie auf Servern im Internet vorrätig gehalten werden. Dort kann man sie jederzeit erreichen, abrufen, betrachten, wiedergeben, bearbeiten etc. Insbesondere wenn man mit verschiedenen Geräten – PC, Notebook, Tablet, Smartphone – hantiert, braucht man sich mit dem Datenaustausch und -abgleich zwischen diesen nicht mehr herumzuschlagen.

Üblicherweise verbindet man mit der Cloud große Anbieter wie Google, Microsoft, Amazon, Apple & Co. Diese stellen den Speicherplatz zur Verfügung und betreiben die entsprechenden Server und Dienste. Das klappt gut und ist zumindest in einer Basisvariante oft auch gratis. Allerdings bedeutet es eben auch, dass die eigenen Dokumente, Kontakte oder Termine auf den Servern von Firmen auf der ganzen Welt landen. Deshalb kann man niemals sicher sein, wer dort ggf. mitliest oder ob vertrauliche Informationen irgendwann durch Unachtsamkeit, Missbrauch oder Hackerangriffe in die falschen Hände geraten.

Wer solche Risiken ausschließen und trotzdem von der Cloud profitieren möchte, der kann mit seinem NAS eine eigene ganz private Cloud errichten. Die Daten werden im eigenen Netzwerk gespeichert und können trotzdem von verschiedenen Geräten lokal oder über das Internet abgerufen und abgeglichen werden. Einzige Voraussetzung dafür ist, dass das NAS vom Internet aus erreichbar ist und die Verbindungen idealerweise verschlüsselt sind. Sollte das noch nicht der Fall sein, lesen Sie ab Seite 187 alles darüber.

9.1 Qsync Central einrichten

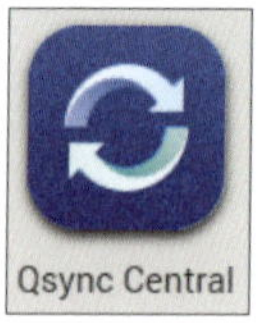

Um auf dem NAS Ihre ganz persönliche Cloud zu betreiben, benötigen Sie das Zusatzpaket *Qsync Central*, das Sie über das App Center Ihres NAS installieren können. Es richtet auf dem NAS einen zentralen Server ein, mit dem PC und Mobilgeräte sich jederzeit synchronisieren können.

Nach dem Installieren finden Sie ein Symbol für *Qsync Central* auf dem QTS-Desktop vor, mit dem Sie jederzeit die Einstellungen für diese Funktion öffnen können. Kontrollieren Sie hier in der Übersicht, ob *Qsync* erfolgreich aktiviert werden konnte. Sollte *Qsync Central* sich beschweren, dass kein Home-Ordner aktiviert sei, öffnen Sie in der QTS-Systemsteuerung den Bereich *Berechtigungen/Benutzer*, klicken Sie dort oben auf *Startseite-Ordner*, und schalten Sie im so geöffneten Dialog die Option *Startseite-Ordner für alle Benutzer aktivieren* ein.

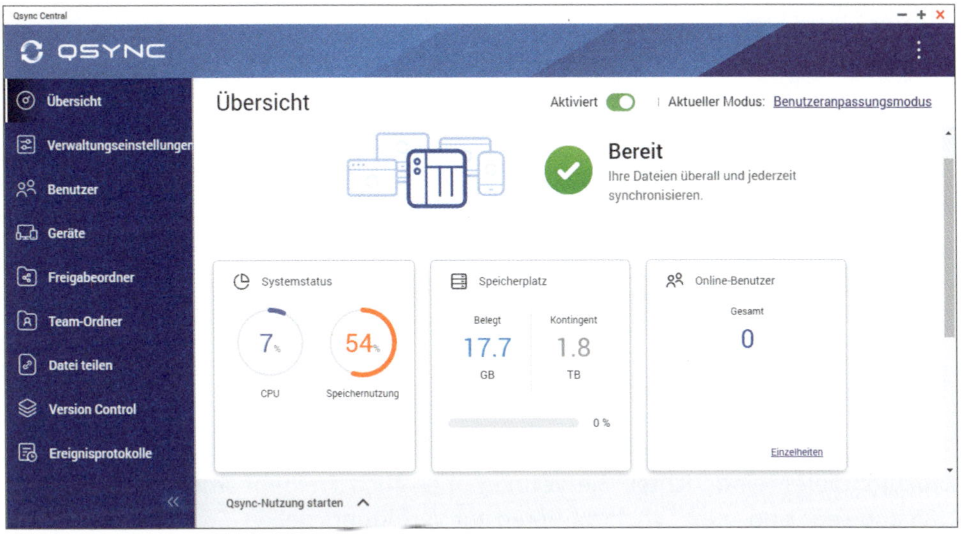

Mit den Standardeinstellungen von *Qsync Central* hat jeder Nutzer die Möglichkeit, eigene Daten in einem speziell dafür bereitgehaltenen Ordner auf dem NAS mit einem oder mehreren Geräten zu synchronisieren. Solange Sie daran nichts ändern mochten, sind keine weiteren Einstellungen in *Qsync Central* erforderlich. In den Bereichen *Benutzer*, *Geräte* und *Ereignisprotokolle* können Sie aber jederzeit die Aktivitäten von *Qsync* nachvollziehen.

Qsync nur für bestimmte Benutzer

Standardmäßig können alle Anwender mit einem eigenen Benutzerkonto auf dem NAS *Qsync* verwenden. Sie können die Nutzung aber einschränken, indem Sie die Funktion für einzelne Benutzer deaktivieren.

1. Öffnen Sie dazu in *Qsync Central* den Bereich *Benutzer*. Hier sehen Sie, welche Benutzer derzeit mit *Qsync* verbunden sind, also die Qsync-Anwendung oder -App auf einem Gerät einsetzen.
2. Wechseln Sie in die Rubrik *Liste aller Benutzer*.
3. Hier sind alle im NAS eingerichteten Benutzerprofile aufgeführt. Bei den Profilen, die *Qsync* nicht nutzen sollen, setzen Sie rechts in der Spalte *Genehmigen* den Schalter auf *Aus*.

4. Die Änderung wird sofort angewendet und braucht nicht ausdrücklich übernommen oder gespeichert zu werden.

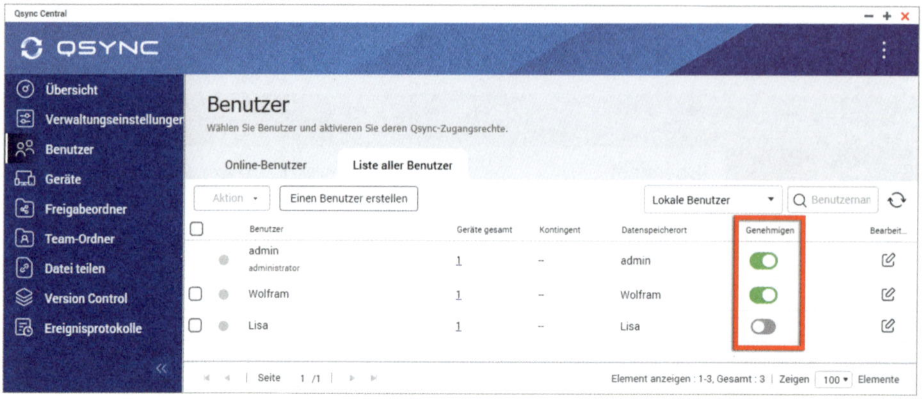

Freigabeordner synchronisieren

Standardmäßig wird für jeden Benutzer nur ein bestimmter privater Ordner zum Synchronisieren eingerichtet. Sie können aber auch Freigabeordner, die auf dem NAS angelegt sind, zum Synchronisieren zur Verfügung stellen. So können wichtige NAS-Inhalte auf anderen Geräten dupliziert und Änderungen daran unkompliziert wieder auf dem NAS gesichert werden. Bedenken Sie dabei, dass stets der gesamte Inhalt eines synchronisierten Ordners übertragen wird, verwenden Sie deshalb möglichst ein Verzeichnis mit überschaubarem Umfang.

1. Öffnen Sie dazu in *Qsync Central* den Bereich *Freigabeordner*. Hier sehen Sie eine Liste aller Freigabeordner, die derzeit auf dem NAS eingerichtet sind.
2. Wollen Sie einen der Freigabeordner für *Qsync* freigeben, setzen Sie in der Spalte *Genehmigen* den Schalter auf *An*.
3. Die Änderung wird unmittelbar angewendet.

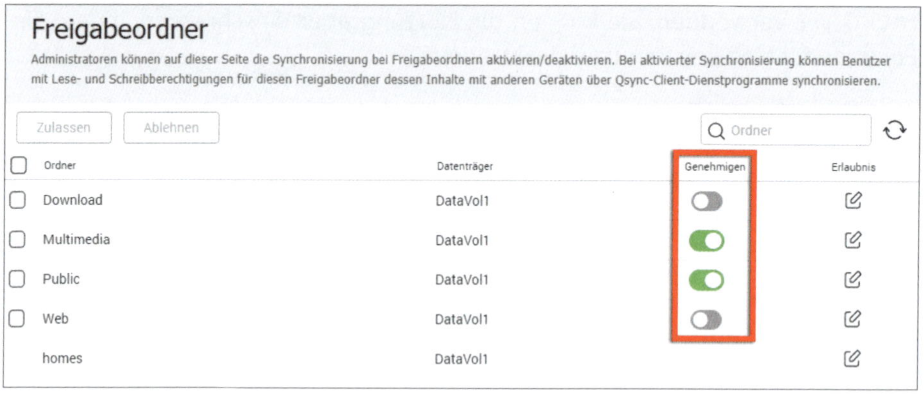

Ab sofort haben die Benutzer die Möglichkeit, diesen Freigabeordner in der Qsync-Anwendung bzw. -App hinzuzufügen und einen Ordner auf dem lokalen Gerät auszuwählen, der mit dem Freigabeordner synchronisiert wird. Wichtig: Auch dabei ist der Freigabeordner nur für die Benutzer zugänglich, denen in der Rechteverwaltung des NAS die entsprechenden Zugriffsrechte am Freigabeordner eingeräumt wurden.

Synchronisieren mit Versionskontrolle

Die zu synchronisierenden Ordner haben immer denselben Stand. Wird in einem Ordner eine Datei verändert, wird diese neue Version an den bzw. bei mehreren Geräten die anderen Ordner weitergereicht und die bisherige Version der Datei dort dadurch ersetzt. Sie können aber für *Qsync* eine Versionskontrolle aktivieren. Dann werden die früheren Versionen noch eine Zeit lang beibehalten und können bei Bedarf wiederhergestellt werden.

1. Öffnen Sie dazu in *Qsync Central* den Bereich *Version Control*, und schalten Sie hier ganz oben die Option *Versionssteuerung aktivieren* ein.
2. Im Abschnitt *Zielordner für Versionssteuerung* können Sie entscheiden, ob frühere Versionen für alle Dateien im Qsync-Ordner oder nur für ausgewählte Unterordner beibehalten werden sollen.

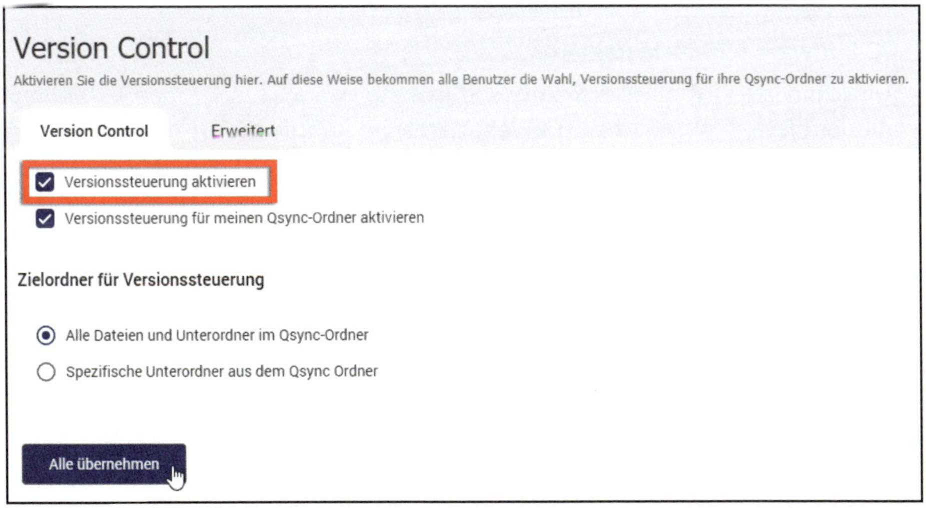

3. Klicken Sie unten auf *Alle übernehmen*.
4. Wechseln Sie dann in die Rubrik *Erweitert*.
5. Hier können Sie die *Maximale Anzahl an Versionen* festlegen. Erreicht eine Datei diese Anzahl an Vorgängerversionen, wird die älteste Version jeweils gelöscht, wenn eine neue erstellt wird.

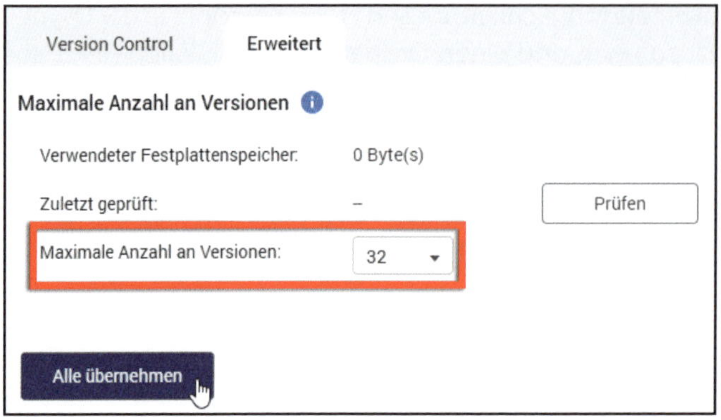

6. Klicken Sie auch hier unten auf *Alle übernehmen*.

9.2 Qsync auf dem PC nutzen

Ist *Qsync Center* auf Ihrem NAS installiert und aktiviert, können Sie die erforderliche Software auf Ihren PCs einrichten. QNAP stellt dazu in seinem Download-Zentrum Qsync-Anwendungen für Windows-, Mac- und Linux-PCs zur Verfügung.

PC-Software schnell installieren

Am schnellsten installieren Sie die Software für Windows oder macOS, wenn Sie auf dem jeweiligen PC die QTS-Weboberfläche aufrufen, dort das *Qsync Center* öffnen und unten auf das kleine Pfeilsymbol rechts neben *Qsync-Nutzung starten* klicken. Damit öffnen Sie einen Bereich mit Links zu den Programmen bzw. Apps für die verschiedenen Betriebssysteme. Wenn Sie dort auf das Windows- bzw. Mac-Logo klicken, wird direkt die passende Installationsdatei heruntergeladen, die Sie nur auszuführen brauchen, um das passende Programm auf diesem Gerät zu installieren.

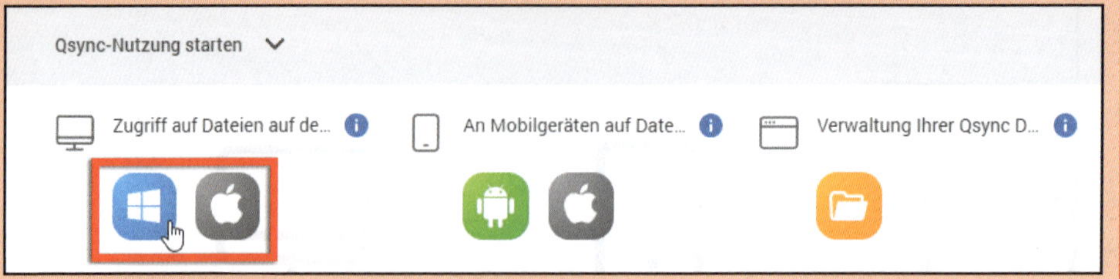

1. Geben Sie beim ersten Start die Adresse Ihres NAS ein. Das kann eine lokale Adresse, eine myQNAPcloud-Adresse oder eine dynamische Internetadresse sein.

> **Dynamische Adresse für mobile Geräte**
>
> Wenn Sie die Software auf einem Notebook im lokalen Netzwerk einrichten, reicht dafür die lokale Netzwerkadresse. Besser aber verwenden Sie auch in diesem Fall die myQNAPcloud oder eine dynamische Adresse. Dann kann das Notebook auch dann aufs NAS zugreifen, wenn Sie mal unterwegs sind.

2. Geben Sie außerdem den Namen und das Kennwort des NAS-Benutzerprofils an, das für den Zugriff verwendet werden soll. Beachten Sie dabei, dass dieses Konto die erforderlichen Zugriffsrechte auf dem NAS haben muss.
3. Verwenden Sie, wenn möglich, die *Sichere Anmeldung (https)*, damit Ihre vertraulichen Daten nur verschlüsselt übertragen werden. Dies empfiehlt sich insbesondere, wenn die Verbindung nicht nur im lokalen Netzwerk, sondern zumindest zeitweise auch über das Internet hergestellt werden soll.
4. Die Option *Automatisch die beste Verbindungsmethode wählen* empfiehlt sich insbesondere bei Mobilgeräten, die Sie sowohl im lokalen Netzwerk des NAS als auch von unterwegs per Internet synchronisieren möchten. Dann wird abhängig von der Art der Verbindung immer die beste und schnellste Methode für den Datenaustausch verwendet. Im Zweifelsfall sollten Sie diese Option einfach immer aktivieren.
5. Im Eingabefeld ganz unten wählen Sie eine Bezeichnung für den PC, auf dem Sie die Verbindung einrichten. Diese dient vor allem dazu, die Verbindungen vom NAS aus per *Qsync Central* kontrollieren und verwalten zu können.

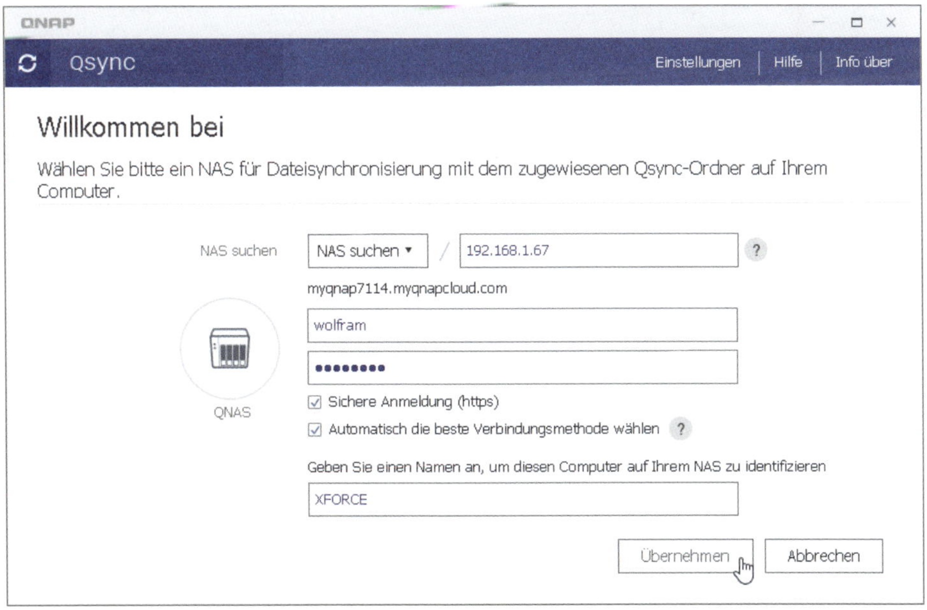

6. Wenn Sie auf *Übernehmen* klicken, stellt das Programm die Verbindung zum NAS her und ruft dort den Ordner ab, der zum Synchronisieren zur Verfügung steht. Standardmäßig ist das pro Benutzer ein Ordner unter */home/.Qsync*. Den Zugriff auf weitere Ordner müsste ein Administrator in *Qsync Central* ausdrücklich freigeben.

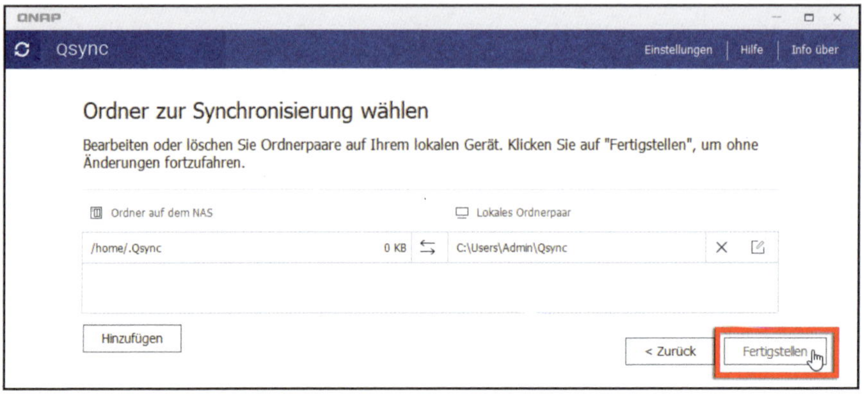

7. Bestätigen Sie das festgelegte Ordnerpaar mit *Fertigstellen*.
8. Anschließend sehen Sie das Übersichtsfenster von *Qsync*, in dem Sie den Synchronisierungsstatus verfolgen und alle Einstellungen vornehmen können. Dieses Fenster können Sie jederzeit schließen. *Qsync* läuft dann im Hintergrund weiter.

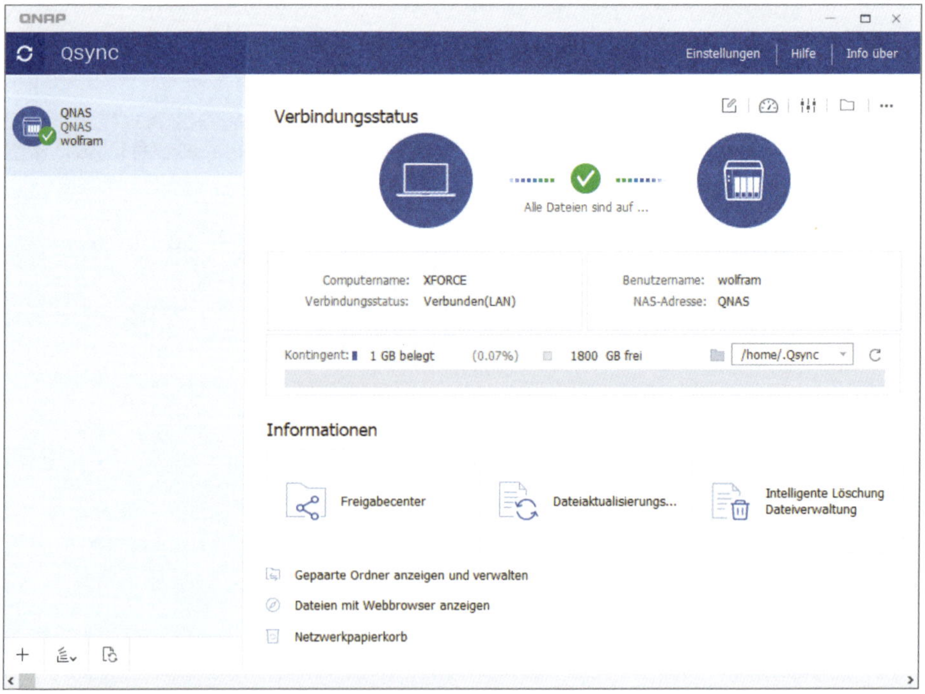

Automatischer Start mit Windows

Ist die Qsync-Anwendung einmal auf dem PC installiert, wird sie standardmäßig beim Start des Betriebssystems mit gestartet und läuft dauerhaft im Hintergrund. Nur so kann gewährleistet werden, dass Änderungen an den Dateien immer zeitnah mit dem NAS synchronisiert werden. Falls Sie das Programm nur bei Bedarf manuell starten wollen, klicken Sie im Übersichtsfenster oben auf *Einstellungen*, wechseln dort in die Rubrik *Persönlich* und deaktivieren die Option *Qsync beim Starten ausführen.*

Dateien platzsparend synchronisieren

Beim Synchronisieren werden Ordner und Dateien üblicherweise auf zwei oder mehr Geräten dupliziert. Das ist auch sinnvoll, wenn man auf allen beteiligten Geräten regelmäßig damit arbeiten möchte oder diese Funktion zu Sicherungszwecken nutzt. Aber gerade bei großen Datenmengen, von denen man nur einen kleinen Teil aktiv nutzt, wird so viel Speicherplatz verbraucht und viel Transferkapazität verschwendet. Der *Platzsparende Modus* versucht, dies zu optimieren, indem Sie beeinflussen können, welche Daten tatsächlich ständig hin und her synchronisiert werden und welche nur bei Bedarf herbeigeschafft werden. Dazu bietet er drei Varianten:

- *Immer auf diesem Gerät behalten*
  Die Dateien werden immer auf das Gerät synchronisiert und sind dort auch verfügbar, wenn keine Verbindung mit dem NAS bestehen sollte. Dies entspricht dem üblichen Synchronisierungsmodus.
- *Lokal auf diesem Gerät verfügbar*
  Die Dateien werden standardmäßig auf dem NAS gespeichert. Sie werden aber – sofern eine Verbindung zum NAS besteht – auf dem PC angezeigt und können jederzeit angefordert werden. Einmal angefordert, werden sie ab dann auch lokal gespeichert und klassisch synchronisiert. Einmal lokal gespeicherte Dateien können aber auch wieder in den Online-Modus versetzt werden, um den lokalen Speicherplatz freizugeben.
- *Speicherplatz freigeben, aber auf NAS behalten*
  Die Dateien werden nur auf dem NAS gespeichert. Auf dem PC werden sie angezeigt und zum Bearbeiten ggf. temporär heruntergeladen. Der Zugriff ist aber grundsätzlich nur im Online-Modus möglich, also wenn eine Verbindung zum NAS besteht.

Für den standardmäßig zum Synchronisieren eingerichteten Home-Ordner ist der *Platzsparende Modus* automatisch aktiviert. Wie er arbeiten soll, können Sie auswählen, indem Sie mit der rechten Maustaste auf sein Symbol klicken (bei Windows 11 dabei ⇧ halten, um gleich das erweiterte Kontextmenü zu öffnen) und im Kontextmenü *Platzsparender Modus* wählen. Das Untermenü bietet Ihnen dann die drei Modi zur Auswahl an.

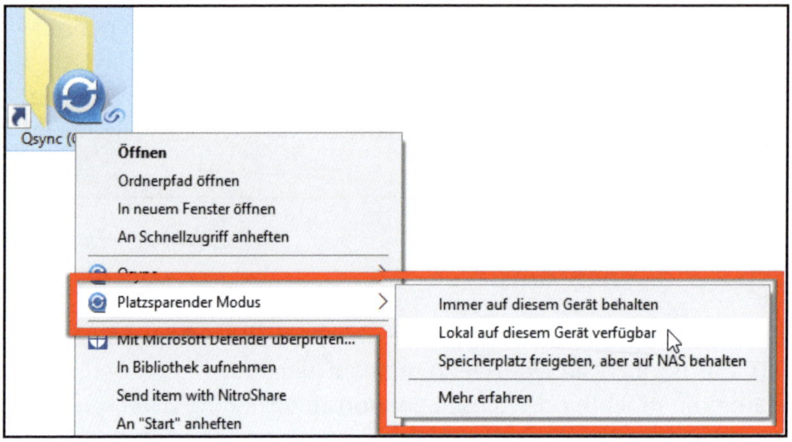

1. Um den *Platzsparenden Modus* für andere Synchronisierungsordner zu aktivieren, öffnen Sie die Startseite des Qsync-Programms auf Ihrem PC.
2. Klicken Sie dort auf *Gepaarte Ordner anzeigen und verwalten*.
3. Lokalisieren Sie in der angezeigten Liste das gewünschte Ordnerpaar und klicken Sie in dessen Zeile ganz rechts auf das *Bearbeiten*-Symbol.
4. In den so geöffneten Ordnerpaar-Einstellungen finden Sie unten den Abschnitt *Platzsparender Modus*. Wählen Sie dort die Option *Aktivieren*.
5. Mit dem Auswahlfeld darunter stellen Sie den Modus ein, der für dieses Ordnerpaar standardmäßig verwendet werden soll.

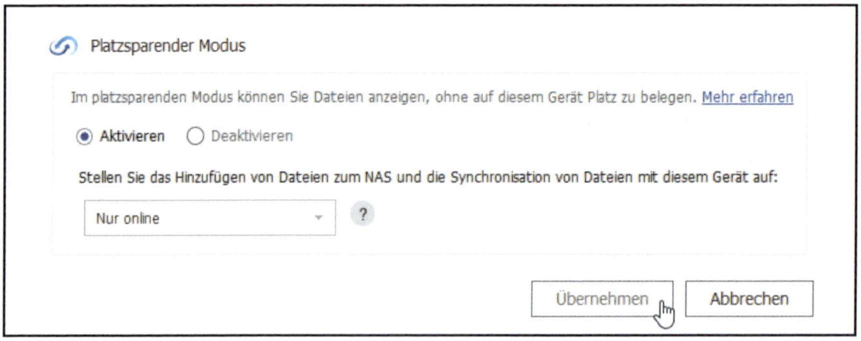

Sie können für einzelne Dateien oder Verzeichnisse innerhalb eines synchronisierten Ordners jederzeit einen abweichenden Modus wählen. Klicken Sie das oder die Element(e) dazu mit der rechten Maustaste an und wählen Sie dann *Platzsparender Modus*.

Freigabeordner synchronisieren

Standardmäßig wird immer nur ein spezieller Ordner auf dem NAS für jeden Benutzer zum Synchronisieren eigener Inhalte bereitgestellt. Wenn der Administrator Freigabeordner für *Qsync* freigegeben hat, kann jeder Anwender, der Zugriffsrechte für diesen Freigabeordner hat, diesen ebenfalls in *Qsync* hinzufügen und mit einem lokalen Ordner auf dem PC verknüpfen.

1. Klicken Sie im Hauptfenster von *Qsync* unten auf *Gepaarte Ordner anzeigen und verwalten*.
2. Hier wird standardmäßig nur ein Ordnerpaar angezeigt, das Inhalte zwischen */home/.Qsync* auf dem NAS und einem lokalen Ordner des PCs abgleicht.
3. Stehen weitere Freigabeordner auf dem NAS zur Verfügung, klicken Sie unten auf *Hinzufügen*.
4. Klicken Sie dann bei *Ordner auf dem NAS* auf das Ordnersymbol rechts neben dem Eingabefeld.

5. Dadurch wird eine Liste aller Freigaben auf dem NAS angezeigt. Um eine davon zu synchronisieren, wählen Sie sie aus und klicken unten auf *Übernehmen*.

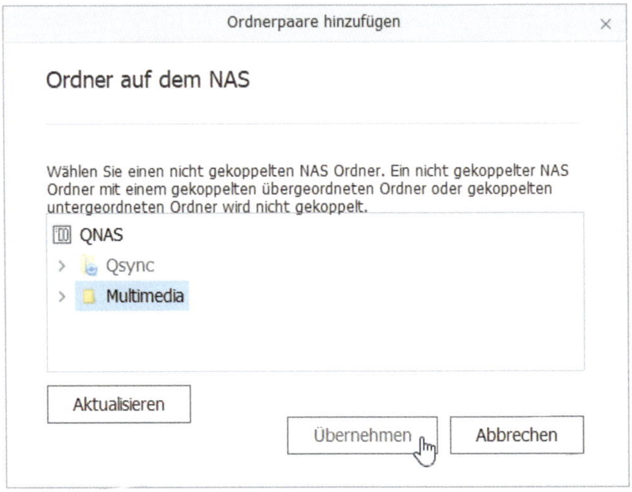

6. Zurück im Dialog *Ordnerpaare hinzufügen* ist dieser Freigabeordner nun eingestellt. Wählen Sie den lokalen Ordner aus, in dem der Inhalt des Freigabeordners dupliziert werden soll. Achten Sie darauf, dass auf dem entsprechenden Laufwerk des PCs ausreichend Speicherplatz zur Verfügung steht. Wenn Sie einen Ordner wählen, der bereits vorhanden ist und Inhalte aufweist, wird auch dieser Inhalt auf Freigabeordner des NAS dupliziert.

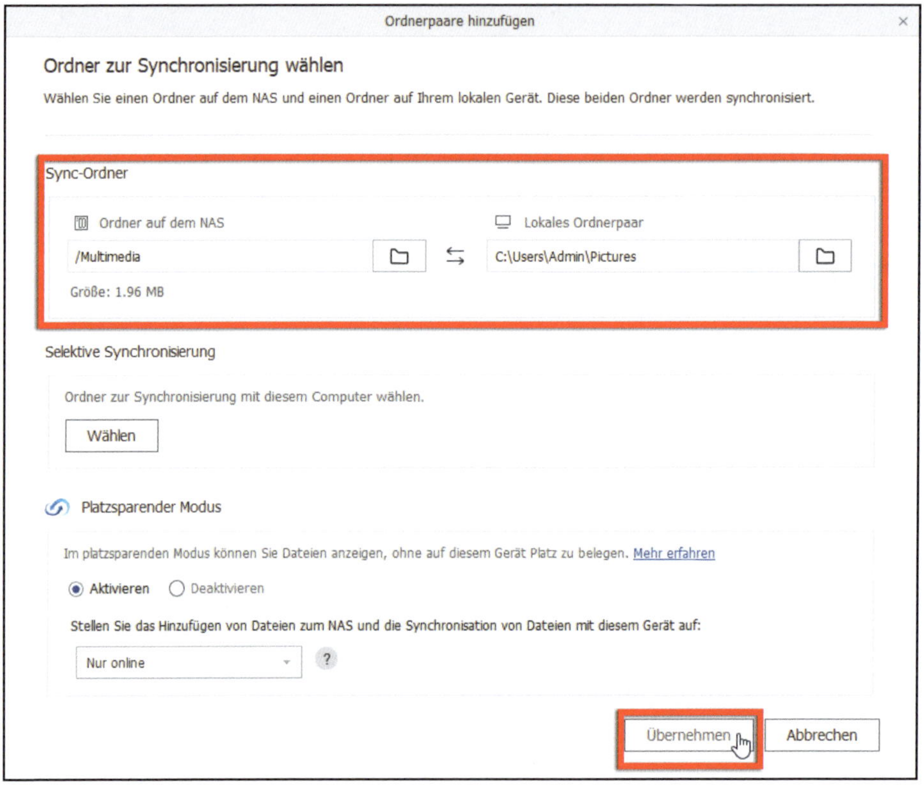

7. Weiter unten können Sie die weiteren Einstellungen für dieses Ordnerpaar vornehmen. Klicken Sie abschließend unten auf *Übernehmen*, um die Synchronisierung zu beginnen.
8. Beim ersten Mal kann das etwas länger dauern, da der gesamte Inhalt der Ordner erst mal abgeglichen werden muss. Bestätigen Sie den entsprechenden Hinweis, und schließen Sie dann den Dialog. Auch die Qsync-Anwendung selbst können Sie schließen, da sie im Hintergrund weiterläuft.

Ab sofort finden Sie im Qsync-Ordner im Windows-Explorer neben dem privaten Qsync-Ordner auch den synchronisierten Freigabeordner vor. Auch dabei handelt es sich um eine lokale Kopie des NAS-Ordners. Alle Änderungen werden automatisch synchronisiert, und der Inhalt kann ebenso »offline« bearbeitet werden, wenn gerade kein Kontakt zum NAS besteht.

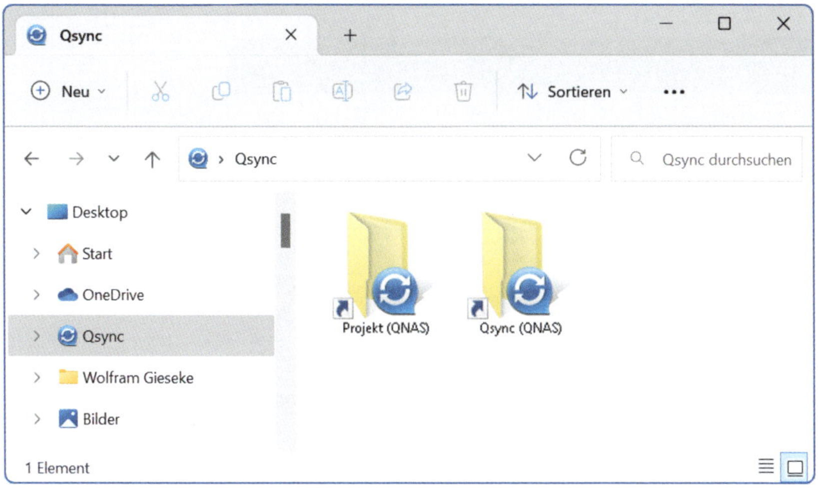

Umgang mit Versionskonflikten

Wenn Dateien zwischen mehreren Geräten synchronisiert werden, kann es zu Versionskonflikten kommen. Diese treten beispielsweise auf, wenn zwei Benutzer gleichzeitig eine Datei bearbeiten.

Beispiel: Benutzer A und Benutzer B haben beide in ihrem Synchronisationsordner eine lokale Kopie der Datei *Bericht.txt*. Benutzer A nutzt eine längere Zugfahrt, um an der Datei umfangreiche Bearbeitungen vorzunehmen. Währenddessen ist er offline, sodass die Änderungen nicht mit dem NAS synchronisiert werden können. Gleichzeitig öffnet auch Benutzer B seine Kopie der Datei und ergänzt einen kurzen Abschnitt. Da er mit dem NAS verbunden ist, wird seine bearbeitete Version direkt mit dem NAS synchronisiert. Als später Benutzer A wieder online ist und seine Dateien mit dem NAS synchronisiert werden sollen, tritt ein Konflikt auf, da sich auf dem NAS nicht mehr die ursprüngliche Version von *Bericht.txt* befindet, sondern die von Benutzer B bearbeitete. Es gibt nun also zwei Versionen der Datei, und das NAS steht vor der Entscheidung, entweder die Version von Benutzer A oder die von Benutzer B als »offizielle« Version dieser Datei weiterzuverwenden. Für solche Fälle können Sie Regeln aufstellen, nach denen *Qsync* verfahren soll.

1. Klicken Sie im Hauptfenster von *Qsync* oben in der Symbolleiste auf das Schieberegler-Symbol, um die NAS-Einstellungen zu öffnen.
2. Wechseln Sie in den Einstellungen in die Rubrik *Richtlinie*.

3. Klicken Sie bei *Konfliktrichtlinien* auf das Auswahlfeld, um alle Möglichkeiten anzuzeigen:

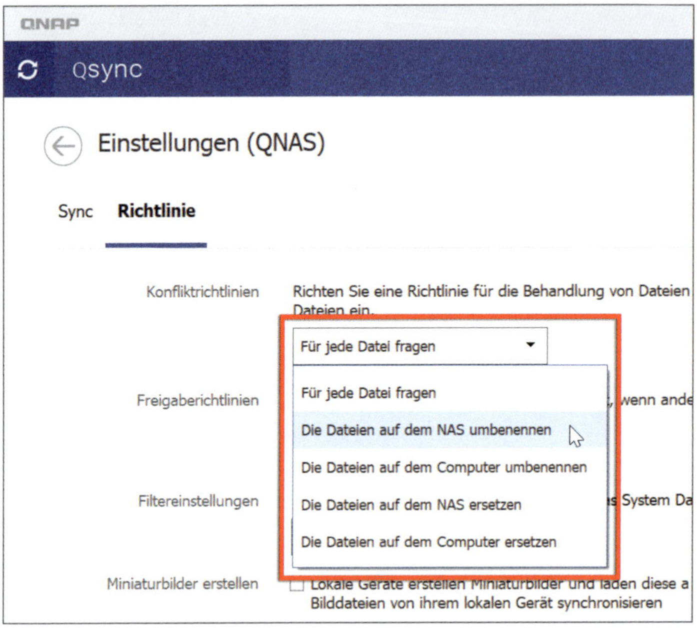

- *Für jede Datei fragen*: Diese Option bietet die größte Flexibilität, da Sie bei jedem Konflikt individuell entscheiden können. Sie ist aber nur sinnvoll, wenn es eher selten zu Konflikten kommt.
- Dateien umbenennen: Ein vorsichtiger Ansatz zur automatischen Lösung von Konflikten ist das Umbenennen im Konfliktfall. Eine der beiden Dateien wird umbenannt, sodass beide Versionen erhalten bleiben. Dies kann allerdings zu einem ziemlichen Wildwuchs an Dateien führen, wenn man die Konflikte nicht doch letztlich inhaltlich auflöst.
- Dateien ersetzen: Wenn Sie sicher sind, welche Version im Zweifelsfall die richtige ist, dann können Sie entweder die Version auf dem NAS durch die lokale Version ersetzen lassen oder umgekehrt. Dabei geht allerdings immer eine der beiden Versionen verloren.

4. Klicken Sie unten auf *Übernehmen*, um die gewählte Richtlinie zu aktivieren.

Zugriff auf frühere Versionen

Auf Seite 247 ist beschrieben, wie auf dem NAS die Versionskontrolle für *Qsync* aktiviert werden kann. Sie sorgt dafür, dass bei veränderten Versionen von Dateien die alten nicht direkt gelöscht, sondern noch eine Weile bereitgehalten werden. Wenn diese Funktion auf dem NAS eingeschaltet ist, können Sie sie auch auf dem PC innerhalb der synchronisierten Ordner nutzen, sofern eine direkte Verbindung zum NAS möglich ist.

1. Wählen Sie dazu im Windows-Explorer die betreffende Datei aus, und öffnen Sie mit ⇧ und der rechten Maustaste das erweiterte Kontextmenü.

2. Klicken Sie hier auf *Qsync/Vorherige Versionen anzeigen*.
3. Daraufhin wird im Webbrowser File Station geöffnet, darin der betreffende Ordner auf dem NAS angezeigt, und für die gewählte Datei werden die Eigenschaften in der Rubrik *Version* geöffnet.
4. Hier sehen Sie, welche früheren Versionen dieser Datei noch auf dem NAS gespeichert sind.

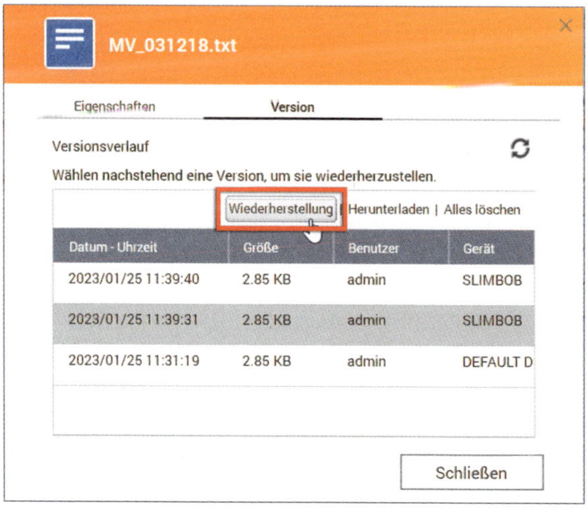

5. Wählen Sie eine davon aus, und klicken Sie dann auf *Wiederherstellung*.
6. Die Vorgängerversion der Datei wird dann auf dem NAS wiederhergestellt. Anschließend synchronisiert *Qsync* diese Datei wegen der Änderung automatisch mit dem PC, sodass Sie kurze Zeit später auch auf dem PC die gewählte frühere Fassung vorfinden.

9.3 Qsync Pro auf Mobilgeräten nutzen

Auch Smartphones und Tablets mit den gängigen Betriebssystemen Android und iOS können Sie mit Ihrem NAS (und darüber mit weiteren Geräten) synchronisieren. QNAP stellt dafür gleich zwei Anwendungen in den jeweiligen App Stores kostenlos zur Verfügung:

- *Qfile*: Für einfachen gelegentlichen Zugriff auf das NAS reicht *Qfile* aus. Damit können Sie einzelne Dateien bei Bedarf abrufen und für die Offlineverwendung auf dem Mobilgerät speichern. Auch das Hochladen von neuen oder geänderten Dateien lässt sich automatisieren. Eine vollautomatische Synchronisierung ist damit allerdings nur umständlich zu erreichen.
- *Qsync Pro*: Wer bestimmte Daten auf einem Android-Mobilgerät stets verfügbar haben und automatisch mit dem NAS und anderen Geräten abgleichen will, der sollte deshalb besser zur Qsync-Pro-App greifen. Sie synchronisiert den lokalen Datenbestand ähnlich wie das PC-Programm ständig automatisch. Auch für iOS-Geräte ist eine Qsync-Pro-App im App Store verfügbar, allerdings geht ihr Funktionsumfang nicht wesentlich über das ebenfalls für Apple-Geräte verfügbare *Qfile* hinaus.

Die Qfile-App wird auf Seite 183 vorgestellt und eignet sich zum vollautomatischen Synchronisieren nur bedingt. Deshalb beschränke ich mich im Folgenden auf das Vorstellen der Qsync-Pro-App.

Qsync-Verbindung zum NAS herstellen

Wenn Sie *Qsync Pro* zum ersten Mal starten, bietet die App Ihnen automatisch an, eine Verbindung zu Ihrem NAS anzulegen. Befindet sich das Gerät im selben lokalen Netzwerk wie das NAS, wird es Ihnen dieses in der Regel bereits anzeigen und zur Auswahl anbieten.

Wenn Sie allerdings auch von unterwegs via Internet synchronisieren möchten, sollten Sie stattdessen einen von zwei anderen Wegen wählen:

- *NAS manuell hinzufügen*: Wenn Ihr NAS unter einer festen oder dynamischen Internetadresse (DDNS, siehe Seite 194) erreichbar ist, wählen Sie diese Varianten und geben im anschließenden Dialog die Internetadresse des NAS sowie einen NAS-Benutzernamen für die Anmeldung an.
- *QNAP ID anmelden*: Wenn Ihr NAS nicht direkt aus dem Internet erreichbar ist, können Sie den Umweg über die myQNAPcloud und Ihre QNAP-ID gehen (Seite 187). Wie Sie sich per QNAP-ID mit einer App am NAS anmelden, ist auf Seite 191 bereits beschrieben, weshalb ich es hier nicht wiederholen möchte.

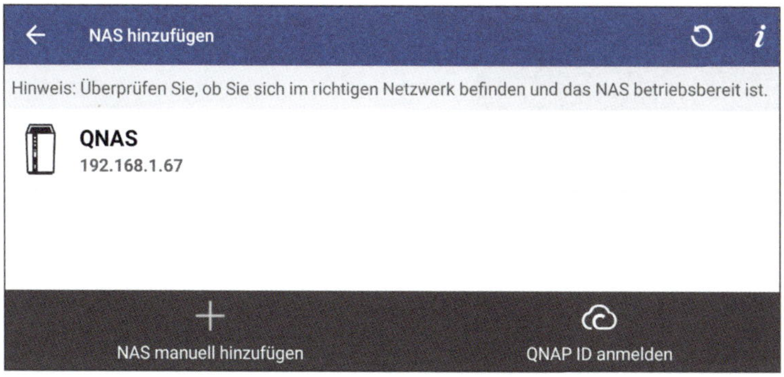

Nach erfolgreicher Anmeldung am NAS können Sie die Verbindung mit *Qsync Central* auf dem NAS herstellen:

1. Klicken Sie in der (leeren) Liste der Ordnerpaare unten rechts auf das +-Symbol.
2. Im anschließenden Dialog legen Sie im Abschnitt *Geräteordner auswählen* zunächst den Ordner auf dem Mobilgerät fest, in dem der synchronisierte Inhalt gespeichert werden soll.

Lokaler Speicher im Gerät
Als Zielordner auf dem Mobilgerät können Sie einen neuen Ordner anlegen oder einen bereits vorhandenen verwenden. In letzterem Fall bedenken Sie aber, dass lokale bereits vorhandene Inhalte dann auf dem NAS dupliziert werden. Meine Empfehlung: Wenn Sie eine SD-Karte im Gerät haben, sollten Sie diese als Ziel verwenden, andernfalls wählen Sie den internen Speicher des Gerätes. Legen Sie hier beispielsweise einen Ordner namens *Sync* an.

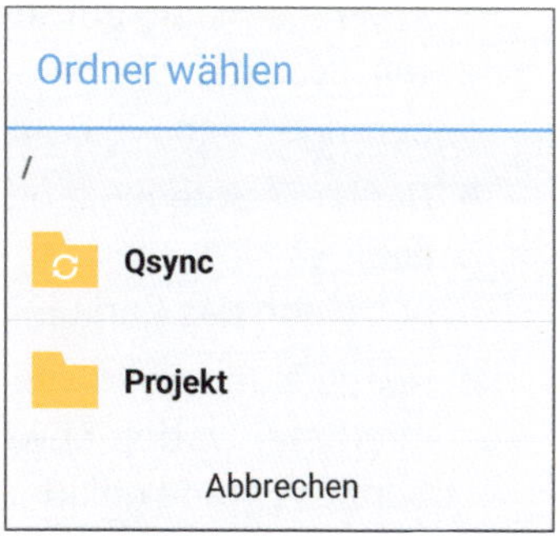

3. Tippen Sie dann unter *NAS-Ordner auswählen* auf *Ordner wählen*.
4. Die App ruft dann die Liste der in *Qsync* freigegebenen Ordner ab. *Qsync* bezieht sich dabei immer auf den privaten Synchronisierungsbereich des angemeldeten NAS-Benutzers. Sollte der Administrator des NAS zusätzliche Freigabeordner in *Qsync* zum Synchronisieren genehmigt haben, werden diese hier ebenfalls aufgeführt.
5. Tippen Sie den Ordner an, den Sie synchronisieren möchten. Tippen Sie dann erneut auf *OK*, oder wählen Sie ggf. einen Unterordner aus, wenn Sie nur diesen synchronisieren möchten.

6. Tippen Sie dann rechts oben auf *Übernehmen*, um das Ordnerpaar einzurichten.

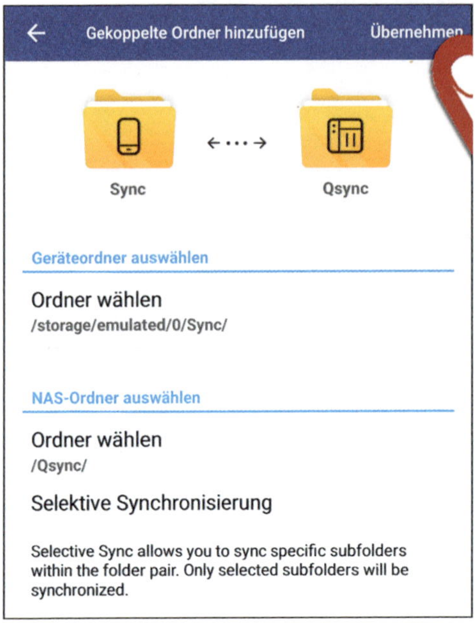

7. Zurück in der Liste der Ordnerpaare, können Sie nun weitere Ordner zum Synchronisieren auswählen oder die Einrichtung rechts oben mit *Weiter* fortsetzen.
8. Die App bietet Ihnen abschließend einige sinnvolle Einstellungen an, mit denen Sie das Synchronisieren anpassen und den Akku- und Datenverbrauch optimieren können:
   - *Automatische Synchronisationsfrequenz einstellen*: Standardmäßig erfolgt das Synchronisieren nur bei Bedarf manuell. Sie können aber festlegen, dass die App regelmäßig automatisch den Datenbestand der Ordnerpaare abgleichen soll. Beachten Sie, dass dies je nach Umfang der Daten und Häufigkeit der Änderungen den Akku- und Datenverbrauch spürbar erhöhen kann.
   - *Nur Wi-Fi*: Sofern Sie nicht über eine Flatrate für mobile Daten verfügen, empfiehlt es sich, diese Option einzuschalten. Dann erfolgt das Synchronisieren nur, wenn das Gerät mit einem WLAN verbunden ist.
   - *Nur aufladen*: Sollten Sie sich um die Akkulaufzeit Sorgen machen, können Sie mit dieser Option bewirken, dass nur synchronisiert wird, wenn der Akku des Gerätes gerade geladen wird.
   - *Qsync Kontingent*: Um den meist knappen Speicher des Mobilgerätes nicht übermäßig zu belasten, können Sie sowohl für den internen Gerätespeicher als auch für eine eingesteckte SD-Karte ein Kontingent festlegen, das von *Qsync* nicht überschritten wird.

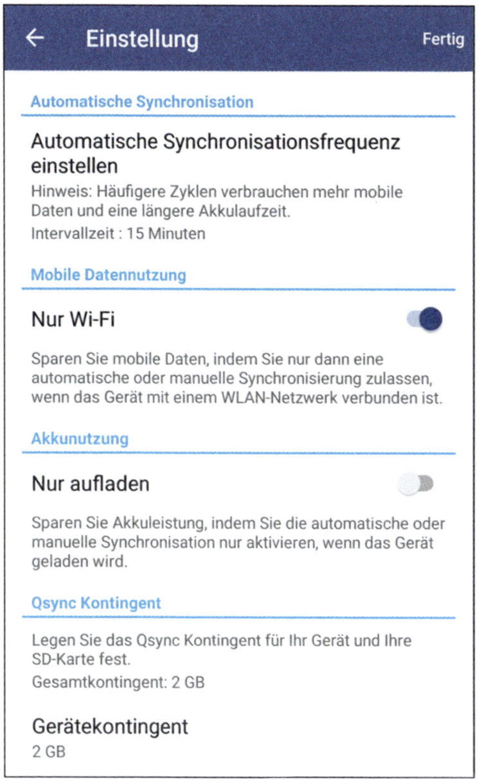

- *Dateigrößenbeschränkung*: Eine weitere sinnvolle Möglichkeit zum Schonen des Speichers ist es, Dateien nur bis zu einer bestimmten Maximalgröße auf das Gerät zu übertragen. Größere Dateien auf dem NAS werden von *Qsync* dann einfach ignoriert.

Haben Sie die Einstellungen entsprechend Ihren Vorstellungen konfiguriert, tippen Sie rechts oben auf *Fertig*.

9. *Qsync Pro* beginnt nun mit der initialen Synchronisierung und dupliziert dabei den Inhalt der gewählten NAS-Ordner auf dem Mobilgerät.

Anschließend finden Sie die synchronisierten Dateien im lokalen Ordner auf dem Mobilgerät vor. Dieses können Sie mit einer beliebigen Datei-Manager-App aufsuchen.

Aber auch im Hauptmenü der Qsync-Pro-App finden Sie einen Eintrag mit der Bezeichnung Ihres Mobilgerätes. Wenn Sie diesen »aufklappen«, werden dort die lokalen Synchronisierungsordner des Gerätes angezeigt.

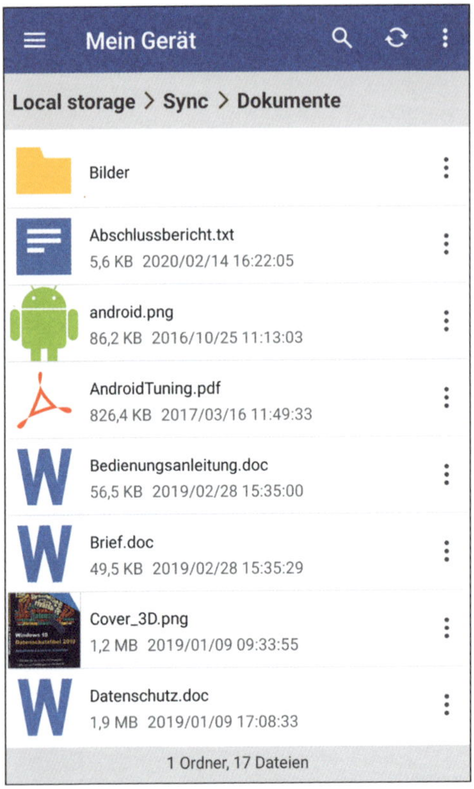

Mit einem Klick öffnen Sie den Ordner auch hier in einem einfachen Datei-Manager. Er erlaubt es Ihnen, die Datei (ggf. in einer passenden App) zu öffnen, zu löschen, zu verschieben oder als Dateianhang per E-Mail zu versenden.

Umgang mit Versionskonflikten

Ebenso wie in der Qsync-Anwendung für PCs können Sie auch in der App festlegen, wie mit Versionskonflikten beim Synchronisieren umgegangen werden soll (siehe Seite 255). Die Einstellung hier kann sich von der am PC unterscheiden, wenn Sie dies wünschen. Öffnen Sie dazu im Hauptmenü der App den Eintrag *Einstellungen*. Gehen Sie dann in der Liste der Optionen ganz nach unten zu *Präferenzen*. Im so geöffneten Dialog finden Sie die Einstellung *Konfliktrichtlinie*, wo Sie das Verhalten der App bei konkurrierenden Dateiversionen festlegen können.

10. Musik und Bilder im NAS speichern und wiedergeben

Ihr NAS eignet sich mit seiner Speicherkapazität hervorragend, um Ihre Musik- und Bildersammlung zu beherbergen. Aber mit dem Speichern allein ist es nicht getan. Schließlich möchte man seine Medien ja nicht nur sammeln, sondern gelegentlich auch genießen. QNAP stellt dazu verschiedene Dienste, Programme und Apps bereit, mit denen Sie am PC, von Mobilgeräten zu Hause oder unterwegs sowie von vernetzten Mediengeräten wie Smart-TVs oder Netzwerklautsprechern aus auf Ihre Medien zugreifen können.

10.1 Mediendienste mit der Multimedia Console steuern

Mit der Multimedia Console bringt Ihr NAS eine Steuerzentrale für Multimediainhalte mit. Das hat den Vorteil, dass sich alle damit verbundenen Dienste und Funktionen hier einfach abschalten lassen, wenn Sie auf die Multimediafunktionen Ihres NAS verzichten wollen. Andernfalls können Sie die Dienste sowie das Indizieren von Mediendateien hier zentral kontrollieren und steuern.

Sie finden die Multimedia Console als Symbol auf dem QTS-Desktop und in jedem Fall im Hauptmenü am linken Rand der Weboberfläche.

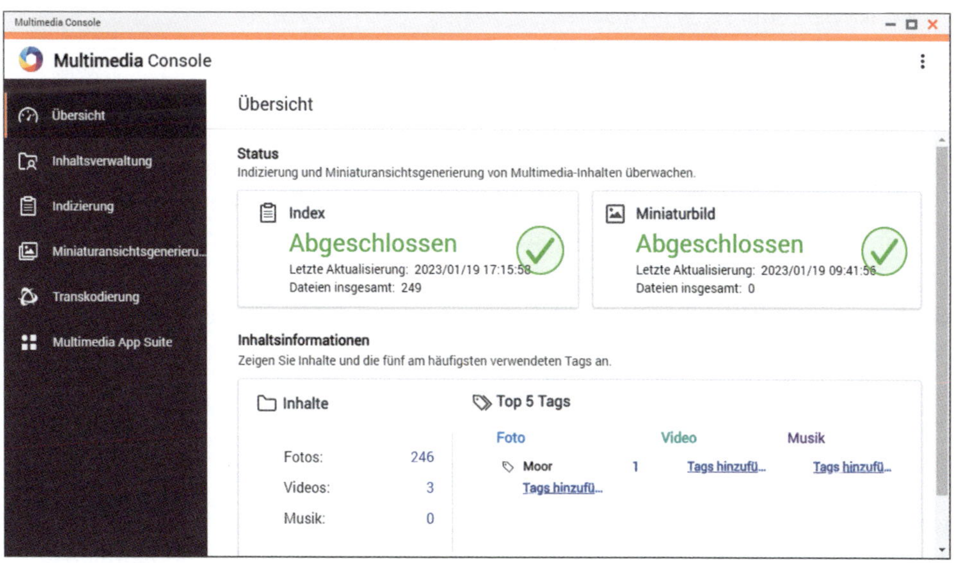

Mediendienste nach Bedarf aktivieren

Wenn Sie die Multimedia Console aktivieren, sind ab Werk nur zwei Mediendienste installiert und aktiviert: Music Station und DLNA. Möchten Sie weitere Dienste nutzen, müssen Sie diese zunächst aktivieren und teilweise auch erst installieren. Das ist aus der Multimedia Console heraus möglich.

1. Wechseln Sie in der Multimedia Console in den Bereich *Multimedia App Suite*.

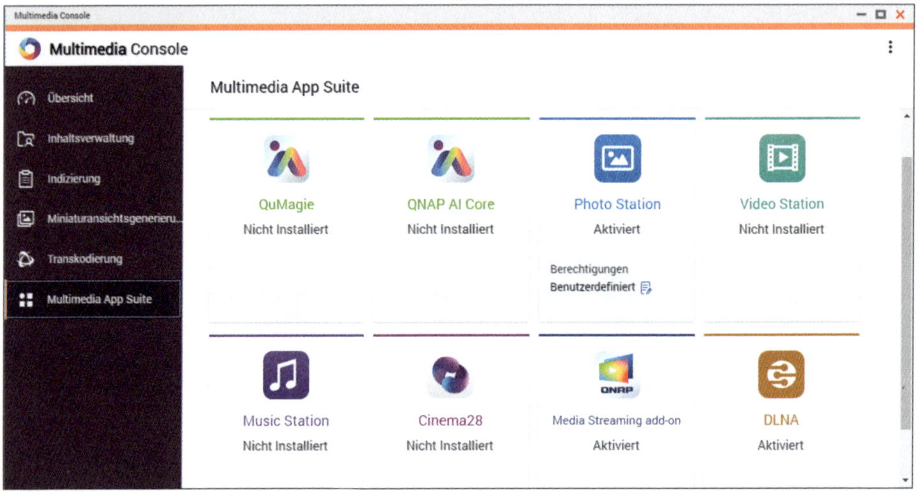

2. Hier sind alle Multimediadienste, die von der Konsole gesteuert werden, aufgelistet. Unter dem Namen sehen Sie jeweils den Status, also beispielsweise *Aktiviert*, *Deaktiviert* oder *Nicht Installiert*.
3. Möchten Sie beispielsweise Photo Station zum Erfassen und Organisieren Ihrer Bildersammlung nutzen, klicken Sie auf diesen Eintrag.

4. Daraufhin wird das App Center gestartet, und die Details der Photo-Station-Anwendung werden dort angezeigt. Sie brauchen nur noch auf die *Installieren*-Schaltfläche zu klicken (mehr zum Installieren von Apps erfahren Sie auf Seite 206).
5. Warten Sie ab, bis die neue Anwendung erfolgreich heruntergeladen und installiert wurde. Wenn Sie dann zur Multimedia Console zurückkehren, wird der Eintrag dieses Dienstes hier ebenfalls auf *Aktiviert* stehen.

Den Zugriff auf Mediendienste steuern

Nicht jeder Benutzer muss Zugriff auf alle Mediendienste haben. Denn immerhin hat er über den Mediendienst auch Zugriff auf alle Dateien, die diesem Mediendienst zur

Verfügung stehen, also beispielsweise alle Fotos, Musikdateien etc. Deshalb kann man genau festlegen, welche Benutzer welche Mediendienste nutzen dürfen. Wichtig: Wenn Sie einen Mediendienst neu installieren bzw. aktivieren, steht er standardmäßig erst mal allen Benutzern zur Verfügung. Sie sollten also direkt im Anschluss festlegen, welche Einschränkungen Sie in Kraft setzen wollen.

1. In der Übersicht der Multimedia App Suite in der Multimedia Console sehen Sie bei (fast) jedem aktivierten Modul einen Eintrag *Berechtigungen*.
2. Mit einem Klick darauf öffnen Sie die Berechtigungseinstellungen für diesen Dienst.
3. Hier können Sie ganz oben im Auswahlfeld *Berechtigungen* diesen Dienst pauschal für alle Benutzer oder *Nur lokale Administratorgruppe* freigeben. Dann sind keine weiteren Einstellungen möglich oder erforderlich.
4. Alternativ wählen Sie *Benutzerdefiniert*. Dann werden darunter alle auf dem NAS eingerichteten Benutzerprofile angezeigt.
5. Nun gibt es zwei Varianten:
   - *Ausgewählten Nutzern und Gruppen den Zugriff verweigern*: Sie erlauben grundsätzlich allen NAS-Benutzern den Zugriff auch zu dieser Funktion und geben nur einzelne Nutzer an, denen das nicht gestattet sein soll.
   - *Ausgewählten Nutzern und Gruppen den Zugriff erlauben*: Sie verweigern umgekehrt grundsätzlich allen NAS-Benutzern den Zugriff zu dieser Funktion und geben nur einzelne Nutzer an, denen sie zugänglich sein soll.

   Welche der Varianten man wählt, hängt davon ob, welche Anzahl an Benutzern kleiner ist: die, denen es nicht erlaubt sein soll, oder die, denen es erlaubt sein soll.

6. Wenn Sie eine der benutzerdefinierten Varianten wählen, wird unten in der Liste aller Benutzer das Zugriffsrecht entsprechend gesetzt. Wählen Sie nun den oder die Benutzer aus, für die das nicht gelten soll, und klicken Sie jeweils auf *Hinzufügen*.
7. Dann wird dieser Benutzername in das Feld auf der rechten Seite verschoben und das Zugriffsrecht entsprechend gesetzt.
8. Haben Sie die Berechtigungen wie gewünscht gesetzt, klicken Sie rechts unten auf *Speichern* und erst dann auf *Schließen*.

Anwendungsberechtigungen für Benutzer bearbeiten

Alternativ können Sie die Anwendungsberechtigungen einzelner Benutzer auch in der Systemsteuerung unter *Berechtigungen/Benutzer* bearbeiten.

Klicken Sie dazu bei dem betreffenden Benutzer in der Spalte *Aktion* auf das Symbol ganz rechts. In der so geöffneten Liste werden im Abschnitt *Anwendungen* alle installierten und aktivierten Mediendienste aufgeführt und können mit einem Häkchen für diesen Benutzer genehmigt werden.

Medienordner festlegen

Mediendienste wie Photo Station oder Music Station können Ihre Mediensammlung umfassend und gut zugänglich präsentieren. Damit das auch schnell geht, erfassen sie die Informationen über Mediendateien in einer Datenbank.

Andernfalls müsste das NAS beispielsweise bei der Suche nach einem bestimmten Interpreten erst alle Musikdateien nach dieser Information durchsuchen, was recht lange dauern kann.

Damit die Mediendienste wissen, in welchen Ordnern sie nach passenden Dateien suchen sollen, müssen Sie diese Inhaltsquellen für jeden Dienst einmalig angeben.

1. Öffnen Sie in der Multimedia Console den Bereich *Inhaltsverwaltung*.
2. Sie finden nun rechts einen Eintrag für jeden der aktiven Mediendienste. Klicken Sie auf denjenigen, dessen Inhaltsquelle Sie festlegen möchten.
3. Für den jeweils gewählten Dienst wird darunter angezeigt, wie viele Inhaltsquellen bereits festgelegt wurden und wie viel Speicherplatz diese umfassen.
4. Klicken Sie darunter auf *Bearbeiten*, um Inhaltsquellen hinzuzufügen.

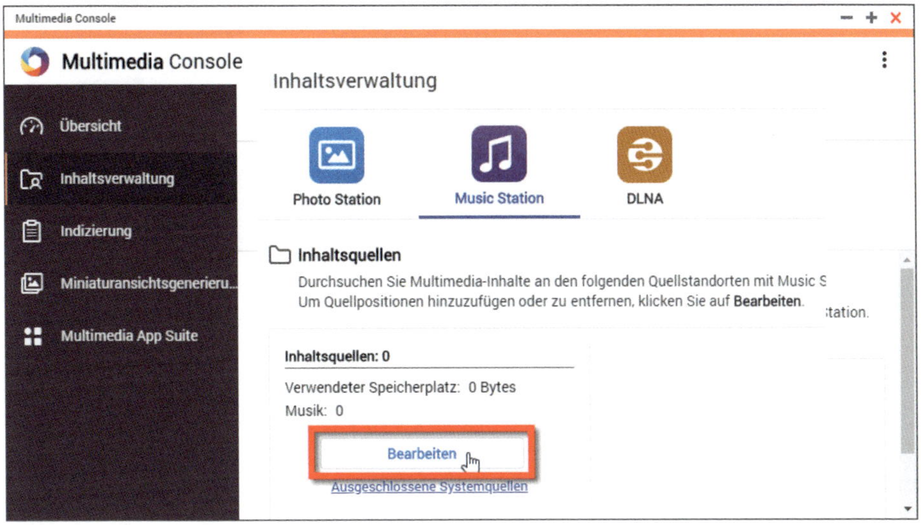

5. Wählen Sie nun im Dateisystem des NAS durch Markieren die Ordner aus, deren Inhalte der Mediendienst berücksichtigen soll. Sie können dabei ggf. auch mehrere Häkchen in verschiedenen Freigabeordnern setzen.
6. Rechts sehen Sie eine Übersicht der bislang gewählten Ordner. Diese Ordner werden jeweils einschließlich aller Unterordner indiziert. Allerdings berücksichtigt der Indizierungsdienst automatisch nur Dateiformate, die für den jeweiligen Mediendienst relevant sind.

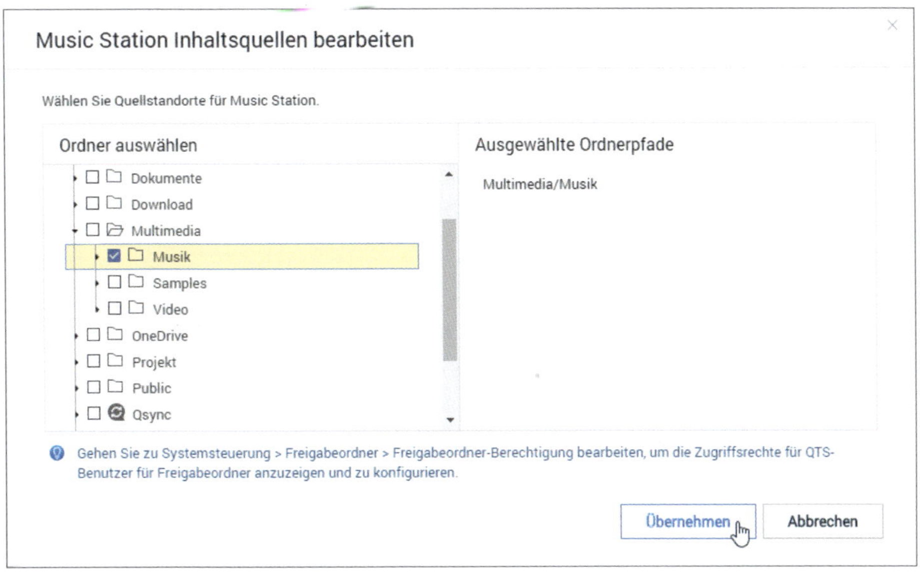

7. Haben Sie die Auswahl beendet, klicken Sie unten auf *Übernehmen*.
8. Damit die neuen Inhaltsquellen möglichst umgehend verfügbar sind, sollten Sie anschließend jeweils in den Bereich *Indizierung* der Multimedia Console wechseln und dort eine *Neuindizierung* anstoßen.

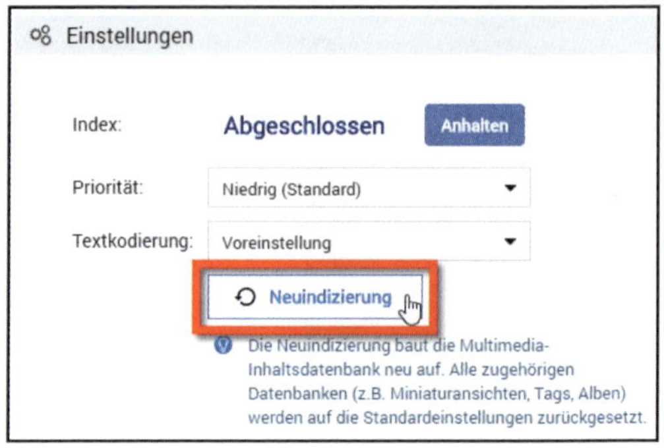

Grundsätzlich wird die Indizierung in regelmäßigen Abständen im Hintergrund durchgeführt. Sie brauchen also nicht jedes Mal eine Neuindizierung zu starten, wenn Sie neue Medieninhalte hinzufügen. Aber unmittelbar nach dem Hinzufügen einer neuen Inhaltsquelle geht es so am schnellsten.

Inhaltsquellen und Zugriffsrechte

Beim Zugriff auf Medien über die Mediendienste werden die Zugriffsrechte des jeweiligen Benutzers berücksichtigt. Achten Sie deshalb darauf, dass die Benutzer auch zumindest Leserechte für die Freigabeordner haben, in denen die Mediendateien gespeichert sind. Andernfalls bekommen sie diese vom jeweiligen Mediendienst nicht angezeigt.

10.2 Music Station als Musikarchiv

Wenn Sie Musik auf dem NAS nicht nur speichern, sondern auch abrufen möchten, ist Music Station das zentrale Werkzeug dafür. Das gleichnamige Softwarepaket können Sie im App Center installieren, falls es auf Ihrem NAS nicht ab Werk vorhanden ist.

Audio Station kann die auf dem NAS gespeicherte Musik automatisch erfassen und indizieren. So können Sie Alben oder einzelne Musikstücke jederzeit schnell finden und auch direkt abspielen. Zusätzlich lassen sich weitere Quellen wie Medienserver oder Internetradiosender einbinden. Der Zugriff kann per Webbrowser oder auch mit der Qmusic-App für Mobilgeräte erfolgen. Wenn Ihr NAS per dynamischem DNS erreichbar ist, können Sie sogar von unterwegs jederzeit auf die heimische Musiksammlung zugreifen.

Music Station kann von berechtigten Benutzern jederzeit über das Hauptmenü oder ein Symbol in der QTS-Weboberfläche gestartet werden. Alternativ kann Music Station auch direkt im Webbrowser geöffnet werden, sodass man sich den Umweg über den QTS-Desktop sparen kann. Hängen Sie dazu einfach an die funktionierende Webadresse des NAS die Ergänzung */musicstation/* an. Wenn Sie Ihr NAS beispielsweise unter qnas:8080 erreichen, machen Sie daraus *qnas:8080/musicstation/*. Anschließend geben Sie die Anmeldedaten Ihres NAS-Benutzerkontos ein, um Zugang direkt zu Music Station zu erlangen.

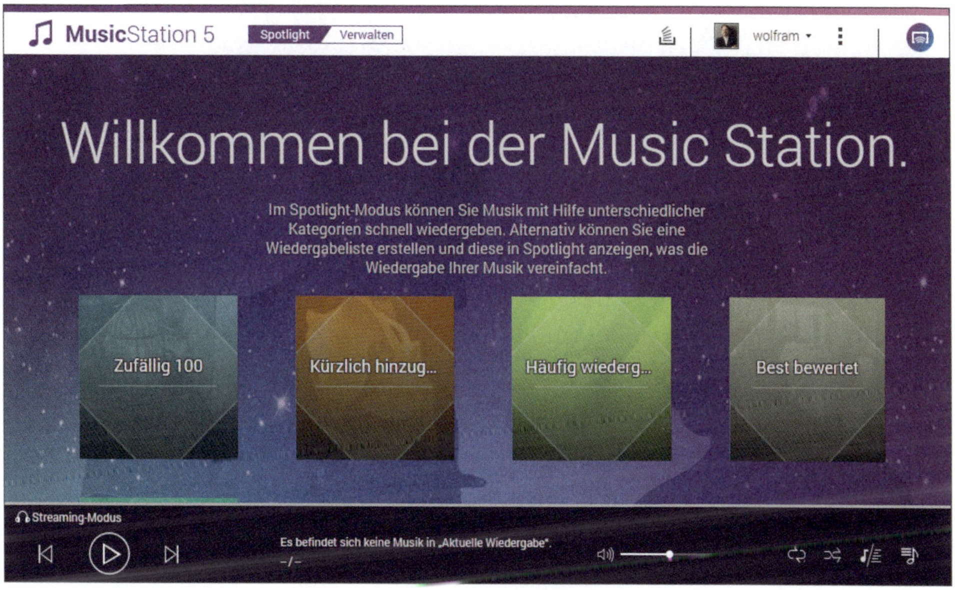

Schnell und unkompliziert im Spotlight-Modus

Wenn Sie Music Station zum ersten Mal verwenden, startet es im Spotlight-Modus. Dieser eignet sich besonders gut, wenn man einfach nur schnell und unkompliziert Musik hören möchte, ohne dass es unbedingt ein bestimmter Titel oder Interpret sein muss. Hier sehen Sie auf dem Bildschirm nur mehrere Kästchen mit Beschriftungen wie *Zufällig 100*, *Kürzlich hinzugefügt*, *Best bewertet* oder *Noch nie wiedergegeben*. Solche Listen werden von Music Station jederzeit dynamisch erstellt.

1. Bewegen Sie den Mauszeiger auf ein solches Kästchen, werden zwei Bedienelemente eingeblendet.
2. Mit dem rechten starten Sie sofort die Wiedergabe.
3. Mit dem linken zeigen Sie die Wiedergabeliste an, die sich dahinter versteckt. Hier können Sie die Liste der Titel bearbeiten oder auch einfach die Wiedergabe eines Titels mit Doppelklick starten.

4. Auch während der Wiedergabe der Liste wird diese angezeigt. Sie können die Liste einfach entspannt abspielen lassen oder jederzeit per Doppelklick einen bestimmten Titel auswählen.

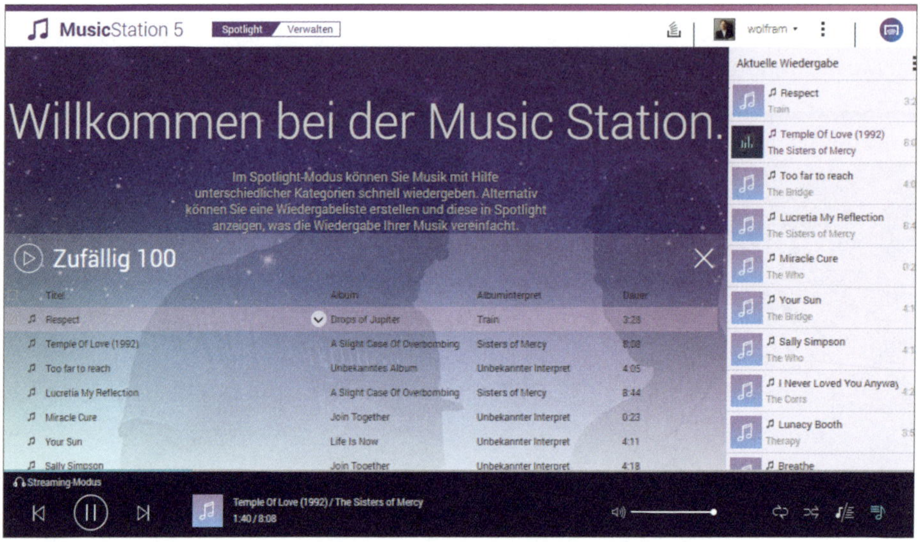

5. Die Steuerleiste am unteren Rand stellt wesentliche Bedienelemente wie Vorwärts, Rückwärts, Pause bzw. Fortsetzen oder Lautstärke bereit.

Spotlight- vs. Verwalten-Modus

Oben in der Symbolleiste von Music Station können Sie jederzeit vom Spotlight-Modus zum Verwalten-Modus wechseln. Das NAS »merkt« sich diese Einstellungen für jeden Benutzer. Wenn Sie Music Station im Verwalten-Modus verlassen, wird sie also bei der nächsten Anmeldung wieder so angezeigt.

Volle Kontrolle im Verwalten-Modus

Der Verwalten-Modus gibt Ihnen einen anderen Zugang zur Musiksammlung, mit dem Sie letztlich bis hin zu einzelnen Titeln genau bestimmen können, was Sie hören möchten.

Dazu können Sie links oben die Sammlung strukturiert nach Künstler, Album oder Genre anzeigen oder eine lange Liste aller Lieder abrufen.

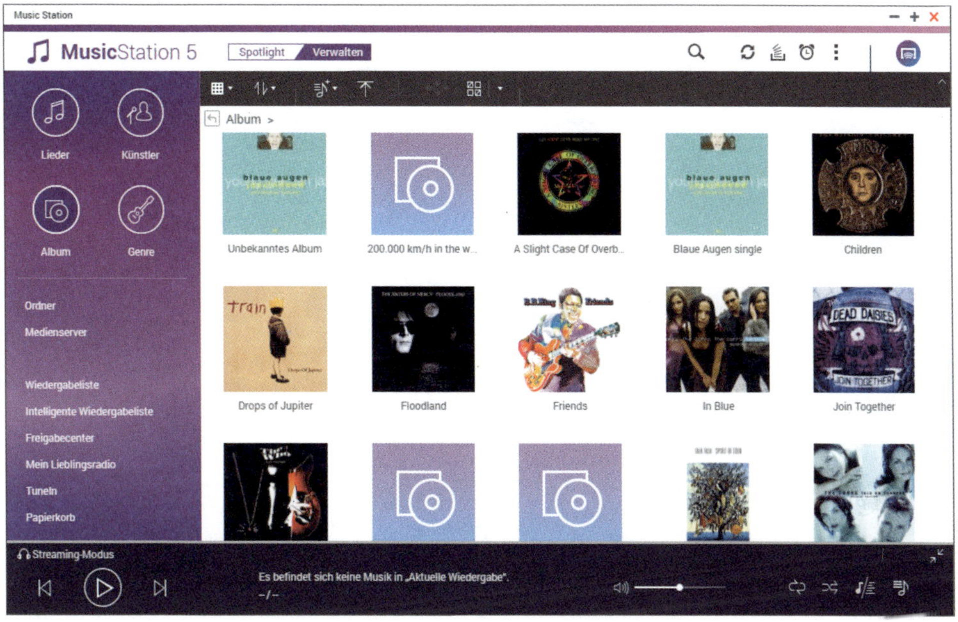

Die Oberfläche von Music Station im Verwalten-Modus unterteilt sich in drei Bereiche:

- Am linken Rand finden Sie eine Navigationsleiste, in der Sie durch Ihre Musiksammlung und zu externen Musikquellen navigieren können.
- Rechts daneben wird jeweils der Inhalt des links ausgewählten Bereichs angezeigt. Mit der Symbolleiste darüber können Sie zwischen Listen- und Vorschaudarstellung wechseln, Listen sortieren etc.
- Am unteren Rand wird wie im Spotlight-Modus die Wiedergabeleiste angezeigt, mit der Sie das Abspielen von Musikstücken direkt im Browser steuern können.

Musik in der Sammlung finden

Mit den vier Symbolen links oben zeigt Music Station die Musikdateien an, die auf Ihrem NAS in den dafür indizierten Ordnern gefunden werden konnten. Sind in den Dateien Informationen zu Liedtitel, Album, Interpret und Genre hinterlegt, können Sie mit den entsprechenden Auswahlpunkten bequem die gewünschte Musik ansteuern. Falls nicht, finden Sie mit *Ordner* zumindest die Verzeichnisstruktur der Audiodateien wieder.

Wenn Sie sehr genau wissen, was Sie hören möchten, geht es mit der Suchfunktion oft schneller. Klicken Sie dazu ganz oben auf das Lupen-Symbol. Im so geöffneten Suchmenü geben Sie im passenden Feld einen Suchbegriff ein und klicken dann unten auf *Suche* (oder drücken [↵]).

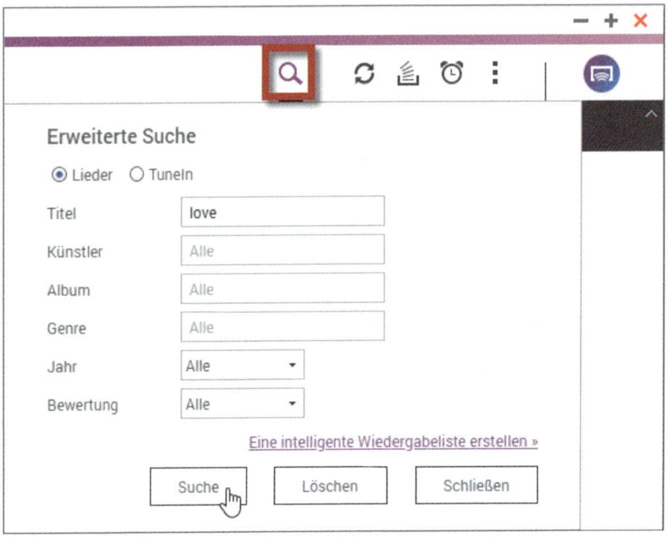

Die Suche zeigt Ihnen dann alle Dateien im Bestand an, die den Suchbegriff in diesem Feld ihrer Eigenschaften enthalten. Von hier aus können Sie Dateien direkt abspielen oder einer Wiedergabeliste hinzufügen.

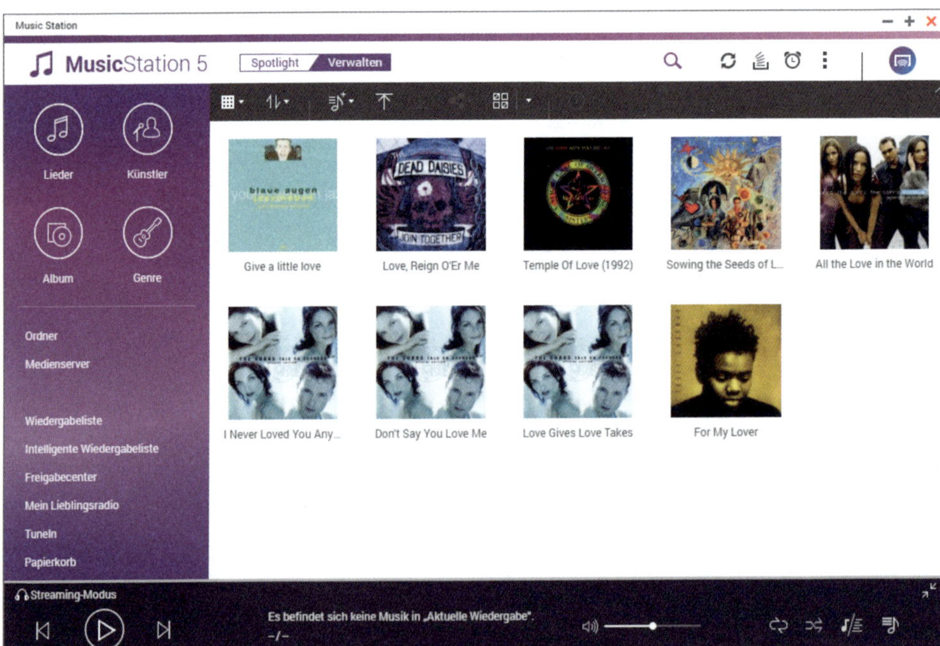

Mit der Suchfunktion können Sie jederzeit schnell Titel, Alben oder Interpreten aufspüren.

Lokal oder auf anderen Geräten abspielen

Standardmäßig gibt Music Station auf dem Gerät wieder, auf dem der Browser geöffnet ist. Sie können die Wiedergabe aber auch auf andere vernetzte Geräte im selben Netzwerk umlenken, wie etwa Sonos-Boxen, Chromecast-Empfänger oder andere Netzwerk-Abspieler, die per UPnP AV (bzw. DLNA) oder AirPlay angesteuert werden können.

1. Dazu dient das zweite Symbol von rechts in der Symbolleiste von Music Station. Mit einem Klick darauf öffnen Sie ein Auswahlmenü, das nach kurzer Suchzeit alle empfangsbereiten Netzwerkgeräte anzeigt.
2. Klicken Sie auf das Gerät, das Sie steuern möchten, und beginnen Sie dann die Wiedergabe. Dadurch wird eine temporäre Wiedergabeliste für das Gerät angelegt, die Sie mit weiteren Titeln füllen können.
3. Solange Sie nicht zu einem anderen Gerät wechseln (oder ganz oben mit *Streaming-Modus* zurück zum PC), beziehen sich alle Steuerbefehle einschließlich Lautstärke etc. auf das gewählte Gerät.
4. Achtung: Wenn Sie zu einem anderen Gerät wechseln, wird die Wiedergabe auf dem bisherigen Gerät nicht abgebrochen, sondern fortgesetzt, bis die derzeitige Liste abgespielt ist. Wenn Sie dies nicht wünschen, sollten Sie die Wiedergabe jeweils anhalten, bevor Sie das Gerät wechseln.

Der Umgang mit dieser Funktion kann etwas hakelig sein, denn ihre große Stärke macht sie zugleich auch etwas umständlich: Sie können damit gleichzeitig verschiedene Wiedergaben auf unterschiedlichen Geräten steuern. Spielen Sie also zunächst einen Titel auf Ihrem Computer ab. Wenn dieser läuft, wechseln Sie zu einem Netzwerkgerät und starten dort die Wiedergabe eines anderen Titels. Beide Wiedergaben laufen parallel nebeneinander her. Wenn Sie nun die Wiedergabe am PC stoppen wollen, müssen Sie aber erst wieder mit dem Auswahlmenü zur Steuerung Ihres PCs zurückwechseln und dann auf *Stopp* klicken. Wenn Sie das mal vergessen, klicken Sie auf die Steuerelemente und wundern sich vielleicht, dass scheinbar nichts passiert.

Wiedergabelisten zusammenstellen

Wiedergabelisten geben Ihnen die Möglichkeit, Musikstücke unabhängig von vorhandenen Strukturen wie Alben oder Genres zusammenzustellen. So können Sie beispielsweise Abspiellisten für bestimmte Anlässe oder Stimmungen zusammenstellen und dauerhaft speichern. Das geht entweder manuell oder mit der Unterstützung »intelligenter« Wiedergabelisten.

1. Um eine eigene Wiedergabeliste anzulegen, klicken Sie im Verwalten-Modus in der Navigationsleiste links auf *Wiedergabeliste.*
2. Solange dieser Bereich noch leer ist, finden Sie hier ein großes +-Symbol, mit dem Sie eine neue Liste anlegen können. Haben Sie bereits eine eigene Wiedergabeliste angelegt, klicken Sie stattdessen auf das Noten-Symbol in der Symbolleiste und wählen im so geöffneten Menü *Eine Wiedergabeliste erstellen.*

3. Geben Sie im so geöffneten Dialog unter *Wiedergabelistenname* einen Namen für die Wiedergabeliste an.
4. Darunter können Sie festlegen, ob Sie diese Liste nur allein nutzen oder *Für NAS-Benutzer freigeben* möchten. In diesem Fall können Sie noch steuern, ob jeder oder nur Sie und ggf. ein Administrator die Liste bearbeiten darf.
5. Außerdem können Sie *Diese Wiedergabeliste auf der Spotlight-Seite anzeigen* lassen, wenn Sie dies möchten. So steht sie Ihnen auch im Spotlight-Modus direkt zur Verfügung.

6. Klicken Sie abschließend auf *Erstellen*, um die Liste einzurichten.

Nun können Sie im Verwalten-Modus durch Ihre Musiksammlung navigieren und beliebige Elemente zu dieser Liste hinzufügen. Klicken Sie dazu mit der rechten Maustaste auf ein oder mehrere ausgewählte Elemente, und wählen Sie im Kontextmenü *Zur Wiedergabeliste hinzufügen.* Im anschließenden Dialog werden alle Wiedergabelisten angezeigt. Wählen Sie die Liste aus, die um die gewählten Elemente ergänzt werden soll, und klicken Sie auf *Speichern.*

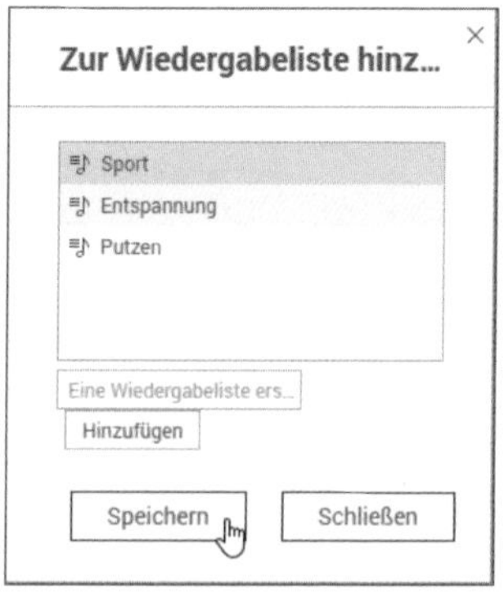

Als Elemente kommen dabei nicht nur einzelne Titel infrage, sondern auch Alben, Künstler oder Genres. In dem Fall werden der Wiedergabeliste alle Titel hinzugefügt, die zum gewählten Element gehören, also beispielsweise alle Lieder des gewählten Künstlers.

Intelligente Wiedergabelisten

Den Inhalt eigener Wiedergabelisten müssen Sie manuell aus den Titeln Ihrer Sammlung zusammenstellen. *Intelligente Wiedergabelisten* nehmen Ihnen den größten Teil der Arbeit ab, indem Sie definieren, welche Eigenschaften eine Wiedergabeliste haben soll.

Music Station sucht dann automatisch in der ganzen Sammlung nach Titeln, die diesen Vorgaben entsprechen, und füllt die Wiedergabeliste damit.

1. Klicken Sie im Navigationsbereich auf *Intelligente Wiedergabeliste*, und legen Sie dann eine neue Liste an.

2. Der obere Bereich des dafür zuständigen Dialogs mit dem Wiedergabelistennamen und den Freigabeoptionen gleicht dem Erstellen einer klassischen Wiedergabeliste.
3. Darunter finden Sie die Felder, mit denen Sie die Eigenschaften der automatisierten Wiedergabeliste gestalten können. Dazu können Sie in den Feldern *Titel*, *Künstler*, *Album* und *Genre* Suchbegriffe angeben, die in den entsprechenden Eigenschaften eines Elements enthalten sein sollen. Mehrere Begriffe können Sie jeweils mit Komma getrennt kombinieren.

4. Bei den Auswahlen für *Jahr* und *Bewertung* legen Sie jeweils erst den Vergleichsoperator fest, also beispielsweise *Größer als*. Dann ergänzen Sie rechts daneben den Vergleichswert.
5. Klicken Sie abschließend auf *Erstellen*, um die Liste einzurichten.

Music Station durchsucht daraufhin den gesamten Bestand der Musiksammlung nach Titeln, die den festgelegten Eigenschaften entsprechen. Dabei sind intelligente Wiedergabelisten dynamisch. Sie werden nicht nur beim Erstellen einmalig mit Inhalt gefüllt, sondern bei jedem späteren Aufruf frisch aktualisiert. Auch Musikstücke, die Sie der Sammlung erst nach dem Erstellen einer solchen Liste hinzugefügt haben, werden also berücksichtigt.

Zugriff auf die Musiksammlung per App

Passend zur Audio Station bietet QNAP die App *Qmusic* für Android und iOS an, die Sie kostenlos im jeweiligen App Store herunterladen können. Sie bietet einen komfortablen Zugriff auf die Funktionen für Geräte mit Touchscreen, und Sie finden darin praktisch alle Funktionen von Music Station wieder. Wenn Sie die App nicht nur im heimischen Netzwerk, sondern auch unterwegs nutzen möchten, ist es wichtig, dass Sie eine QNAP-ID oder DDNS verwenden und die entsprechende Adresse Ihres NAS nutzen:

- Geben Sie im Anmeldedialog ganz oben entweder Ihre myQNAPcloud-Adresse oder die DDNS-Adresse Ihres NAS ein.
- Darunter folgen Benutzername und Passwort des NAS-Benutzerkontos, mit dem Sie sich anmelden möchten.
- Schalten Sie die Option *Sichere Anmeldung (SSL)* ein, damit eine sichere, vertrauliche Verbindung verwendet wird. Dies ist insbesondere wichtig, wenn Sie *Qmusic* auch in öffentlichen Netzwerken wie etwa Internetcafés, WLAN-Hotspots etc. verwenden möchten.

Die Wiedergabe auf andere Musikgeräte umleiten

Standardmäßig gibt Ihr Mobilgerät die Musik der App mit den eingebauten Lautsprechern wieder. Ist das Smartphone oder Tablet per Bluetooth mit einem anderen Gerät verbunden, erfolgt die Audioausgabe dort. Sie können die Wiedergabe aber wie bei Music Station auf andere vernetzte Ausgabegeräte umleiten, sofern diese Musik nach den Protokollen DLNA oder AirPlay wiedergeben können.

1. Tippen Sie dazu während einer laufenden Wiedergabe oben auf das Streaming-Symbol.

2. Damit öffnen Sie ein Menü, in dem – nach kurzer Wartezeit – alle Wiedergabegeräte angezeigt werden, die das Mobilgerät derzeit erreichen kann.
3. Tippen Sie in dieser Liste auf das Gerät, auf dem Sie Musik wiedergeben möchten.

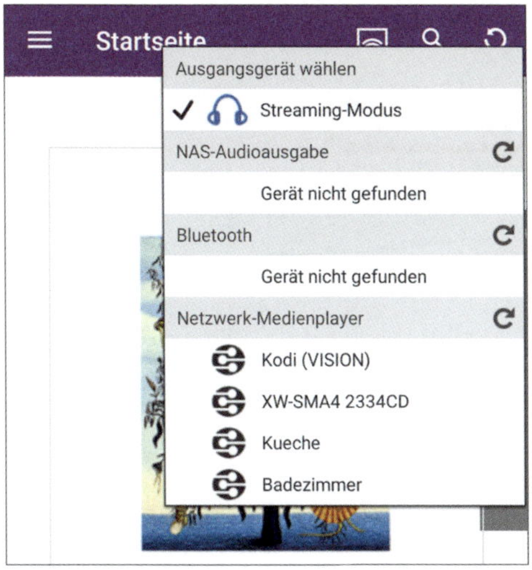

Ab jetzt beziehen sich alle Aktionen in *Qmusic* auf dieses Gerät. Um später die Wiedergabe wieder vom Gerät selbst abwickeln zu lassen, tippen Sie ganz oben auf *Streaming-Modus*.

10.3 Musik ins lokale Netzwerk streamen

Vielleicht möchten Sie für den Zugriff auf Ihre Musiksammlung vorhandene Geräte nutzen, auf denen sich Audio Station oder *Qmusic* nicht nutzen lassen, sondern die stattdessen auf Protokolle wie DLNA/UPnP setzen. Dazu bringt Ihr NAS von Haus aus einen DLNA-Server mit, den Sie in der QTS-Systemsteuerung unter *Anwendungen/ DLNA Medienserver* aktivieren können. Alternativ lässt er sich auch wie beschrieben über die Multimedia Console steuern.

- *Dienstname* ist der Name, unter dem der Server von Geräten im Netz gefunden werden kann. Standardmäßig entspricht er dem Gerätenamen des NAS, aber das können Sie beliebig anpassen.
- Bei *Standard-Benutzerkonto wählen* geben Sie das Benutzerprofil an, mit dem der Server auf die Mediensammlung zugreifen darf. Der Standardvorschlag lautet *admin*, weil dieses Konto automatisch Zugriff auf alle Dateien hat.

  Mein Vorschlag aber ist, ein Benutzerkonto speziell für diesen Zweck anzulegen und diesem Leserechte auf alle Ordner mit Musikdateien einzuräumen. Dann brauchen Sie nur noch in der Multimedia Console unter *Inhaltsverwaltung* den Ordner anzugeben, aus dem der DLNA-Server seine Musik beziehen soll.

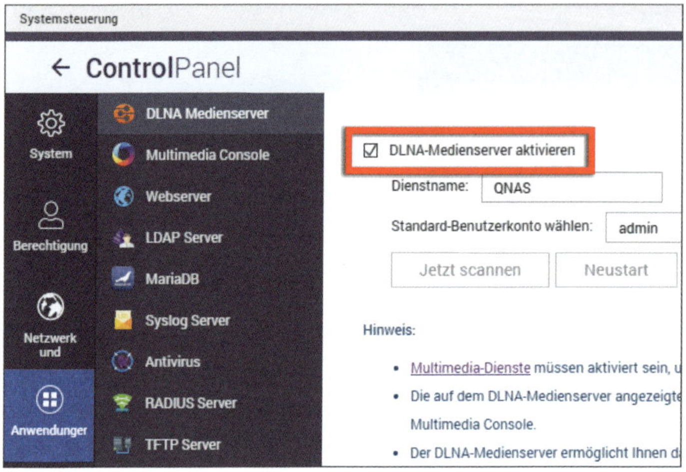

Einmal aktiviert, läuft der Medienserver dauerhaft im Hintergrund und kann von Geräten im lokalen Netzwerk angesprochen werden. Weitere Einstellungen sind nicht unbedingt erforderlich. Allerdings wird im QTS-Hauptmenü zugleich mit dem DLNA-Server auch das Media-Streaming-Add-on aktiviert. Dahinter verbirgt sich eine Oberfläche, mit der Sie einige Optionen einstellen können. Viele davon sind nur für Spezialfälle wesentlich, deshalb hier nur kurze Hinweise auf die wichtigsten:

- Im Bereich *Allgemeine Einstellungen* können Sie die Grundeinstellungen des DLNA-Servers ebenfalls vornehmen. Zusätzlich können Sie hier *Port* und *Netzwerkschnittstelle* (falls Ihr NAS mehr als eine hat) wählen.

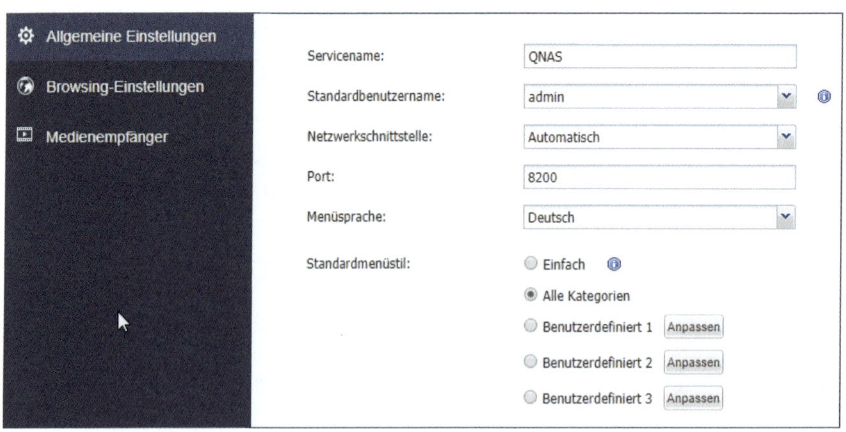

- Darunter geben Sie die Optionen zu *Menüsprache* und *Standardmenüstil* ein. Das wirkt sich darauf aus, wenn die Musiksammlung in den Abspielgeräten präsentiert wird. Die verschiedenen Stile probieren Sie am besten einfach mal aus. In Kombination mit der Schaltfläche *Anpassen* kann man sich den Zugang zu den Daten selbst maßschneidern.
- Im Bereich *Browsing-Einstellungen* können Sie steuern, wie die Musiktitel bei den Empfängern präsentiert werden. Auch hier probiert man am besten aus, was gut funktioniert.
- Im Bereich *Medienempfänger* werden alle Geräte im lokalen Netzwerk angezeigt, die per DLNA Musik vom NAS abspielen können. Die Eigenschaften wie *Menüstil* oder *Nutzerprofil* sind dabei veränderbar. Sie könnten also beispielsweise einem Audioplayer im Kinderzimmer einen speziellen Stil und ein eigenes Benutzerprofil geben, sodass die Benutzung möglichst einfach und die Inhalte nur kindgerecht sind.

Auf den Medienserver zugreifen

Um auf den Medienserver Ihres NAS zuzugreifen, benötigen Sie ein DLNA-fähiges Gerät oder auch ein entsprechendes Steuer- oder Abspielprogramm, das Sie unter dem Stichwort »DLNA Player« in den diversen App Stores finden. Gerade für die mobilen Plattformen Android und iOS gibt es eine gute Auswahl. Das folgende Beispiel zeigt, wie Sie mit der Android-App BubbleUPnP schnell und bequem die Musiksammlung auf Ihrem NAS durchsuchen und einzelne Stücke oder ganze Alben abspielen können. Hinweis: Im Medienserver ist dabei der Menüstil *Einfacher Stil* eingestellt. Bei anderen Stilen weicht die Menüstruktur ggf. ab.

1. Öffnen Sie nach dem Start der App die Musikbibliothek *Library*, und tippen Sie dort oben links auf das Auswahlfeld, wo standardmäßig *Local and Cloud* steht. Wählen Sie darin den Eintrag *Select library*.

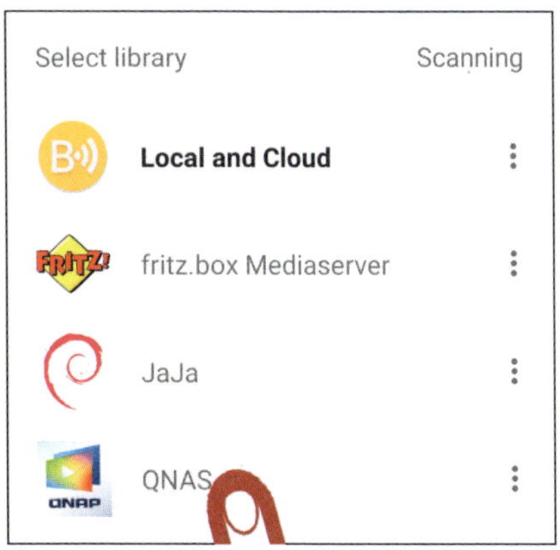

2. Dieser wird dadurch ausgeklappt, und alle Musikserver werden angezeigt, die im lokalen Netzwerk verfügbar sind. *Local and Cloud* ist dabei der lokale Musikbestand auf Ihrem Tablet, den Sie mit BubbleUPnP ebenfalls nutzen können. Alle anderen Einträge stehen jeweils für einen UPnP- bzw. DLNA-Server. Wählen Sie den aus, der denselben Namen wie Ihr NAS im Netzwerk trägt. Sie erkennen Ihr NAS aber ggf. auch am QNAP-Logo.

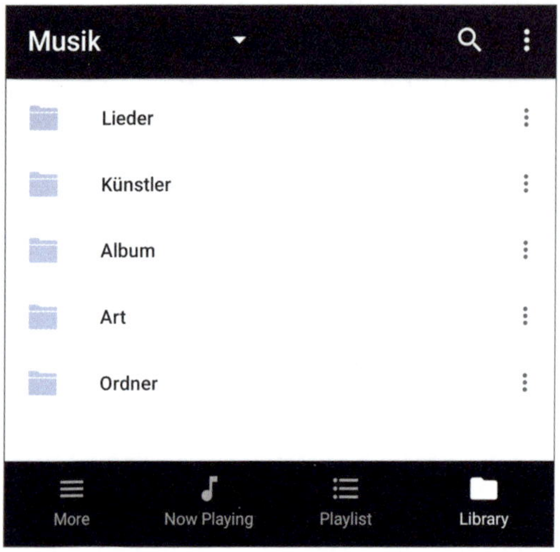

3. Die App zeigt Ihnen nun den Inhalt des gewählten Servers an. Wenn Sie hier auf *Musik* tippen, präsentiert Ihnen BubbleUPnP die Musiksammlung des Medienservers, in der Sie z. B. nach Interpreten, Alben, Genres oder auch Wiedergabelisten suchen können.
4. Wie die Navigationsmöglichkeiten sind, hängt vom gewählten Menüstil ab. Es lohnt sich also durchaus, dabei etwas mit den Einstellungen des Medienservers zu experimentieren.
5. Haben Sie Titel oder eine Wiedergabeliste ausgewählt, puffert BubbleUPnP die Daten zunächst wenige Sekunden und beginnt dann mit dem Abspielen.

10.4 Bilder mit Photo Station sammeln und organisieren

Ein NAS eignet sich besonders gut für das Einsammeln der zahlreichen Bilder, die mit Smartphone oder Digitalkamera und womöglich noch von mehreren Familienmitgliedern oder Mitarbeitern gemacht werden. Der Netzwerkspeicher stellt für alle ausreichend Speicherplatz zur Verfügung und sichert die Bilder vor Verlust. Gleichzeitig kann das NAS die eingehenden Bilder zumindest in Grenzen automatisch strukturieren und organisieren, sodass man alles bei Bedarf wiederfindet. Die Weboberfläche bietet gute Präsentationsmöglichkeiten, und man kann sogar Teile der Bildersammlung per Freigabelink mit anderen teilen. Schließlich lässt sich die zentrale Fotosammlung vom NAS aus auf externen Speichermedien sichern, damit Familienfotos auch für die nachfolgenden Generationen erhalten bleiben.

Ordner für Fotos festlegen

Vielleicht haben Sie bereits Bilddateien auf Ihrem NAS gespeichert. Dann sollten Sie Photo Station den oder die entsprechenden Medienordner zuweisen, wie auf Seite 266 beschrieben. Aber auch wenn nicht, sollten Sie vor der ersten Verwendung einen Medienordner festlegen. Dann werden die Bilder, die Sie in Photo Station importieren, automatisch in diesem Ordner abgelegt.

Genau wie Music Station können Sie auch Photo Station als Webanwendung direkt aus dem QTS-Desktop heraus starten. Oder Sie hängen an die reguläre Netzwerkadresse Ihres NAS die Ergänzung */photo* an, also beispielsweise *qnas:8080/photo*. Hinweis: Falls Sie in letzterem Fall noch nicht als Benutzer am NAS angemeldet sind, sehen Sie Photo Station nur mit einigen Beispielbildern von QNAP. Holen Sie in dem Fall die *Anmeldung* nach, um Ihre Bildersammlung auf dem NAS sehen und bearbeiten zu können.

Galerie-Modus

Der Galerie-Modus ist die »erlebnisorientierte« Variante der Photo-Station-Weboberfläche. Hier steht das unkomplizierte Präsentieren der Bildersammlung im Vordergrund.

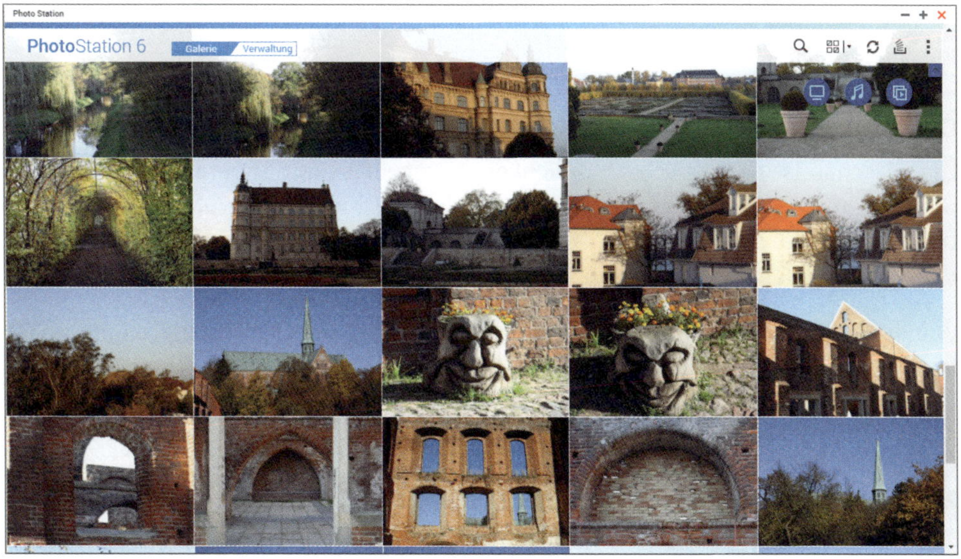

Deshalb sehen Sie standardmäßig einen großen Teppich aus Minivorschauen Ihrer Bilder. Wollen Sie eines davon groß sehen, klicken Sie es doppelt an.

Als Bedienelemente stehen Ihnen lediglich die drei blauen Kreise rechts oben zur Verfügung:

- Anzeige: Damit wechseln Sie den Anzeigemodus vom Bilderteppich zur Bilderleiste, bei der immer ein Bild groß im Hintergrund zu sehen ist.
- Musik: Wenn Sie während des Bildbetrachtens musikalische Untermalung wünschen, können Sie diese hier jederzeit ein- und ausschalten. Wenn Sie den Mauszeiger nur auf dem Symbol ruhen lassen, wird zusätzlich *Musikeinstellungen* angezeigt. Ein Klick darauf öffnet einen Dialog, in dem Sie eine Wiedergabeliste aus Music Station als Quelle festlegen können.

- Diaschau: Mit diesem Symbol starten Sie jederzeit eine automatische Diaschau der gerade angezeigten Bilder.

Das Aussehen der Diaschau steuern

Die Diaschau ist eine schöne Möglichkeit, sich selbst oder anderen den Inhalt der Bildersammlung zu präsentieren. Dabei werden die Bilder vom Webbrowser im Vollbildmodus ohne störende Bedienelemente und mit ein paar interessanten visuellen Effekten nach und nach angezeigt.

Wie die Diaschau genau aussehen soll, können Sie mit einigen Einstellungen selbst festlegen.

1. Bewegen Sie den Mauszeiger auf das Diaschau-Symbol rechts oben.
2. Dann wird zusätzlich das Element *Diaschaueinstellungen* angezeigt, das Sie anklicken können.

3. Im so geöffneten Dialog legen Sie bei *Geschwindigkeit* fest, welches Tempo die Präsentation haben soll.

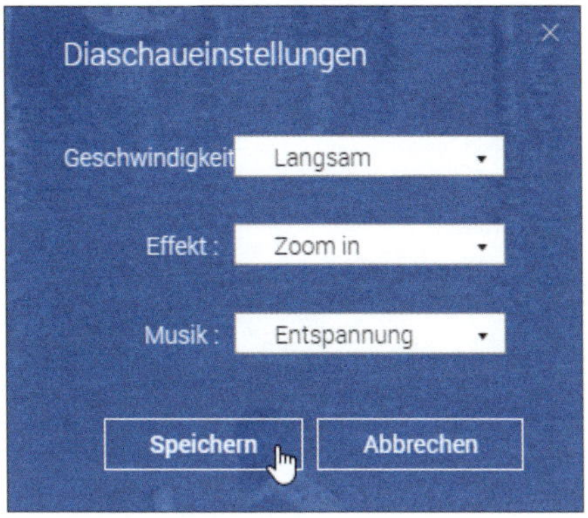

4. Darunter bei *Effekt* können Sie einen von mehreren visuellen Effekten auswählen, durch die die Diaschau dynamischer und attraktiver wird.
5. Mit *Musik* können Sie Hintergrundmusik für die Diaschau aktivieren und eine Wiedergabeliste von Music Station für diesen Zweck auswählen.

Verwalten-Modus

Wenn Sie nicht nur schauen, sondern mit Ihrer Bildersammlung arbeiten möchten, sollten Sie in der Symbolleiste von Photo Station zum Verwalten-Modus wechseln. Der bietet Ihnen wesentlich mehr Funktionen und vor allem die Möglichkeit, Bilder auf das NAS hochzuladen.

Bilder in Photo Station importieren

Um Ihre Bildersammlung zu ergänzen, können Sie Bilddateien auf beliebigen Wegen in den oder die für Photo Station gewählten Medienordner kopieren. Das geht auch per File Station, mit dem Windows-Explorer, per FTP etc.

Sie können aber auch Photo Station selbst für den Import verwenden, was den Vorteil hat, dass Sie neue Bilder beispielsweise direkt einem Album zuweisen können.

1. Dazu klicken Sie am besten zunächst im Navigationsbereich auf *Ordner* und wählen den Ordner aus, in dem die neuen Bilder gespeichert werden sollen. Das ist vor allem dann wichtig, wenn Sie mehr als einen Medienordner angegeben haben.

2. Dann können Sie Bilddateien einfach per Drag-and-drop beispielsweise aus einem Datei-Manager auf Photo Station ziehen und dort fallen lassen.

Falls Ihnen das zu akrobatisch ist, klicken Sie stattdessen auf das *Hochladen*-Symbol in der Symbolleiste.

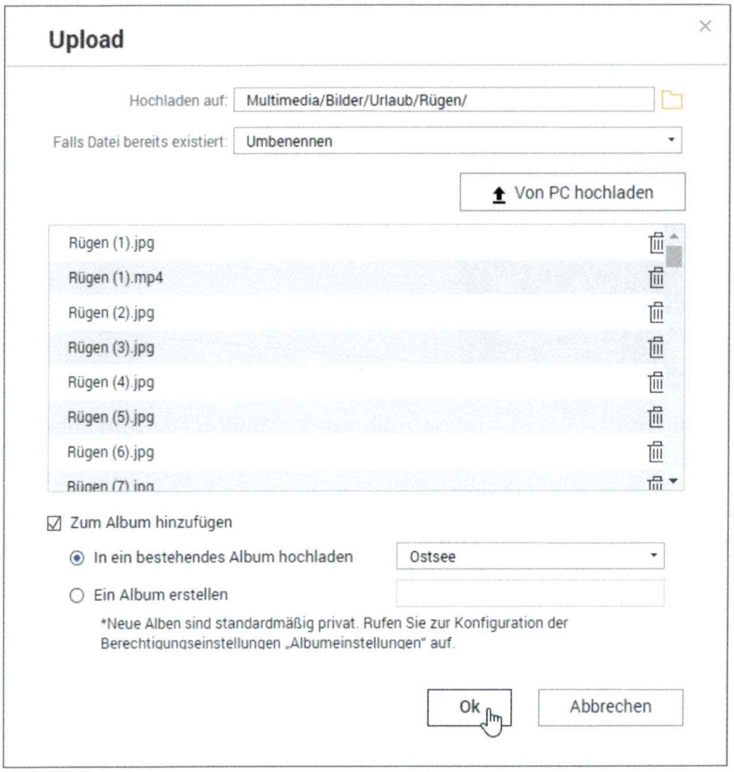

3. Im so geöffneten Dialog können Sie ganz oben den Medienordner wählen, in dem die Bilder gespeichert werden sollen. Klicken Sie dazu ggf. auf das Ordner-Symbol, und navigieren Sie dann zum gewünschten Verzeichnis. Sie können auch einen neuen Ordner für die Bilder anlegen, indem Sie unten den Namen eintippen und dann rechts daneben auf das +-Symbol klicken.
4. Im zweiten Feld legen Sie fest, was passieren soll, wenn bereits eine Datei mit demselben Namen vorhanden ist. In dem Fall kann die Datei automatisch umbenannt, der Import übersprungen oder die vorhandene Datei überschrieben werden.
5. Falls die Bilderliste darunter noch leer ist, klicken Sie dann auf *Von PC hochladen* und wählen die Bilder auf dem PC aus, die Sie importieren möchten.
6. Sollen die Bilder direkt einem Album zugeordnet werden, aktivieren Sie die Option *Zum Album hinzufügen*.

   Mit den so eingeblendeten Einstellungen können Sie eines der vorhandenen Alben auswählen oder ein neues Album für diese Bilder anlegen.

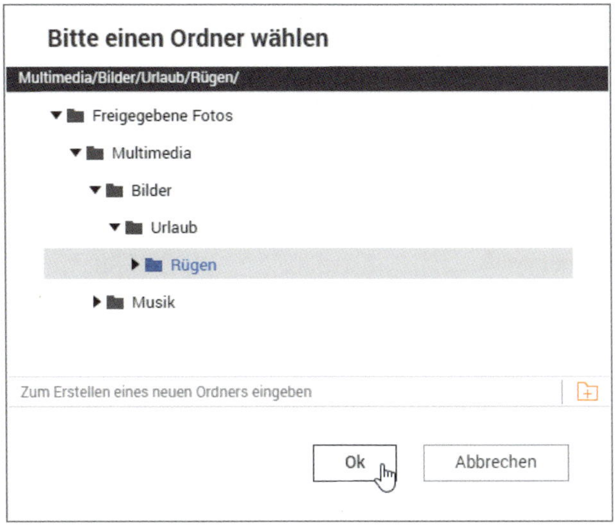

7. Klicken Sie dann auf *Ok*, um den Bilderimport zu starten.

Photo Station lädt die ausgewählten Bilddateien dann im Hintergrund hoch, indiziert ihre Eigenschaften und fügt sie der Bildersammlung hinzu. Gerade auf kleineren Modellen mit ARM-Prozessoren kann dieser Vorgang einige Zeit in Anspruch nehmen.

Bilder in Alben organisieren

Durch das Speichern in Ordnern und Unterordnern können Sie Ihrer Bildersammlung schon eine gewisse Struktur geben. Sie können aber auch Alben anlegen, die Bilder (auch aus verschiedenen Ordnern) beispielsweise thematisch zusammenfassen. Solche Alben sind dabei reine Ordnungshilfen, die an den Bilddateien und deren Speicherplatz selbst nichts ändern.

Jedes Bild der Sammlung kann zu einem, mehreren oder keinem Album gehören. Unabhängig davon befindet sich die Bilddatei genau einmal auf dem NAS.

1. Wenn Sie im Navigationsbereich von Photo Station auf *Alben* klicken, erhalten Sie eine Übersicht der bislang angelegten Alben.
2. Klicken Sie hier in der Symbolleiste auf das +-Symbol, um ein neues Album anzulegen.
3. Wählen Sie im Menü *Ein Album erstellen* (mehr über smarte Alben erfahren Sie im Folgenden).
4. Im so geöffneten Dialog geben Sie einen Namen für das neue Album an.
5. Bei *Berechtigungseinstellungen* legen Sie fest, wer das Album verwenden darf. Sollten Sie das Album mit *NAS-Nutzer* auch anderen Benutzern zugänglich machen

wollen, können Sie mit der Schaltfläche *Berechtigungen anpassen* ggf. ganz genau steuern, wer welche Zugriffsrechte erhalten soll.

6. Dann brauchen Sie nur noch auf *Erstellen* zu klicken, um das neue Album zu speichern.

Um Bilder einem Album zuzuordnen, brauchen Sie nur eines oder mehrere zu markieren. Klicken Sie dann mit der rechten Maustaste auf die Auswahl, und entscheiden Sie sich im Kontextmenü für *Zum Album hinzufügen*. Wählen Sie dann in der Liste das gewünschte Album aus, und klicken Sie unten auf *Speichern*.

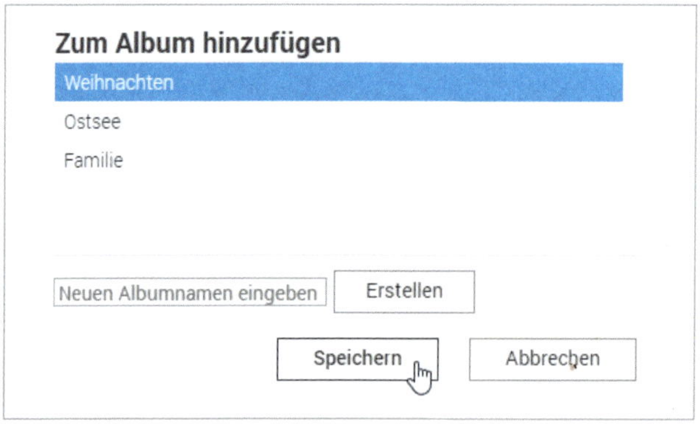

Smarte Alben füllen sich automatisch

Eine Alternative zu manuell zusammengestellten Bildersammlungen sind smarte Alben, die sich wie von selbst füllen. Dazu legen Sie Kriterien fest, denen die Bilder entsprechen sollen. Photo Station vergleicht dann den gesamten Bildbestand damit und ordnet dem Album alle passenden Bilder zu. Und das nicht nur beim Erstellen des Albums, sondern auch später jederzeit.

1. Um ein smartes Album anzulegen, wählen Sie im *Hinzufügen*-Menü den Eintrag *Ein smartes Album erstellen*.
2. Im anschließenden Dialog legen Sie zunächst wie bei einem herkömmlichen Album den Namen und die Berechtigungseinstellungen fest.
3. Die Optionen bei *Dateityp* können Sie nutzen, wenn das Album nur Fotos oder nur Videos berücksichtigen soll.
4. Sollen die Bilder für dieses Album nur aus ganz bestimmten (Unter-)Ordnern stammen, legen Sie diese bei *Quellpfad* fest.

5. Klicken Sie dann unten im Abschnitt *Suchkriterien festlegen* auf *Hinzufügen*, um ein Kriterium der gesuchten Bilder zu definieren.
6. Mit dem so eingefügten Auswahlfeld legen Sie zunächst die Bildeigenschaft fest. Das kann ein *Zeitraum*, die *Bewertung* oder auch ein zugeordnetes Text-*Tag* sein.
7. Abhängig von der gewählten Eigenschaft werden dann zusätzliche Eingabeelemente eingefügt, mit denen Sie den gewünschten Wert dieser Eigenschaft definieren können. Bei *Zeitraum* etwa finden Sie Auswahlelemente für das Start- und Enddatum des Zeitraums.
8. Wenn Sie erneut auf *Hinzufügen* klicken, wird ein weiteres Auswahlfeld für Kriterien eingefügt, sodass Sie auch mehrere Eigenschaften für das smarte Album kombinieren können.

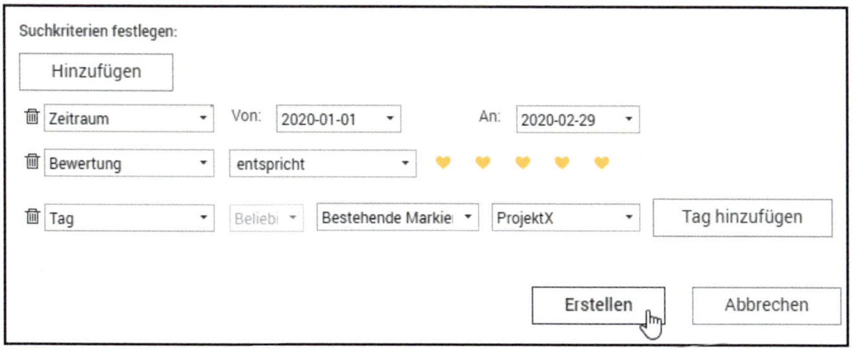

9. Haben Sie die gewünschten Kriterien definiert, klicken Sie unten auf *Erstellen*, um das smarte Album zu speichern.

Smarte Alben werden gemeinsam mit den herkömmlichen statischen Alben aufgelistet und können genauso verwendet werden. Der Unterschied ist, dass Photo Station die in den Kriterien formulierte Bildersuche bei jedem Aufruf des Albums aktuell durchführt und das Ergebnis als Inhalt des Albums präsentiert.

Bilder mit Schlagwörtern kennzeichnen

Eine Möglichkeit, den Bildern jenseits der Zuordnung zu Ordnern oder Alben eine sinnvolle Struktur zu geben, sind Schlagwörter. Das sind kurze, griffige Begriffe, die beispielsweise den Inhalt oder den Anlass eines Fotos beschreiben. Wenn man beispielsweise Bilder vom Urlaub am Meer mit dem Schlagwort »Strand« versieht, kann man später mit einer Suche nach diesem Kennzeichen schnell alle Bilder mit entsprechendem Inhalt finden, selbst wenn sie verschiedenen Alben, Ordnern, Jahren etc. entstammen. Photo Station verwendet für solche Schlagwörter die Bezeichnung Tag, die hier allerdings nicht das deutsche Wort meint, sondern das englische Tag (sprich »Täg«), was so viel wie »Etikett« bedeutet.

1. Markieren Sie ein oder mehrere Bilder in Photo Station.
2. Klicken Sie mit der rechten Maustaste auf die Auswahl, und wählen Sie im Kontextmenü *Text Tag hinzufügen*.
3. Im so geöffneten Tag-Menü können Sie oben einen beliebigen Tag-Namen eingeben. Alternativ klicken Sie rechts auf den Pfeil und klappen so eine Liste aller bereits bekannten Tag-Namen aus.
4. Wenn Sie nur ein einzelnes Bild ausgewählt haben und dieses bereits über Tags verfügt, werden diese in dem ansonsten leeren Feld darunter angezeigt.
5. Wichtig sind die beiden Optionen darunter: Standardmäßig ergänzt Photo Station bereits vorhandene Tags um die oben eingegebenen. Wenn Sie stattdessen nur die neuen Tags verwenden möchten, wählen Sie die Option *Tags der ausgewählten Elemente überschreiben*.

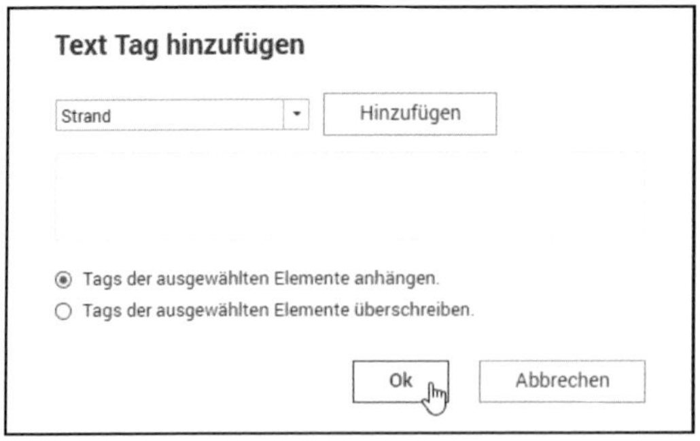

6. Klicken Sie dann auf die *Hinzufügen*-Schaltfläche, um den Tag-Namen den Elementen zuzuordnen.

Standortinformationen ergänzen

Wer viel unterwegs ist und fotografiert, wird es zu schätzen wissen, wenn zu den Bildern der jeweilige Ort der Aufnahme vermerkt wird. Smartphones und manche Digitalkameras erfassen bei der Aufnahme die GPS-Position und hinterlegen sie in den Bilddaten. Diese Angaben bleiben auch in Photo Station erhalten. Allerdings kann man mit diesen Zahlenwerten in Bezug auf die Suche nicht viel anfangen. Sie können aber Bilder auch – unabhängig von hinterlegten GPS-Koordinaten – mit einem Ort verbinden.

1. Wählen Sie das Bild (oder auch mehrere Bilder) aus, und klicken Sie im Kontextmenü auf *Koordinaten einstellen*.
2. Dadurch wird ein Kartendialog geöffnet. Ist zum Bild bereits ein Standort hinterlegt, zeigt die Karte diesen automatisch an. Andernfalls ist es zunächst ein beliebiger Ort.
3. Sie können die eingebundene Google-Maps-Karte nun nutzen, um die Position anzuzeigen, an der das Bild gemacht wurde. Nutzen Sie dazu Mauszeiger und Zoom, bis die Stelle angezeigt wird.
4. Klicken Sie dann einmal mit der linken Maustaste an dieser Position in die Karte.
5. Wenn Ihnen das Hantieren mit der Karte zu umständlich ist, geben Sie den Namen des Ortes rechts oben ins Suchfeld ein. Hier stehen Ihnen alle Suchmöglichkeiten von Google Maps zur Verfügung. Sie können also einen Ortsnamen oder eine vollständige Adresse eingeben. Sehenswürdigkeiten o. Ä. findet Google aber auch durch einfaches Angeben des Namens.

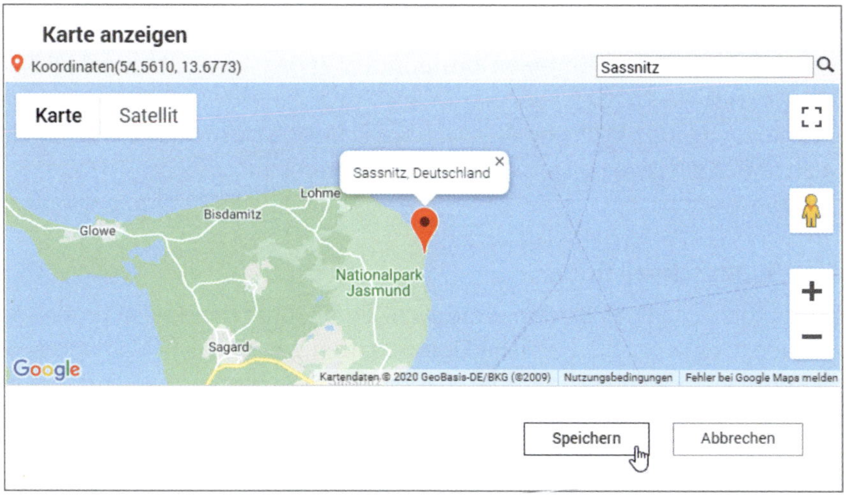

6. Haben Sie die passende Stelle gefunden und markiert, klicken Sie unten auf *Speichern*.

Die hinterlegten Standortinformationen ermöglichen es Ihnen auch, sich die räumliche Verteilung der Bilder beispielsweise eines Albums zu visualisieren. Klicken Sie dazu oben in der Symbolleiste ganz rechts auf das Standort-Symbol. Dann öffnet Photo Station einen ähnlichen Dialog, in dem die Standorte aller Bilder dieses Albums – soweit bekannt – angezeigt werden.

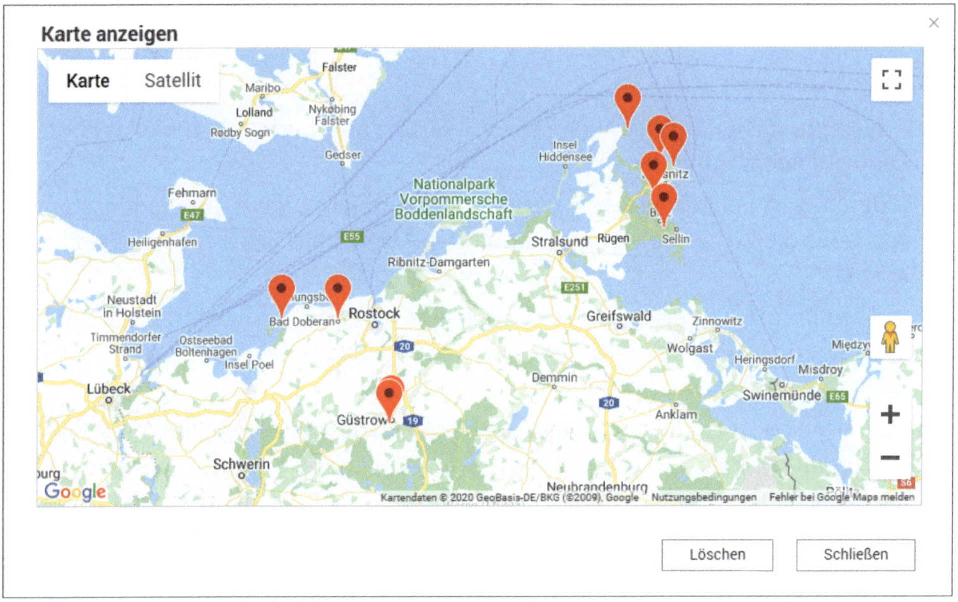

Bilder nach Standort einschränken

Wenn Sie in dieser Karte auf einen bestimmten angezeigten Standort klicken, wird die Bilderliste in Photo Station automatisch auf die Bilder von diesem Ort reduziert, was auch eine praktische Auswahlmöglichkeit ist. Um diesen Filter später wieder zu entfernen, klicken Sie in der Kartenübersicht auf *Löschen*.

Bestimmte Bilder schnell finden

Die Suchfunktion von Photo Station ermöglicht es, Bilder anhand bestimmter Merkmale zu finden. Das können inhaltliche Eigenschaften wie Name, Schlagwörter oder Alben sein oder auch technische Eigenschaften wie eine bestimmte Bildgröße oder das Aufnahmedatum.

Wenn man sehr genau weiß, was man will, kann man so sehr zielgerichtet Bilder aus verschiedenen Teilen der Sammlung identifizieren. Einmal formulierte Suchen lassen sich sogar als intelligentes Album speichern und so später bei Bedarf schnell erneut abrufen.

Um zu suchen, klicken Sie in der Symbolleiste von Photo Station auf das Lupen-Symbol. Damit wird der Suchdialog eingeblendet, der alle Bildeigenschaften umfasst. Sie können eine der Eigenschaften für die Suche verwenden oder auch mehrere gewünschte Eigenschaften miteinander kombinieren, indem Sie die entsprechenden Elemente des Dialogs nutzen. Klicken Sie dann unten auf *Suche*, um den Bilderbestand nach passenden Kandidaten durchsuchen zu lassen.

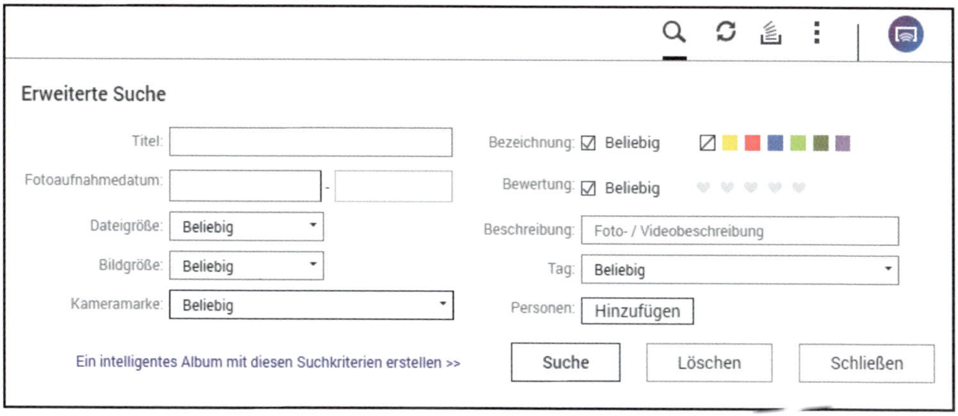

Beachten Sie dabei, dass sich die Suche immer nur auf den Bereich der Bildersammlung beschränkt, den Sie zuvor im Navigationsbereich von Photo Station ausgewählt hatten. Wollen Sie alles durchsuchen, klicken Sie am besten erst auf *Ordner* und wählen einen Ordner möglichst weit oben in der Hierarchie. Die Suche bezieht sich dann auf die Bilder in diesem Ordner und allen seinen Unterordnern. Ebenso können Sie aber auch ein Album als Basis für eine Suche wählen.

Bilder mit anderen teilen

Photo Station gibt Ihnen auch eine komfortable Möglichkeit, Bildersammlungen mit anderen zu teilen. Dabei setzt es auf Freigabelinks, die ich auf Seite 186 ausführlicher vorstelle. Deshalb gehe ich auf die Grundlagen und vor allem die Voraussetzungen für die Erreichbarkeit der Freigaben hier nicht noch mal ausführlicher ein.

1. Markieren Sie zunächst in Photo Station die Elemente, die Sie freigeben möchten. Das können ein einzelnes Bild, mehrere Bilder oder auch ein ganzes Album sein (markieren Sie dafür das Album selbst).
2. Klicken Sie dann in der Symbolleiste auf das *Teilen*-Symbol, und wählen Sie im Menü, wie Sie die Freigabe verbreiten wollen. Ich beschränke mich im Folgenden auf die Variante *Freigabelink*, bei der Sie einen Link erhalten, den Sie auf beliebige Weise weitergeben können. Bei den anderen Varianten können Sie

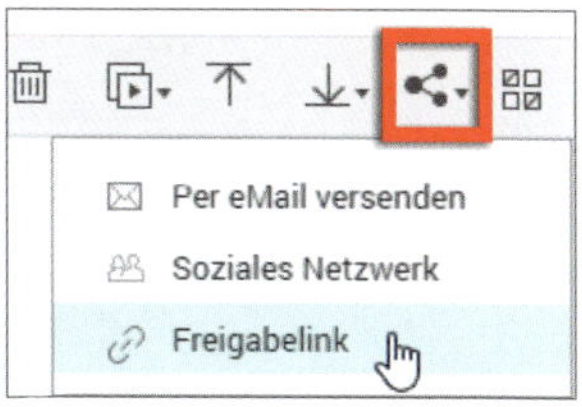

stattdessen direkt eine E-Mail versenden bzw. die Bilder in ein soziales Netzwerk hochladen.

3. Im so geöffneten Menü können Sie ganz oben einen Namen für die Freigabe festlegen. Photo Station macht dabei basierend auf dem Datei- oder Albumnamen einen Vorschlag, den Sie aber beliebig ändern können.
4. Darunter sehen Sie eine Miniaturübersicht der freizugebenden Bilder. Mit dem Mülleimer-Symbol links unten können Sie nun ggf. noch einmal aufräumen und einzelne Bilder entfernen, die dann nicht mit freigegeben werden.
5. Im Feld *Formatieren* legen Sie die Form des Freigabelinks fest. In der Regel werden Sie mit *URL* am besten fahren. Dann erhalten Sie eine komplette Webadresse, die der Empfänger beispielsweise nur in seinen Webbrowser einzufügen braucht. In Einzelfällen kann es aber hilfreich sein, ein anderes Format zu wählen, beispielsweise wenn Sie die Freigabe als HTML in eine Webseite einbinden möchten.
6. Mit *Domänenname* wählen Sie aus, wie der Empfänger Ihr NAS erreichen kann. Dies ist besonders wichtig, wenn der Freigabelink »außer Haus« gehen und der Empfänger die Bilder auch per Internet vom Gerät abrufen können soll. Dann sollten Sie hier Ihre myQNAPcloud, DDNS oder eine feste Internetadresse verwenden.
7. Die Option *Einen sicheren Link mittels SSL erstellen* sorgt für verschlüsselte Datenübertragungen, wenn Ihnen das nötig erscheint.

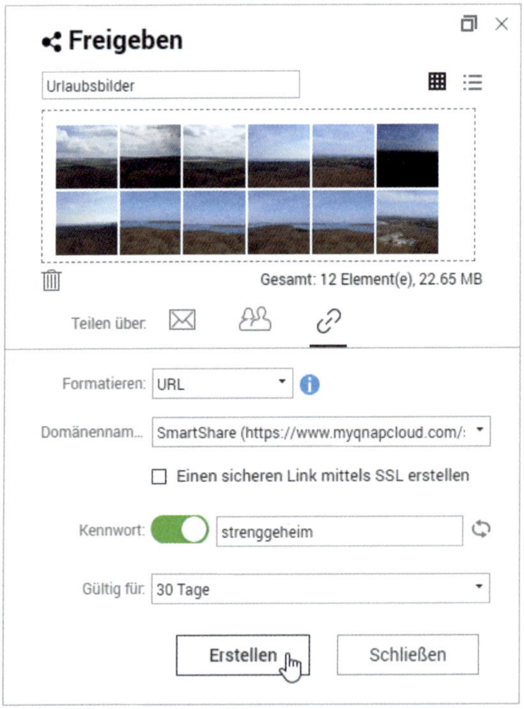

8. Um die Freigabe vor Unberechtigten zu schützen, können Sie ein *Kennwort* festlegen, das Sie dem Empfänger möglichst auf einem separaten Kommunikationskanal mitteilen.
9. Schließlich können Sie ganz unten bei *Gültig für* die Freigabedauer einstellen. Ist diese abgelaufen, beendet das NAS die Freigabe automatisch. Selbst wer im Besitz des Freigabelinks ist, kann die Bilder dann nicht mehr abrufen.
10. Haben Sie alle Einstellungen wunschgemäß vorgenommen, klicken Sie unten auf *Erstellen*.
11. Photo Station richtet dann die Freigabe ein und erzeugt den dazu passenden Freigabelink. Dieser wird in einem Hinweisfenster angezeigt. Hier können Sie ihn in Ihre Zwischenablage kopieren und dann nach Wunsch weiterverwenden.

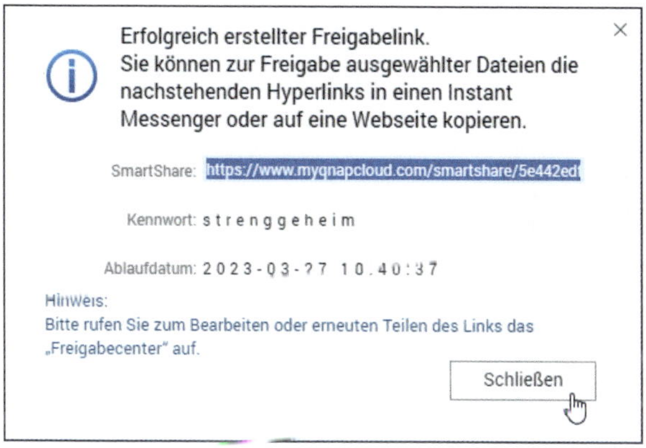

Mobiler Zugriff mit Qphoto

Mit *Qphoto* gibt es auch zu Photo Station eine App für Mobilgeräte, die den bequemen Zugriff per Touchscreen sowohl vom heimischen Sofa aus als auch von unterwegs ermöglicht. Dabei stehen das Betrachten und Präsentieren der Bilder im Vordergrund. Besonders interessant ist *Qphoto* aber auch, wenn Sie viel mit Ihrem Smartphone fotografieren. Mit *Qphoto* können Sie aufgenommene Bilder direkt auf das NAS aufnehmen. Die Bilddateien werden dann gar nicht erst im internen Speicher des Mobilgerätes abgelegt, sondern direkt auf das NAS hochgeladen und dort in die Bildersammlung eingefügt.

Einzelne Bilder aufs NAS hochladen

Ebenso wie bei anderen Q...-Apps müssen Sie nach dem Installieren einmalig den Zugang zum NAS einrichten. Wollen Sie die App nicht nur im heimischen Netzwerk, sondern auch von unterwegs nutzen, dann verwenden Sie dabei unbedingt eine der ab Seite 187 beschriebenen Varianten mit myQNAPcloud bzw. DDNS. Klappt der Zugang zum NAS, können Sie *Qphoto* jederzeit verwenden, um Bilder, die Sie mit Ihrem Smartphone gemacht haben, schnell und unkompliziert in die Bildersammlung auf dem NAS zu importieren.

1. Tippen Sie links oben auf das Menü-Symbol, und wählen Sie im Hauptmenü *My Phone* und dann den lokalen Ordner, in dem das Smartphone seine Aufnahmen speichert.
2. Die App zeigt dann den Inhalt dieses Ordners an. Wählen Sie hier eines der Bilder aus, indem Sie etwas länger daraufttippen.

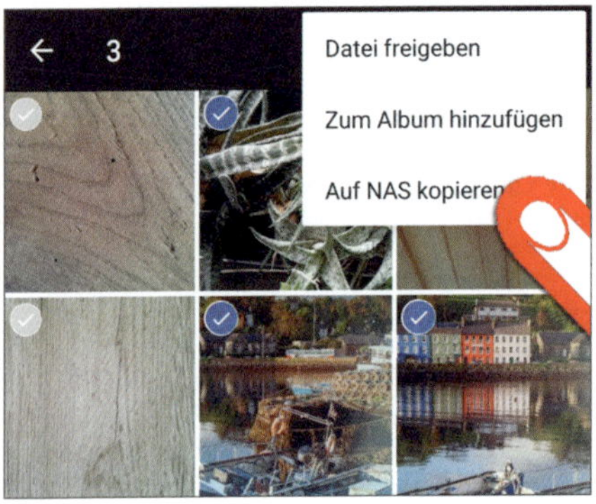

3. So kommen Sie auch in den Auswahlmodus, in dem Sie ggf. weitere Bilder durch einfaches Antippen der Auswahl hinzufügen können.
4. Sind Sie mit der Auswahl zufrieden, tippen Sie rechts oben auf das Drei-Punkte-Symbol und wählen im Menü *Auf NAS kopieren*.
5. Wählen Sie dann den Ordner in der Bildersammlung aus, in dem das bzw. die Bild(er) abgelegt werden sollen.

Die App lädt dann diese Bilder zum NAS hoch. Das geschieht als Hintergrundaufgabe. Selbst wenn es wegen einer langsamen Mobilfunkverbindung etwas dauern sollte, brauchen Sie also nicht abzuwarten. Alle lokalen Bilder des Gerätes, die bereits zum NAS hochgeladen wurden, werden anschließend mit einem Wolken-Symbol markiert.

Fotos direkt auf dem NAS speichern

Wenn Sie Fotos ohnehin zum NAS übertragen wollen, können Sie dies auch direkt bei der Aufnahme erledigen. Die Dateien belegen dann gar nicht erst den begrenzten Speicher des Mobilgerätes, sondern werden von *Qphoto* nur zwischengespeichert, bis sie erfolgreich zum NAS übertragen werden konnten.

Trotzdem können Sie mittels *Qphoto* auch mit dem Smartphone jederzeit auf die Aufnahmen zugreifen.

1. Um ein Foto auf diese Weise anzufertigen, starten Sie zunächst *Qphoto*.
2. Die App blendet in ihrer Oberfläche zwei Symbole mit einer Video- und einer Fotokamera ein. Tippen Sie auf den Fotoapparat, um ein Einzelbild aufzunehmen (die Filmkamera steht für Videoaufnahmen).

3. Wenn Sie dies zum ersten Mal tun, müssen Sie ggf. den Ordner auf dem NAS wählen, in dem die Aufnahmen abgelegt werden sollen.
4. Die App startet dann die herkömmliche Kamerafunktion des Smartphones, und Sie können die Aufnahme wie gewohnt durchführen. Wenn Sie auf den Auslöser drücken, wird die Datei aber nicht in der Galerie des Mobilgerätes gespeichert, sondern direkt auf das NAS übertragen.

11. Weitere spannende Funktionen für Ihr NAS

Im App Center (siehe Seite 203) lässt sich Ihr NAS um eine Vielzahl von Anwendungen und Diensten erweitern. So kann sich jeder sein persönliches NAS mit genau den benötigten Funktionen zusammenstellen. In diesem Kapitel stelle ich Ihnen einige dieser spannenden Zusatzfunktionen vor.

11.1 Datei-Downloads automatisieren

Selbst mit einer schnellen DSL-Verbindung kann es schon mal etwas länger dauern, umfangreiche Dateien wie etwa ein neues Windows-Funktionsupdate herunterzuladen. Da ist es ärgerlich, wenn man den PC laufen lassen muss, nur um den laufenden Vorgang nicht zu unterbrechen und später von Neuem starten zu müssen.

Solche umfangreichen Downloads können Sie von Ihrem NAS übernehmen lassen. Dann läuft der Transfer praktisch im Hintergrund, und anschließend ist die Datei direkt auf dem NAS gesichert, wo sie ggf. auch von mehreren PCs aus genutzt werden kann. Das passende Zusatzpaket finden Sie unter der Bezeichnung *Download Station* im App Center Ihres NAS.

Torrents vom NAS übertragen lassen

Download Station wird nach dem Installieren automatisch aktiviert und läuft als Hintergrunddienst auf dem NAS. Wenn Sie einen Download in Auftrag geben möchten, können Sie die dazugehörende Anwendung jederzeit öffnen.

Download Station als Webanwendung

Ebenso wie andere ...Station-Programme können Sie auch Download Station ohne Umweg über den QTS-Desktop direkt als Webanwendung im Browser ausführen.

Dazu hängen Sie an die Netzwerkadresse Ihres NAS die Ergänzung */downloadstation*, also beispielsweise *qnas:8080/downloadstation*.

1. Wenn Sie für den anstehenden Download beispielsweise eine Torrent-Datei vorliegen haben, können Sie diese direkt per Drag-and-drop auf die Weboberfläche von Download Station ziehen und dort fallen lassen. Alternativ klicken Sie auf das +-Symbol in der Symbolleiste.
2. Im so geöffneten Menü wählen Sie *Torrent-Datei*.

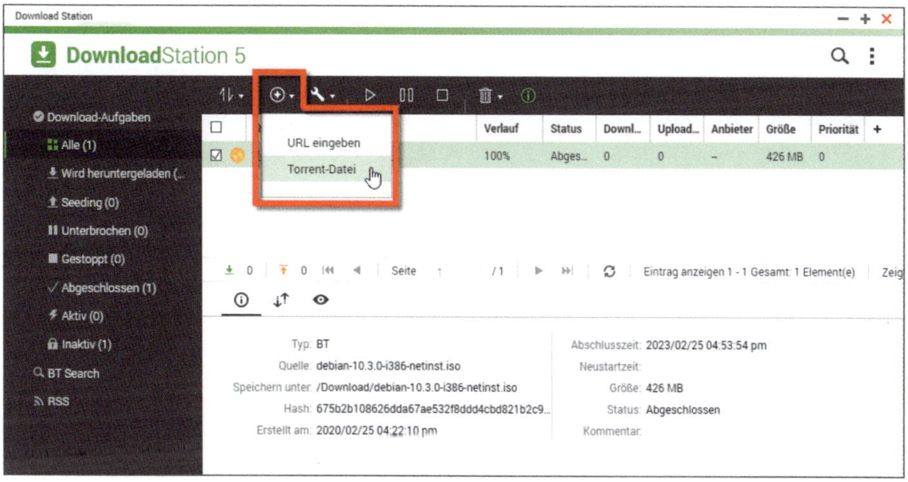

3. Daraufhin öffnet der Browser ein Dateiauswahlfenster des lokalen Betriebssystems. Navigieren Sie hier zur Torrent-Datei, und wählen Sie diese mit *Öffnen* aus.
4. Geben Sie nun an, wo die heruntergeladene Datei gespeichert werden soll. Am Speicherort der temporären Dateien verbleibt sie, solange der Transfer läuft.
5. Nach Abschluss des Transfers wird sie automatisch in das zweite Verzeichnis verschoben. Wenn Sie darauf verzichten können, geben Sie einfach dasselbe Verzeichnis an.

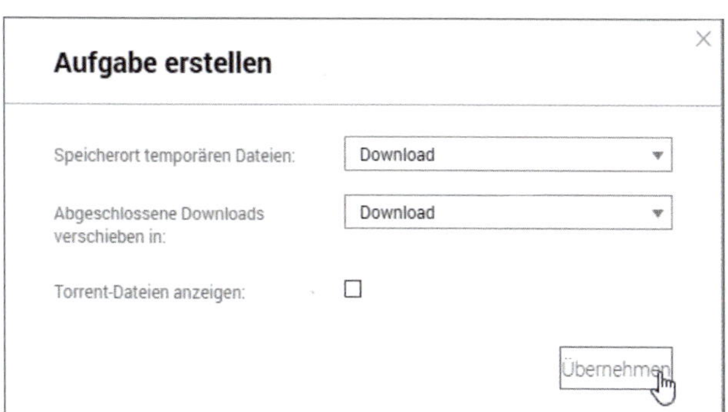

6. Klicken Sie auf *Übernehmen*, um den Datentransfer zu starten.

Torrent-Transfers automatisch beenden

Ein Torrent-Dateitausch wird nicht automatisch sofort beendet, wenn die Datei vollständig heruntergeladen wurde. Stattdessen wechselt er in den Seed-Modus und wird so selbst zum Anbieter. Das entspricht der Kernidee des Dateitauschs, wo jeder nicht nur nehmen, sondern immer auch mindestens genauso viel geben sollte. Download Station unterstützt diesen Gedanken. In den Einstellungen können Sie aber selbst steuern, wann ein Torrent nach erfolgreichem Download endgültig beendet werden soll. Diese Einstellung kann allerdings nur global für alle Torrents festgelegt werden.

1. Klicken Sie in Download Station auf das Drei-Punkte-Menü-Symbol rechts oben, und wählen Sie *Einstellungen*.
2. Wechseln Sie hier in die Rubrik *BT* (für BitTorrent).
3. Wählen Sie dort wiederum am linken Rand den Bereich *Bandbreitenbeschränkung*.
4. Hier finden Sie im Abschnitt *Seeding-Präferenzen* zwei Optionen:
   - *Gemeinsame Nutzungszeit*: Damit können Sie eine zeitliche Grenze festlegen, wie lange die Datei maximal im Seed-Modus angeboten werden soll.
   - *Freigabeverhältnis*: Das Freigabeverhältnis beschreibt, wie viel Prozent der Datei Sie seit dem vollständigen Download selbst anderen zur Verfügung gestellt haben.
5. Wenn eines der beiden Kriterien erfüllt ist, beendet Download Station den Transfer automatisch.

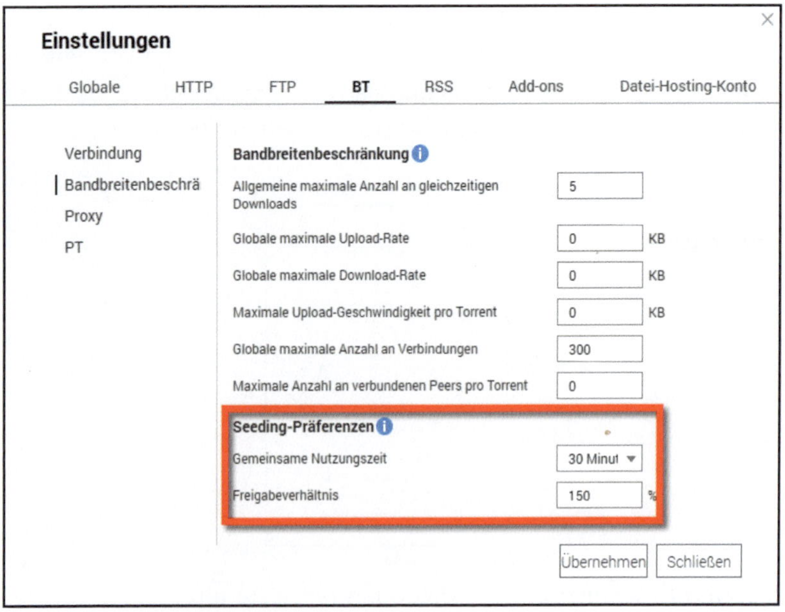

Webdownloads durchführen

Download Station kann nicht nur Torrents transferieren, sondern auch simplere Downloads per URL wie http(s)://, ftp(s):// oder magnet:// ausführen.

1. Auch dafür klicken Sie auf das +-Symbol in der Symbolleiste, wählen im Menü diesmal aber *URL eingeben*.
2. Dann brauchen Sie im nächsten Schritt nur den Download-Link beispielsweise aus der Zwischenablage in ein Eingabefeld einzufügen. Klicken Sie dann auf *Weiter*.

3. Download Station wendet nun den Link an und startet unmittelbar das Herunterladen der Datei.

Bandbreitennutzung von Downloads begrenzen

Damit die Downloads im Hintergrund ablaufen und nicht Ihre Internetverbindung für andere Aufgaben spürbar ausbremsen, können Sie Limits für die verschiedenen Übertragungsarten festlegen.

Download Station erlaubt dabei zeitgesteuerte Begrenzungen, sodass Downloads beispielsweise nachts mit voller Kraft laufen, während sie sich tagsüber dezent zurückhalten.

1. Klicken Sie auf das Drei-Punkte-Symbol rechts oben, und öffnen Sie die *Einstellungen*.
2. In der Rubrik *Globale* können Sie im Bereich *Download-Zeitplan* mit *Download-Zeitplan aktivieren* die Zeitsteuerung der Bandbreiten einschalten.

3. Darunter finden Sie eine Wochenmatrix, in der Sie für laufende Downloads für jeden Tag und jede Stunde zwischen den Einstellungen *Ausschalten*, *Full-Speed* und *Beschränkt* wählen können. Klicken Sie dazu zunächst jeweils auf die gleichnamige Schaltfläche und dann auf das gewünschte Feld im Stundenplan. Sie können mit gedrückter Maustaste auch gleich über mehrere Felder streichen.

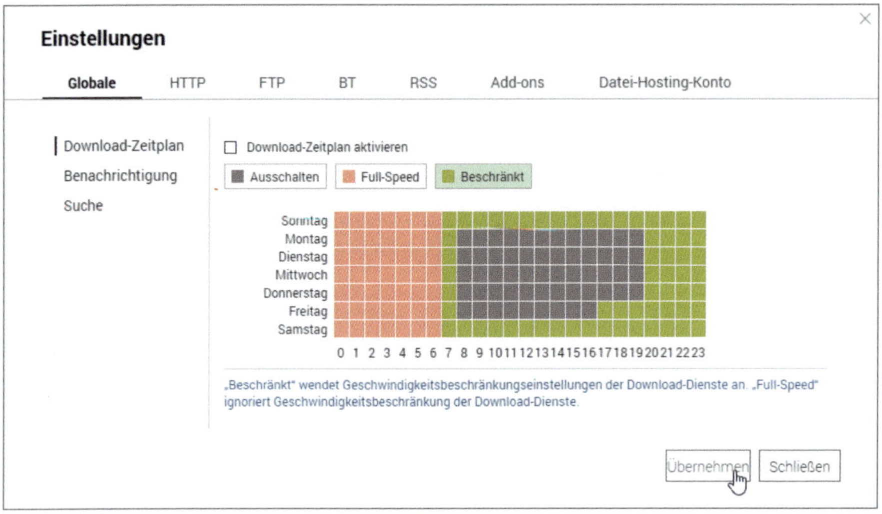

4. Um festzulegen, welche Bandbreite im beschränkten Modus zum Einsatz kommen soll, besuchen Sie anschließend die Rubrik für die verschiedenen Download-Arten. Für *HTTP* und *FTP* können Sie im Bereich *Bandbreitenbeschränkung* jeweils die *Globale maximale Download-Rate* in Kilobyte vorgeben.

5. Bei *BT* finden Sie neben dieser Vorgabe zusätzlich die Einstellung *Globale maximale Upload-Rate*, um auch das Seeden von Dateien zu begrenzen.

11.2 Videoüberwachung per NAS

Wenn Sie Ihr Heim, Ihr Grundstück oder Ihre Firma mit Videokameras überwachen, können Sie das NAS zur Überwachungszentrale machen. Die Surveillance Station fasst Ihre Netzwerkkameras zusammen, zeichnet deren Bilder auf, erkennt automatisch Bewegungen, wo keine sein sollten, und löst ggf. sogar Alarme aus. Dabei ist das Paket so umfangreich und flexibel, dass es durchaus professionellen Ansprüchen für die Sicherung kommerzieller Objekte genügen würde. Man könnte ein ganzes Buch über die verschiedenen Funktionen und Möglichkeiten schreiben. An dieser Stelle ist leider nur Platz für einen kleinen Einstieg in das Thema, der sich an der typischen privaten Nutzung eines solchen Systems orientiert: Kameras einrichten, Aufnahmen steuern und Alarme bei automatischer Bewegungserkennung einrichten.

Surveillance Station einrichten

Ebenso wie andere Zusatzpakete können Sie auch Surveillance Station kostenlos im App Center Ihres NAS installieren. Anschließend finden Sie auf dem QTS-Desktop das entsprechende Symbol wieder, mit dem Sie jederzeit die dazugehörende Webanwendung starten können. Diese wird immer in einem eigenen Browser-Tab ausgeführt.

Bei der ersten Anmeldung mit Ihrem NAS-Benutzerkonto dort steht die wichtige Entscheidung an, wo die Aufnahmen der Überwachungskameras gespeichert werden sollen. Wahlen Sie dafür ein Volume, auf dem stets ausreichend Speicherplatz verfügbar ist. Darauf wird ein Verzeichnis mit dem unter *Ordnername* angegebenen Namen angelegt.

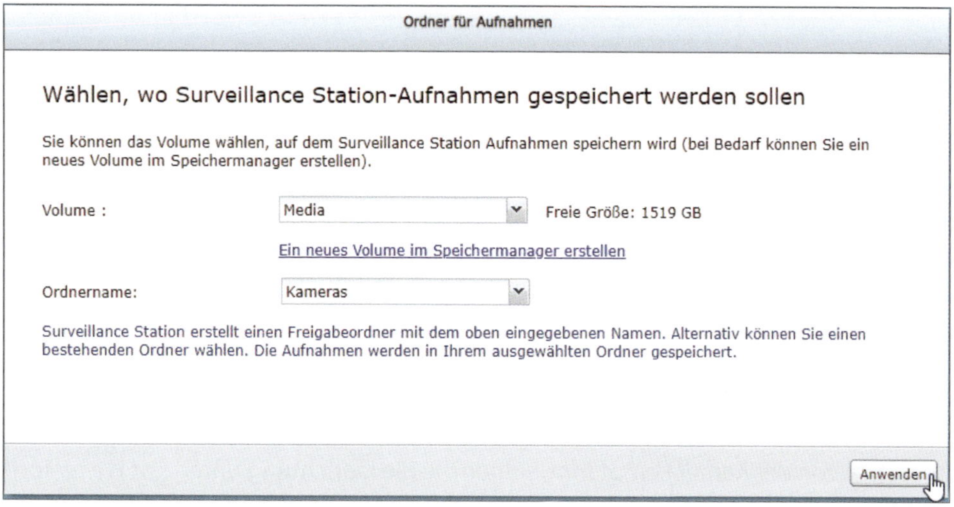

Überwachungskameras einrichten

Haben Sie Surveillance Station installiert und auf den aktuellen Stand gebracht, können Sie Ihre Netzwerkkameras einrichten.

> **Kamerakanäle**
> Die Verwendung von Surveillance Station ist kostenlos, allerdings ist die Anzahl der nutzbaren Kamerakanäle begrenzt. Wie viele es genau sind, ist von Modell zu Modell verschieden. Die im Lieferumfang enthaltene Anzahl an Kanälen können Sie in jedem Fall voll ausnutzen. Sollten Sie dann noch mehr Kameras einrichten wollen, können Sie bei QNAP (software.qnap.com) Lizenzen für zusätzliche Kanäle erwerben.

1. Klicken Sie dazu in der Weboberfläche von Surveillance Station rechts im Navigationsbereich auf *Kameraeinstellungen/Kamerakonfiguration*.
2. In der noch leeren Liste klicken Sie links oben auf die *Hinzufügen*-Schaltfläche.

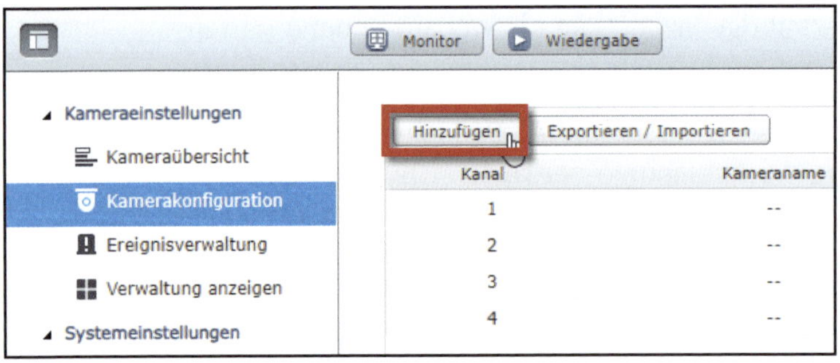

3. Damit starten Sie den Assistenten, der *Automatisch nach Kamera(s) suchen* kann. Das sollten Sie immer erst ausprobieren, da es das Einrichten erheblich vereinfacht. Wenn der Assistent aber auch nach einigem Warten nicht fündig wird, brechen Sie den Vorgang ab.
4. Dann können Sie die Daten für den Zugriff auf die Kamera manuell eingeben. Wichtig sind dabei insbesondere *HTTP URL*, *IP-Adresse* und *Anschluss* (Portnummer). Ist die Kamera mit einer Anmeldung geschützt, benötigen Sie auch *Benutzername* und *Passwort*.
5. Haben Sie alle benötigten Daten eingetragen, klicken Sie zunächst ganz rechts auf die *Test*-Schaltfläche.
6. Erst wenn Sie von dort eine Bestätigung bekommen, dass Surveillance Station ein Signal von der Kamera empfängt, sollten Sie die Einrichtung unten mit *Weiter* fortsetzen.

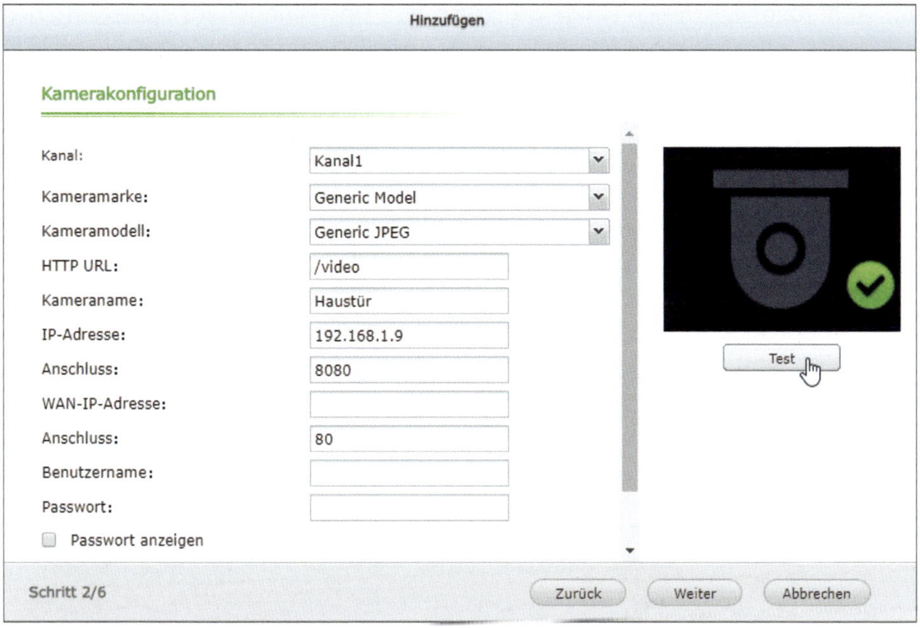

7. Im nächsten Schritt können Sie *Auflösung*, *Bildrate* und *Qualität* des Kamerabildes verändern, sofern das Modell solche Anpassungen erlaubt.

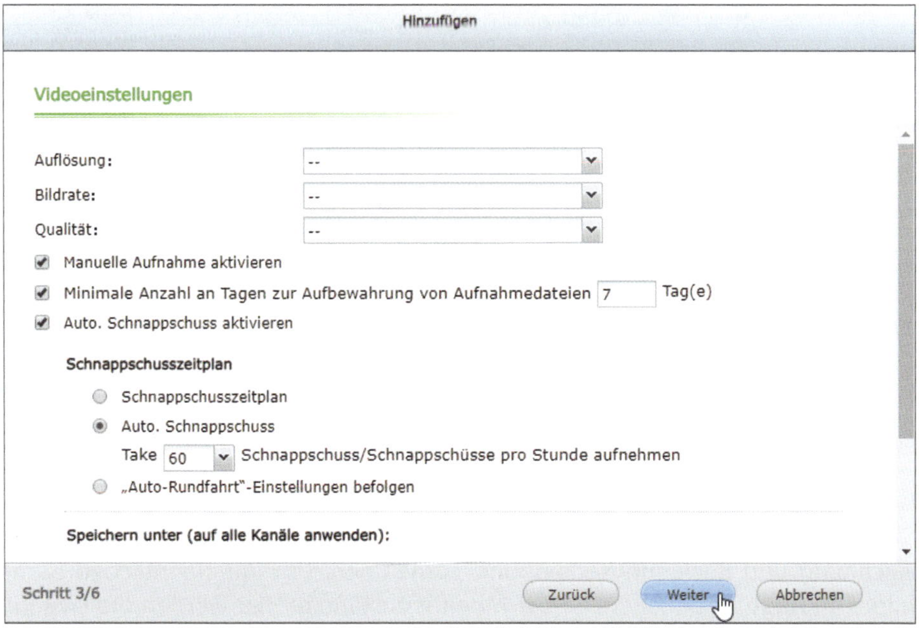

8. Außerdem lassen sich einige grundlegende Einstellungen für diese Kamera festlegen, etwa ob manuelle Aufnahmen möglich sein sollen oder wie viele Tage lang Aufnahmen auf diesem Kanal mindestens aufbewahrt werden sollen. Automatische Schnappschüsse sind eine sparsame Alternative zu dauerhaften Videoaufnahmen, weil dabei lediglich in festen Zeitabständen Einzelbilder gespeichert werden.
9. Bei den *Zeitplaneinstellungen* können Sie Zeiten festlegen, in denen das Kamerabild automatisch aufgezeichnet werden soll. So können die Aufnahmen auf bestimmte Zeiträume beschränkt werden. Klicken Sie dazu jeweils erst auf das Symbol für *Aktiv* oder *Inaktiv*. Dann klicken Sie mit der linken Maustaste auf die jeweilige(n) Stunde(n). Sie können auch mit gedrückter Maustaste über einen ganzen Zeitbereich streichen.

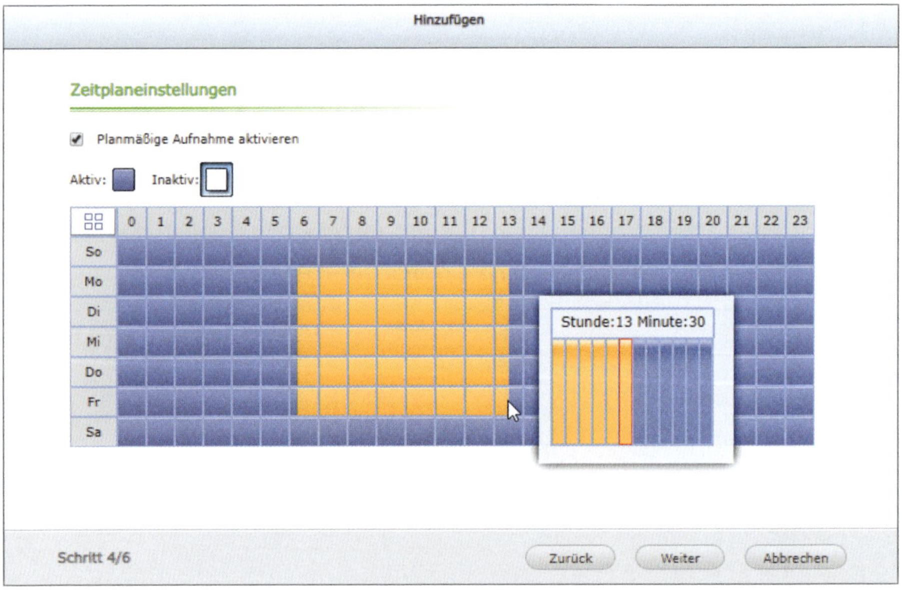

10. Kontrollieren Sie abschließend die Zusammenfassung der Kameraeinstellungen, und schließen Sie den Vorgang mit *Fertigstellen* ab.

Alle Kameras im Blick

Die so hinzugefügten Kameras werden unter *Kameraübersicht* angezeigt. Hier sehen Sie allerdings nur ein kleines Vorschaubild und können die Einstellungen für Aufzeichnung und Bewegungserkennung vornehmen. Um die eigentlichen Kamerabilder im Auge zu behalten, ist der Monitor zuständig. Hier werden die Live-Bilder aller eingerichteten Kameras im Überblick gezeigt.

Qmon installieren

Um den Monitor oder auch die Wiedergabe von Aufnahmen nutzen zu können, muss eine zusätzliche Software auf dem PC installiert werden. Dazu werden Sie automatisch aufgefordert, wenn Sie den Monitor auf einem PC zum ersten Mal nutzen wollen.

Folgen Sie der Anweisung, und laden Sie *qmon.exe* durch Anklicken des Links herunter. Schließen Sie dann den Webbrowser, und führen Sie *qmon.exe* aus. Danach starten Sie den Webbrowser wieder und melden sich erneut bei Surveillance Station an.

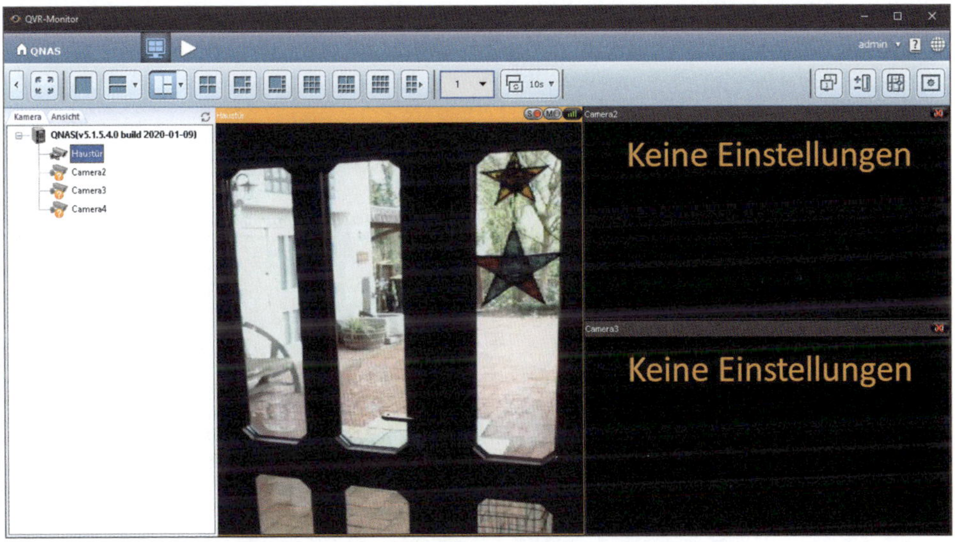

Der so eingerichtete QVR-Monitor funktioniert auch unabhängig vom Webbrowser und zeigt die Bilder der eingerichteten Kameras an. In der Symbolleiste können Sie ein zur Anzahl der Kameras passendes Layout wählen.

Bewegen Sie den Mauszeiger auf ein Kamerabild, stehen Ihnen weitere Funktionen direkt zur Verfügung (von links nach rechts):

- *Manuelle Aufnahme*: lässt Sie eine manuelle Aufnahme der Kamera für eine bestimmte Zeitdauer starten
- *Schnappschuss machen*: öffnet eine Momentaufnahme des Live-Bildes als Bilddatei
- *Digitalzoom aktivieren*: ermöglicht es, das Live-Bild zu vergrößern und den Bildausschnitt zu wählen

- *Sofortige Wiedergabe*: öffnet die laufende Aufnahme der Kamera und lässt Sie schnell ansehen, was in den letzten Minuten geschehen ist
- *Kamerakonfiguration*: Zugang zu den Kameraeinstellungen
- *Kamerainformationen*: öffnet ein kleines Menü mit weiteren Funktionen etwa zur Bildverbesserung
- *Rendite*: bei einem Layout mit einem großen und mehreren kleinen Kamerabildern wird diese Kamera automatisch als »Hauptkamera« im großen Feld angeordnet

Aufzeichnungen in der Chronik kontrollieren

Mit dem Abspiel-Symbol ganz oben in der Titelleiste aktivieren Sie das Wiedergabemodul, mit dem Sie Aufzeichnungen kontrollieren und beispielsweise schnell zu bestimmten Zeitpunkten springen können, wo ggf. etwas Sehenswertes geschehen ist.

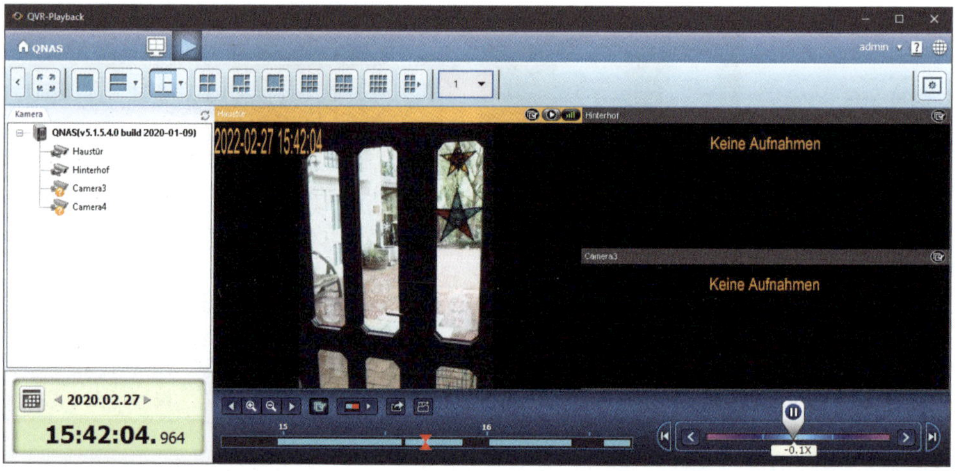

- Die Wiedergabe sieht zunächst dem Monitor-Modus sehr ähnlich. Allerdings finden Sie hier auf jedem Monitorfeld ein großes Abspiel-Symbol, mit dem Sie die Wiedergabe starten können.
- Ein wichtiges Element ist dabei die Zeitleiste am unteren Rand des Bildschirms. Sie zeigt Ihnen nicht nur, von welchen Zeiträumen Aufnahmen vorliegen. Sie können hier auch durch einfaches Anklicken direkt zu einem bestimmten Zeitpunkt springen.

- Mit dem Wiedergabeelement rechts unten steuern Sie die Abspielgeschwindigkeit. Diese lässt sich von Standbild über Zeitlupe und normales Tempo bis hin zu sehr schnellem Vorlauf beliebig und jederzeit anpassen. Und die Geschwindigkeit kann auch in den negativen Bereich gehen, die Aufzeichnung also rückwärtslaufen.

- Wenn Sie den Mauszeiger auf die Aufzeichnung einer Kamera bewegen, werden dort zusätzliche Elemente eingeblendet, mit denen Sie etwa einen Schnappschuss des aktuellen Inhalts speichern oder den Digitalzoom für genaueres Hinsehen aktivieren können.

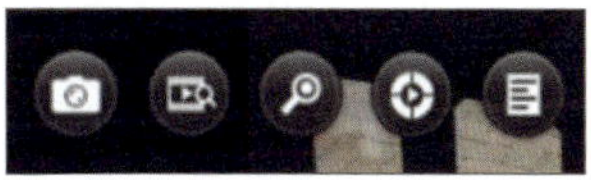

Automatische Aufnahme bei Bewegung

Surveillance Station kann die Kamerabilder nicht nur aufzeichnen, sondern auch analysieren und Veränderungen darin erkennen. So lassen sich beim Erkennen von Bewegung bestimmte Aktion anstoßen, die etwa Momentaufnahmen oder kurze Videosequenzen speichern.

1. Öffnen Sie in Surveillance Station den Bereich *Ereignisverwaltung*.
2. Wählen Sie hier rechts die Kamera aus, die bei erkannter Bewegung automatisch aufzeichnen soll.
3. Schalten Sie dann darunter die Option *Alarmaufnahme aktivieren* und *Aufnahme starten, wenn die Kamera Bewegungen erkennt* ein.

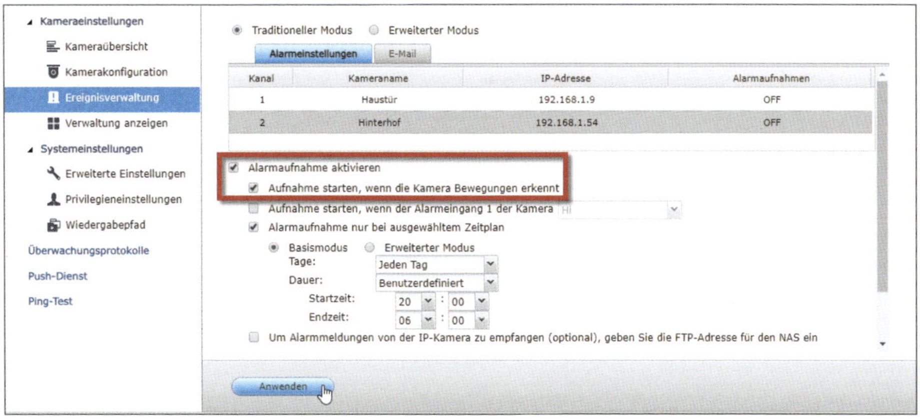

4. Sollen solche Aufnahmen nur zu bestimmten Zeiten (beispielsweise außerhalb der Geschäftszeiten) angefertigt werden, wählen Sie zusätzlich *Alarmaufnahme nur bei ausgewähltem Zeitplan*, und legen Sie darunter den Zeitraum fest.
5. Die Schaltfläche *Für alle Kameras übernehmen* wendet diese Einstellungen gleich auf alle vorhandenen Kameras an (sofern diese das unterstützen).
6. Klicken Sie dann ganz unten auf *Anwenden*.

Bei Ereignissen benachrichtigen lassen

Sie möchten unterwegs auf dem Laufenden bleiben, wenn zu Hause etwas Außergewöhnliches passiert?

Dann lassen Sie sich doch von Surveillance Station beispielsweise per E-Mail informieren, wenn Ihre Kameras etwas Bemerkenswertes erkannt haben.

1. Öffnen Sie in Surveillance Station den Bereich *Ereignisverwaltung*, und klicken Sie rechts auf *E-Mail*.
2. Wählen Sie dann die Option *Eindeutige Einstellungen für Surveillance Station eingeben*, um die Optionen darunter zu aktivieren.
3. Im Bereich *SMTP-Server* geben Sie nun die Daten für den Zugriff auf Ihren Postausgangsserver ein. Diese benötigt das Programm, um in Ihrem Auftrag E-Mails versenden zu können (mehr dazu erfahren Sie auf Seite 68).

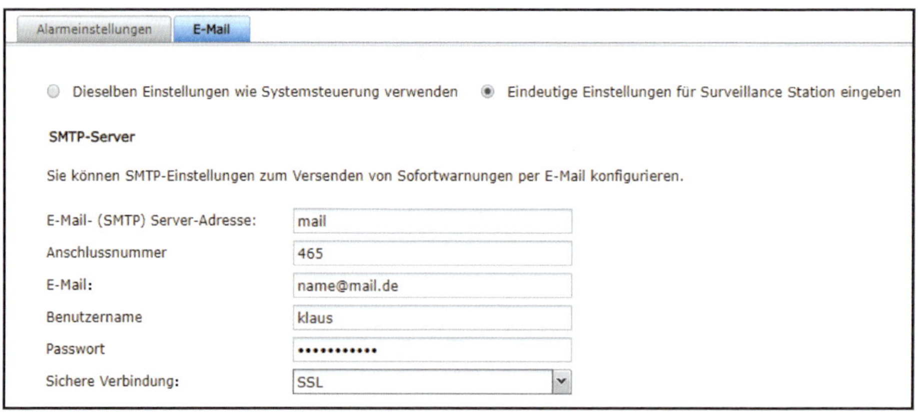

4. Darunter im Bereich *Emailbenachrichtigung* wählen Sie die Option *Alle Warnalarme* und entscheiden dann, bei welchen Arten von Alarmen eine E-Mail versendet werden soll.

5. Im Feld *E-Mail-Adressen* geben Sie schließlich die Empfängeradresse(n) ein, an die Nachrichten gesendet werden sollen. Mehr als eine Adresse trennen Sie jeweils mit einem Komma.
6. Mit *Test E-Mail versenden* lassen Sie eine Probenachricht verschicken.

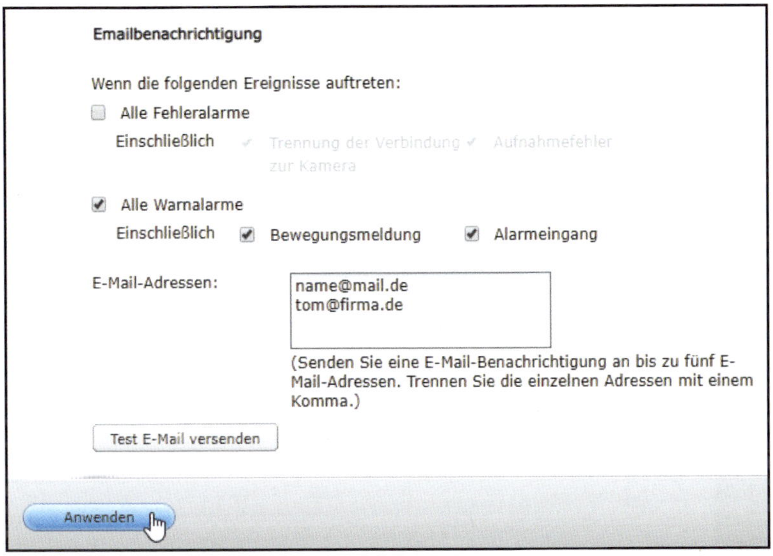

7. Vergessen Sie abschließend nicht, ganz unten auf *Anwenden* zu klicken.

11.3 Noch mehr Funktionen durch Container

Im App Center finden Sie noch weitere Anwendungen, mit denen Sie Ihr NAS erweitern können. Ich möchte Sie aber noch auf eine Möglichkeit aufmerksam machen, wie Sie sich weitere Funktionen jenseits des App Centers erschließen können. Der Schlüssel dazu ist die Anwendung Container Station. Sie erlaubt es Ihnen, auf Ihrem NAS Container auszuführen, die bestimmte Programme oder sogar ganze virtuelle Systeme enthalten können.

Der Vorteil dieser Lösung ist, dass Sie sich um die Installation und Einrichtung nicht zu kümmern brauchen. Sie wählen nur aus, welchen Container Sie ausführen möchten, und das NAS kümmert sich um den Rest. Gleichzeitig läuft das virtuelle Programm für sich abgekapselt (daher der Name Container) vom Rest des NAS. Egal, was im Container passiert, Sie brauchen sich keine Gedanken über Ihre übrigen Daten auf dem NAS zu machen.

Container erstellen

Container Station wird wie jede Anwendung aus dem App Center installiert. Es stellt sozusagen nur das notwendige Grundgerüst zur Verfügung. Einmal eingerichtet, können Sie damit Ihre Container erstellen und steuern.

1. Um einen Container zu erstellen, öffnen Sie in Container Station den Bereich *Create*.
2. Lassen Sie sich von der übersichtlichen Liste in diesem Bereich nicht täuschen. Da sind zwar schon interessante Funktionen bis hin zu kompletten Linux-Betriebssystemen dabei, aber das ist noch lange nicht alles.
3. Wichtiger ist das Suchfeld, denn wenn Sie hier einen Begriff eingeben, liefert Ihnen das Programm passende Treffer mit Containern dazu.

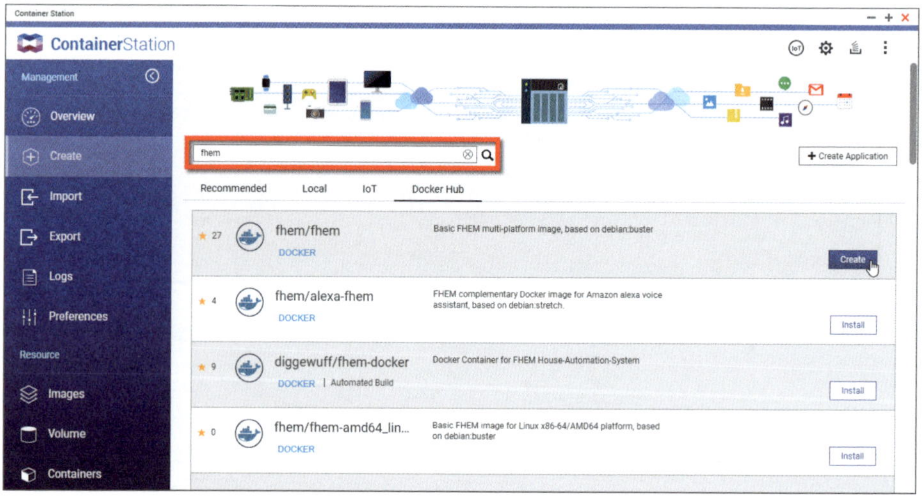

4. Wenn Sie eine passende Anwendung gefunden haben, klicken Sie auf *Install*.
5. Im anschließenden Dialog legen Sie unter *Name* einen Namen für den Container fest. Weitere Angaben wie *Command* oder *Entrypoint* sollten Sie nur verändern, wenn Sie sich über die Auswirkungen im Klaren sind.
6. Die Option *Auto start* steuert, ob der Container bei einem Neustart des NAS automatisch mitgestartet werden soll.
7. Mit *CPU Limit* (Prozessor) und *Memory Limit* (Arbeitsspeicher) können Sie begrenzen, wie viele seiner eigenen Ressourcen das NAS dem Container maximal zur Verfügung stellen darf.
8. Mit *Advanced Settings* können Sie weitere Einstellungen für den Container vornehmen. Das ist vor allem wichtig, wenn das Programm im Container von außerhalb per Netzwerk erreichbar sein soll, also beispielsweise bei typischen Serverdiensten.

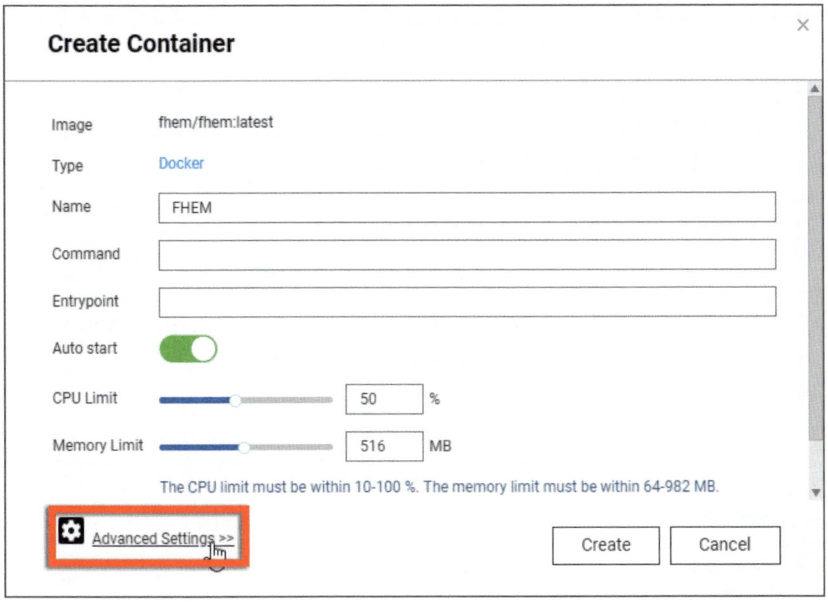

9. In diesem Fall sollten Sie in die Rubrik *Network* wechseln und hier bei *Port Forwarding* sicherstellen, dass das NAS die erforderlichen Anschlüsse in den Container weiterleitet.

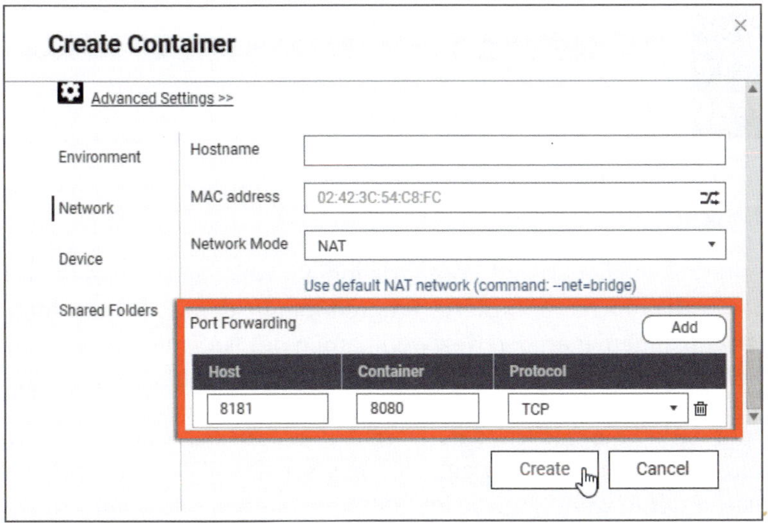

10. Dabei können Sie auch eine Umleitung der Ports vornehmen, etwa wenn innerhalb des Containers ein Anschluss verwendet werden soll, den das NAS selbst bereits nutzt (wie beispielsweise Port 8080). Legen Sie dann für *Host* einen alter-

nativen freien Anschluss wie etwa 8181 fest, und lassen Sie diesen erst im Container auf den eigentlichen Port 8080 abbilden.

11. Haben Sie alle Einstellungen für den Container vorgenommen, klicken Sie auf *Create*. Dann heißt es allerdings, etwas Geduld zu haben. Es kann eine Weile dauern, bis das NAS die erforderlichen Daten heruntergeladen und daraus einen Container erstellt hat.

Fertig erstellte Container finden Sie im Bereich *Overview*. Hier können Sie Container auch jederzeit starten, anhalten, neu starten etc. Die Anzeigen für *CPU Usage* und *Memory Usage* geben Hinweise auf die Auslastung des NAS. Nähert diese sich dem Maximum, sollten Sie Container deaktivieren, um die Leistungsfähigkeit des NAS insgesamt nicht zu gefährden.

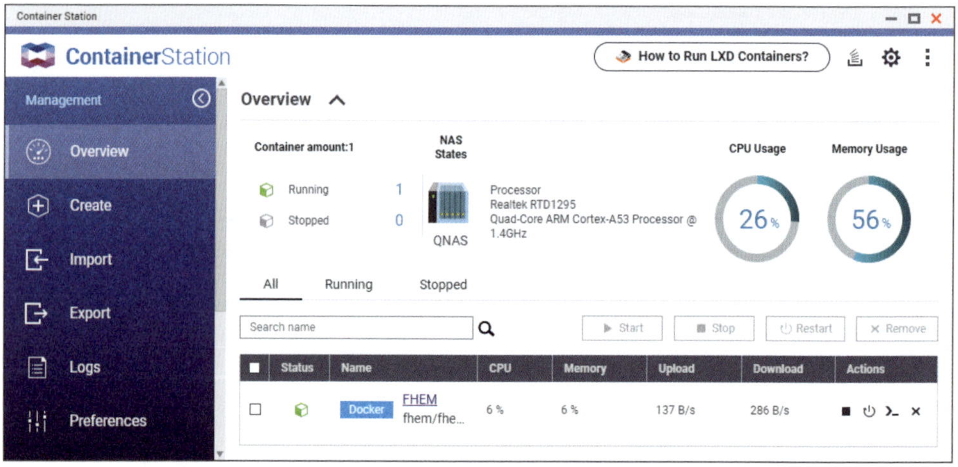

Container nutzen

Die Nutzung eines Containers hängt immer davon ab, welche Software darin läuft. Viele Container enthalten server-basierte Programme. In dem Fall kann man den Container erreichen, indem man den Netzwerknamen des NAS mit der Portnummer kombiniert, die für den Container festgelegt wurde, also beispielsweise qnas:8083.

Das NAS erkennt dann automatisch, dass diese Anfrage für den Container vorgesehen ist, und leitet die Daten dorthin weiter. Im Browser sehen Sie dann ganz normal die Weboberfläche der Anwendung, die im Container läuft, und können damit interagieren.

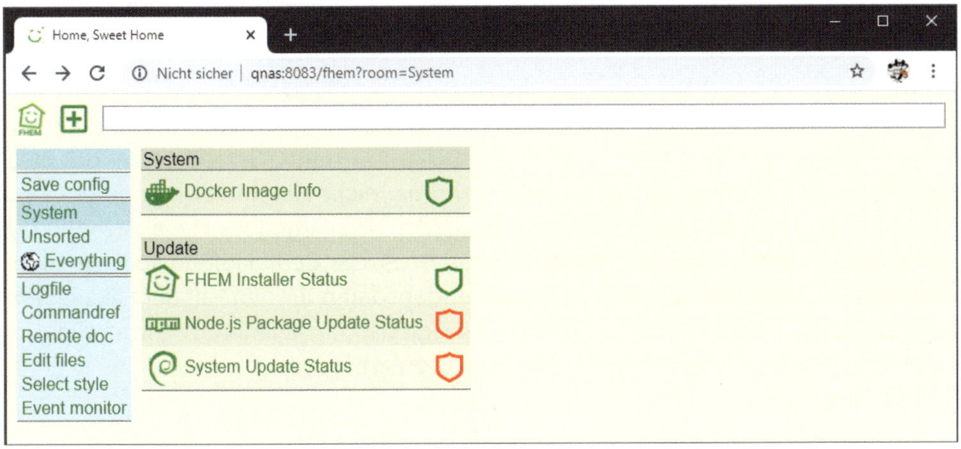

Das Hausautomatisierungssystem FHEM wird in einem Container auf dem NAS ausgeführt.

Eine andere Möglichkeit zur Interaktion mit dem Container ist es, ein Eingabeterminal direkt in den Container hinein zu eröffnen. Das können Sie beispielsweise im Bereich *Overview* der Container Station machen, indem Sie auf das entsprechende Symbol im Eintrag eines laufenden Containers klicken.

12. Sicherheit und Systemwartung

Um Ihr NAS reibungslos und erfolgreich zu nutzen und langfristig Freude daran zu haben, gehen Sicherheit und Systempflege Hand in Hand. Gerade wenn das NAS auch anderen Benutzern zur Verfügung steht, die nicht alle immer kompetent und sicher im Umgang mit Daten sind, sollte man das NAS gegen Risiken absichern, die sich daraus ergeben könnten. Ebenso wichtig ist es, das Gerät laufend auf dem aktuellen Stand zu halten und wichtige Konfigurationsdaten für den Fall der Fälle extern zu sichern. Zur Systemwartung gehört aber ggf. das Tauschen von Festplatten, um defekte zu ersetzen oder die Speicherkapazität zu erhöhen.

12.1 Die Systemsoftware aktuell halten

Auch beim NAS ist eine aktuelle Systemsoftware wichtig. Sie bringt zwar nur gelegentlich neue Funktionen, aber sie schließt Sicherheitslücken und bereinigt Programmfehler. Deshalb sollten Sie solche Updates möglichst zeitnah einspielen, auch wenn es mit einem Neustart des NAS verbunden ist und dieses während des Updates für bis zu zehn Minuten nicht erreichbar ist.

Standardmäßig sucht das NAS regelmäßig automatisch nach vorliegenden Aktualisierungen und macht Sie dann darauf aufmerksam. Je nach Einstellungen erhalten Sie eine E-Mail und/oder eine Benachrichtigung, wenn Sie sich bei der QTS-Weboberfläche anmelden. Hier können Sie das Update mit *System aktualisieren* direkt einspielen. Sollte das NAS schon sehr lange durchlaufen, sollten Sie zuvor das *NAS neu starten*.

Auch wenn Sie einen Update-Hinweis verpasst haben, können Sie jederzeit überprüfen, ob Updates vorliegen, und diese ggf. einspielen:

1. Öffnen Sie die Systemsteuerung und darin den Bereich *System*.
2. Wechseln Sie dort in den Unterbereich *Firmwareaktualisierung*.

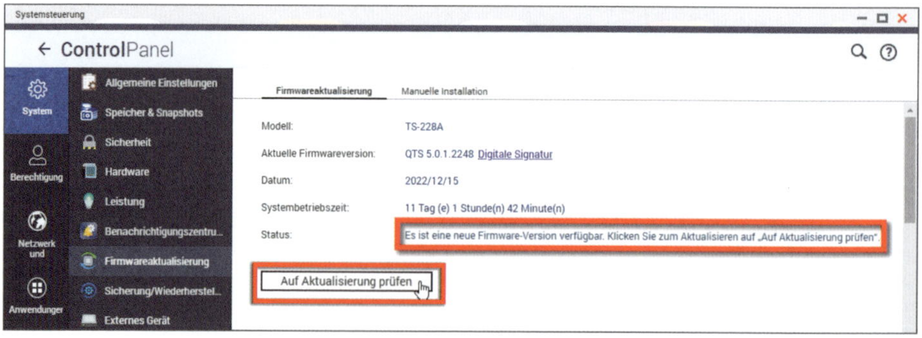

3. Liegt bereits eine neuere Version vor, sehen Sie bei *Status* einen entsprechenden Hinweis. Ansonsten können Sie jederzeit die Schaltfläche *Auf Aktualisierung prüfen* nutzen, um das Gerät nach den neusten Updates suchen zu lassen.
4. Liegt eine Aktualisierung vor, können Sie hier bereits einen Blick in die *Versionshinweise* werfen. Hier erfahren Sie, was verändert wurde und ob ggf. interessante neue Funktionen hinzugekommen sind. Außerdem sollten Sie immer nach Hinweisen auf Besonderheiten Ausschau halten, die es beim bzw. nach dem Update eventuell zu beachten gilt.

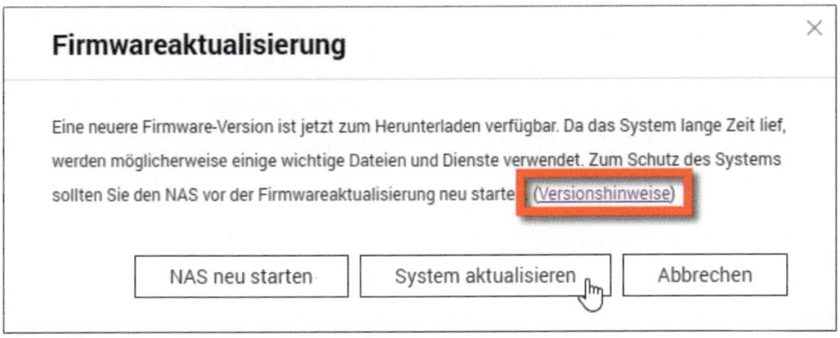

5. Sollte das NAS schon längere Zeit ohne Neustart durchlaufen, empfiehlt QNAP einen Neustart vor dem Anwenden des Updates. Klicken Sie dazu auf *NAS neu starten*, bestätigen Sie den Neustart, und warten Sie ab, bis das NAS wieder verfügbar ist. Dann wiederholen Sie die beschriebenen Schritte bis hierher.

6. Ist ein Neustart durchgeführt oder nicht erforderlich, können Sie das Update mit *Aktualisieren* direkt anwenden. Sollte Ihnen der Zeitpunkt dafür gerade nicht passen, lassen Sie sich alternativ bei der nächsten Anmeldung oder nach einem festgelegten Zeitraum daran erinnern.
7. Bevor das Update durchgeführt wird, erhalten Sie zunächst eine kurze Zusammenfassung der Neuerungen, die Sie mit *Fortfahren* bestätigen.
8. Nun beginnt der eigentliche Update-Vorgang, dessen Fortschritt Sie im Webbrowser verfolgen können. Er besteht aus mehreren Abschnitten wie dem Herunterladen der Firmware, dem Aktualisieren des Systems und des Systemkerns (Kernel) sowie ggf. der Aktualisierung des Dateisystems.

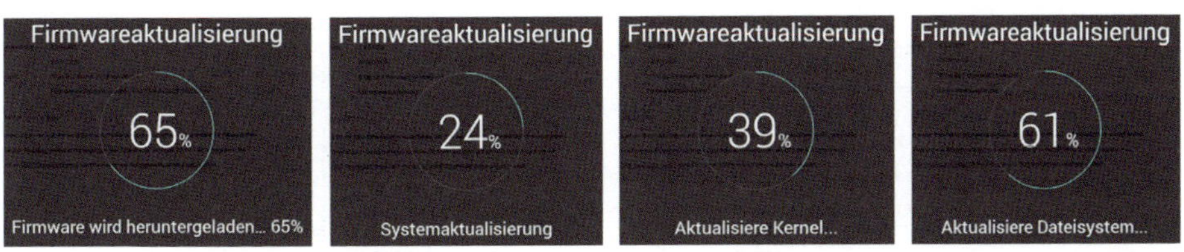

9. Abschließend startet das System neu, was etwas länger als gewohnt dauern kann. Falls das NAS nach dem Neustart nicht sofort erreichbar ist, geben Sie ihm also ruhig bis zu zehn Minuten Zeit.

Updates manuell einspielen

Wenn Ihr NAS keinen Internetzugang hat bzw. Sie es ganz bewusst vom Internet fernhalten, kann es nicht nach Updates suchen und diese auch nicht automatisch herunterladen und installieren. Das bedeutet allerdings nicht, dass es deshalb ganz ohne Updates auskommen muss. Sie können in diesem Fall die aktuelle Systemsoftware für Ihr NAS im Download-Zentrum (www.qnap.com/de-de/download) herunterladen. Achten Sie in diesem Fall besonders gut darauf, dass Sie das korrekte Modell auswählen. In der Rubrik *Betriebssystem* finden Sie dann jeweils die neusten QTS-Versionen für dieses Gerät und können sie herunterladen.

Auf diesem Weg erhalten Sie ein ZIP-Archiv, dessen Dateiname aus der Modellbezeichnung, dem Veröffentlichungsdatum und der Versionsnummer dieser Aktualisierung besteht. Speichern Sie diese Datei auf einem PC, von dem aus Sie die Weboberfläche Ihres NAS öffnen können.

1. Melden Sie sich beim QTS-Desktop an, öffnen Sie die Systemsteuerung und darin den Bereich *System*.
2. Wechseln Sie dort im Unterbereich *Firmwareaktualisierung* in die Rubrik *Manuelle Installation*.
3. Klicken Sie in diesem Dialog ganz unten auf *Durchsuchen*, und navigieren Sie dann im Dateiauswahldialog zum zuvor gespeicherten Dateiarchiv mit dem Firmware-Update. Wählen Sie es mit *Öffnen* aus.

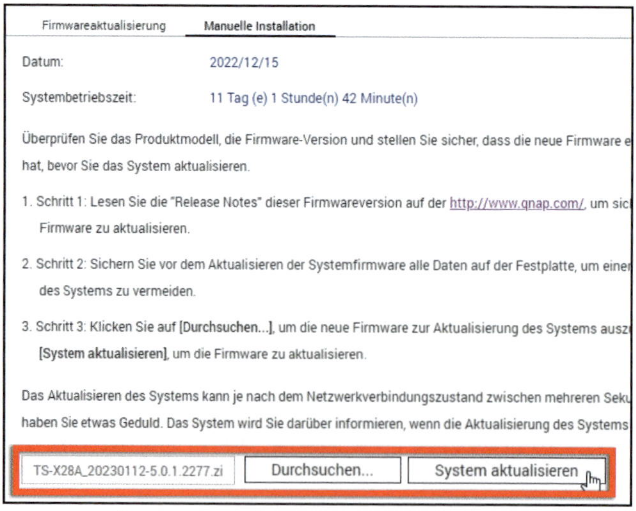

4. Zurück in der QTS-Systemsteuerung, klicken Sie dann auf *System aktualisieren*.
5. Bestätigen Sie die Rückfrage nach der Firmware-Aktualisierung mit *OK*. Lassen Sie die Option für den automatischen Neustart nach der Aktualisierung aktiviert, sofern keine wichtigen Gründe dagegensprechen.

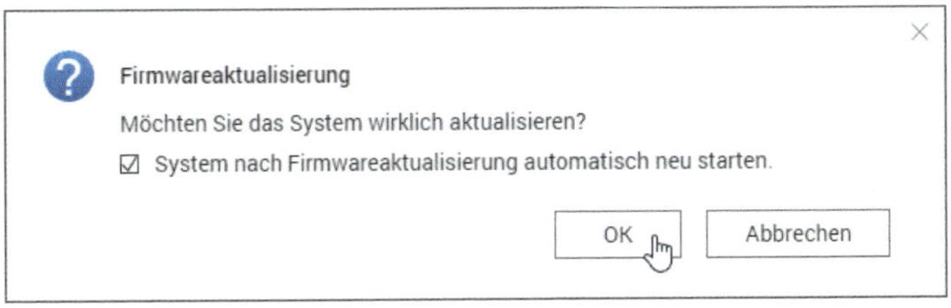

6. Ab dann läuft die Aktualisierung genau so, wie oben für ein Online-Update beschrieben.

12.2 Virenschutz auf dem NAS

Auch auf einem NAS sollte Virenschutz eine wichtige Rolle spielen. Gerade wenn der Netzwerkspeicher als Zentrale für verschiedene PCs und Mobilgeräte dient, kann er sonst schnell zur »Virenschleuder« werden, die einmal eingeschleppte Schädlinge in kürzester Zeit an alle Beteiligten weiterreicht. Deshalb empfiehlt es sich, einen Virenscanner auf dem NAS zu verwenden, der die gespeicherten Dateien regelmäßig überprüft. QNAP-Geräte bringen von Haus aus einen Virenschutz mit, der allerdings einmalig aktiviert und eingerichtet werden muss, damit er auch aktiv schützt.

1. Öffnen Sie in der QTS-Systemsteuerung den Bereich *Anwendungen/Antivirus*.
2. Setzen Sie hier zunächst ein Häkchen bei der Option *Antivirus aktivieren*.

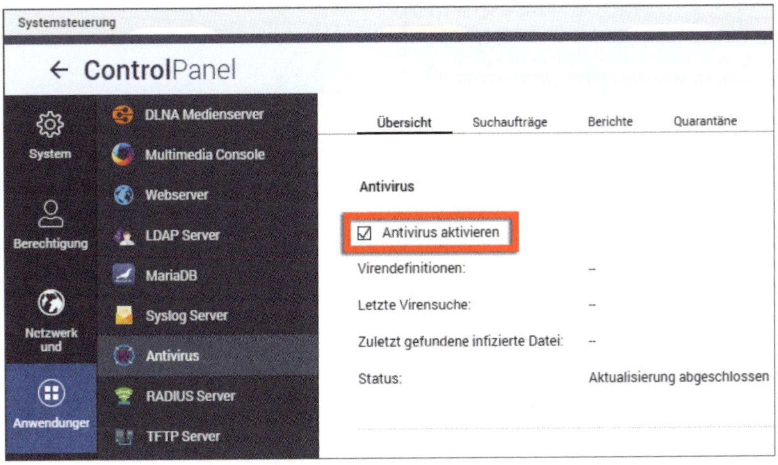

3. Aktivieren Sie dann im Abschnitt *Aktualisieren* die Option *Automatisch prüfen und aktualisieren*. Die Frequenz von einmal pro Tag ist sinnvoll und sollte beibehalten werden.
4. Klicken Sie dann auf die Schaltfläche *Jetzt aktualisieren*, um möglichst sofort aktuelle Virensignaturen zu erhalten.
5. Verwenden Sie dann unten die *Übernehmen*-Schaltfläche, um diese Einstellungen zu speichern.

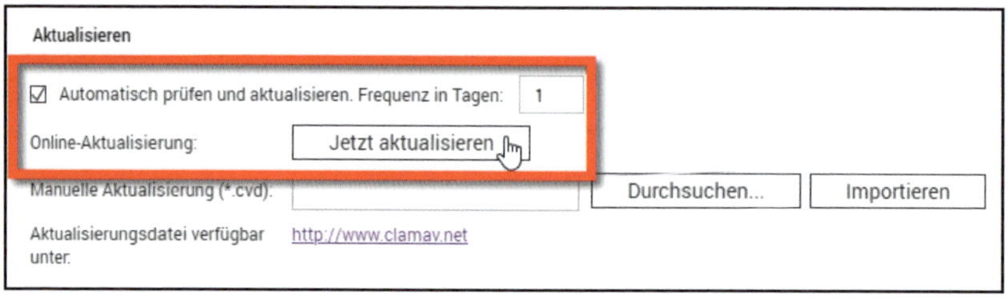

Nun benötigt Ihr NAS einige Zeit, um die aktuellsten Virensignaturen zu beschaffen und einzuspielen. Dies kann im Hintergrund erfolgen. Sie sollten aber nicht vergessen, später zu überprüfen, ob der Vorgang erfolgreich abgeschlossen wurde.

Öffnen Sie dazu erneut wie oben beschrieben die Antivirus-Einstellungen, und kontrollieren Sie dort die Angaben. Bei *Virendefinitionen* finden Sie das Datum der aktuell verwendeten Signaturen. Bei *Status* sollte *Aktualisierung abgeschlossen* stehen.

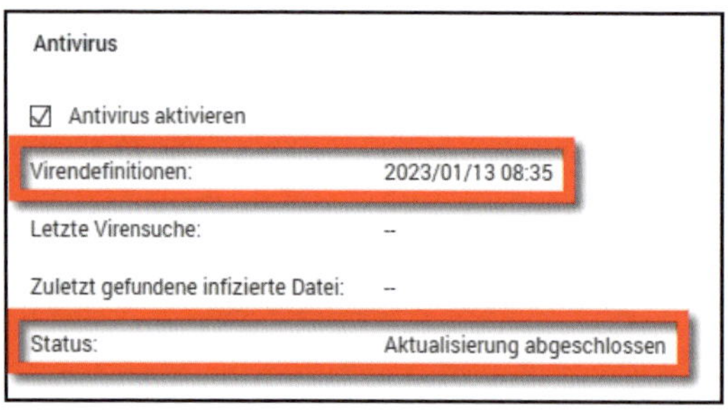

Regelmäßige Virenscans einrichten

Ist der Antivirenschutz im NAS aktiviert, müssen Sie noch festlegen, wann und wie oft das NAS seine Datenbestände auf Malware überprüfen soll.

1. Wechseln Sie dazu unter *Anwendungen/Antivirus* in die Rubrik *Suchaufträge*, und klicken Sie hier auf die Schaltfläche *Einen Scan-Auftrag hinzufügen*.
2. Vergeben Sie im ersten Schritt unter *Auftragsname* einen beliebigen Namen.

3. Legen Sie außerdem fest, ob dieser Auftrag *Alle Ordner* oder nur *Spezifische Ordner* berücksichtigen soll. Bei letzterer Variante geben Sie dann die Ordner an, die kontrolliert werden sollen.

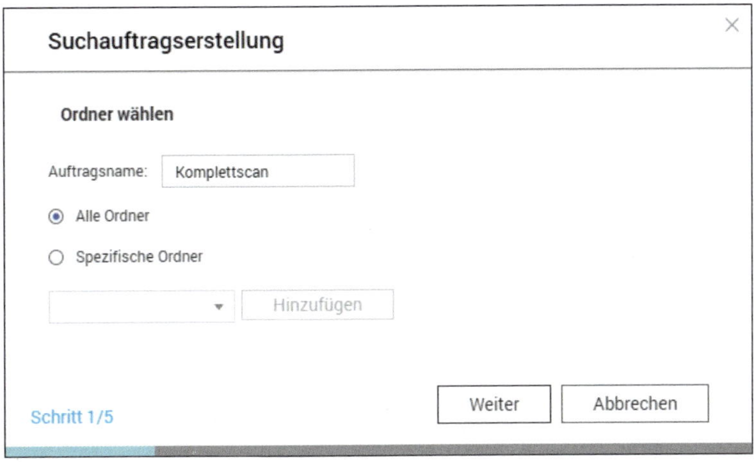

Mehrere Scanaufträge kombinieren

Sie können mehr als einen Suchauftrag einrichten, die das NAS automatisch nach Zeitplan ausführt.

Das ermöglicht es beispielsweise, einen recht aufwendigen Komplettscan des gesamten Datenbestands nur einmal im Monat durchzuführen. Dafür lässt man bestimmte Ordner, die regelmäßig für Datenaustausch benutzt werden, einmal oder mehrmals täglich überprüfen.

4. Im nächsten Schritt bestimmen Sie das Wiederholungsintervall sowie die jeweilige Startzeit:
   - *Jetzt scannen*: Der Auftrag wird unmittelbar nach dem Erstellen ausgeführt. Er wird nicht automatisch wiederholt, aber in der Liste der Suchaufträge gespeichert. Dort können Sie ihn jederzeit erneut manuell starten.
   - *Täglich prüfen*: Der Auftrag wird ggf. mehrmals pro Tag ausgeführt. Wählen Sie dazu die passende Einheit (Minuten, Stunden oder Tage) und den gewünschten Wert. Das NAS führt den Auftrag automatisch wieder aus, wenn der angegebene Zeitraum seit dem letzten Scan verstrichen ist.
   - *Täglich suchen*: Der Auftrag wird einmal pro Tag zu der von Ihnen festgelegten Zeit ausgeführt. Das erlaubt es, aufwendige Überprüfungen in Zeiten durchzuführen, in denen das NAS üblicherweise nicht anderweitig beansprucht wird.

- *Wöchentlich suchen*: Der Auftrag wird einmal pro Woche am gewählten Tag und zur festgelegten Zeit ausgeführt.

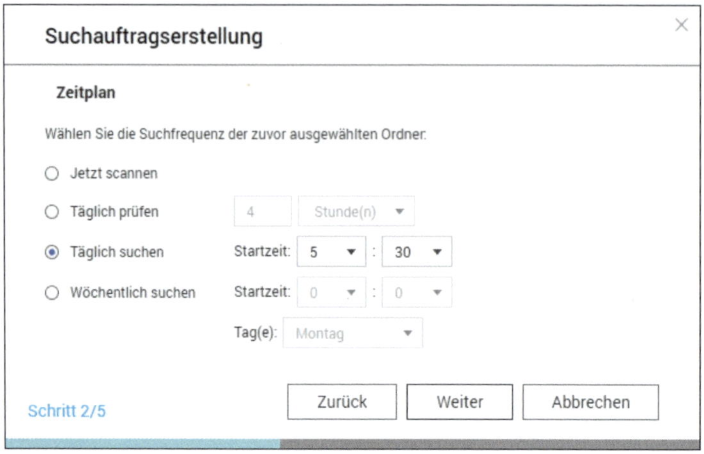

5. Nun haben Sie die Wahl, ob der Scan *Alle Dateien prüfen* oder nur eine *Schnellsuche* bei potenziell gefährlichen Dateien durchführen soll. Zusätzlich können Sie bestimmte *Dateien und Ordner ausschließen* (siehe Hinweiskästchen).

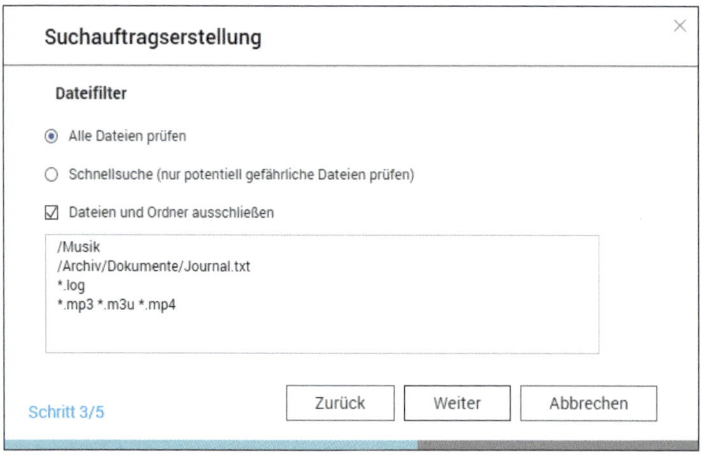

Dateien und Ordner ausschließen

Wenn Sie die Option *Dateien und Ordner ausschließen* aktivieren, wird ein zusätzliches Eingabefeld eingeblendet. Hier können Sie Ordner- und Dateinamen angeben, die von der Suche ignoriert werden sollen. Das Verwenden von Platzhaltern ist dabei erlaubt. Geben Sie die Filter direkt ein. Mehrere Filter trennen Sie durch Leerzeichen oder fügen sie in einer neuen Zeile ein (siehe Abbildung).

6. Weitere Einschränkungen für die Suche können Sie im folgenden Schritt festlegen:
   - So lassen sich über die *Maximale Dateigröße beim Suchen* große Dateien von der Prüfung ausschließen. Das sind oft Videofilme oder Systemabbilder, die aufwendig zu überprüfen sind, aber üblicherweise keine Gefahr darstellen.
   - Auch bei *Komprimierte Dateien prüfen* geht es um Performance, denn komprimierte Archive (ZIP & Co.) müssen dafür aufwendig entpackt werden, stellen aber – zumindest in gepackter Form – keine unmittelbare Gefahr dar.
   - Die Option *Dokumente prüfen* hingegen sollte in der Regel eingeschaltet bleiben. Dann scannt das NAS auch Dokumente in den gängigen Office-Formaten sowie RTF-, PDF- und HTML-Dateien.

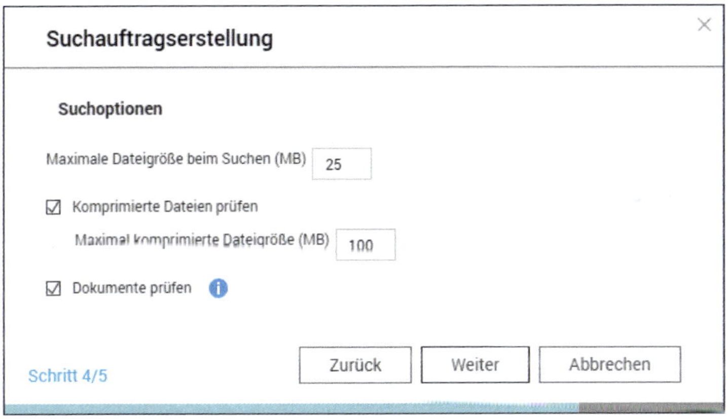

7. Im letzten Schritt legen Sie schließlich fest, wie das NAS reagieren soll, wenn es bei einem Scan fündig wird:
   - *Nur über Virus berichten*: Bei einem Virenfund wird dieser im Protokoll vermerkt und der Benutzer darüber benachrichtigt.

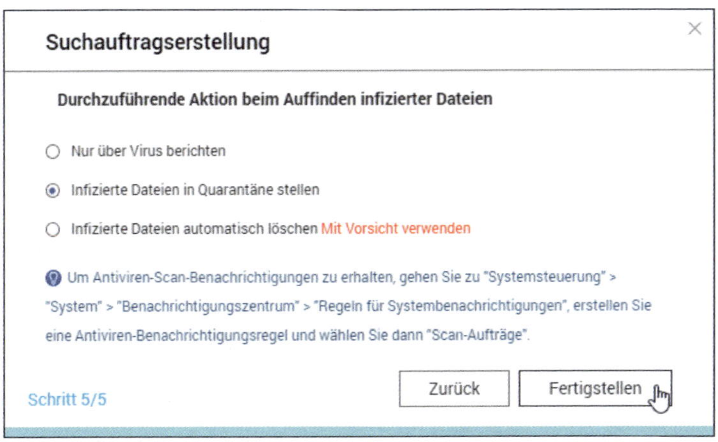

- *Infizierte Dateien in Quarantäne stellen*: Bei einem Virenfund wird die betroffene Datei aus dem Dateisystem entfernt und in einen speziellen Quarantäneordner verschoben. Der Benutzer wird benachrichtigt und kann dann entscheiden, ob diese Datei gelöscht oder an der alten Stelle wiederhergestellt werden soll.
- *Infizierte Dateien automatisch löschen*: Bei einem Virenfund wird die betroffene Datei sofort und unwiederbringlich gelöscht.

8. Klicken Sie auf *Fertigstellen*, um den Scanauftrag mit den gewählten Einstellungen zu speichern.

Auf Virenfunde reagieren

Sollte das NAS bei einem Virenscan fündig werden, bemerken Sie dies spätestens beim nächsten Anmelden an der QTS-Weboberfläche. Dann finden Sie bei den Benachrichtigungen einen entsprechenden Hinweis vor.

Haben Sie Benachrichtigungen per E-Mail konfiguriert (siehe Seite 68), erhalten Sie auch eine entsprechende E-Mail.

1. Öffnen Sie in der QTS-Systemsteuerung den Bereich *Anwendungen/Antivirus*.
2. Wechseln Sie dort in die Rubrik *Berichte*.
3. Lokalisieren Sie dort den Virenscan, bei dem Malware gefunden wurde. Suchen Sie im Zweifelsfall in der Spalte *Infizierte Dateien* nach Berichten, die dort eine Anzahl größer null haben.
4. Klicken Sie bei dem fraglichen Bericht in der Spalte *Aktion* auf das grüne *Herunterladen*-Symbol.

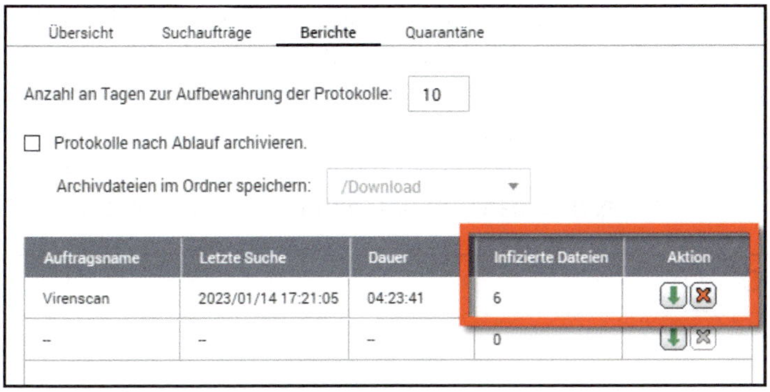

5. So erhalten Sie das Protokoll dieses Virenscans als Textdatei. Darin ist zu jedem einzelnen Fund vermerkt, welche Datei betroffen ist und welcher Virus darin vermutet wird.

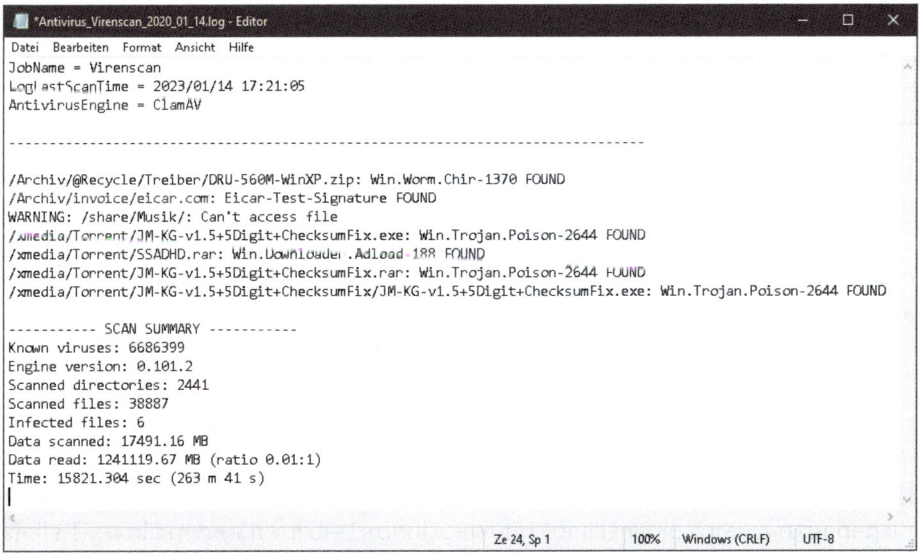

*Antivirus_Virenscan_2020_01_14.log - Editor

Datei Bearbeiten Format Ansicht Hilfe

```
JobName = Virenscan
LogLastScanTime = 2023/01/14 17:21:05
AntivirusEngine = ClamAV

---------------------------------------------------------------------------

/Archiv/@Recycle/Treiber/DRU-560M-WinXP.zip: Win.Worm.Chir-1370 FOUND
/Archiv/invoice/eicar.com: Eicar-Test-Signature FOUND
WARNING: /share/Musik/: Can't access file
/xmedia/Torrent/JM-KG-v1.5+5Digit+ChecksumFix.exe: Win.Trojan.Poison-2644 FOUND
/xmedia/Torrent/SSADHD.rar: Win.Downloader.Adload-188 FOUND
/xmedia/Torrent/JM-KG-v1.5+5Digit+ChecksumFix.rar: Win.Trojan.Poison-2644 FOUND
/xmedia/Torrent/JM-KG-v1.5+5Digit+ChecksumFix/JM-KG-v1.5+5Digit+ChecksumFix.exe: Win.Trojan.Poison-2644 FOUND

----------- SCAN SUMMARY -----------
Known viruses: 6686399
Engine version: 0.101.2
Scanned directories: 2441
Scanned files: 38887
Infected files: 6
Data scanned: 17491.16 MB
Data read: 1241119.67 MB (ratio 0.01:1)
Time: 15821.304 sec (263 m 41 s)
```

Ze 24, Sp 1 100% Windows (CRLF) UTF-8

6. Haben Sie im Scanauftrag festgelegt, dass infizierte Dateien in Quarantäne verschoben werden sollen, finden Sie diese Informationen auch in der Rubrik *Quarantäne* vor. Hier finden Sie für jede infizierte Datei einen Eintrag mit Dateinamen, Pfad und der vermuteten Malware.
7. Falls Sie sicher sind, dass es sich um falschen Alarm handelt, können Sie Dateien mit dem Kästchen links markieren und dann mit *Ausgewählte Dateien wiederherstellen* aus der Quarantäne entlassen und an der alten Stelle im Dateisystem wiederherstellen.

8. Ansonsten sollten Sie kein Risiko eingehen und die in Quarantäne befindlichen Dateien mit *Alle Dateien löschen* dauerhaft entfernen.

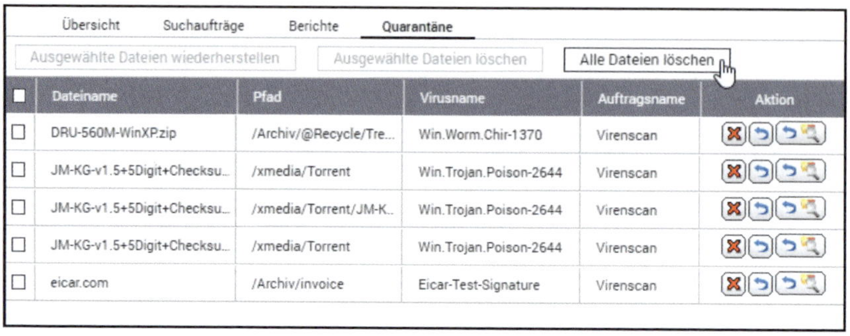

NAS vor Angriffen schützen

Mittlerweile geraten neben den gespeicherten Daten auch NAS-Geräte selbst in den Fokus von Angreifern, die darauf beispielsweise Erpressungstrojaner installieren wollen. Diese verschlüsseln die gespeicherten Daten und geben den Schlüssel – wenn überhaupt – nur gegen Zahlung eines Lösegeldes heraus. Als Gegenmaßnahme hat QNAP den *Malware Remover* entwickelt, der das NAS gezielt vor solchen Schädlingen schützen soll. Er wird mittlerweile standardmäßig installiert. Allerdings sollten Sie ihn an Ihr NAS anpassen und auch regelmäßig kontrollieren, um über mögliche Angriffe im Bilde zu sein.

Malware Remover vs. Antivirus-Funktion

Beim **Antivirus**-Schutz des QNAP-Systems handelt es sich um einen klassischen Virenscanner, der die auf dem NAS gespeicherten Dateien anhand von online aktualisierten Signaturen überprüft und im Fall eines Fundes je nach Voreinstellung entfernt oder unter Quarantäne stellt. Dieser Scanner schützt nicht das NAS selbst, sondern die mit ihm verbundenen Geräte und Benutzer, damit diese nicht über den Umweg des NAS mit Viren infiziert werden. Der **Malware Remover** hingegen schützt das NAS selbst. Er wehrt gezielt Angriffe auf das QTS-Betriebssystem und die Integrität der gespeicherten Daten ab. **Antivirus und Malware Remover ergänzen sich und sollten beide eingesetzt werden.**

Sicherheitsscan bei Bedarf durchführen

Beim *Malware Remover* handelt es sich um eine App, die auf dem NAS installiert ist. Dementsprechend finden Sie sie im Navigationsbereich am linken Rand des QTS-Desktops oder auch als Symbol direkt auf dem Desktop vor. Auf der Startseite können Sie den Status der Schädlingsbekämpfung schnell kontrollieren. Beachten Sie dabei insbesondere die Angaben zu *Letzte Scanzeit* und *Letzter Scan-Status*.

1. Um sofort eine Überprüfung durchzuführen, klicken Sie auf das Symbol *Scan starten*.

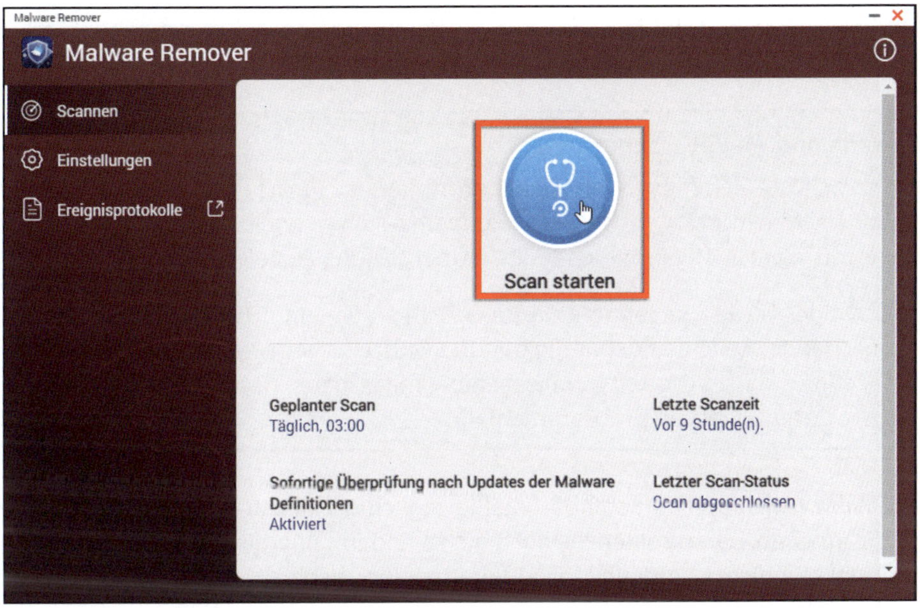

2. Der *Malware Remover* führt dann unmittelbar einen vollständigen Scan des Systems aus. Sie erkennen dies am rotierenden Symbol auf dem Startbildschirm der App.

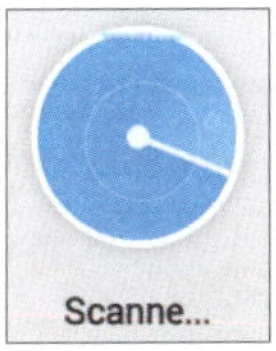

3. Nach Abschluss der Überprüfung ohne Befund verwandelt sich das Symbol (kurz) zu einem grünen Häkchen mit der Beschriftung *Scan abgeschlossen*. Andernfalls sehen Sie ein Warnsymbol und sollten umgehend reagieren. In jedem Fall können Sie sich mit dem Link *Log anzeigen* die Details ansehen.

4. Das grüne Symbol wandelt sich nach kurzer Zeit wieder in *Scan starten* um. Sollten Sie den Zeitraum verpasst haben, können Sie die Logeinträge des Scans aber jederzeit im Ereignisprotokoll einsehen.

Regelmäßige Scans einrichten

Manuelle Scans bei Bedarf sind eine gute Sache, wenn man einen konkreten Anlass hat, misstrauisch zu sein. Sicherer und zuverlässiger ist es aber, das NAS in regelmäßigen Abständen automatisch überprüfen zu lassen. Dann können Sie sich entspannt zurücklehnen und sich darauf verlassen, dass Ihr NAS Sie im Falle eines Fundes informiert.

1. Um automatische Überprüfungen zu veranlassen, öffnen Sie in der App *Malware Remover* die *Einstellungen*.
2. Aktivieren Sie hier die Option *Geplanten Scan aktivieren*, sofern dies noch nicht der Fall ist.
3. Darunter stellen Sie ein, wann und wie häufig die Überprüfung durchgeführt werden soll.

Wann und wie oft scannen?

Das kleinste Zeitintervall für die Überprüfung ist *Täglich*. Dies ist auch sinnvoll. Nur bei einem privaten NAS, das Sie womöglich nur selbst und nur sporadisch nutzen, kann auch eine wöchentliche Überprüfung ausreichen.

Wichtiger ist der passende Zeitpunkt. Wählen Sie eine Uhrzeit, zu der das NAS üblicherweise nicht anderweitig genutzt wird, also beispielsweise nachts. Achten Sie darauf, dass diese Zeit möglichst nicht mit anderen geplanten Aktivitäten wie etwa Datensicherungen zusammenfällt.

4. *Malware Remover* ruft standardmäßig täglich die neusten Signaturen für seinen Scanner ab. Daran sollten Sie auch nichts ändern. Allerdings können Sie den Zeitpunkt für diesen Vorgang individuell anpassen. Wählen Sie eine Uhrzeit, zu der das NAS üblicherweise nicht mit anderen Aktivitäten ausgelastet ist.

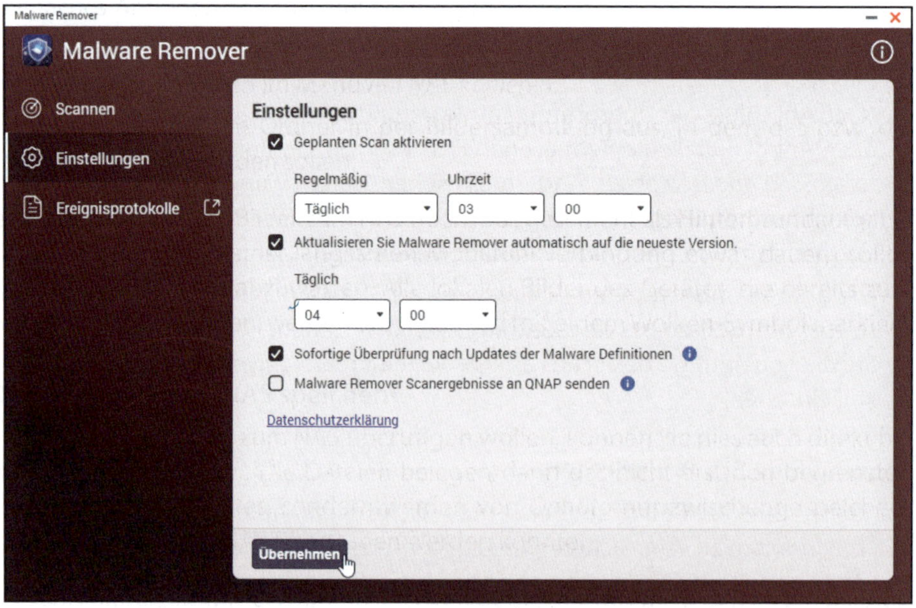

5. Die Option *Sofortige Überprüfung nach Updates der Malware Definitionen* sorgt dafür, dass der *Malware Remover* automatisch einen Scan durchführt, wenn neue Signaturen heruntergeladen wurden. Dies ist sinnvoll, um auf neu aufgetretene Gefährdungen schnell reagieren zu können.
6. Mit der Option *Malware Remover Scanergebnisse an QNAP senden* können Sie dem Unternehmen dabei helfen, die Bedrohung der Geräte durch Malware besser zu überwachen und zu analysieren. Dazu werden nach jedem Scan Informationen an einen QNAP-Server übermittelt. Diese umfassen das verwendete QNAP-Modell, Uhrzeit und Datum, das Ergebnis der Überprüfung, evtl. gefundene Malware sowie die IP-Adresse des Gerätes. Weitere Informationen wie etwa Inhalte von auf dem NAS gespeicherten Dateien werden laut QNAP nicht übermittelt. Trotzdem ist die Teilnahme an dieser Erfassung freiwillig und kann jederzeit durch Entfernen des Häkchens wieder beendet werden.
7. Haben Sie alle Einstellungen nach Ihren Wünschen vorgenommen, klicken Sie unten auf *Übernehmen*.

Die Ereignisprotokolle kontrollieren

Die Details der Überprüfungen durch *Malware Remover* werden in den Systemprotokollen des NAS festgehalten. Der Menüpunkt *Ereignisprotokoll* ist deshalb »nur« eine Verknüpfung mit dem *QuLog Center*. Allerdings wird dabei automatisch ein Filter angewendet, durch den nur Einträge des *Malware Remover* angezeigt werden. So erhalten Sie einen schnellen Überblick, wann Scans durchgeführt wurden. Um Unregelmäßigkeiten bei den Überprüfungen ggf. schneller zu finden, klicken Sie oben auf das Symbol für Warnungen bzw. Fehler. Dann werden nur noch schwerwiegende Einträge zum *Malware Remover* angezeigt.

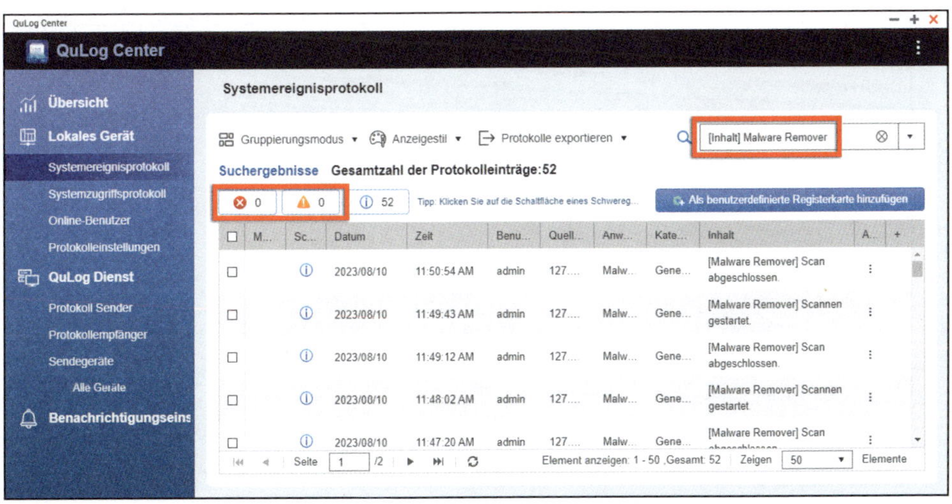

Benachrichtigung bei Malware-Funden einrichten

Wenn der *Malware Remover* fündig werden sollte, vermerkt er dies in den Systemprotokollen. Außerdem erhalten Sie eine Benachrichtigung auf dem QTS-Desktop, wenn Sie sich das nächste Mal bei der Weboberfläche Ihres NAS anmelden. Tut man dies nur gelegentlich, kann es allerdings einige Zeit dauern, bis man etwas von einem Schädlingsbefund erfährt.

Deshalb empfiehlt es sich, eine Benachrichtigung beispielsweise per E-Mail einzurichten. Die grundlegende Vorgehensweise wie das Hinzufügen eines SMTP-Dienstes ist im Buch beschrieben. Ich beschränke mich an dieser Stelle deshalb auf das Erstellen einer passenden Filterregel für kritische Ereignisse beim *Malware Remover*.

1. Wechseln Sie dazu im Benachrichtigungscenter in den Bereich *Regeln für Systembenachrichtigungen* und dort in die Rubrik *Alarmbenachrichtigungen*.
2. Klicken Sie auf *Regeln erstellen*, um eine Alarmierung einzurichten.
3. Geben Sie bei *Regelname* eine sinnvolle Bezeichnung für diese Regel an.
4. Stellen Sie nun bei *Warnung* im Auswahlfeld die Option *Einschließen* ein und klicken Sie dann rechts daneben auf das Plussymbol.
5. Tippen Sie im so geöffneten Eingabefeld den Text *[Malware Remover]* (in eckigen Klammern) ein und drücken Sie [↵].
6. Wiederholen Sie die Schritte 4 und 5 für *Fehler*.

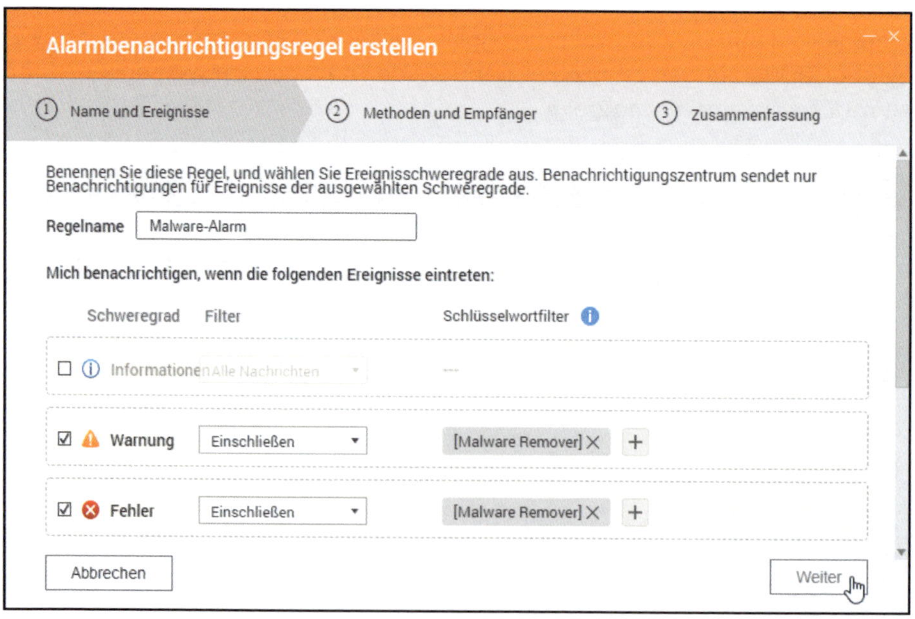

12.3 Sichere Kennwörter für alle Benutzer

Wenn Sie Ihr NAS nur für sich allein nutzen, können Sie selbst darauf achten, dass die empfohlenen Regeln für Passwörter umgesetzt werden: ausreichend lang und sicher, nie dasselbe für verschiedene Anmeldungen und vorsichtshalber regelmäßig wechseln.

Steht das NAS auch anderen Benutzern zur Verfügung, wird es schwieriger, dies zu gewährleisten, da man denen nicht ständig über die Schultern schauen kann und möchte. Aber Sie können als Administrator gewisse Regeln für Kennwörter aufstellen und durch das NAS-System durchsetzen lassen.

1. Öffnen Sie dazu in der QTS-Systemsteuerung den Bereich *System/Sicherheit*, und wechseln Sie dort in die Rubrik *Passwortrichtlinie*.

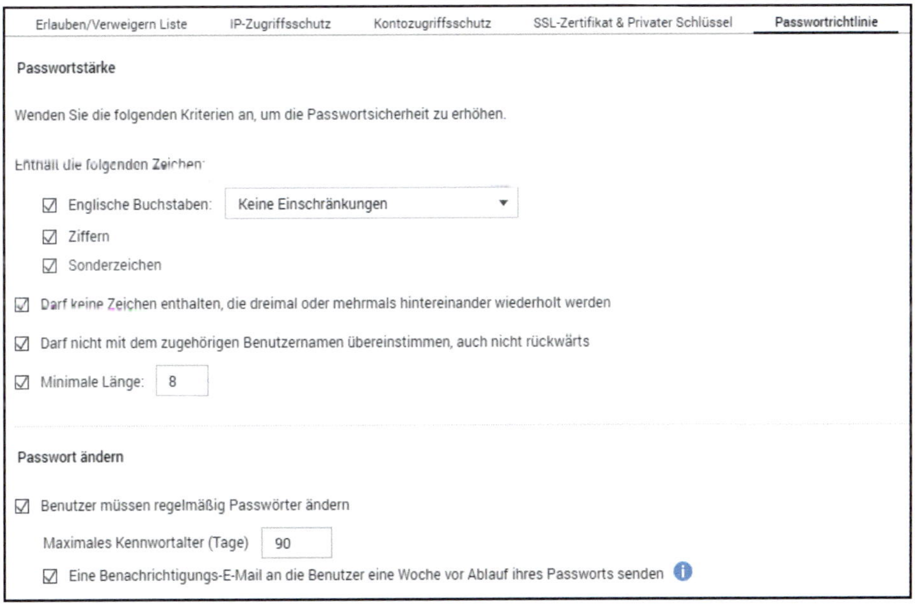

2. Legen Sie dort im Abschnitt *Enthält die folgenden Zeichen* zunächst fest, woraus ein Passwort bestehen darf und muss. Von jedem der gewählten Elemente *Englische Buchstaben*, *Ziffern* und *Sonderzeichen* muss ein Passwort mindestens eines beinhalten. Für Buchstaben können Sie zusätzlich *Mindestens 1 Groß- und 1 Kleinbuchstaben* einfordern.
3. Um typische »Tricks« der Anwender zur Vereinfachung (die allerdings auch Angreifern das Leben leichter machen) zu verhindern, können Sie zusätzlich bestimmen, dass Zeichen nicht mehr als zweimal und nicht direkt hintereinanderfolgen und nicht mit dem Benutzernamen übereinstimmen dürfen.
4. Mit *Minimale Länge* geben Sie eine bestimmte Mindestlänge für Passwörter vor.

5. Im Abschnitt *Passwort ändern* finden Sie Einstellungen, mit denen Sie das regelmäßige Ändern von Passwörtern erzwingen können. Dazu legen Sie fest, nach wie vielen Tagen das NAS ein Passwort nicht mehr akzeptiert. Zusätzlich können Sie die Benutzer automatisiert rechtzeitig per E-Mail an eine erforderliche Passwortänderung erinnern lassen.

12.4 Das unsichere SMB 1 deaktivieren

Das für die Netzwerkfreigabe auch vom NAS verwendete Samba-Protokoll (SMB) weist zumindest in der ältesten Variante SMB 1 erhebliche Sicherheitslücken auf, die von Schädlingen wie »WannaCry« auch in der Praxis ausgenutzt werden. Deshalb gilt die eindeutige Empfehlung, diese SMB-Varianten zu deaktivieren und stattdessen nur auf die neueren Varianten zu setzen, die Ihr NAS ebenso beherrscht. Ältere Geräte, die nur SMB 1 beherrschen, könnten Ihnen dabei allerdings in die Suppe spucken.

1. Öffnen Sie in der QTS-Systemsteuerung den Bereich *Netzwerk und Dateidienste* und darin *Win/Mac/NFS/WebDAV*.
2. Klicken Sie in der Rubrik *Microsoft-Netzwerk* auf die Schaltfläche *Erweiterte Optionen*.
3. Stellen Sie im anschließenden Dialog die Option *Niedrigste SMB-Version* auf *SMB 2*. Das bedeutet, dass Ihr NAS nur mit Geräten kommuniziert, die mindestens SMB 2 beherrschen. Unsichere SMB-1-Verbindungen werden grundsätzlich abgelehnt.
4. Unterhalb der Option sehen Sie die Angabe, welche Samba-Versionen das NAS mit der aktuellen Konfiguration unterstützt. Hier sollte *SMB 1* nun fehlen.
5. Klicken Sie unten auf *Übernehmen*, um diese Änderung dauerhaft zu speichern.

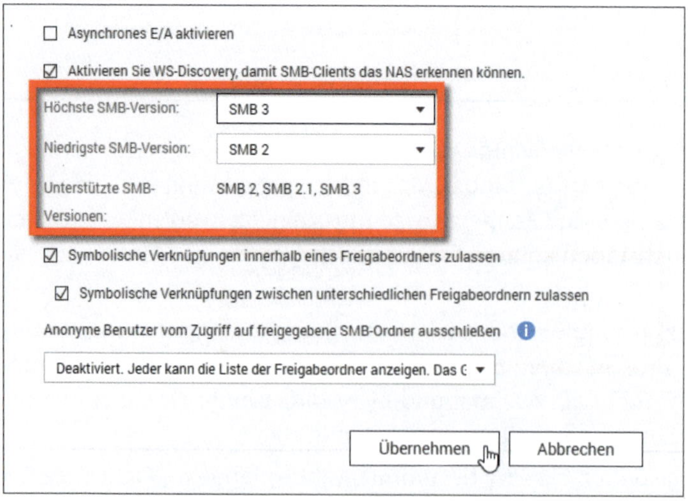

Damit haben Sie Ihr NAS so konfiguriert, dass es Verbindungen nach dem veralteten SMB-1-Protokoll ablehnt und stattdessen je nach Fähigkeiten der Gegenstelle SMB 2 oder SMB 3 anbietet. In der Regel wird die Verbindung auch so zustande kommen, und Übertragungen werden erfolgreich verlaufen. Eventuell müssen Sie die Verbindungen auf der Gegenseite allerdings einmalig neu anlegen. Sollte eine Anwendung oder App sich weigern, per SMB 2 zu kommunizieren, halten Sie bitte nach einer sichereren Alternative Ausschau, die sich in den meisten Fällen findet. Ausnahmen können Geräte etwa aus dem Bereich der Unterhaltungselektronik sein, die über eine Netzwerkschnittstelle verfügen und per SMB Musik oder Videos von einem Server abrufen können. Diese beherrschen oftmals nur das alte SMB 1, und ein Firmware-Update vom Hersteller wird in den seltensten Fällen zu finden sein. Auch in diesem Fall wäre es das Sicherste, nach einer Alternative Ausschau zu halten. Wenn es gar nicht anders geht, müssen Sie in den sauren Apfel beißen und SMB 1 wieder als Mindest-SMB-Protokoll eintragen, um dem Gerät den Zugriff zu ermöglichen. Sie sollten sich dann allerdings der Sicherheitsproblematik bewusst sein und anderweitig gute Vorsichtsmaßnahmen treffen, um Schädlinge, die diese Lücke ausnutzen könnten, gar nicht erst ins lokale Netz zu lassen.

12.5 Die Konfiguration des NAS sichern

Bevor Sie umfangreichere Änderungen an den Einstellungen Ihres NAS vornehmen, ist es empfehlenswert, die Systemkonfiguration zu sichern. So können Sie ggf. schnell zu funktionierenden Einstellungen zurückkehren, falls nach den Änderungen nicht mehr alles rundläuft. Auch wenn ein NAS zurückgesetzt werden muss oder beispielsweise nach einer Reparatur zurückgesetzt zurückkommt, lassen sich so schnell wieder die erprobten Einstellungen reaktivieren.

1. Öffnen Sie in der QTS-Systemsteuerung den Bereich *System/Sicherung/Wiederherstellung*.

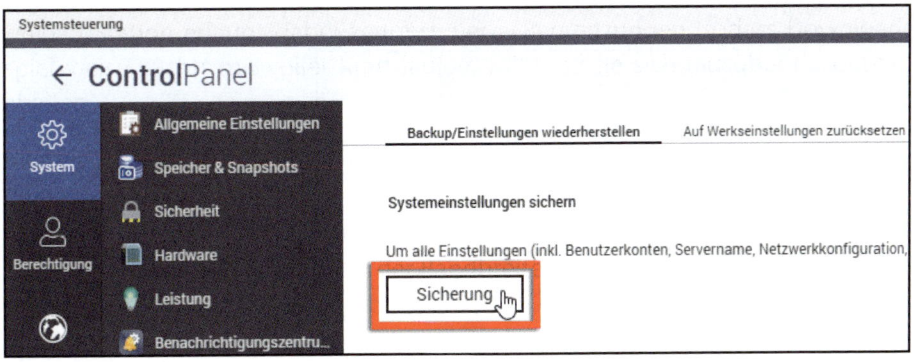

2. Klicken Sie hier in der Rubrik *Backup/Einstellungen wiederherstellen* auf die Schaltfläche *Sicherung*.
3. Warten Sie ab, bis Ihr Webbrowser die Datei heruntergeladen und gespeichert hat.

Die so erhaltene Datei ist nach dem Schema <NAS-Name>_settings_JJJJ-MM-TT.bin benannt, also beispielsweise *MeinQNAP_2020-1-25.bin*. So behalten Sie auch bei mehreren NAS immer den Überblick, wann und von welchem Gerät eine Sicherung stammt. Speichern Sie diese Datei(en) an einer sicheren Stelle, allerdings besser nicht auf dem NAS selbst. Auf diese Weise können und sollten Sie regelmäßig Sicherungen der Einstellungen vornehmen, beispielsweise wenn:

- Sie zufriedenstellende Grundeinstellungen Ihres NAS erreicht haben
- wenn Sie wesentliche Änderungen an der Konfiguration des NAS vornehmen
- bevor Sie das NAS beispielsweise für eine Reparatur einsenden müssen
- bevor und nachdem Sie Systemaktualisierungen vornehmen/vorgenommen haben
- bevor und nachdem Sie Änderungen an der Konfiguration der eingebauten Festplatten vorgenommen haben

Konfigurationssicherungen wieder einspielen

Möchten Sie zu einem zuvor gespeicherten Konfigurationsstand zurückkehren, können Sie die gesicherte Datei jederzeit wieder einspielen und das NAS damit wieder exakt in die Konfiguration versetzen, in der die Sicherungsdatei erstellt wurde.

1. Öffnen Sie wie zuvor in der QTS-Systemsteuerung den Bereich *System/Systemkonfiguration*.
2. Klicken Sie in der Rubrik *Backup/Einstellungen wiederherstellen* auf die *Durchsuchen*-Schaltfläche, navigieren Sie im anschließenden Dialog zur gespeicherten BIN-Konfigurationsdatei, und wählen Sie diese mit *Öffnen* aus.
3. Zurück in der QTS-Systemsteuerung, klicken Sie dann auf *Wiederherstellen*.

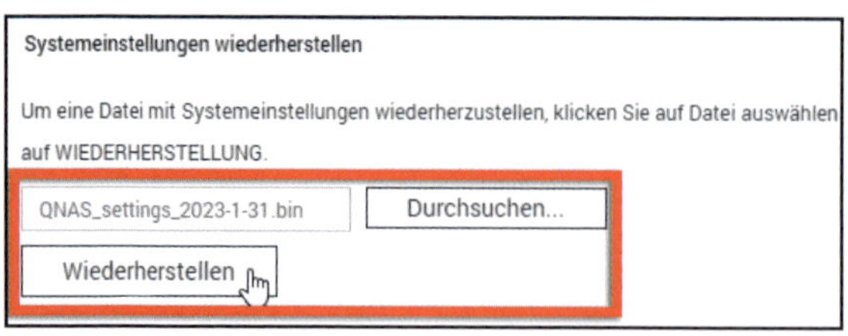

4. Bestätigen Sie die Sicherheitsrückfrage mit *Ja*.
5. Warten Sie nun ab, während das NAS die Sicherungsdatei hochlädt und einspielt. Dies kann einige Minuten dauern.

6. Abschließend muss das NAS neu gestartet werden, damit es mit den wiederhergestellten Einstellungen in Betrieb genommen werden kann. Bestätigen Sie diesen Vorgang mit einem Klick auf *Ja*.

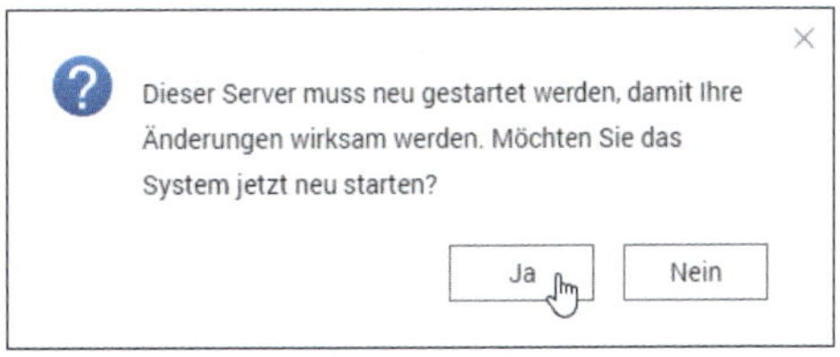

12.6 Energiesparende Einstellungen

Ein NAS läuft typischerweise rund um die Uhr oder zumindest viele Stunden am Tag rund ums Jahr. Es gehört zwar nicht zu den Großverbrauchern, aber im Laufe der Zeit macht Kleinvieh auch Mist. Und es geht nicht nur ums Geld, denn sinnvolle Energieeinstellungen ersparen auch Betriebsstunden und verlängern damit potenziell die Lebensdauer von NAS und Festplatten.

Festplatten bei Nichtnutzung schlafen lassen

Einen erheblichen Anteil an Stromverbrauch sowie Geräusch- und Wärmeentwicklung haben die im NAS eingebauten Festplatten. Wie man es auch vom PC kennt, kann man diese in einen Stromsparzustand schicken, in dem sie zum Stillstand kommen. QNAP bezeichnet dies als Datenträgerbereitschaftsmodus. Dieser kann automatisch aktiviert werden, wenn das NAS einige Zeit nicht in Anspruch genommen wurde. Wie lange diese Wartezeit sein soll, können Sie selbst festlegen. Ihre Wahl sollte allerdings gut überlegt sein.

Wann Festplatten schlafen legen?
Auf den ersten Blick kann es sinnvoll erscheinen, Festplatten einfach bei jeder Gelegenheit so schnell wie möglich schlafen zu legen. Das hat aber mehrere Haken: Zum einen dauern Dateizugriffe bei einer schlafenden Festplatte sehr lange, da diese einige Sekunden benötigt, um sich einzuschalten, anzulaufen und dann die Daten zu liefern. Außerdem ist genau dieser Anlaufprozess problematisch, weil er vergleichsweise viel Energie benötigt. Schläft die Platte nur kurz und muss dann gleich wieder anlaufen, verbraucht das unterm Strich mehr Strom, als wenn sie durchgelaufen wäre. Und der Anlaufvorgang ist für das Material belastend, sodass sehr häufige Anläufe die Lebensdauer einer Festplatte verkürzen können. Deshalb gilt es, einen sinnvollen Kompromiss zu finden, der immer auch vom Nutzungsprofil abhängt. Meine Empfehlung wäre, mit einer Dauer von *1 Stunde* zu beginnen. Wenn Sie dann mehrmals am Tag auf das Wiederanlaufen der Festplatten warten müssen, sollten Sie die Zeit länger wählen.

1. Um den Zeitraum von Inaktivität festzulegen, nach dem die Festplatten in den Stand-by-Modus versetzt werden, öffnen Sie in der QTS-Systemsteuerung den Bereich *System/Hardware*.
2. In der Rubrik *Allgemein* markieren Sie die Option *Aktiviert den Datenträgerbereitschaftsmodus*.

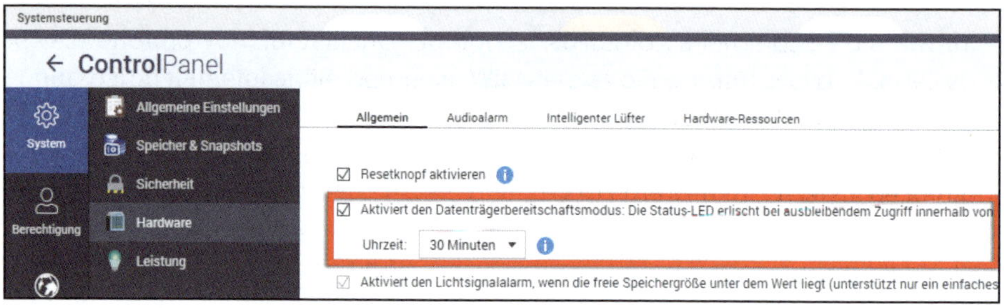

3. Direkt darunter stellen Sie im Auswahlfeld *Uhrzeit* ein, nach wie vielen Minuten Nichtaktivität die Festplatten schlafen gehen sollen.

Warum wechseln Festplatten nicht in den Energiesparmodus?

Wie oben beschrieben, kann man das NAS so einstellen, dass die eingebauten Festplatten nach einer gewissen Zeit von Inaktivität abgeschaltet werden, um Strom zu sparen. Erfahrungsgemäß führt diese Funktion immer wieder zu Missverständnissen und Frust, weil sie nicht so funktioniert, wie man sich das vorstellt. Oft kommen die Festplatten nicht zur Ruhe, obwohl man das NAS nicht beansprucht. Oder man hört plötzlich, wie die Festplatten scheinbar unmotiviert anlaufen, ohne dass ein Anwender zugegriffen hätte.

Der Grund dafür ist meist, dass die Festplatten im NAS eben nicht nur durch unmittelbare Zugriffe der Benutzer beansprucht werden, sondern auch von den Diensten und Anwendungen auf dem NAS selbst. So gibt es viele Funktionen, die den Ruhezustand der Festplatten verhindern können oder deren Zugriffe schlafende Festplatten wecken können. QNAP selbst nennt eine ganze Reihe von Funktionen und Diensten, die einen Stand-by-Modus verhindern können, wenn sie auf dem NAS aktiv sind. Wenn der Datenträgerbereitschaftsmodus nicht wie gewünscht funktioniert, ist dies also kein Grund zur Beunruhigung. Und wenn Sie spezielle NAS-Festplatten eingebaut haben (siehe Seite 26), brauchen Sie sich auch keine Gedanken darüber zu machen, ob die Festplatten der dauerhaften Beanspruchung gewachsen sind.

Das NAS in Ruhezeiten herunterfahren

Wenn das NAS nicht wirklich rund um die Uhr benötigt wird, kann man es beispielsweise nachts oder am Wochenende in wohlverdiente Ruhezeiten schicken.

Dazu müssen Sie nicht jedes Mal selbst aktiv werden, sondern Sie können Zeitpläne erstellen, nach denen das Gerät zu bestimmten Zeiten heruntergefahren und später wieder gestartet wird.

1. Öffnen Sie in der QTS-Systemsteuerung den Bereich *System/Leistung*, und wechseln Sie dort zur Rubrik *Energiezeitplan*.
2. Schalten Sie hier zunächst die Option *Zeitplan aktivieren* ein, um diese Funktion nutzen zu können.
3. Nun können Sie darunter mit einem Klick auf die gleichnamige Schaltfläche einen Zeitplan hinzufügen.

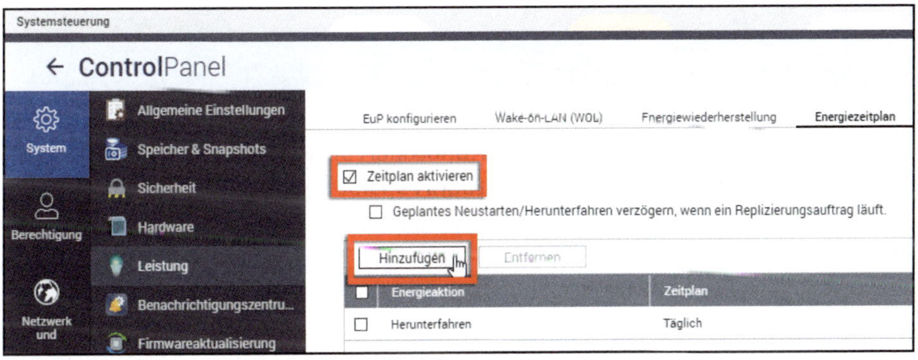

Damit wird ein Standardzeitplan hinzugefügt, den Sie anschließend anpassen können:

- In der Spalte *Aktion* legen Sie fest, was zu dem geplanten Zeitpunkt passieren soll. Zur Auswahl stehen *Herunterfahren*, *Neustart* sowie *Server einschalten*.
- Bei *Zeitplantyp* geben Sie an, wie häufig die Aktion durchgeführt werden soll. Sie können einzelne Wochentage wählen, wenn beispielsweise ein Neustart *Jeden Sonntag* erfolgen soll. Alternativ gibt es auch *Täglich* sowie *Wochentag* (für werktags) und *Wochenende* (für Samstag und Sonntag).
- In den Spalten *Stunde* und *Minute* legen Sie die Uhrzeit fest, zu der die Aktion ausgeführt werden soll.

4. Klicken Sie abschließend unten auf *Übernehmen*, um den oder die erstellten Zeitpläne dauerhaft zu speichern.

Auf die beschriebene Weise können Sie mehrere Zeitpläne mit verschiedenen Aktionen definieren, die das NAS automatisch ausführt. Dies ist auch erforderlich, denn um das Gerät beispielsweise freitagabends aus- und montagmorgens wieder einzuschalten, sind zwei Zeitpläne erforderlich (siehe Abbildung).

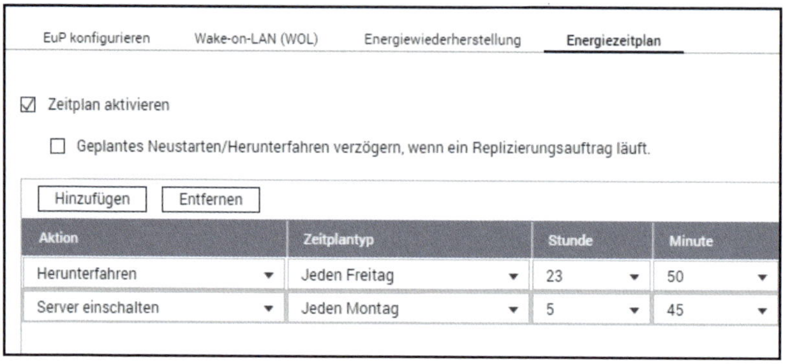

12.7 Die internen Festplatten überwachen

Die im NAS eingebauten Festplatten sind das Kapital, von dem Ihr Netzwerkspeicher lebt. Ab Seite 19 ist ausführlich beschrieben, welche Modi zum Einsatz kommen können, um die optimale Mischung aus Performance und Sicherheit zu erreichen. Sind die Festplatten in Betrieb genommen, ist es wichtig, sie regelmäßig zu überwachen. Dank des S.M.A.R.T.-Systems kann man Probleme mit einem einzelnen Laufwerk in vielen Fällen frühzeitig erkennen. Das NAS führt zu diesem Zweck regelmäßige Tests durch und informiert Sie darüber, insbesondere wenn sich Auffälligkeiten zeigen. Voraussetzung dafür ist, dass Sie E-Mail-Benachrichtigungen aktiviert und konfiguriert haben (siehe Seite 68). Sie können sich aber auch jederzeit selbst vom Zustand der Festplatten überzeugen.

1. Für einen schnellen Blick eignet sich immer das Kontrollcenter, das Sie über das Symbol ganz rechts in der Symbolleiste des QTS-Desktops jederzeit einblenden können (Seite 84). Hier finden Sie den Datenträgerstatus deutlich angegeben, idealerweise mit *Gut*.

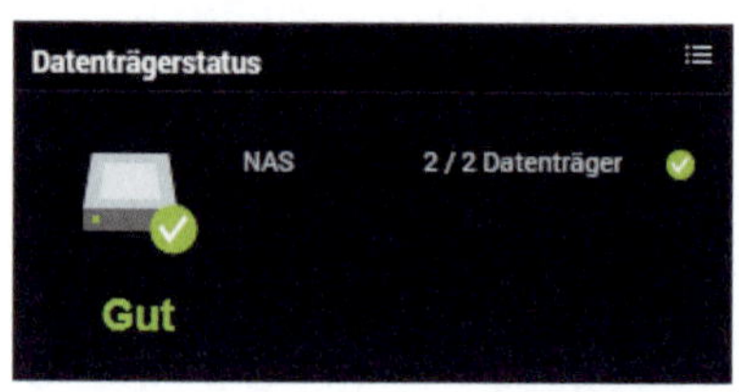

2. Wenn Sie es genauer wissen wollen, klicken Sie auf diese Angabe, um den ausführlichen Datenträgerstatus im Speichermanager zu öffnen. Hier finden Sie genaue Angaben zu Temperaturen, Betriebsstunden, ungewöhnlichen Sektoren sowie ggf. Fehlern. Beachten Sie, dass immer nur die Daten der Festplatte angezeigt werden, die Sie oben bei *Datenträger* auswählen.

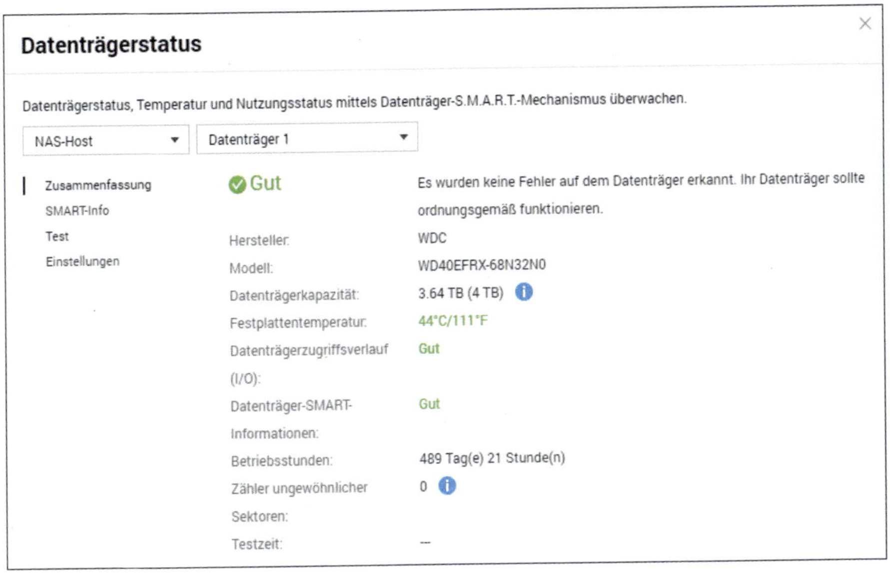

3. Möchten Sie es noch genauer wissen, wechseln Sie in die Rubrik *SMART-Info*. Hier haben Sie direkten Zugriff auf die verschiedenen Parameter, mit denen sich Zustand und Zuverlässigkeit einer Festplatte ganz präzise beurteilen lassen. Das ist kein ganz leichter Stoff, aber da die Festplatten nun mal das Lebenselixier eines NAS darstellen, ist es durchaus empfehlenswert, sich damit zu befassen. Der folgende Abschnitt erläutert deshalb ausführlicher, was es mit den S.M.A.R.T.-Daten auf sich hat und wie man sie richtig interpretieren kann.

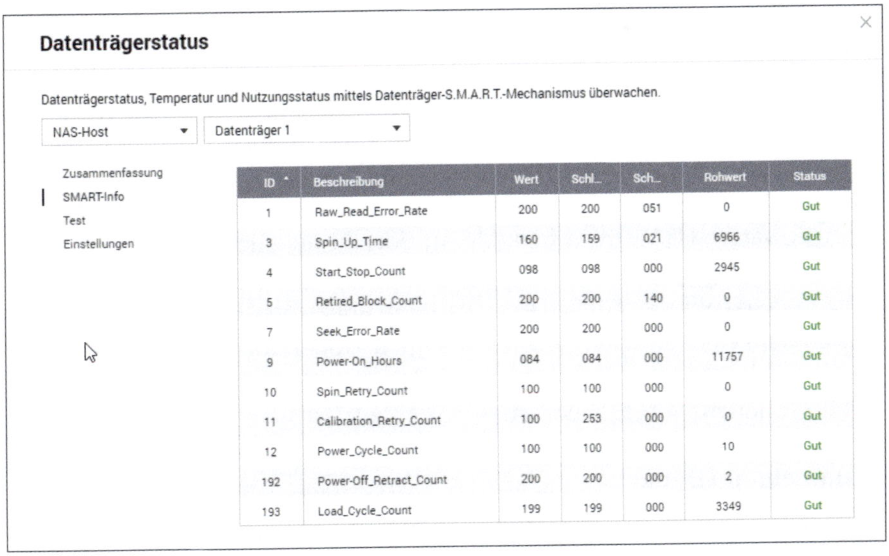

ID	Beschreibung	Wert	Schl...	Sch...	Rohwert	Status
1	Raw_Read_Error_Rate	200	200	051	0	Gut
3	Spin_Up_Time	160	159	021	6966	Gut
4	Start_Stop_Count	098	098	000	2945	Gut
5	Retired_Block_Count	200	200	140	0	Gut
7	Seek_Error_Rate	200	200	000	0	Gut
9	Power-On_Hours	084	084	000	11757	Gut
10	Spin_Retry_Count	100	100	000	0	Gut
11	Calibration_Retry_Count	100	253	000	0	Gut
12	Power_Cycle_Count	100	100	000	10	Gut
192	Power-Off_Retract_Count	200	200	000	2	Gut
193	Load_Cycle_Count	199	199	000	3349	Gut

Die S.M.A.R.T.-Werte geben Aufschluss über Zustand und Lebenserwartung von Festplatten.

4. In der Rubrik *Test* können Sie verschiedene Lese- und Schreibtests mit den Festplatten durchführen. Das kann sinnvoll sein, wenn Sie ein NAS neu in Betrieb nehmen und dabei auch neue Festplatten zum Einsatz kommen, die Sie so auf grundlegende Funktionsfähigkeit überprüfen können. Später im laufenden Betrieb würde ich von solchen Tests allerdings abraten.

Das bedeuten die S.M.A.R.T.-Informationen

Bei den S.M.A.R.T.-Werten handelt es sich letztlich »nur« um eine Sammlung spröder Parameter, bei denen die Hersteller teilweise auch noch ihr eigenes Süppchen kochen. Deshalb kann es eine Herausforderung sein, diese Daten korrekt zu interpretieren und zu erkennen, welche Angaben ganz normal und welche besorgniserregend sind. Aber verständlicherweise will man genau wissen, was es mit den einzelnen Werten auf sich hat, die womöglich besorgniserregend hoch erscheinen können. In den meisten Fällen kann man trotzdem gelassen bleiben. Gehen wir also mal ein wenig in die Details.

S.M.A.R.T.-Parameter: Lebensdauer vs. Fehlerhinweis

Bei den verschiedenen Angaben gibt es zwei verschiedene Arten von Attributen mit unterschiedlicher Aussagekraft.

- Die meisten Eigenschaften beziehen sich auf Werte, die sich im Laufe des Lebens einer Festplatte allmählich erhöhen. Das können die Betriebsstunden sein, die Einschaltvorgänge (*Power_Cycle_Count*) oder aber auch, wenn die Festplatte gelegentlich etwas länger zum Anlaufen braucht (*Spin_Up_Time*). Man kann das mit dem Kilometerzähler beim Auto vergleichen: Wenn der die 100.000 erreicht, ist es eben kein Neuwagen mehr, aber er wird erfahrungsgemäß auch nicht am nächsten Tag auseinanderfallen. Aber vielleicht wird er allmählich anfälliger für Pannen.
- Nur wenige Werte sind hingegen konkrete Hinweise auf Probleme, etwa wenn _Lesefehler auftreten (*Read_Error*), wenn Sektoren unbrauchbar geworden sind (*Reallocated_Sector-Ct*) oder wenn der Festplattenantrieb wiederholt gestartet werden muss (*Spin_Retry*), bevor er auf Touren kommt. Um beim Auto-Beispiel zu bleiben, wären das Warnlampen, die im Cockpit aufleuchten, etwa weil der Ölstand zu niedrig ist oder die Motorsteuersoftware Fehler registriert hat. Beim Auto sollte man so bald wie möglich eine Werkstatt aufsuchen. Eine NAS-Festplatte sollte man bei sich häufenden Hinweisen engmaschiger überwachen und ggf. einen Austausch in Betracht ziehen, insbesondere wenn man im Festplattenverbund keine Redundanz vorgesehen hat.

Die Parameter im Detail

Zu jedem Parameter werden vier verschiedene Werte angegeben, auf die ich ausführlicher eingehen möchte, damit Sie die etwas kryptischen Zahlenkolonnen besser verstehen:

- *Wert*
  Gibt den aktuellen Wert dieses Parameters an, wobei sich aktuell auf den zuletzt gespeicherten Wert bezieht. Das muss nicht in diesem Moment sein, sondern kann schon etwas zurückliegen. Vor allem aber handelt es sich um einen normalisierten Wert, dessen Betrag man nicht wörtlich nehmen darf. Eine Lesefehlerrate von 100 beispielsweise bedeutet nicht, dass bislang 100 Lesefehler auftraten. Sondern es bedeutet, dass die Eigenschaft Lesefehlerrate zuletzt bei 100 lag. Man kann sich auch das vereinfacht als Prozent der gewünschten Leistung vorstellen. Lesefehlerrate 100 hieße also: In der Eigenschaft Lesefehlerrate liegt das Laufwerk bei 100 %, also genau da, wo man es haben möchte. Denn bei den meisten Werten bedeutet höher = besser. Es gibt auch Werte, die höher als 100 liegen, beispielsweise 252. Hier ist die Skala einfach etwas weiter und erlaubt feinere Abstufungen.
- *Schlechtester*
  Zu jeder Eigenschaft speichert S.M.A.R.T. auch den schlechtesten jemals gemessenen Wert. Bei Lebensdauereigenschaften wird der aktuelle Wert mit dem schlechtesten Wert identisch sein, weil ein Laufwerk ja nun mal nur älter und nicht wieder jünger wird. Aber gerade bei den Fehlerwerten kann es sein, dass diese in der Vergangenheit schlechter waren und sich seitdem erholt haben – etwa wenn einige Sektoren neu zugewiesen werden mussten, was aber auf einen kleinen Bereich des Laufwerks begrenzt war und mittlerweile abgeschlossen ist. Dann hat man zwar ein paar Sektoren verloren, muss sich ansonsten aber aktuell keine Gedanken machen.
- *Schwellwert*
  Zu jedem Wert ist eine Grenze angegeben, die dieser Wert möglichst nicht erreichen sollte. In vielen Fällen steht dieser Wert auf 0, dann dient diese Eigenschaft nur der Information und nicht der Zustandsbewertung. Wenn sich der aktuelle oder schlechteste Wert dieser 0 annähern sollte, bedeutet das, dass dieses Laufwerk schon einen erheblichen Teil seiner Lebenspanne absolviert hat. Sehr hohe Grenzwerte wie etwa 253 besagen in ähnlicher Weise, dass es sich lediglich um einen Testwert ohne Relevanz für den Zustand des Laufwerks handelt. Alle anderen Grenzwerte geben an, dass man sich konkrete Gedanken machen muss, wenn sich der aktuelle bzw. schlechteste Wert dem Grenzwert annähert oder ihn unterschreitet. Insbesondere wenn mehrere verschiedene Parameter sich ihrem Grenzwert nähern, ist große Vorsicht angesagt.
- *Rohwert*
  Bei den bisherigen drei Werten handelt es sich jeweils um normalisierte Werte, die zur besseren Vergleichbarkeit aus den eigentlich übermittelten Daten gebildet werden. Der Rohwert hingegen gibt genau diese übermittelte Information wieder. Diese Daten können für eine statistische Erfassung interessant sein, um zu erfassen, wie sich bestimmte Rohwerte im Laufe der Zeit entwickeln. Ansonsten sollte man ihre Aussagekraft nicht überbewerten, da sie zum einen herstellerspe-

zifisch sind und zum anderen nur für Experten eine echte Aussagekraft haben. Ein Rohwert von 15 Lesefehlern etwa besagt nichts, wenn man nicht weiß, wie häufig Lesefehler im regulären Betrieb dieser Festplatte üblicherweise auftreten.

Die Angaben richtig interpretieren

Die wichtigste Regel für das Interpretieren habe ich schon kurz erwähnt: Mit wenigen Ausnahmen bedeuten höhere Werte bessere Werte. Bei einer fabrikneuen Festplatte beginnen die normalisierten Werte typischerweise bei 100, 200 oder 252 und sinken im Laufe der Lebensdauer allmählich ab. Die Grenzwerte liegen deutlich darunter und lassen einen großen Puffer.

Und ganz wichtig: Es handelt sich um abstrakte Werte. Wenn beim Parameter *Airflow_Temperature_Cel* beispielsweise 74 als aktueller Wert angegeben ist, bedeutet das nicht, dass die Festplatte im Moment 74° warm ist (was schon nicht wenig wäre). Sondern es bedeutet, dass die Temperatur in einem Wertebereich von beispielsweise 100 (= kalt) bis 0 (= wir brauchen sofort einen Feuerlöscher!) bei 74 liegt, also in einem völlig unbedenklichen Bereich.

Zum Verdeutlichen als konkretes Beispiel die Entwicklung der Lesefehlerrate einer Festplatte:

```
1 Raw_Read_Error_Rate 253 253 063
```

Aktueller Wert: 253
Schlechteste Wert: 253
Grenzwert: 63
Rohwert: 0

Das könnten die Werte einer fabrikneuen Festplatte sein. Bislang ist noch kein Lesefehler verzeichnet. Es gibt keinerlei Grund zu Beunruhigung. Im Vergleich dazu:

```
1 Raw_Read_Error_Rate 103 089 063
```

Aktueller Wert: 103
Schlechteste Wert: 89
Grenzwert: 63
Rohwert: 1234567

Ein paar Jahre später könnte es so aussehen: Die Festplatte hat mittlerweile eine ganze Menge an Lesefehlern erlebt. Im Moment aber hat sich der Wert wieder etwas stabilisiert. Die Festplatte arbeitet aus Sicht des Anwenders weiterhin zuverlässig, aber man sollte nun beginnen, Vorsichtsmaßnahmen zu ergreifen. Wenn die Platte wichtige Daten enthält, sollte man regelmäßig Backups davon auf einem anderen Medium anfertigen. Außerdem sollte man überlegen, die Festplatte durch ein neues Modell zu ersetzen. Die alte Festplatte kann auch mit diesen Daten durchaus noch dienlich sein, beispielsweise in einem externen Gehäuse als USB-Festplatte zum Datentransport. Für Sicherungszwecke sollte sie aber nicht mehr verwendet werden.

12.8 Festplatten im NAS ersetzen

Idealerweise versehen die Festplatte in Ihrem NAS nach der Installation unauffällig ihren Dienst und stellen Ihnen immer ausreichend Speicherplatz zur Verfügung. In der Praxis wird das vielleicht nicht immer so laufen. Vielleicht kündigt sich bei einer Festplatte durch schlechte Betriebswerte das Ende an, oder es kommt ganz unverhofft. Vielleicht geht aber auch »nur« der freie Speicherplatz zur Neige, und Sie möchten auf größere Festplatten umrüsten. In jedem Fall sollten Sie sich mit dem Vorgehen vertraut machen, um im Ernstfall gut vorbereitet zu sein.

Was passiert bei einem Festplattendefekt?

Sollte eine der eingebauten Festplatten im laufenden Betrieb den Geist aufgeben, können Sie dies kaum ignorieren: Das NAS gibt ungewohnte Pieptöne von sich, die LEDs am Gerät blinken hektisch, und auch im QTS werden Sie mit unübersehbaren Hinweisen in Kenntnis gesetzt:

1. Auf der QTS-Weboberfläche zeigt das eingefärbte Symbol des Wartungscenters oben rechts an, dass ein Problem vorliegt.

2. Wenn Sie daraufklicken, wird das Wartungscenter geöffnet und verrät weitere Informationen. Im Bereich *Systemzustand* werden aktuelle Warnungen ausgegeben. Achten Sie dabei oben rechts auf die Pfeile und Zahlen, falls mehr als eine Warnung vorliegt.

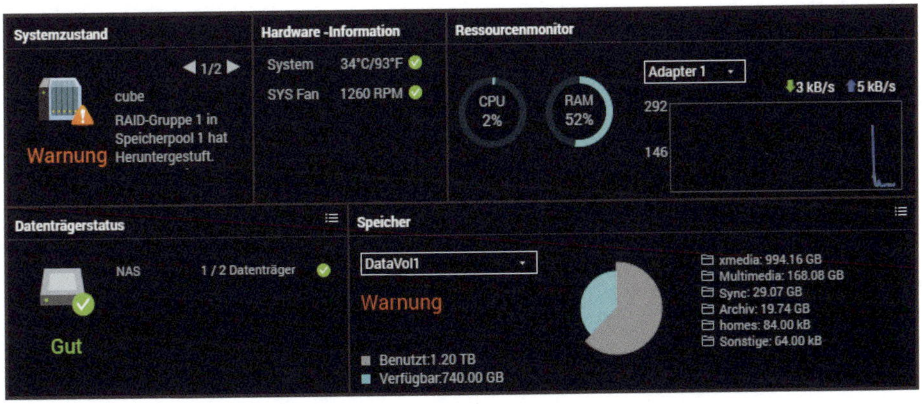

Das nervige Piepen abstellen

Sollte Sie das Gepiepe beim Beheben des Problems zu sehr nerven, öffnen Sie in der QTS-Systemsteuerung den Bereich *System/Hardware* in der Rubrik *Audioalarm*. Hier können Sie Töne bei *Systemevents* vorübergehend oder dauerhaft abschalten.

3. Die Angabe zum Datenträgerstatus sollte man hingegen etwas kritisch betrachten. Im abgebildeten Beispiel ist nur noch eine von zwei Platten vorhanden (*1/2 Datenträger*). Da diese aber in Ordnung ist, wird der Datenträgerstatus trotzdem als *Gut* eingestuft.
4. Wenn Sie auf die Warnung klicken, gelangen Sie direkt zu der Ressource, bei der Probleme vorliegen – bei Festplatten die Verwaltung von *Speicher & Snapshots*.

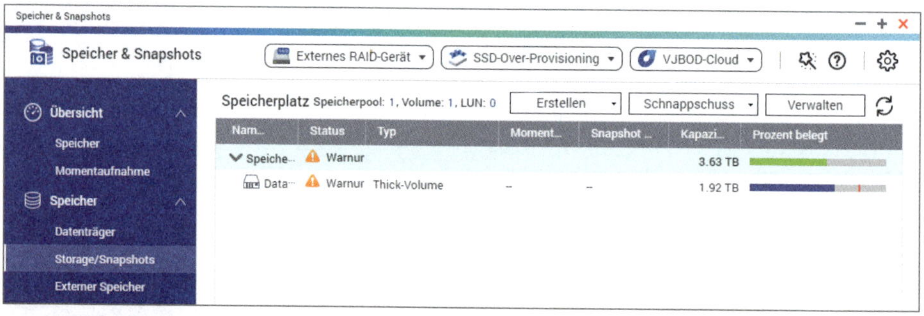

5. Geht es um Probleme mit Festplatten, würde ich aber vor allem auch den Bereich *Datenträger* untersuchen. Hier kann man gezielt die einzelnen eingebauten Festplatten betrachten und deren Status kontrollieren.

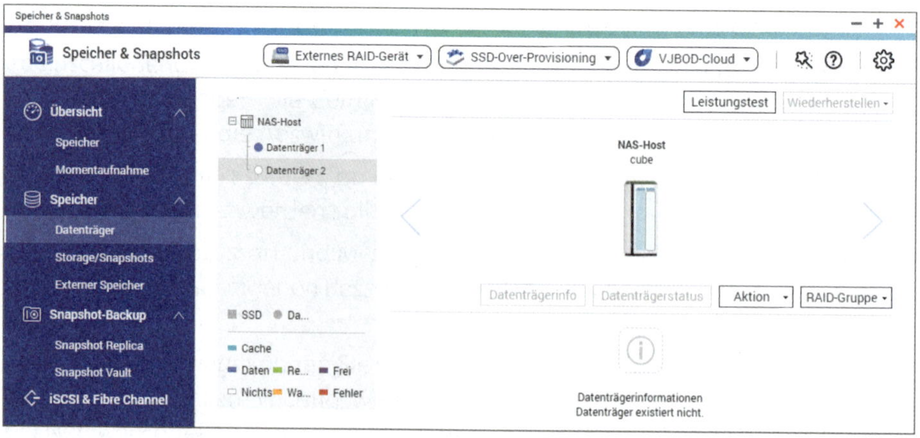

Stellen Sie also fest, welche Festplatte betroffen ist, und merken Sie sich dies gut. Bei einem Hot-Swap-fähigen NAS sollten Sie diese Platte direkt entfernen, damit es nicht mehr zu Verwechslungen kommen kann.

Wie es nun weitergeht, hängt von der Festplattenkonfiguration ab (siehe auch Seite 19):

- Haben Sie eine Konfiguration mit Redundanz, kann das System den Ausfall eines Laufwerks verkraften. Es wird allerdings langsamer laufen, wenn die Redundanz durch Parität gewährleistet wird, da diese Berechnungen Zeit in Anspruch nehmen (»herabgesetzter Modus«). Außerdem bedeutet der Verlust einer Festplatte, dass das System nun eben keine Redundanz mehr aufweist. Sorgen Sie umgehend für Ersatz.
- Bei einer Konfiguration ohne Redundanz sind die auf der Platte gespeicherten Dateien verloren. Bei einem RAID0 sind sogar alle Daten hinüber. Da bleibt nur ein hoffentlich kürzlich erstelltes Backup, um alles wiederherstellen zu können. Auch das geht allerdings erst, wenn die fehlerhafte Platte ersetzt wurde.

Beschaffen Sie sich umgehend – falls nicht bereits vorhanden – eine Ersatzplatte, die mindestens dieselbe Speicherkapazität wie die defekte hat. Größer geht immer, kleiner auf keinen Fall. Diese Platte können Sie anstelle der defekten ins Gehäuse einstecken. Bei HotSwap-fähigen Modellen geht das sogar im laufenden Betrieb.

Das NAS erkennt, wenn eine neue Festplatte angeschlossen wurde, und beginnt automatisch mit dem Wiederherstellungsprozess. In der QTS-Oberfläche finden Sie entsprechende Meldungen vor. Ab jetzt können Sie sich entspannt zurücklehnen und abwarten. Das Reparieren wird – je nach Größe und Auslastung der Festplatten – einige Zeit in Anspruch nehmen.

Sie können das NAS in der Zeit weiternutzen, allerdings wird es ggf. etwas langsamer als gewohnt reagieren. Am besten geben Sie ihm aber die Zeit, um möglichst schnell wieder den Normalzustand und damit eine redundante Festplattenkonfiguration herzustellen, die Sie vor Datenverlusten schützt.

Bedenken Sie, dass ein weiterer Festplattenfehler in dieser Phase fatale Folgen haben könnte. Wenn der Wiederherstellungsprozess abgeschlossen ist, erhalten Sie eine entsprechende Meldung sowie eine Benachrichtigung, wenn diese konfiguriert sind.

Außerdem hört das Blinken der Status-LEDs am Gehäuse auf, und diese zeigen wieder das gewohnte Bild.

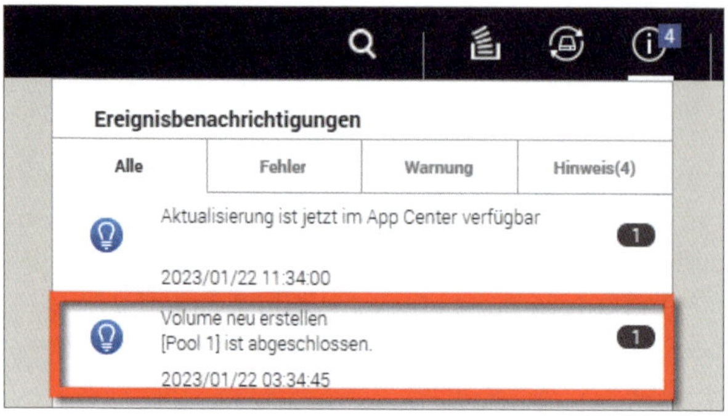

Festplatten durch neue oder größere austauschen

Den oben beschriebenen Festplattentausch aufgrund eines Defekts möchte man sicher lieber nicht erleben. Gleichzeitig gibt diese Beschreibung aber genau die Schritte wieder, die Sie ausführen müssen, um eine – nicht defekte – Festplatte durch ein neues oder größeres Modell zu ersetzen. Eine Erneuerung kann sinnvoll sein, wenn Festplatten schon einige Betriebszeit auf dem Buckel haben und man kein Risiko eingehen möchte – eventuell auch weil sich verschlechternde S.M.A.R.T.-Werte einen Ausfall in absehbarer Zeit wahrscheinlich machen. Und mit größeren Festplatten lässt sich die Speicherkapazität eines aus allen Nähten platzenden NAS nachträglich erweitern.

Wichtige Voraussetzung dabei: Die Festplatte muss Teil eines RAID-Verbundes mit Redundanz sein (siehe Seite 20). Nur dann kann eine Platte ohne Datenverluste entfernt und ihr Inhalt aus den Redundanzdaten der verbliebenden Platten auf einem neuen Datenträger wiederhergestellt werden.

Der Vorteil bei dieser Variante des Festplattentausches: Sie können planvoll vorgehen und sich optimal vorbereiten:

1. Sichern Sie alle Daten vom NAS, die Sie nicht mit vertretbarem Aufwand wiederbeschaffen können. Selbst bei einem RAID-Modus mit Redundanz sollte diese Vorsichtsmaßnahme nicht vernachlässigt werden.
2. Sichern Sie außerdem die Konfiguration des NAS (siehe Seite 331).
3. Fahren Sie das NAS dann ordnungsgemäß herunter.
4. Entfernen Sie die alte Festplatte, und ersetzen Sie sie durch die neue.
5. Starten Sie das NAS neu.

Für das NAS wirkt ein solcher Eingriff wie ein Festplattenproblem, da beim Neustart plötzlich die »vertraute« Platte fehlt, was sofort bemerkt und berichtet wird. Folgen Sie aber einfach den oben beschriebenen Schritten, um eine Reparatur durchzuführen und die neue Festplatte so ins System zu integrieren.

Vorgehen beim Erhöhen der Speicherkapazität

Das beschriebene Vorgehen wählen Sie auch, wenn Sie vorhandene Festplatten durch größere Modelle ersetzen möchten. Dies geht allerdings nur »scheibenweise« – im wahrsten Sinne des Wortes:

1. Ergreifen Sie alle beschriebenen Vorsichtsmaßnahmen im Hinblick auf Sicherungen.
2. Schalten Sie das NAS ab, und tauschen Sie eine der Festplatten aus.
3. Starten Sie das NAS, und führen Sie eine Reparatur durch, um die neue Festplatte zu integrieren. Die Kapazität des NAS erhöht sich dadurch noch nicht.
4. Ist die Reparatur abgeschlossen, wiederholen Sie alles ab Schritt 2 für die nächste Festplatte.
5. Erst wenn Sie alle Platten ausgetauscht und den Speicherpool jeweils repariert haben, steht dem NAS die neue größere Speicherkapazität tatsächlich zur Verfügung.

12.9 Weitere Informationen im Internet

Sie wollen noch mehr über Ihr QNAP-NAS wissen oder haben ein spezielles Problem mit Ihrem Gerät, für das Sie in diesem Buch keine Lösung finden? Dann kann Ihnen das Internet mit hoher Wahrscheinlichkeit weiterhelfen. Zum einen möchte ich Sie in meinen Blog unter www.gieseke-buch.de einladen. Dort finden Sie Informationen nicht nur zu meinen Büchern und den darin behandelten Themen. Ebenso können Sie mit Ihren Fragen und Hinweisen auch in direkten Kontakt zu mir und zu anderen Lesern treten. Darüber hinaus gibt es einige weitere interessante Anlaufstellen für NAS-Nutzer im Allgemeinen und Besitzer von QNAP-Geräten im Speziellen.

Informationen von QNAP

Der Hersteller QNAP ist unter der Adresse www.qnap.de erreichbar. Die Seiten sind auch größtenteils in deutschsprachiger Übersetzung vorhanden. Einige Seiten möchte ich besonders hervorheben:

- https://www.qnap.com/de-de/how-to
  Hier finden Sie die QNAP-Wissensdatenbank mit zahlreichen Artikeln zu Geräten, Anwendungen und Diensten aus dem QNAP-Portfolio.

- https://www.qnap.com/de-de/download
  Geben Sie im Download-Zentrum von QNAP den Gerätetyp Ihres NAS und die genaue Bezeichnung Ihres Gerätes an. Dann erhalten Sie in verschiedenen Rubriken genau die passenden Firmware-Versionen, Desktop-Anwendungen und Dokumente für Ihr NAS.

Foren zu NAS und QNAP

Neben den »offiziellen« Webseiten des Herstellers gibt es eine weitere Anlaufstelle, die von Anwendern für Anwender betrieben wird und die eine wertvolle Fundgrube für Antworten, Problemlösungen, Tipps und Anregungen bietet:

https://forum.qnapclub.de/

Im größten deutschsprachigen Diskussionsforum für QNAP-Anwender wurde so ziemlich jede Frage schon mal gestellt und beantwortet. Und falls Sie doch noch eine haben und sie freundlich stellen, stehen die Chancen für kompetente Antworten gut.